40 Questions About salvation

© 2018 by Matthew Barrett
under the title *40 Questions About Salvation*

Originally published in the USA by Kregel Publications, Grand Rapids, Michigan, USA.
Translated and printed by permission. All rights reserved.
License arranged through rMaeng2, Seoul, Republic of Korea.

This Korean Edition Copyright © 2020 by Agape Publishing Co., Ltd.
Seoul, Republic of Korea

✱ 별도의 표기가 없는 성경구절은 개역개정 성경을 인용한 것입니다.

구원에 관한 40가지 질문

매튜 바렛 지음, 김태곤 옮김

꼭 알아야 할 구원 교리, 성경에서 답을 찾다

아가페

■ 추천의 글

　누구에게나 인생에서 가장 중요한 질문을 던질 때가 온다. 나는 그것이 구원에 관한 질문이라고 생각한다. 어떻게 구원받을 수 있는가? 이 질문에 참된 답을 줄 수 있는 것은 성경밖에 없다. 이 책의 저자 매튜 바렛은 충실한 성경연구를 통해 그 답을 제시한다. 동시에 그것을 명료한 언어와 현대적 표현으로 풀어낸다. 구원에 관한 답을 이토록 성경적이고 명쾌하게 풀어내는 것이 놀랍다.

　　- 권호(합동신학대학원 설교학 교수)

　이 책은 자신의 구원을 되돌아보며 확인하고픈 독자와 구원 교리를 가르치는 교사와 목회자가 반드시 읽어야 할 소중한 책으로 두 가지 특징을 지닌다. 첫째, 저자는 기독교의 핵심 교리인 죄로부터의 구원을 알기 쉽게 해설한다. 종종 난해하고 '모순'처럼 보이는 구원의 다양한 면을 성경과 신앙고백서를 통해 알기 쉽게 설명한다는 것은 매우 어려운 일이지만, 저자는 훌륭하게 이 과업을 성취하고 있다. 둘째, 저자는 죄로부터의 구원을 개혁주의 관점에서 삼위일체 하나님의 사역으로 천명한다. "구원은 아버지가 계획하시고 아들이 성취하시며 성령이 적용하신다." 죄에 빠진 인간을 구원하는 절대 주권과 주도권이 오직 삼위일체 하나님께만 있음을 고백한다.

　　- 박태현(총신대학교 실천신학 교수)

매튜 바렛은 이 책에서 정통주의 개혁교에서 전통적으로 다루어 온 구원론의 주제를 40개로 정리해 설명하고 있다. 이 책의 특징은 신앙에 처음 입문하는 사람들이 알기 쉽도록, 성경에 기초하여 개인의 구원에 관한 교리를 잘 풀어 설명하고 있다는 점이다.

- 윤철호(장로회신학대학교 조직신학 교수)

한국에 교회가 생기고 어느새 한 세기가 지났다. 그런데 지금 한국 교회는 진통을 겪고 있다. 외적으로는 이단들의 구원에 대한 자의적인 해석으로 교회의 정통성이 공격받고 있고, 내적으로는 '새로운 시대에 교회는 어떤 모습이어야 하는가?'에 대한 의문이 있다. 이러한 혼동을 해결할 수 있는 것은 십자가뿐이다. 십자가는 성도들이 구원을 바로 이해하고 이 땅에서 구원받은 성도답게 살도록 한다. 이 책은 마치 '구원 종합선물세트' 같아 보인다. 구원의 다양한 면을 정통 신앙의 관점에서 성경적이고 조직신학적이며 목회적으로 다각도에서 정리했다. 결코 쉽지만은 않은 내용을 누구나 이해할 수 있도록 쉽게 소개한다. 이 책이 혼돈을 겪고 있는 한국 교회가 십자가의 구원을 더 깊고 넓게 경험하여 본질을 회복하는 기회가 되길 바라며 추천한다.

- 임도균(한국침례신학대학교 설교학 교수)

매튜 바렛은 매우 명석한 젊은 신학자 중 한 사람으로, 사역의 결실을 풍성히 맺고 있다. 구원에 관한 바렛의 이 책은 매우 탁월하다. 여러 주제를 두루 다루고, 짧은 내용이지만 수록된 대답에는 빈틈이 없으며, 성경에 뿌리를 두고 교회사 자료에 근거한다. 또 가장 중요한 것은 성도에게 단번에 제공된 믿음에 충실하다는 점이다. 이 대답들은 매우 간단명료해서, 성경의 구원 교리와 친숙해지는 데 이보다 더 좋은 입문서는 찾기 힘들 것이다.

- 토머스 슈라이너(Thomas Schreiner, 서던침례신학교 부학장, 신약해석학 교수)

빌립보 간수가 바울과 실라에게 "내가 어떻게 하여야 구원을 받으리이까?"라고 물은 것은 그의 인생 중 가장 중요한 질문을 던진 것이다. 이 물음에 대한 답은 한편으로 어린아이 같은 이해를 요구하지만, 다른 한편으로는 인간의 이해를 넘어선 것일 수 있다. 구원과 관련해 하나님이 성경에 계시하신 모든 것을 고찰할 때 많은 물음이 생길 수 있다. 그러나 그 모든 것은 하나님의 지극히 자상하심과 영광스러우신 복합성을 계시한다. 따라서 이 물음을 묻고 대답하려는 노력은 예배 행위이며, 그런 면에서 이 책을 추천하는 것은 내게 기쁨이다. 이 책은 믿음을 강화하고, 구원하시는 하나님을 이해하고 찬양하는 데 더 성장할 수 있도록 도와줄 것이다.

- 제이슨 듀징(Jason G. Duesing, 미드웨스턴침례신학교 학장, 역사신학 부교수)

구원 교리는 하나님의 백성 개개인의 마음 깊은 곳을 울리며, 이를 더 깊은 차원에서 이해하려고 애쓰는 그리스도인도 많다. 이 도전과 관련하여 매튜 바렛은 교회에 크게 기여했다. 그는 복잡한 문제를 명쾌하게 설명하는 솜씨를 지닌 탁월한 교사로서, 구원에 관한 가장 중요한 40가지 물음을 탐구하여, 지식을 풍성하게 하고 마음을 움직이는 대답을 제시한다.

- 크리스 카스탈도(Chris Castaldo, 뉴커버넌트교회 담임목사)

바렛은 성경 전체에서 가르치는 구원에 관한 내용을 이해하기 쉬우면서도 충실하게 제시한다.

- 앤디 나셀리(Andy Naselli, 베들레헴신학교 신약학 부교수, 베들레헴침례교회 장로)

구원에 대한 개혁파 관점을 흥미롭게 제시함에 있어 역사신학, 조직신학, 성경신학을 인상적으로 결합한다. 성경에 나오는 모든 교리를 다루고 있다는 점에서 특히 감사를 표한다.

- 로버트 카라(Robert J. Cara, 리폼드신학교 학장, 신약학 교수)

예정부터 영화까지 이르는 구원의 과정을 명쾌하게 제시한다. 초신자부터 고급 수준의 학생까지 누구나 통찰력 있는 설명을 통해 유익을 얻을 수 있다. 학문적인 개관을 제시하는 데 그치지 않고, 놀라운 구속을 베푸시는 하나님을 제대로 알고 경배하도록 도와준다.

- J. V. 페스코(J. V. Fesko, 캘리포니아 웨스트민스터신학교 조직신학 및 역사신학 학장)

교회에 큰 도움이 되는 책이다. 나는 목사로서 성경적이며 개혁파적인 관점에서 기독교 신학의 기초를 다루는, 견실하고 이해하기 쉬운 책을 항상 찾고 있다. 죄책과 죄에서부터의 구원과 관련된 교리에 대해 물음을 제기하는 모든 이에게 진심으로 추천하고 싶다. 책에 포함된 '더 깊은 묵상을 위한 물음'은 개인적인 공부나 소그룹 공부에 도움이 된다.

- 킴 리들바거(Kim Riddlebarger, 크라이스트리폼드교회URCNA의 담임목사, 'White Horse Inn' 라디오 · 인터넷 방송 공동사회자)

매튜 바렛은 바른 정보에 근거해 구원론의 여러 차원을 견실하게 파악하고 있으며, 그 교리를 분명하고 또렷하게 제시한다. 많은 이에게 유용한 안내와 믿을 만한 자료가 될 것이라 확신한다. 나 자신부터 이 책을 유용하게 사용하길 원하며, 다른 이에게도 진심으로 추천하고 싶다.

- 프레드 재스펠(Fred G. Zaspel, 프란코니아리폼드침례교회 목사, 서던침례신학교 신학 조교수, Books At a Glance 편집장)

Contents ■ ■ ■ ■

추천의 글   5
서문 이 책을 읽는 법   14

1부 죄, 구원의 필요성

물음 1 죄란 무엇인가?   19
물음 2 우리는 아담의 죄로 인한 죄책과 부패성을 물려받는가?(1)   31
물음 3 우리는 아담의 죄로 인한 죄책과 부패성을 물려받는가?(2)   41
물음 4 우리는 전적으로 타락한 상태인가?   50
물음 5 죄에서 벗어나려면 하나님의 은혜가 필요한가?   61

2부 구원, 그리스도와의 연합

물음 6 구원이란 무엇인가?   79
물음 7 구원의 서정이란 무엇인가?   91
물음 8 그리스도와 연합된다는 것은 무엇을 뜻하는가?(1)   104
물음 9 그리스도와 연합된다는 것은 무엇을 뜻하는가?(2)   116

3부 선택, 소명 그리고 거듭남

물음 10 하나님의 택하심은 우리에게 달린 것인가?(1)　　133

물음 11 하나님의 택하심은 우리에게 달린 것인가?(2)　　146

물음 12 복음을 통한 부르심과 효과적인 부르심의 차이는 무엇인가?　　156

물음 13 하나님의 부르심에 실패가 있는가?(1)　　166

물음 14 하나님의 부르심에 실패가 있는가?(2)　　177

물음 15 거듭난다는 것은 무엇을 뜻하는가?　　188

물음 16 신생은 우리가 일으키는 것인가?(1)　　197

물음 17 신생은 우리가 일으키는 것인가?(2)　　207

물음 18 하나님은 우리의 자유의지를 강압하시는가?　　219

4부 회심, 칭의 그리고 입양(양자 됨)

물음 19 구원 얻는 믿음이란 무엇인가?　　229

물음 20 참된 회개란 무엇인가?　　239

물음 21 믿음과 회개는 하나님의 은혜의 선물인가?　　251

물음 22 칭의는 법적 선언인가, 도덕적 변화인가?　　261

물음 23 위대한 교환이란 무엇인가?　　273

물음 24 그리스도의 의가 신자들에게 전가되는가?(1)　　282

물음 25 그리스도의 의가 신자들에게 전가되는가?(2)　　292

물음 26 칭의는 오직 하나님의 은혜로, 오직 믿음으로 주어지는가?　　302

물음 27 하나님의 자녀로 입양된다는 것(양자 됨)은 무엇을 뜻하는가?　　314

5부 성화, 성도의 견인 그리고 영화

물음 28 확정적 성화와 점진적 성화의 차이는 무엇인가?   329

물음 29 칭의와 성화의 차이는 무엇인가?   338

물음 30 성화는 누가 하는 일인가?   349

물음 31 어떻게 죄에 대해 죽는가?   363

물음 32 어떻게 그리스도를 닮은 모습으로 자라가는가?   370

물음 33 이 세상에서 완벽에 도달할 수 있을까?   378

물음 34 구원을 잃을 수 있는가?(1)   388

물음 35 구원을 잃을 수 있는가?(2)   399

물음 36 믿음에 있어 견인은 필수인가?(1)   410

물음 37 믿음에 있어 견인은 필수인가?(2)   416

물음 38 경고 구절은 견인에 어떤 역할을 하는가?(1)   424

물음 39 경고 구절은 견인에 어떤 역할을 하는가?(2)   434

물음 40 영화란 무엇인가?   443

약어   455

주   456

참고문헌   521

"하나님이 세상을 이처럼 사랑하사 독생자를 주셨으니
이는 그를 믿는 자마다 멸망하지 않고
영생을 얻게 하려 하심이라"

_요 3:16

■ 서문

이 책을 읽는 법

나는 책을 읽기 시작할 때 항상 그 책을 쓴 이유에 대해, 그리고 독자로서 책에 접근하는 법에 대해 안내하는 저자의 통찰력 있는 서문을 고맙게 여긴다. 나 또한 독자들을 위해 그런 서문을 남긴다.

이 책의 각 장은 그 자체로 읽을 수 있도록 썼다. 특정 주제에 대해 이미 알고 있는 독자는 관심 있는 부분으로 곧바로 넘어갈 수도 있다. 그러나 대부분의 장에서 다른 장을 언급하기 때문에 각 장은 다른 장들을 근간으로 한다. 이렇게 한 이유는 간단하다. 이 책은 '구원의 서정'(오르도 살루티스)에 대한 책이며, 그 속에서는 구원 과정의 각 단계가 전후로 매우 긴밀하게 연결된다. 구원은 근사한 여러 부분으로 이루어진 것이기보다는, 각 부분이 다음 부분과 연결된 사슬과 같기 때문에, 책을 처음부터 끝까지 읽는 것이 가장 유익하다.

또 한 가지 중요하게 고려해야 할 점이 있다. 다양한 견해를 소개하는 오늘날의 수많은 책처럼, 이 책이 특정 주제에 대해 여러 견해를 탐구하는 내용이기를 바라는 독자도 있을 것이다. 그러나 서두에서 꼭 밝히고 싶은 것은, 이 책의 목적은 그런 것이 아니라는 점이다. 견해를 소개하는 책들도 나름대로 소중하지만, 이 책은 그런 책이 아니다. 이 책은 구원에 대한 성경의 가르침을 제시한다. 필요하면 가끔 여러 견해를 언급하겠지만, 모든 견해를 다 살피려는 의도는 없으며(그렇게 하려면 또 다른 책을 써야 할 것이다!), 다만 구원의 각 단계에 대한 성경의 가르침을 간명하게 제시하려 한다. 이러한 구성은 성경 공부를 시작하는 학생이나 성도, 목사에게 유용하다. 더 많은 자료에 대해서는 참고문헌을 보기 바란다.

이 책은 학구적이거나 높은 수준의 독자가 아닌 입문 수준의 독자에게 맞추었다. 예전에 구원 교리를 공부한 적이 전혀 없거나 적어도 깊이 있게 공부한 적이 없다면, 이 책은 바로 당신을 위한 것이다. 구원의 서정의 각 측면에 대한 간명한 입문서로 책을 쓰면서, 진지하게 성경을 공부하는 성도들과 성경을 처음 공부하는 학생, 그리고 목사들을 염두에 두었다. 이 책이 각 주제를 더 깊이 탐구하는 계기가 되기를 기도한다.

"구원은 여호와께 속하였나이다"
_ 욘 2:9

1부
죄, 구원의 필요성

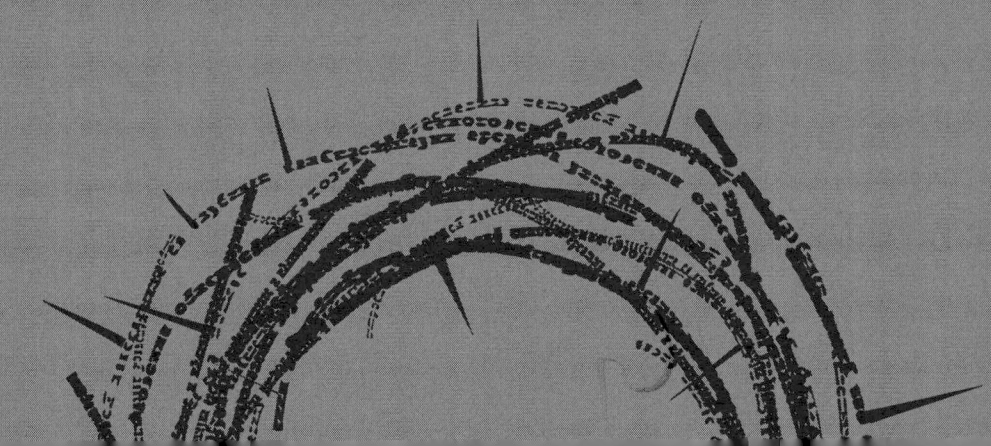

40 Questions About
salvation

물음 1 / 죄란 무엇인가?

"기록된 바 의인은 없나니 하나도 없으며 깨닫는 자도 없고 하나님을 찾는 자도 없고 다 치우쳐 함께 무익하게 되고 선을 행하는 자는 없나니 하나도 없도다"_롬 3:10-12

바울의 메시지는 분명하다. 거룩하신 하나님 앞에서 모든 사람은 죄인이다. 의로운 사람은 단 한 명도 없다. 우리는 모두 마치 양처럼 길을 잃고 자신의 길로 돌이켰다(사 53:6). 이 점에 대해서는 의심의 여지가 없다. 죄는 실재하며, 우리는 모두 하나님을 반역한다. 여기서 가장 기본적인 물음이 제기된다. 죄란 무엇인가?

죄란 무엇인가

죄는 하나님의 도덕법에 순종하지 못하는 것이다

사람이 율법파기자라는 사실이 죄의 본질을 말해 준다. 죄는 "행동상 기질상 혹은 상태의 면에서 하나님의 도덕법에 부합하지 못하는 것으로 정의될 수 있다."[1] 하나님의 도덕법에 대한 인간의 불순종은 창세기부터 요한계시록까지를 관통하는 주제다. 창세기에서 하나님은 아담과 하와에게 죽지 않도록 선악과를 따 먹지 말라고 명하신다(창 2:17). 그러나 아담과 하와는 하나님보다 뱀의 말에 귀 기울이며 언약을 어겼다. 하나님의 명령을 어긴 아담과 하와는 원래 지녔던 의와 도덕적 결백성을 상실했다. 불순종으로 인해 그들은 갑자기 하나님 앞에서 죄책감을 느꼈고 도덕적으로 타락했다. 물음 2-3에서 알게 되듯, 아담의 죄책과 타락성은 자신에게서 그치지 않고 후손에게도 물려졌다. 아담이 모든 후손의 대표자로서 행동했기 때문이다(참조, 원죄). 그러나 죄의 본질적 특성을 규명하기 위해 이번 장의 초점은 죄의 행동, 즉 실제적인 죄에 국한한다.

사탄의 기만적이며 흉악한 방식은(요 8:44) 아담에서 끝나지 않고 아담의 첫 자녀인 가인에게 다시 한 번 나타난다. 가인과 그의 형제 아벨 모두 여호와께 제사를 드렸는데, 아벨의 제사는 여호와를 기쁘시게 하지만 가인의 제사는 그렇지 못했다(히 11:4). 가인이 옳은 일을 했으면 받아들여졌을 거라고 하나님이 말씀하셨는데도, 분노와 시기심이 가인을 사로잡았다. 죄가 가인의 문 앞에 웅크리고 있었고, 죄의 욕구가 그에게 솟구쳤다. 하나님은 가인이 그것을 다스려야 한다고 경고하셨다(창 4:7). 그러나 가인은 하나님께 순종하며 도덕적 지시에 순종하기보다는, 분노에 사로잡혀 형제 아벨을 죽였다. 아벨의 피가 여호와께 호소했다(창 4:8-10). 창세기의 앞부분은 죄가 하나님의 도덕적 명령을 위반하는 것임을 생생히 보여준다.

죄는 그 이후로 아담의 후손 모두를 특징지었다. 창세기 6장을 보면, 땅은 하나님 보시기에 부패했고 강포로 가득했다(창 6:11-12). 사람의 마음의 의도는 어려서부터 악했다(창 8:21). 그래서 하나님이 홍수로 노아와 그의 가족을 제외하고 온 땅을 멸하셨다. 노아 가족은 하나님의 은혜로 파멸을 면하지만, 인간의 부패성은 홍수 이후에도 사라지지 않았다. 하나님이 유황과 불을 하늘로부터 내려 극심한 죄악에 빠진 소돔과 고모라를(창 18:20) 멸망시키셨을 때, 하나님의 의로우신 진노가 다시 한 번 부어졌다(창 19:23-29).

이스라엘의 역사 또한 범법으로 더럽혀졌다. 하나님이 그의 선민을 바로 같은 억압적인 독재자에게서 구해내시면, 그들이 지속적으로 순종하게 될 거라고 사람들은 생각할 것이다. 그러나 모세가 하나님께 직접 십계명을 받기 위해 시내산에 올라가 있는 동안, 이스라엘은 여호와를 그들의 하나님으로 받아들이길 거부하고 금송아지를 만들어 숭배했다(출 32장). 이스라엘은 자신을 더럽혔고, 여호와의 명령을 거역했으며, 유일하고 참되신 하나님을 사람의 손으로 만든 우상으로 대체했다. 그 결과 하나님의 의로우신 진노가 백성에게 임하여 죄를 용납하지 않는 그분의 거룩하심을 드러냈다.

죄는 성경의 나머지 이야기에서도 두루 언급된다. 이스라엘의 역사는 지속적인 불순종의 역사다. 하나님의 언약 율법 아래 있는 언약 백성으로서, 그들은 온 마음을 다해 여호와 그들의 하나님을 사랑하라는 명령을 받았다(신 6:5). 이것은 그들이 받은 가장 큰 계명이다. 그러나 구약 전반에 걸쳐 이스라엘은 계명을 지키는 일에 거듭 실패했다. 사사기는 구약시대를 "사람마다 자기 소견에 옳은 대로 행하였더라"고 요약한다(삿 17:6하).

인간의 죄성을 가장 많이 드러낸 행동이 바로 그리스도의 십자가 처형이다. 로마서 3장에서 바울이 말하는 죄성은, 하나님의 아들이신 예수님이 악인들에 의해 십자가에 못 박힐 때 온전히 드러난다(행 2:23). 만일 우리가 그 자리에 있었다면 다르게 행동했을 거라고 생각하겠지만, 예수님을 십자가에 달리시게 한 사람들 중 다수는 이스라엘 종교지도자였다. 외관상으로는 깨끗해 보였지만, 그들의 속은 "탐욕과 방탕으로 가득"했다(마 23:25-26). 많은 종교지도자들이 불법으로 가득하여 "겉으로는 아름답게 보이나 그 안에는 죽은 사람의 뼈와 모든 더러운 것"으로 찬(마 23:27-28) 회칠한 무덤 같은 위선자였다. 그들은 자신의 전통을 위해 하나님의 계명을 어겼다(마 15:2-3).[2]

마태복음 23장에 나오는 예수님의 말씀은 중요하다. 죄나 불법이 단지 불순종하는 행동만이 아니라 마음의 부패함이기도 하다는 사실을 알려주기 때문이다. 외적인 행동은 내적 기질의 표현이다.[3] 이는 가인의 아벨 살해에서도 분명히 드러난다. 가인의 살인은 죄지만, 그의 행동은 마음속의 분노에서 나온 것이다(창 4:7). 예수님은 산상수훈에서 그 점을 언급하신다. "옛 사람에게 말한 바 살인하지 말라 누구든지 살인하면 심판을 받게 되리라 하였다는 것을 너희가 들었으나 나는 너희에게 이르노니 형제에게 노하는 자마다 심판을 받게 되고 형제에 대하여 라가라 하는 자는 공회에 잡혀가게 되고 미련한 놈이라 하는 자는 지옥 불에 들어가게 되리라"(마 5:21-22). 하이델베르크 교리문답은 예수님의 말씀을 정확히 되풀이한다. "살인을 금함으로써 하나님은 살인의 뿌리, 즉 시기와 증오와 분노와 보복을 미워하심을 우리에게 가르치신다"(106답). 그러므로 죄는 하나님의 도덕법을 외적으로 어기는 것만이 아니라, 무엇보다도 내적인 태도와 욕

구로 하나님의 도덕법을 어기는 것이기도 하다.[4]

죄의 내적인 특성은 죄가 사람의 내적인 동기와 욕구에 뿌리내린 것임을 상기시킬 뿐 아니라(이 내적인 동기와 욕구에 뿌리내린 죄로 인해 죄인은 하나님의 명령에 부합한 삶을 살지 못한다) 죄가 무엇보다도 사람의 부패한 도덕성으로 인한 것임을 상기시킨다(물음 2-3을 보라). 우리의 성품(본질)은 죄의 손아귀에서 벗어나지 못한다. 우리는 본성적으로 죄인이다. 바울이 말하듯 "다른 이들과 같이 본질상 진노의 자녀"였다(엡 2:3). 혹은 다윗이 인정하듯이 "죄악 중에서 출생"하였고 죄 중에서 잉태되었다(시 51:5). 결국 반역적으로 하나님의 도덕법을 어길 때(롬 1:18-23; 2:23; 요일 3:4), 그 행동은 궁극적으로 타락 이후의 세계에서 아담의 자손으로 살아가는 우리 존재에 뿌리내린 것이다. 죄는 나쁜 행위와 우선적으로 관계되는 것이 아니라 아담과 연합된 자인 우리의 타고난 상태와 관계된다. 죄악된 행동은 죄악된 상태에서 비롯된다.[5] 악한 결정은 오염된 정체성을 반영한다.

죄는 하나님과의 언약 안에서 살지 못하는 것이다

두 번째 정의는 첫 번째 정의와 직결된다. 죄는 단순한 율법 위반이 아니라 근본적으로 하나님께 반역하는 것이다. 범해지는 것이 하나님의 율법임을 기억하라. 하나님이 언약의 주이시므로, 죄를 언약적 불충이라 묘사할 수 있다. 궁극적으로 죄는 다른 사람들과의 언약 관계가 깨어지는 것만이 아니라 하나님과의 언약 관계가 깨어지는 것이기도 하다(시 51:4). 죄는 먼저 수직적이며 그다음 수평적이다.

구약시대에 하나님은 택하신 백성과 언약 관계에 들어가셨다. 그러나 이스라엘의 전체 역사는 언약적 불충의 역사였다. 하나님이 아브라함과 언약을 맺고 족장들과 더불어 그 언약을 굳건히 하셨음에도(창 15:1-21; 17:1-14; 22:15-18; 26:24; 28:13-15; 35:9-12), 그리고 후에 모세와(출 6:2-8) 여호수아를(수 24:1-27) 통해 이스라엘과 언약을 맺으셨음에도, 이스라엘은 시내산에서 맺은 언약을 지키지 못했다. 이에 따른 징벌을 경고하기 위해 하나님이 선지자까지 보내시지만, 그들은 언약 준수에 실패했다. 의문의 여지없이 이스라엘의 언약적 배반은 구주이자 구속주이신 하나님께 감사할 줄 모르는 습성에서 비롯된 것이다.[6]

그러나 하나님은 크신 자비와 은혜로 새 언약을 세우실 날에 대해 선지자를 통해 말씀하셨다(히 1:1-4). 새 언약 안에서 하나님은 율법을 사람들의 마음에 새기실 참이었다. 하나님은 "나는 그들의 하나님이 되고 그들은 내 백성이 될 것이라"고 예레미야를 통해 약속하셨다(렘 31:33). 새 언약 안에서는 모두 여호와를 알 것이었다. 하나님이 그들의 불법을 용서하고 죄를 더 이상 기억하지 않을 것을 약속하셨기 때문이다(렘 31:34). 더욱이 하나님은 백성에게 새 마음과 새 심령을 주실 것이었다. 심지어 하나님은 성령을 부어주셔서, 그의 백성이 율례대로 행하게 할 것을 약속하셨다(겔 36:26-27). 물론 이 새 언약은 위대한 대제사장이신 예수 그리스도의 피를 통해 성취되고(히 8-10장), 성령에 의해 적용된다(행 2:1-41; 참조, 욜 2:28-32). 그러므로 새 언약의 신자들은 모든 부정함과 우상숭배에서 깨끗해졌다(겔 36:25). 이 얼마나 위대한 소식인가! 사람은 하나님과의 언약 안에서 살지 못했으나 하나님께서 친히 새 언약을 세워, 구속함받은 그의 백성이 이제는 그들의 창조주와 구주이신 하나님과 친교를 누리며 살 수 있게 하셨다.

죄는 불신이다

하나님의 율법을 범하는 것과 언약적 불충의 죄는 죄의 본질이다. 그러나 죄를 불신으로 묘사함으로써, 마음의 더 깊은 곳을 들여다보고 각종 범죄의 근원적 이유를 찾을 수 있다. 아담과 하와가 처음 지은 죄의 중심에는 불신, 곧 하나님을 신뢰하지 못하는 마음이 있었다.

성경에서 불신은 죄를 묘사할 때 중심적인 모티브다. 영생을 얻는 사람들은 그리스도를 믿는 이들이며(요 3:16), 정죄당하는 자들은 하나님의 유일하신 아들을 믿지 않는 자들이다(요 3:18). 예수님에 따르면, 믿지 않는 자들은 영적 소경이다(요 9:39-41). 그리스도와 그의 말씀을 거부하는 죄인은 마지막 날에 바로 그 말씀에 의해 정죄당할 것이다(요 12:48). 예수님은 보혜사 성령을 묘사하면서, 그가 "죄에 대하여, 의에 대하여, 심판에 대하여 세상을 책망"하실 것인데 "죄에 대하여"라 함은 사람들이 그를 믿지 않기 때문이라고 말씀하신다(요 16:6-9). 이 구절에서, 불신은 죄며 심판을 초래한다. 그 어떤 죄가 하나님의 아들에 대한 불신보다 더 클 수 있겠는가(요 10:25-38; 12:37-39; 마 12:22-32).

죄는 우상숭배다

불신의 죄는 자연히 우상숭배의 죄로 이어진다.[7] 유일하고 참되신 하나님을 믿지 않는 사람은 자신이 만든 우상에게로 돌이킨다. 이스라엘이 그랬다.[8] 첫 번째 계명에서 우상숭배에 대한 여호와의 분명한 입장이 제시된다. "너는 나 외에는 다른 신들을 네게 두지 말라"(출 20:3). 그럼에도 시내산에서부터 이스라엘의 해외 추방에 이르기까지, 오직 여호와만 섬기게 하려는 일부 신실한 자들의 노력에도 불구하고(대하 15:8-18; 왕하 18:1-4; 23:4) 하나님의 백성은 주변 민족의 우상을 섬기는 편을 택한다(출 32:1-35; 민 25:1-5). 사실 우상숭배는 하나님이 이스라엘을 대적에게 넘기고 마침내 해외로 추방되게 하신 주요 이유 중 하나였다.[9]

그러나 우상숭배는 이스라엘처럼 특별계시를 받은 자에게만 국한되지 않는다. 일반계시를 받은 자 역시 우상숭배를 범한다. 바울의 설명처럼, 하나님에 대해 알 수 있는 것이 분명히 드러나 있음에도(롬 1:19-20) 사람들은 하나님을 영화롭게 하거나 하나님께 감사하지 않고, 그분의 영광을 죽을 인생과 짐승의 형상으로 바꾼다(롬 1:22-23). 그들은 "하나님의 진리를 거짓 것으로 바꾸어 피조물을 조물주보다 더 경배하고" 섬기지만 주는 영원히 찬송할 분이시다(롬 1:25). 우상숭배는 이기심의 극치다. 창조주를 사랑하고 섬기고 순종하고 예배하고 오직 그분에게만 합당한 영예를 그분에게 돌리는 것이 아니라, 다른 어떤 것 심지어 자신을 높이기 때문이다. R. 스탠턴 노먼이 설명하듯, "하나님 사랑이 모든 덕목의 본질이라면, 그 반대는 자아를 최고 목적으로 선택하는 것이다."[10]

21세기를 살아가는 우리는 성경시대를 되돌아보고 웃으면서 말한다. "자신의 손으로 만든 것에 절하며 숭배하다니 정말 우스꽝스럽군." 이런 태도에는 두 가지 문제가 있다. 첫째, 오늘날 세상의 수많은 사람이 여전히 그런 형태의 우상숭배를 행하고 있다(예, 동양 종교들). 달리 말해, 성경시대에 행하던 손으로 만든 물질적인 우상에 대한 숭배는 지금도 살아 있다. 이를 간과하거나 가볍게 여겨서는 안 된다. 둘째, 이런 태도는 우상숭배의 정의를 간과한다. 우상숭배란 물질적이든 비물질적이든 무엇이든지 하나님 위에, 하나님 대신 높이며 숭배하는 것이다. 어떤 이는 나무나 돌로 만든 신에게 절하는 반면에 섹스, 마약, 돈, 명성, 정치, 이데올로기 등을 숭배하는 것같이 훨씬 더 복잡한 형태의 우상을 숭배하는 사람도 있다. 그 어떤 불신자도 우상숭배를 피하지 못한다. 그는 자신의 삶의 보좌에 하나님 외의 어떤 것이나 어떤 사람을 올려둔다. 따라서 우상숭배는 자연히 가장 큰 계명을 정면으로 위반하는 것이다. "네 마음을 다하고 목숨을 다하고 뜻을 다하여 주 너의 하나님을 사랑하라"(마 22:37-38; 참조, 막 12:30).

교만한 죄

우상숭배가 죄의 이기성을 드러낸다면, 교만도 마찬가지로 죄의 이기성을 드러낼 것이다. 교만과 이기심은 밀접하게 연관되며, 둘 다 인류 역사의 시작부터 있었다.[11] 초대교회 교부, 중세 신학자, 종교개혁자들 중 많은 이가 이 점을 언급했다. 어거스틴은 자신의 주석에서, 에덴동산에서 범한 첫 번째 죄의 이면에 있는 교만을 보았다. 존 칼빈은 어거스틴의 주석에 대해 다음과 같이 설명한다. "따라서 아담이 하나님의 진노를 유발한 것이 무엇인지 추론하는 일은 어렵지 않다. 교만이 모든 악의 시작이었다는 어거스틴의 말은 옳다. 사람이 야심으로 인해 분에 넘칠 정도로 자신을 높이지 않았다면 원래 상태를 유지할 수 있었을 것이기 때문이다."[12] 교만이 자신을 높이거나 하나님의 지혜 대신 자신의 이해력을 신뢰하는 것이라면, 왜 교만이 죄인지를 알기는 어렵지 않다.[13]

성경을 보면, 개인과 각 나라가 범하는 죄악의 이면에는 언제나 교만이 숨어 있다. 하나님이 침략자들을 보내 에돔을 멸할 것이라며 심판을 선언하신 것은 에돔의 교만 때문이었다(렘 49:16). 교만은 인간의 마음을 속이고, 실제로는 하나님의 심판이 임박한 때에 스스로 안전하다고 생각하게 만든다. 다니엘 4장 28절을 생각해 보라. 느부갓네살은 자신의 강한 힘으로 큰 바벨론을 세웠다며 힘과 위엄을 자랑한다. 하나님은 어떤 반응을 보이셨는가? 느부갓네살이 무릎을 꿇고 네 발로 기며 소처럼 풀을 먹게 하셨다. 하나님이 그를 회복시키셨을 때, 느부갓네살은 오직 하나님께만 영광과 영예를 돌렸으며(단 4:34-37) "교만하게 행하는 자를" 하나님이 능히 낮추심을 인정했다(렘 4:37; 참조, 시 73:6). 느부갓네살은 잠언의 지혜를 직접 경험했다. "교만은 패망의 선봉이요 거만한 마음은 넘어짐의 앞잡이니라"(잠 16:18; 참조, 28:5; 렘 50:32).

잠언 16장 5절에서 말하듯, 진정으로 교만은 여호와께서 혐오하시는 것이며 반드시 징벌당할 것이다(참조, 6:17). 교만이 불만, 배은망덕, 주제넘음, 육욕, 타락, 반역, 방종, 편협, 절망, 무관심(냉담) 등과 같은 다른 형태의 죄악에 대한 모태로 간주되는 것은 놀라운 일이 아니다.[14] 이는 교만이 죄의 본질이라는 말이 아니라, 교만이 다른 모든 죄악 유형의 모태로서 여러 면에서 작용함을 뜻한다.

죄의 사악함

아무리 죄를 피하려고 애를 써도, 파괴적이고 사악하고 위험하며 치명적인 죄의 지배에서 스스로 벗어날 수 없는 것이 현실이다. 왜 그럴까? 죄가 물리적으로나 영적으로 우리의 존재 자체를 위협할 뿐 아니라, 무엇보다도 창조주이신 하나님과 우리의 관계를 허물어뜨리기 때문이다. 우리의 으뜸가는 삶의 목적이 하나님을 영화롭게 하고 그를 영원히 즐거워하는 것이라면, 죄는 그런 목적을 무산시킨다. 칼빈의 말처럼, 우리는 하나님을 영화롭게 하지 못하고 우상 제조소가 된다.[15] 우리의 기쁨과 보화와 삶의 만족이 더 이상 우리를 지으신

분께 있지 않고 그분이 만드신 것들에 있다. 요컨대 죄인은 "하나님을 자신의 주요 사랑 대상으로 삼지 않는" 사람이다.[16] 바울은 사람들이 "썩어지지 아니하는 하나님의 영광을 썩어질 사람과 새와 짐승과 기어 다니는 동물 모양의 우상으로" 바꿈으로써 그리한다고 말한다(롬 1:23). 그 결과 삶의 목적이 되는 관계가 파괴되었다. 아담과 하와에게 임한 결과가 우리에게도 임했다. 죄가 그 관계를 이간시켰고, 우리는 에덴의 동쪽에서 살아간다.

이것은 죄의 막강한 지배력을 상기시키지 않는가? 우리는 온갖 방식으로 하나님의 율법을 범하고, 그분의 명령과 약속을 불신하고, 언약적 사랑을 거부하고, 거짓 신들과 더불어 행음하며, 또 자신의 교만과 자기 의를 드러낸다. 죄가 온통 우리를 감싸고 있다. 설상가상으로 죄는 우리 속 어디에나 있다. 우리와 우리의 생각과 행동, 심지어 성향마저 죄로 규정된다. 우리에게는 죄와 무관한 측면이 전혀 없다. "오호라 나는 곤고한 사람이로다 이 사망의 몸에서 누가 나를 건져내랴"라는 바울의 말에 공감할 수밖에 없다(롬 7:24-25).

요약

가장 기본적으로 죄는 하나님의 도덕법을 순종하지 못하는 것이다. 죄는 외적인 행동을 통해 하나님의 도덕법을 어기는 것일 뿐 아니라 내면의 태도, 동기, 기질에 뿌리내리고 있으며, 궁극적으로 아담에게 물려받는 죄성에 기인한다. 또 죄는 언약적 불충, 불신, 우상숭배, 또는 교만으로도 정의될 수 있다.

더 깊은 묵상을 위한 물음

1 당신은 하나님의 도덕법을 준수함에 있어 어떻게 실패했는가?
2 하나님의 명령에 반역한 결과에 대해 성경은 무엇이라고 말하는가?
3 우상숭배란 무엇이며, 그것이 만물을 창조하셨을 뿐 아니라 유일한 예배 대상이신 하나님의 진노를 유발하는 이유는 무엇인가?
4 어떻게 교만이 다른 죄를 낳는 모태의 역할을 하는가?
5 하나님의 영광보다는 자신을 위해 사는 비그리스도인들의 삶이 범죄임을 그들이 이해한다고 생각하는가?(로마서 1-2장을 보라).

물음 2 / 우리는 아담의 죄로 인한 죄책과 부패성을 물려받는가? (1)

21세기를 살아가는 현대인에게 복음주의적 원죄 교리만큼 마음에 걸리는 교리는 없을 것이다. 어떻게 아담의 후손에게 그들이 범하지 않은 죄로 인한 죄책이 있을 수 있을까? 아담의 죄로 인한 죄책을 하나님이 우리에게 돌리거나 전가하시는 것은 부당하지 않은가? 그러나 성경은 그렇게 가르치지 않는다!

이 같은 항변은 기독교 전통의 외부에 있는 사람들뿐 아니라 내부에 있는 이들에게서도 들려왔다.[1] 그러나 원죄 교리는 성경에서 가르치는 것이다. 현대적인 지각으로는 거슬리지만 성경이 이 교리를 가르치는 이유는, 그것이 아담 안에서 갖는 우리의 정체성, 즉 거룩하신 하나님 앞에서 우리의 죄책과 부패성을 드러내는 정체성을 분명히 상기시키기 때문이다.

원죄에 대한 정의

원죄가 아닌 것이 무엇인지 정의함으로써 시작하는 것이 최선이다. 원죄는 실제적인 죄가 아니다. 실제적인 죄는 자신의 생각과 행동으로 하나님의 도덕법을 어기는 자신의 선택을 말한다(물음 1을 보라). 원죄는 사람이 타고나는 상태나 상황을 가리킨다. 원죄 교리는 죄책과 부패성이라는 두 측면으로 이루어진다.[2] 죄책은 사법적이며 법정적인 개념으로, 하나님의 율법과 사람의 관계를 나타낸다. 죄책은 사람이 하나님의 거룩하신 율법을 깨트리고 범했으며, 그래서 창세기 3장의 아담처럼 징벌당할 처지에 놓였음을 뜻한다.

그러나 원죄와 관련해 우리는 아담의 죄책의 유전적인 특성에 대해 언급해야 한다. 신학자들은 그런 교리를 '물려받은 죄책'이라 지칭해 왔다. 이는 아담의 첫 범죄 때문에 모든 인류가 유죄로 간주됨을 뜻한다. 달리 말해서, 아담의 죄책이 모든 인류에게 전가된다. 전가는 다른 사람의 책임으로 인정함을 뜻한다.[3] 아담이 죄를 범했을 때, 그에게 주어진 죄책이 그의 모든 후손에게도 주어지는 것으로 간주된 것이다. 우리의 대표자로서 행동한 아담이 범죄했고 그의 죄책이 후손에게 이전되어, 온 인류가 정죄당하며 부패한 상태로 태어난다. 인류 전체는 아담과 공동 연대 관계에 있다.

반면 부패성은 도덕적 개념이거나 그 범주다. '오염'이라는 말도 사용할 수 있는 이유는, 그것이 우리의 도덕적 상태를 묘사하기 때문이다. 죄책이 하나님의 율법과의 관계에서 우리 상태를 묘사하는 말인 반면, 부패나 오염은 도덕적 특성을 묘사한다.[4] 원죄에 대해 말하자면, 아담의 죄책이 후손에게 전가될 뿐 아니라 그 결과 아담의 부패한 성품도 전가된다.

이제 우리 앞에 놓인 물음은 원죄의 이 요소들이 아담의 후손에게 전가되는지의 여부에 대한 것이며, 또 전가된다면 얼마나 엄밀하게 되는지에 대한 것이다. 먼저 원죄의 전이에 관한 여러 이론을 논의한 후 어느 이론이 가장 지지받는지 성경을 통해 살펴볼 것이다.

원죄의 전이

역사적으로 아담의 죄의 전이에 대한 네 가지 주요 이론이 있었다.

1. 펠라기우스주의 펠라기우스주의는 원죄를 부정하며 아담이 나쁜 사례를 보여준 것이라고 주장한다. 아담 이후의 각 사람은 중립적으로 태어난다. 오늘날 사람들이 범하는 죄는 아담의 죄악된 사례를 본받는 것이라고 설명할 수 있다.[5]

2. 간접적인 전가 인류는 아담의 부패성을 물려받았다. 그 부패성으로 인해, 즉 간접적으로 인류는 아담 안에서 유죄 상태다. 그러므로 죄가 부패성에 근거하며, 하나님은 전횡적이지 않으므로 부패성이 죄에 근거하는 것이 아니다.[6] 벌코프의 설명처럼 "그들이 아담 안에서 유죄 상태기 때문에 부패한 존재로 태어나는 것이 아니며, 부패하기 때문에 죄인으로 간주되는 것이다. 그들의 상황이 그들의 법적 상태에 근거하는 것이 아니라, 그들의 법적 상태가 그들의 상황에 근거한다."[7]

3. 리얼리즘 리얼리즘 주창자들은 하나님이 우리를 공통적인(또는 같은 종의) 한 인류로 창조하셨음을 주장한다.[8] 즉, 우리를 아담과 연결시키는 끈은 물리적 실재다. 그러므로 아담이 죄를 범했을 때 인간 본성이 그와 함께 타락했다. 사람이 유죄인 것은 아담이 죄를 범할 때 전적으로 그 안에 있었던 이 종으로서의(generic) 인간 본성을

공유하기 때문이다. 이 견해는 특히 히브리서 7장 9-10절을 근거로 삼는다.

4. 직접적인 전가(또는 연대론) 직접적인 전가 주창자들은 아담의 죄가 부패성을 통해 간접적인 전가에서처럼 간접적으로 전해지거나, 우리와 아담의 연대성이 인간 본성이라고 하는 리얼리즘적 개념에만 근거하는 것이 아니라고 주장한다.[9] 아담의 죄책은 직접적으로 전가된다. 우리는 그의 죄책을 직접적으로 물려받으며, 논리적으로 말하자면 우리의 부패성이 그 결과로 뒤따른다. 아담은 인류의 물리적(자연적, 혈통적) 머리일 뿐 아니라 연대적인 대표이기도 하다. 따라서 아담이 죄를 범했을 때 그의 후손을 대표했다. 그 결과 아담의 죄책이 모든 자손에게 직접 전가되었다. 또 그의 죄책이 모든 인류에게 돌려지기 때문에, 각 사람은 오염된 상태로 태어난다. 연대론적 견해는 특히 로마서 5장 12-21절을 근거로 삼는다.

각 견해를 상세히 비평할 수는 없지만, 반드시 고찰해야 할 몇 가지 사항이 있다.[10] 첫째, 펠라기우스의 견해가 전혀 타당하지 않은 것은 로마서 5장 12-21절, 고린도전서 15장 21-22절, 에베소서 2장 3절 같은 구절과 정면으로 충돌하기 때문이다. 이 구절에서 바울은 우리의 타락한 정체성을 아담과 연결하되, 아담을 모방한다는 의미가 아니라 아담의 대표성이라는 의미에서 연결한다. 성경은 원죄를 확언하지만 펠라기우스주의는 그것을 부정한다. 위에 언급한 모든 입장 가운데 펠라기우스의 입장은 비정통적이며, 초대교회 공의회에서 이단으로 선언되었다[예, 카르타고(418년), 밀레브(418년), 에베소(431년)].

둘째, 간접적인 전가로 보는 견해는 아담의 첫 번째 죄가 우리의 타고나는 부패성을 통해 간접적으로 전해진다고 말하지만, 왜 그 첫 번째 죄만 전가되는지에 대해서는 속 시원하게 설명하지 못한다. 또 로마서 5장 12-21절 같은 본문은 아담의 죄책이 부패성을 통해 간접적으로 전가됨을 결코 말하지 않는다.[11] 많은 사람이 죄인이(*하마르톨로이*) 되었다는 바울의 말은 부패해짐이나 부패하게 됨을 가리키지 않는다. 간접적인 전가로 보는 견해는 원죄 방정식에서 실제로 죄책을 어떻게 제외시키는지 설명해 주지 않는다. 설령 원죄란 인류가 아담의 부패성을 물려받음을 뜻할 뿐이라고 말하기만 해도, 부패 개념 자체가 죄책의 존재를 함축한다.[12]

셋째, 리얼리즘적 견해는 매력적인 것만큼이나 불완전하다. 히브리서 7장 9-10절 같은 본문은 공통의 인간 본성과 관련해 아담과 인류 간에 연합관계가 있음을 보여준다. 그러나 로마서 5장 12-21절에 나오는 바울의 비유는 종개념의 인간 본성에 대해 전혀 언급하지 않으며, 이 종개념을 아담과 그리스도께로 우리를 묶어주는 끈으로 간주하지도 않는다.[13]

게다가 로마서 5장에서는 아담-그리스도 관련 내용이 평행을 이룬다. 아담의 연대적 대표성이 죄책 전가를 초래하는 반면, 그리스도의 연대적 대표성은 의의 전가를 초래한다. 그러나 리얼리즘 견해는 로마서 5장의 평행을 깨트린다. 한편으로 우리는 종개념의 측면에서 (seminally) 아담에게 그리고 아담 안에 연합되어 있지만, 종개념의 측면에서 우리가 그리스도께 그리고 그리스도 안에 연합되어 있다고 말하는 건 터무니없다. 리얼리즘적 견해가 올바른 것이라면, 그 견해의 주창자는 죄인들이 아담과 동일시되는 것과 같은 방식으로 그리스도와 동일시되지 않음을 인정해야 한다. 대조적으로, 직접적인 전가 개념에 있어서는 "인류가 아담의 죄에 참여하는 방식이 신자들이 그리스도의 의의 행위에 참여하는 방식과 동일하다"고 페스코는 말한다.[14] 우리는 아담 안에서 법정적으로 유죄지만, 우리에게 전가되어 인정되는 그리스도의 의 덕분에 그리스도 안에서 법정적으로 의롭다고 선언된다.

이 모든 견해 중에서 직접적인 전가 개념이 여러 이유로 성경적이다. 이어서 직접적인 전가를 뒷받침하는 신학적인 논거, 즉 구속사의 흐름에 뿌리를 두고 있는 논거를 논의할 것이다. 그리고 다음 장에서는 직접적인 전가를 더 상세히 주석학적으로 뒷받침할 것이다.

구속사에서 얻는 신학적 논거
아담: 첫 언약의 머리

직접적인 전가는 창세기 3장에서 전개되는 기사(특히 창조 때 아담과 더불어 체결된 행위 언약)를 해석하기 위한 적절한 범주를 제공한다. 물음 7에서 보게 되듯 창세기 기사는, 특히 로마서 5장 12-21절에서 바울이 그 기사를 해석한 내용은 하나님이 아담과 더불어 언약을 세우셨음을 기정사실화한다. 이 언약은 조건(선악을 알게 하는 나무를 먹지 말라), 징벌(죽음), 약속된 보상(영생과 하나님과의 교류)을 담고 있다. 또 그 언약에는 언약 설립자(하나님)와 언약 수령자(아담)가 있다. 아담은 그의 후손(인류)을 대표한다.[15] 언약 설립자께서 아담과 이 언약 관계로 들어가기 위해 친히 내려오셨다.

그것이 행위 언약이라 불리는 이유는, 아담이 생명과 거룩함과 하나님과의 영구적 친교 상태로 들어가는 것이 하나님의 명령에 대한 순종을 조건으로 했기 때문이다. 어떤 이들은 이를 창조 언약이라 부르는데, 그것은 이 언약이 창조 기사 내에 위치하기 때문이다. 우리가 어떻게 부르든, 하나님은 아담에게(그리고 결과적으로 그의 후손에게) 생명을 약속하셨다. 물론 그 약속은 시험 기간 동안 약속을 무흠하게 순종할 것을 조건으로 한 것이다.[16] 순종에 대한 보상으로 생명 나무에 무제한적으로 다가갈 수 있을 것이었다(창 2:9; 3:22,24; 참조, 계 2:7). 아담이 하나님의 뜻에 복종하면 칭의라는 결과에 이를 것이었다.[17]

율법과 복음

지금까지 개괄한 내용에서, 율법과 복음 간의 대조에 주목하라. 창조 언약은 아담이 하나님의 계명에 순종할 것인지를 시험한다. 하나님의 지침이 아담에게 분명히 전달되었다. 하나님은 아담에게 친히 말씀으로 알려주셨다. 또 창조주께 순종하는 도덕적 의무는 아담의(그리고 아담 이후 모든 사람들의) 마음속에 선천적으로 내재된 그 무엇이다. 그것은 아담의 도덕적 DNA의 특징을 이룬다. 그는 하나님의 형상으로 지음받았기 때문이다. 아담이 하나님의 법을 어기자 정죄가 뒤따랐고, 하나님의 외적인 말씀(verbum externum), 복음 선언, 아담의 상태와 상황을 변화시킬 수 있는 소식이 절실히 필요해졌다(창 3:15).[18]

요점은 성경의 서두에 율법과 복음이 대조되고 있다는 것이다. 율법이 우리에게 책임을 부여하고 심판관이신 하나님 앞에서 우리의 범죄를 드러낸다. 율법은 하나님의 의를 대면하게 한다. 그러나 복음 안에서 하나님은 구주로 행동하시며, 그 결과 우리는 하나님께 의를 선물로 받는다.

그리스도: 새 언약의 머리

다음 장에서 보겠지만, 아담은 이 행위 언약에서 우리의 연대적 대표자로 행동한다. 바울은 로마서 5장에서 아담의 머리 됨과 그리스도의 머리 되심을 대조하면서 이 점을 상기시킨다. 펠라기우스의 견해와 달리 아담은 자신을 위해서만 행동하고 있지 않다. 그는 우리의 선조, 우리의 머리, 우리의 언약의 머리이며, 그의 선택은 모든 사람에게 영향을 미친다. 또 리얼리즘적 견해와 달리 아담과 그의 후손 간의 결속은 주로 생물학적인 것이 아니라, 바울이 아담의 법정적 유업과 그리스도의 법정적 유업을 나란히 비교한 데서 분명해지듯이 근본적으로 언약적이며 법정적이다.

언약적 머리 됨이 핵심적인 요소로 입증된다. 아담이 죄를 범했을 때, 하나님은 우리 언약의 머리가 처음 지은 죄의 죄책을 아담의 후손인 우리에게 전가시키셨다.[19] 아담이 법적으로(법정적으로) 우리를 대표하기 때문이다.[20] 그 결과 우리는 아담의 죄책만이 아니라 그의 타락성도 물려받은 채 태어난다. 태어날 때부터 아담의 부패성이 우리의 부패성이 된다. 간접적인 전가 개념과는 대조적으로, 사람은 부패한 상태기 때문에 죄 있는 존재로 태어나는 것이 아니라, 아담 안에서 죄 있는 존재기 때문에 부패한 상태로 태어난다.

직접적인 전가 개념의 주요 이점은, 왜 아담의 다른 모든 죄가 아닌 그의 첫 번째 죄만이 우리의 책임으로 전가되는지에 대한 이론적 근거를 제공한다는 것이다. 아담의 머리 됨과 대표성은 시험적인 행위 언약 기간 내에서만 적용된다. 그 후에는 언약이 깨트려졌다. 아담과 나머지 인류는 그 결과로 벌을 받는다. 아담의 죄책은 뒤이은 부패에 대한 근거다. 인류의 유일한 소망은 죄책 대신에 자신의 의를 아담의 후손에게 전가시키실 수 있는 두 번째 아담의 도래다. 바울이 로마서 5장에서 설명하듯, 두 번째 아담은 그리스도의 모습으로 오신다. 새 언약의 머리로서 그리스도께서 우리를 대표하시고, 율법 위반에 따른 징벌을 당하실 뿐 아니라 우리를 대신해 율법을 완벽하게 지키신다. 우리가 첫 아담과 연합되었고 그 결과 그의 정죄받은 법적 신분을 물려받은 반면, 이제는 둘째 아담과 연합되어 그의 대표성으로 그의 의가 우리에게 전가되었으며 하나님 앞에서 의로운 법적 신분이 주어졌다. 바울이 크게 감탄하면서 결론짓듯이, "한 사람의 범죄로 말미암아 사망이 그 한 사람을 통하여 왕 노릇 하였은즉 더욱 은혜와 의의 선물을 넘치게 받는 자들은 한 분 예수 그리스도를 통하여 생명 안에서 왕 노릇 하리로다"(롬 5:17).

결론

리얼리즘적 견해의 통찰력을 내버릴 것이 아니라 그것이 성경적이라면 받아들여야 한다(예, 히 7:9-10). 그러나 리얼리즘 입장 자체로만은 불충분하다. 리얼리즘적 견해는 연대론적-직접적인 전가 개념을 수반하고 이에 근거해야 한다. 다음 장에서 왜 이것이 성경적인 사실인지 살펴볼 것이다.

요약

원죄의 전이를 설명하려는 여러 시도가 있었다. 주요 견해는 펠라기우스주의, 간접적인 전가, 리얼리즘, 직접적인 전가, 이 네 가지로 요약된다. 직접적인 전가 개념이 창세기 1-3장과 로마서 5장 12-21절에 묘사된 언약 구조의 성경적인 의미를 가장 잘 드러낸다.

더 깊은 묵상을 위한 물음

1 펠라기우스의 견해는 타락 후의 인류에 대한 관점에 어떤 영향을 미치는가?
2 리얼리즘적 입장의 주요 약점은 무엇인가?
3 간접적인 전가와 직접적인 전가의 차이점에 비추어 볼 때, 우리의 타고나는 부패성은 타고나는 죄책에서 비롯되는가 아니면 그 반대인가?
4 창세기 1-3장과 로마서 5장 12-21절에 가장 잘 맞는 견해는 어느 것인가?
5 하나님과 아담의 대화 속에 언약이 존재함을 창세기 2장은 어떤 식으로 알려주는가?

물음 3. 우리는 아담의 죄로 인한 죄책과 부패성을 물려받는가?(2)

직접적인 전가로서의 원죄를 정의했으니, 이제 남은 물음은 '그 교리를 성경에서 가르치는가?' 하는 것이다. 이 물음에 대한 긍정적인 대답이자, 원죄가 순이론적인 교리가 아닌 확고한 성경적 기초에 근거한 것임을 나타내는 몇몇 성경구절이 있다. 이 성경적 기초는 구원과 관련해 우리가 도출할 결론의 열쇠가 될 것이다.

직접적인 전가에 대한 성경적 근거

아담과의 연합과 그리스도와의 연합(롬 5:12-21)

로마서 5장 12-21절은 원죄에 대한 표준 본문이다. 12절에서 바울은 "그러므로 한 사람으로 말미암아 죄가 세상에 들어오고 죄로 말미암아 사망이 들어왔나니 이와 같이 모든 사람이 죄를 지었으므로 사망이 모든 사람에게 이르렀느니라"고 말한다. 한 사람은 아담을 가리킨다. 죄가 아담을 통해 세상에 들어왔고, 아담의 죄를 통해 죽음도 세상에 들어왔다(창 2:17; 3:19).[1] 바울은 "모든 사람이 죄를 지었으므로 사망이 모든 사람에게 이르렀느니라"고 말한다.[2] "모든 사람이 죄를 지었으므로"[3]라는 말은 무슨 뜻일까? 바울이 펠라기우스의 견해, 즉 모든 사람의 실제적이며 개인적인 죄를 가리킨다고 하는(모든 사람이 아담의 예를 모방한다고 하는) 견해를 취한 것으로 볼 수는 없다.[4] 로마서 5장의 문맥은 바울이 아담과 그리스도를 비교하고 있음을 나타낸다(참조, 롬 5:12-21). 아담이 우리를 대신해 우리의 대표자로 서 있다. 5장 12절에서, 그리고 특히 5장 15-19절에서, 인류의 죽음과 정죄는 아담의 죄 때문이다. 그러므로 실제적인 죄에 대한 언급은 배제된다. "아담의 한 범죄 때문에 하나님이 모든 인류를 죄 있는 존재로 보신다"고 페스코는 확언한다.[5] 이어지는 구절이 아담의 죄와의 연대성을 설명한다. "그러므로 한 사람으로 말미암아 죄가 세상에 들어오고 죄로 말미암아 사망이 들어왔나니 이와 같이 모든 사람이 죄를 지었으므로 사망이 모든 사람에게 이르렀느니라 죄가 율법 있기 전에도 세상에 있었으나 율법이 없었을 때에는 죄를 죄로 여기지 아니하였느니라 그러나 아담으로부터 모세까지 아담의 범죄와 같은 죄를 짓지 아니한 자들까지도 사망이 왕 노릇 하였나니 아담은 오실 자의 모형이라"(롬 5:12-14). 아담부터 모세까지의 시대에는 예컨대 십계명 같은 하나님의 기록된 율법이 없었음을 바울은 인정한다.[6] 그럼에도 사람들은 죽었다. 율법이 없었을 때 죄를 죄로 여기지 않았다면 어떻게 그런 일이 있을 수 있을까? 그 이후의 모든 사람이 아담의 죄에 근거하여 하나님 앞에서 죄 있는 것으로 간주되었기 때문이다. 기록된 율법을 가지고 있지 않았던 자들도 아담 안에서 죄 있는 자로서 사망에 처해졌다.

이러한 해석에 대해 다음과 같은 반대 견해가 제기될 수 있다. 모세 이전 사람들에게 임한 정죄와 죽음의 원인은 그들 자신의 죄였기 때문에, 바울은 그들이 아담의 죄 때문에 죽었다고 주장할 수 없다는 것이다. 로마서 2장 12절에서, 바울은 율법 없이 죄를 범하는 자들이 율법 없이 멸망한다고 주장하지 않는가? 그들이 멸망하는 것은 그들의 마음에 기록된 율법을 범하기 때문이다. 그렇다면 로마서 5장에서 바울은 어떻게 죽음이 아담의 죄 때문에 왔다고, 혹은 더 구체적으로 아담의 죄책이 모든 인류에게 전가되었다고 말할 수 있을까?[7]

이 물음에 답함에 있어, 모세 율법 이전에 살았던 모든 이가 자신의 마음에 기록된 율법을 범한 자로서 하나님 앞에서 정죄되었다는 것은 사실로 인정되어야 한다. 이는 창세기 6-8장의 대홍수 이야기, 창세기 11장의 바벨탑 사건, 시내산에서 율법이 주어지기 전의 무수한 다른 죄악 사례를 통해 분명해진다. 그러나 로마서 5장 같은 본문을 통해 죄책 전가에 대한 교리를 확언한다고 해서, 모세 이전 사람들이 실제로 범한 죄가 그들의 정죄를 더하게 했다는 사실을 부정하는 건 아니다. 시내산 율법 이전에 실제로 범한 죄를, 로마서 5장에서 제시된 모든 사람에게 사망이 확산된 이유에 대한 포괄적인 설명 또는 유일한 설명으로 보는 것은 불충분한 입장이다. 그것은 다음 사항을 설명해 주지 않기 때문이다. 첫째, 어떻게 한 사람을 통해 "모든 사람이 죄를 지었으므로" 사망이 모든 사람에게 확산되는가(롬 5:12). 둘째, 어떻게 아담의 죄가 죄의 보편적인 지배를 초래하는가. 셋째, 어떻게 바울이 아담과 그리스도를 비교하면서 "한 범죄로 많은 사람이 정죄에 이른 것같이 한 의로운 행위로 말미암아 많은 사람이 의롭다 하심을 받아 생명에 이르렀느니라"(롬 5:18)고 말할 수 있는가. 그렇다. 모세 이전의 모든 사람이 심각한 죄를 범했고 마음에 기록된 율법을 어김으로써 그 죄가 거룩하신 하나님 앞에서 그들에게 정죄를 더하게 했다. 그럼에도 시내산 율법 이전에 임했던 죽음과 정죄의 근본적인 근거는 모든 사람이 아담의 죄를 물려받았다는 사실이다. 인간 본성의 부패와 악한 행동을 불가피하게 초래한 것이 바로 이 물려받은 죄책(정죄; 참조, 롬 5:18)이며, 그 역순은 아니다.[8]

로마서 5장 16-19절은 물려받은 죄책 개념을 강화할 뿐이다.

> 또 이 선물은 범죄한 한 사람으로 말미암은 것과 같지 아니하니 심판은 한 사람으로 말미암아 정죄에 이르렀으나 은사는 많은 범죄로 말미암아 의롭다 하심에 이름이니라 한 사람의 범죄로 말미암아 사망이 그 한 사람을 통하여 왕 노릇 하였은즉 더욱 은혜와 의의 선물을 넘치게 받는 자들은 한 분 예수 그리스도를 통하여 생명 안에서 왕 노릇 하리로다 그런즉 한 범죄로 많은 사람이 정죄에 이른 것같이 한 의로운 행위로 말미암아 많은 사람이 의롭다 하심을 받아 생명에 이르렀느니라 한 사람이 순종하지 아니함으로 많은 사람이 죄인 된 것같이 한 사람이 순종하심으로 많은 사람이 의인이 되리라

바울은 12절에서 시작한 비교를 완성하며 자세히 설명한다. 아담의 범죄 때문에, 모든 사람이 하나님 앞에 정죄받는다. '정죄'라는 표현이 의미심장하다. 모든 사람에 대한 정죄라고 하는 심판은 아담의 한 범죄에 근거한다. 머레이가 주장하듯이, "그 [재판상의] 판결이 합법성과 강제력을 얻는 데는 그 한 범죄만으로 충분하다. 사실 그 한 범죄가 다름 아닌 모든 사람의 정죄를 요구했다."[9] 여기서 충격적인 것은 정죄(카타크리마)가 아담에게 국한되지 않는다는 점이다. "주변 문맥은(롬 5:15-19) 아담의 한 범죄로 인해 그 정죄가 모든 사람에게 미침을 알려준다." 따라서 슈라이너는 "여기서 원죄 개념을 본다"

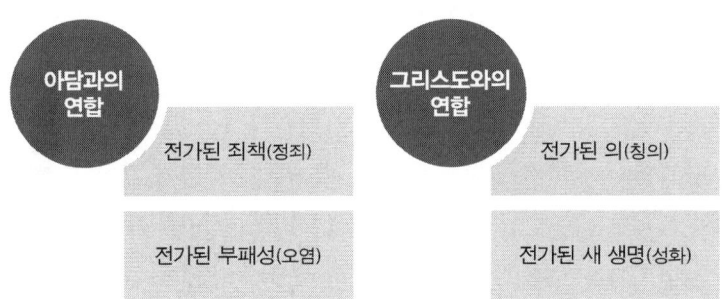

고 말한다.¹⁰ 본문은 우리가 자신의 개인적인 죄 때문에 정죄된다고 (대체로 이것이 사실이지만) 결코 말하지 않으며, 아담의 죄 때문에 우리가 죄악되고 정죄된 세상에 들어가게 되었음을 말한다. 또 "바울은 그런 개념을 변호하거나 변명하지 않고 단지 확언할 뿐이다"¹¹라는 슈라이너의 말에 주목하라. 모든 사람은 아담의 한 범죄로 인해 거룩하신 하나님 앞에 정죄된 이 세상에 태어난다.

더욱이 바울은 정죄와 칭의를 비교하며 대조한다. 바울이 가장 명확하게 진술한 내용은 18-19절이다. 그리스도의 의의 한 행동이 칭의라는 결과를 가져오듯이, 아담의 불순종의 한 행동이 정죄라는 결과를 가져온다.¹² 전자는 한 사람 그리스도가 풍성한 은혜와 거저 주어지는 의의 선물을 가져다준 반면, 후자는 한 사람 아담이 사망과 심판을 가져다주었다. 바울이 사용하는 법정적 표현(죄, 범죄, 심판, 정죄, 칭의, 의)을 외면해서는 안 된다.¹³ 아담 안에서 우리는 죄악된 상태지만, 그리스도 안에서는 의로운 상태다. 투레틴은 "우리는 그리스도 안에서 의로운 상태인 것과 똑같은 방식으로, 아담 안에서 죄인이다"라고 말한다.¹⁴

로마서 5장에서 대표성을 시사하는 표현을 배제하는 것도 불가능하다. 아담은 죄를 범했을 때 우리의 대표자로서 행동한 반면, 그리스도는 하나님께 순종했을 때 우리의 대표자로서 행동하셨다.[15] 그리스도께서 우리의 머리로서 행동하셨듯, 아담이 우리의 머리로서 행동했다는 점에서 그리스도의 모형이었다.[16] 대표를 뜻하는 표현은 불가피하게 전가 교리로 이끈다. 머레이는 다음과 같이 주장한다. "대표자와의 연합으로 아담의 죄가 우리의 죄로 간주되며, 그래서 그 죄로 말미암는 모든 결과도 우리에게 미친다고 하는 것은 전가 개념으로 이해될 수밖에 없다. 하나님의 법정적 심판에 있어 아담의 죄는 모든 사람의 죄다."[17] 아담과의 연대성 때문에 그의 죄책이 우리 것으로 전가된다(물음 24-25를 보라). 그러나 그리스도와의 연대성으로 인해 그의 의가 우리 것으로 전가된다. 마찬가지로 아담과의 관계 때문에 그의 불순종이 우리 것으로 간주되지만, 그리스도와의 관계 때문에 그의 순종이 우리 것으로 간주된다. 전자는 정죄로 이끄는 반면 후자는 칭의로 이끈다.[18]

덧붙여 말하자면, "많은 사람이 죄인 된"이라는 구절은(롬 5:19) 과거에 완료된 행동을 가리킨다. 하나님은 아담이 죄를 범했을 때 모든 사람이 죄를 범한(죄인인) 것으로 간주하셨다. 비록 우리가 아직 존재하지 않았지만, 우리는 아담처럼 죄를 범했다. 바울은 모든 사람이 죄를 범한 것이 아담의 죄를 통해서였음을 주장한다. 아담과의 연합 때문에, 아담이 죄를 범했을 때 우리도 하나님 보시기에 그와 함께 타락한 것이다. 그러므로 모든 인류에게 죽음이 침투하게 된 근거 역할을 하는 것은 아담의 죄다.[19]

이 신비에 대해서는 그리스도 안에 있는 구원과 비교할 때 더 잘 이해할 수 있다. 로마서 5장 8절에서 바울은 "우리가 아직 죄인 되었을 때에 그리스도께서 우리를 위하여 죽으심으로 하나님께서 우리에 대한 자기의 사랑을 확증하셨느니라"고 말한다(고후 5:21). 그러므로 하나님은 아담 안에 있는 우리를, 그의 아들을 통해 구원받을 필요가 있는 죄인으로 보셨던 것 같다.

첫사람 아담(고전 15:45-49)

로마서 5장 외에 고린도전서 15장 같은 본문도 원죄 교리를 뒷받침한다. 고린도전서 15장에서 바울은 아담이 우리의 대표자로서 죄를 범했음을 다시 시사한다. 고린도전서 15장 21-22절에서 바울은 아담과 그리스도를 대조한다. "사망이 한 사람으로 말미암았으니 죽은 자의 부활도 한 사람으로 말미암는도다 아담 안에서 모든 사람이 죽은 것같이 그리스도 안에서 모든 사람이 삶을 얻으리라." 후에 바울은 창세기 2장 7절을 인용하면서, "첫 사람 아담은 생령이 되었다 함과 같이 마지막 아담은 살려주는 영이 되었나니"라고 말한다(고전 15:45).

그리스도를 마지막 아담이라고 부름으로써, 바울은 아담이 우리를 대표하는 것이 그리스도께서 우리를 대표하시는 것과 유사함을 암시한다. 다른 의미이기는 하지만, 아담과 그리스도 둘 다 우리의 머리 역할을 한다. 머리로서 전자는 우리를 정죄에 이르게 하고, 후자는 칭의에 이르게 한다.[20] 아담 안에서 우리가 모두 죽듯, 그리스도 안에서 우리는 살아난다.[21] 아담 안에 있는 모든 사람은 그의 추방, 소외, 죄책, 부패, 죽음을 공유한다. 공동의 연대성으로 아담과 결부되어 아담의 후손이 된다는 것은 바로 이런 의미다. 아담에게 해당했던 것이 이제 우리 것이다. 그리스도와의 연합도 마찬가지다. 그리스도 안에 있는 사람은 그의 승리와 의와 부활 생명을 공유한다. 아담 안에서 우리는 정죄되었지만, 그리스도 안에서 새 생명과 칭의를

얻는다. 그러므로 그룹의 운명은 대표자에 의해 결정된다.[22]

결론

이러한 핵심 성경구절에서 우리가 내려야 하는 결론은 무엇일까? 아담이 죄를 범했을 때 모든 인류를 대표했기에 그의 죄책이 우리 것으로 전가되었다는 것이다. 그리스도의 의의 한 행동에 근거하여 우리가 의롭다고 간주되듯, 아담의 불순종의 한 행동에 근거하여 죄 있다고 간주된다.

요약

아담이 죄를 범했을 때 우리의 대표자로서 행동한 것이다. 그 결과 모든 인류가 아담의 죄 때문에 죄 있는 존재로 간주되었다. 아담 안에서 공동의 연대성이 있기 때문에, 그의 죄책이 모든 후손에게 전가된다. 이 교리는 그리스도와의 연합 개념과 유사하다(예, 롬 5:12-21). 아담은 언약 대표자로서 행동하여 우리의 죄책과 정죄를 초래했다. 그리스도는 새 언약 대표자로서 행동하여 우리의 의와 칭의를 초래하셨다.

더 깊은 묵상을 위한 물음

1 전가된 죄책이라는 교리는 우리가 살고 있는 죄악되고 사악한 세상을 이해하는 데 어떤 도움을 주는가?
2 아담의 죄 때문에 당신이 죄 있다고 간주되는 것이 부당하다고

느끼는가?
3 전가된 죄책이라는 교리와 관련된 성경 본문을 읽을 때 개인주의적 사고방식이 어떤 식으로 영향을 미치는가?
4 전가된 죄책이라는 개념이 그리스도의 전가된 의를 더 잘 이해하도록 어떤 도움을 주는가?
5 전가된 죄책이라는 개념이 당신으로 하여금 죄를 더 미워하고 그리스도의 재림을 간절히 사모하게 하는가?

물음
4 / 우리는 전적으로
타락한 상태인가?

　모든 인류가 아담의 죄책을 물려받았다. 아담이 우리의 언약적 대표자로서 행동했기 때문에, 아담의 죄로 인해 죄책이 우리 것으로 전가되었다. 아담에게서 죄책을 물려받을 뿐 아니라 그 결과 아담에게서 죄성도 물려받는다. "아담 안에서 죄 있는 모든 사람은, 그 결과 부패한 본성도 지니고서 태어난다"고 루이스 벌코프는 말한다.[1] 신학자들은 이 교리를 '유전된 부패성' 또는 '유전된 오염'이라 부른다.[2] 이 표현은 아담의 죄 때문에 우리가 모두 타락한 본성을 지니고서 태어난다는 개념을 시사한다. 그렇다면 다음과 같은 질문이 제기될 수 있다. '우리는 어느 정도나 부패했는가?' '어떤 이들이 말하듯이 전적으로 타락한 상태인가?' '유전된 오염이 우리 존재의 모든 면으로 확산되었는가?'

전적 타락이 뜻하는 것과 뜻하지 않는 것

아담에게서 타락한 본성을 물려받았기에, 우리 본성의 그 어떤 부분도 타락에서 벗어나 있지 않다. 칼빈은 성경을 설득력 있게 요약한다. "아담이 의의 샘을 떠난 후에 영혼의 모든 부분이 죄에 사로잡혔다. 저급한 욕구가 그를 유혹했을 뿐 아니라 말할 수 없는 불경함이 생각의 요새를 장악하고 교만이 마음속 깊은 곳으로 침투했기 때문이다." 그 결과는 파괴적이다. "그 도덕적 질병의 영향을 받지 않고 순수하게 남은 영혼의 영역은 전혀 없다." 그리고 "생각은 맹목성에 넘겨지고 마음은 타락에 넘겨졌다."[3] 우리는 전적으로 타락했고, 이는 생각, 의지, 정서 등 우리 존재의 모든 부분이 죄에 오염되었음을 뜻한다.

유감스럽게도 전적 타락 교리를 오해해 온 이들이 많다. 따라서 전적 타락이 뜻하지 않는 것을 먼저 살펴보는 편이 지혜롭다. 첫째, 전적 타락은 타락할 수 있는 최대한의 정도만큼 타락했음을 뜻하지 않는다. 이것은 '전적'이라는 말에 대한 오해다. 하나님의 일반은총 덕분에 불신자들이 모든 형태의 죄나 최악의 죄에 몰두하지는 않는다. 하나님은 세상에서 악을 은혜롭게 제어하신다(창 9:6; 롬 13:4). 둘째, 전적 타락은 사람이 선과 악을 분별하지 못함을 뜻하지 않는다. 사람은 옳고 그름을 분간하는 양심을 지닌다. 전적 타락은 하나님의 뜻을 선천적으로 아는 지식을 배제하지 않는다(롬 2:14-15). 셋째, 전적 타락은 사람이 다른 이들을 이롭게 하는 방식으로 또는 다른 이들의 선한 행실에 감사를 표하는 방식으로 행동하지 못함을 뜻하지 않는다. 일반은총 덕분에 사회에 부패함이 공존함에도 시민적인 선이 남아 있다(왕하 12:2; 대하 24:2; 눅 6:33; 롬 13:4).

전적 타락이 무엇을 뜻하지 않는지를 살펴보았다. 그렇다면 사람이 철저히 타락했다는 것은 정확히 무슨 뜻일까? 첫째, 전적 타락은 아담에게서 물려받은 부패성이 본성의 모든 측면에 침투했음을 뜻한다. 역량 중 일부가 아니라 전부가 오염되었다. 달리 말해서, 전적 타락은 인간 존재 전체의 내적인 부패성을 가리킨다. 이 때문에 어떤 이들은 편만한 타락 또는 철저한 타락이라는 표현을 더 좋아한다.

둘째, 전적 타락은 하나님을 기쁘시게 하는 영적인 선을 전혀 행할 수 없음을 뜻한다. 우리는 죄의 종이다(물음 5를 보라). 하이델베르크 교리문답에서 확언하듯, 우리는 "어떤 선도 전혀 행하지 못하며 모든 죄악으로 향하는 경향이 있다."(8문) 불신자들이 사회에서 시민적인 선을 달성할 수 있지만, 이 행위는 결코 하나님을 향한 사랑과 경의와 신앙심에서 행하는 것이 아니다. 불신자들이 같은 인간에게 행하는 선은 결코 그리스도를 믿는 믿음으로 행하는 것이 아니다. 불신자들의 선한 행위는 완전하고 거룩하신 하나님 앞에서 더러운 누더기일 뿐이고(사 64:6), 구원을 얻게 하는 공적과 무관하며 믿음에서 나오는 것일 수 없다.

성경에서 보여주는 전적 타락

전적 타락 교리는 성경 줄거리의 처음부터 끝까지 전체를 물들인다. 타락 사건이 있은 지 오래 지나지 않아 아담의 후손에 대한 이야기가 나온다. "여호와께서 사람의 죄악이 세상에 가득함과 그의 마음으로 생각하는 모든 계획이 항상 악할 뿐임을 보시고"(창 6:5; 참조, 8:21). 사람의 행동만이 아니라 그의 마음으로 생각하는 모든 계획마저 항상 악했다는 사실에 주목하라. 히브리 인간학에서 마음은 인간 존재의 핵심이며 중심이다(창 31:20; 시 33:11; 삼상 10:26).[4] 인간의 타락은 피상적이 아니라 본질의 핵심까지 침투한 것이다. 더욱이 성경 본문은 사람 마음의 생각이 항상 악할 "뿐"이라고 말한다. 단 한 방울의 선도 그 속에 섞여 있지 않았다.[5]

하나님이 대홍수를 통해 사람을 멸하신 후에도(창 6:7), 바벨탑 사건과(창 11:1-9) 소돔과 고모라 멸망에서(창 18-19장) 보여주듯 인간의 타락한 모습은 여전하다. 서글프게도 하나님의 선민인 이스라엘마저 자신의 눈에 옳은 대로 행했으며(삿 21:25) 마음의 타락성을 드러냈다(신 12:8). 이 점에 대해 다윗 왕은 솔직하고 진지하게 토로한다. "그들은 부패하고 그 행실이 가증하니 선을 행하는 자가 없도다 여호와께서 하늘에서 인생을 굽어살피사 지각이 있어 하나님을 찾는 자가 있는가 보려 하신즉 다 치우쳐 함께 더러운 자가 되고 선을 행하는 자가 없으니 하나도 없도다"(시 14:1-3; 참조, 롬 3:10). 시편 14편에 근거하여 두 가지 사실을 고찰할 필요가 있다. 첫째, 다윗은 사람이 부패했다고 말하는데, 이는 사람이 부도덕하고 썩고 오염되고 비열함을 뜻한다(참조, 시 53:3).[6] 타락은 인간 존재의 한 면에만 국한되지 않고 모든 국면으로 스며들었다. 둘째, 반복 내용을 놓치지 말라. "다" "함께" "없으니" "하나도 없도다"가 반복적인 내용이다. 타락은 인간에게 미치는 영향에 있어 인간 존재에 만연한 것일 뿐 아니라 보편적인 것이기도 하다. 어떤 사람도 타락에서 예외가 아니다. 다윗의 말처럼(시 143:2) "주의 눈앞에는 의로운 인생이 하나도" 없다.

또 다윗은 사람이 태어날 때부터 그처럼 타락한 상태임을 믿는다. 예컨대 사무엘하 11장에서 다윗은 헷 사람 우리아의 아내인 밧세바와 더불어 간음을 범한다. 밧세바의 임신 사실을 알고서, 다윗은 죄를 감추기 위해 우리아가 전투 중에 전사당하도록 만든다(삼하 11:15). 여호와께서 매우 노하셔서 나단을 보내 다윗의 죄를 지적하게 하신다(12:9). 마음에 찔린 다윗은 "내가 여호와께 죄를 범하였노라"고 나단에게 자백한다(12:13). 시편 51편 1-4절에서 다윗의 비통한 심경을 읽을 수 있다. 다윗은 하나님의 자비를 구하며, 자신의 죄악을 지우고 죄를 씻어주실 것을 하나님께 간구한다. 5절에 주목하라. "내가 죄악 중에서 출생하였음이여 어머니가 죄 중에서 나를 잉태하였나이다." 자기의 죄성에 압도된 다윗은 자신이 잉태될 때부터 여호와 앞에서 죄악되었음을 고백한다. 어머니의 자궁 속에서부터 그는 죄성을, 죄를 짓는 기질과 성향을 지녔다. 따라서 그는 자신이 "죄악 중에서 출생"하였다고 말할 수 있다. 시편 58편 3절에서 다윗이 말하듯 "악인은 모태에서부터 멀어졌음이여 나면서부터 곁길로 나아가 거짓을" 말한다.

다윗만 이처럼 말하는 것이 아니다. 욥기 15장 16절에서는 "악을 저지르기를 물 마심같이 하는 가증하고 부패한 사람"을 언급한다. 욥은 "여인에게서 태어난 사람은 생애가 짧고 걱정이 가득하며 … 누가 깨끗한 것을 더러운 것 가운데에서 낼 수 있으리이까 하나도 없나이다"라고 결론짓는다(욥 14:1,4; 참조, 시 143:2). 솔로몬은 "내가 내 마음을 정하게 하였다 내 죄를 깨끗하게 하였다 할 자가 누구냐"고 묻는다(잠 20:9). 이 물음에 대한 답은 "아무도 없다!"이다. 전도서 말씀도 보라. "선을 행하고 전혀 죄를 범하지 아니하는 의인은 세상에 없기 때문이로다"(전 7:20; 참조, 시 143:2). 또 전도서 9장 3절에서는 "인생의 마음에는 악이 가득하여 그들의 평생에 미친 마음을 품고 있다가 후에는 죽은 자들에게로 돌아가는 것이라"고 말한다. 이사야도 같은 말을 한다. "우리는 다 양 같아서 그릇 행하여 각기 제 길로 갔거늘"(사 53:6). "무릇 우리는 다 부정한 자 같아서 우리의 의는 다 더러운 옷 같으며"(사 64:6상). 선지자 예레미야도 동의한다. "만물보다 거짓되고 심히 부패한 것은 마음이라 누가 능히 이를 알리요마는"(렘 17:9; 참조, 겔 36:26).

　신약성경도 전적 부패를 확언한다. 예수님은 의식적 정결 문제, 즉 식사 전에 손 씻는 문제로 바리새인의 지적을 받았을 때, 사람을 더럽게 하는 것은 사람 안으로 들어가는 것이 아니라 사람 안에서 나오는 것이라고 설명하셨다. "속에서 곧 사람의 마음에서 나오는 것은 악한 생각 곧 음란과 도둑질과 살인과 간음과 탐욕과 악독과 속임과 음탕과 질투와 비방과 교만과 우매함이니 이 모든 악한 것이 다 속에서 나와서 사람을 더럽게 하느니라"(막 7:21-23; 참조, 출 20:13-15; 요 5:42-44). 사람의 문제는 그의 손이 더럽다는 것이 아니라 마음, 내면 깊숙한 곳의 본성이 더럽다는 것이다. 예수님은 죄악된 성품을 하나하나 열거하면서 인간이 얼마나 사악한지를 알려주신다. 인간의 타락은 제한된 것이 아니라 근본적인 것이다. 하나님을 사랑하는 마음을 지닌 사람이 아무도 없다. 우리는 모두 삶에 대한 하나님의 주권을 거부하고 서로에게서 영광을 구했다(요 5:42). 이 주제는 예수님과 복음서 기자들의 가르침 전반에 걸쳐 나온다(요 1:13; 3:6; 5:42; 6:44; 8:34; 15:4-5).

　인간의 부패성을 바울만큼 탁월하게 묘사한 사람은 없을 것이다.

　　하나님을 알되 하나님을 영화롭게도 아니하며 감사하지도 아니하고 오히려 그 생각이 허망하여지며 미련한 마음이 어두워졌나니 스스로 지혜 있다 하나 어리석게 되어 썩어지지 아니하는 하나님의 영광을 썩어질 사람과 새와 짐승과 기어다니는 동물 모양의 우상으로 바꾸었느니라 그러므로 하나님께서 그들을 마음의 정욕대로 더러움에 내버려 두사 그들의 몸을 서로 욕되게 하게 하셨으니 이는 그들이 하나님의 진리를 거짓 것으로 바꾸어 피조물을 조물주보다 더 경배하고 섬김이라 주는 곧 영원히 찬송할 이시로다 아멘 이 때문에 하나님께서 그들을 부끄러운 욕심에 내버려 두셨으니 곧 그들의 여자들도 순리대로 쓸 것을 바꾸어 역리로 쓰며 그와 같이 남자들도 순리대로 여자 쓰기를 버리고 서로 향하여 음욕이 불 일듯 하매 남자가 남자와 더불어 부끄러운 일을 행하여 그들의 그릇됨에 상당한 보응을 그들 자신이 받았느니라 또한 그들이 마음에 하나님 두기를 싫어하매 하나님께서 그들을 그 상실한 마음대로 내버려 두사 합당하지 못한 일을 하게 하셨으니 곧 모든 불의, 추악, 탐욕, 악의가 가득한 자요 시기, 살인, 분쟁, 사기, 악독이 가득한 자요 수군수군하는 자요 비방하는 자요 하나님께서 미워하시는 자요 능욕하는 자요 교만한 자요 자랑하는 자요 악을 도모하는 자요 부모를 거역하는 자요 우매한 자요 배약하는 자요 무정한 자요 무자비한 자라 그들이 이 같은 일을 행하는 자는 사형에 해당한다고 하나님께서 정하심을 알고도 자기들만 행할 뿐 아니라 또한 그런 일을 행하는 자들을 옳다 하느니라 _롬 1:21-32

사람이 부패한 본성을 물려받았다는 사실에 대한, 또는 이 본성이 전반적으로 타락했다는 사실에 대한 의심이 있다면, 바울이 그 의심을 제거한 셈이다. 사람이 하나님께 영예와 영광 돌리기를 거부하기 때문에 하나님의 진노가 뜨겁게 타오른다. 사람의 마음은 어둡고, 하나님의 영광을 피조물의 형상과 바꾸며, 육신의 비열한 욕정에 몰두한다. 사람은 "모든 불의"로 가득하다. 예수님처럼 바울은 악한 성품을 하나하나 열거함으로 인간 타락의 만연된 특성을 보여준다. 추악과 탐욕과 악독은 "타락의 총합과 그 강도를 더해준다."[7] 남은 결론은 단 하나다. 사람은 절망적이며, 잃어버린 바 되었고, 부패했으며,

하나님 앞에 정죄되었다(참조, 롬 3:9-20; 8:5-7). 에베소인들에게 쓴 바울의 편지 내용이 이 모든 것을 말하는 듯하다. "그는 허물과 죄로 죽었던 너희를 살리셨도다 그때에 너희는 그 가운데서 행하여 이 세상 풍조를 따르고 공중의 권세 잡은 자를 따랐으니 곧 지금 불순종의 아들들 가운데서 역사하는 영이라 전에는 우리도 다 그 가운데서 우리 육체의 욕심을 따라 지내며 육체와 마음의 원하는 것을 하여 다른 이들과 같이 본질상 진노의 자녀이었더니"(엡 2:1-3). 각 사람이 모두 부패했고, 어둠과 허망함과 하나님으로부터 멀어짐과 마음의 완악함과 죄의 속박으로 인해 잃어버린 바 되었다.[8] 자연히 에베소서 2장에는 정죄의 무거운 의미가 들어 있다. 본성적으로 사람은 하나님의 진노 아래 있다.

전적 타락과 복음

전적 타락 교리는 그리스도인의 삶에 어떤 영향을 미칠까?

1. 불신자들은 중립적이지 않다. 인간의 상태와 관련하여 오늘날 가장 흔한 오해는 우리가 도덕적 중립 상태로 이 세상에 태어난다는 것이다. 그러나 모든 사람은 언약적 머리인 아담의 부패성을 지닌 채 태어난다.[9] 실제적인 차원에서, 이는 우리가 죄악된 기질을 지니고서 이 세상에 들어옴을 뜻한다. 더욱이 우리 존재의 그 어떤 부분도 죄의 오염에서 벗어나 있지 않다. 우리의 부패성이 너무나 만연해서 우리의 가장 깊은 은밀한 생각마저도 제외되지 않는다.

그러므로 하나님의 눈에 선한 사람이 전혀 없음을 깨달아야 한다(롬 3:10-12). 바리새인처럼 자신의 의를 내세운다면 정죄당할 것이다. 우리가 의지할 수 있는 자기 의란 없기 때문이다(눅 18:11-12,14). 우리가 지닌 모든 것은 붉게 오염되어 있다. 세리처럼 가슴을 치며 "하나님이여 불쌍히 여기소서 나는 죄인이로소이다"라고 부르짖는 사람만이 하나님 앞에서 의로워질 것이다(눅 18:13-14). 주변 세계를 보는 우리의 관점이 성경적인 실재를 통해 완전히 변해야 하며, 그럴 때 다음 단계로 나아가게 된다.

2. 복음 중심의 전도는 사람의 부패한 상태를 고려한다. 불신자를 도덕적으로 중립적인 존재 또는 손상되었지만 여전히 영적인 역량을 지닌 존재로 본다면, 복음은 전혀 의미가 없다. 사람들에게 필요한 것은 구주가 아닌 단지 특출한 도덕적 개혁가다. 호턴은 "우리가 아담의 무능한 사례를 피하기만 하면 된다면, 우리에게는 신인이신 구속주가 아니라 단지 더 나은 본보기만 필요할 뿐"이라고 말한다.[10] 그러나 성경에서 보는 내용은 확연히 다르다. 사람은 중립적이 아니며, 단지 개선이나 지원만 필요한 것도 아니다. 사람은 영적으로 죽은 상태다. 죄인에게 필요한 것은 영적 부활이다(물음 15-17을 보라).

이 같은 사실은 복음 전도와 구원에 의미심장한 영향을 미친다. 두 가지를 고려해 보라. 첫째, 우리가 전하는 복음은 죄인을 위한 복음이다. 예수님은 친히 말씀하셨듯 잃어버린 자를 찾아 구원하러 오셨다(눅 19:10). 그런데 당시의 종교지도자들은 예수님을 가리켜 먹기를 탐하고 포도주를 즐기는 사람이요 세리와 죄인의 친구라고 불렀다(마 11:19). 왜 그랬을까? 부분적으로는, 예수님이 그런 사람들과 함께 시간을 보내셨기 때문이다. 예컨대 세리 마태를 부르신 것에 대해 바리새인들이 의문을 제기하자, 예수님은 "건강한 자에게는 의사가 쓸데없고 병든 자에게라야 쓸데있느니라 … 나는 의인을 부르러 온 것이 아니요 죄인을 부르러 왔노라"고 대답하신다(마 9:12-13하).

복음을 전할 때 분명히 하자. 우리는 사람들의 삶을 더 나아지게 하기 위한 도덕적 개선책을 제시하려는 것이 아니다. 혹은 그들 자신의 선행이나 노력 위에 단지 예수님을 덧보태도록 설득하려는 것도 아니다. 정반대로 우리는 선포된 말씀을 통해 성령께서 죽은 자를 부활시키실 수 있음을 믿고 묘지 가운데로 걸어가는 심정으로 사람들에게 나아간다(겔 37장). 죄인을 구원하는 복음을 가지고서 나아간다. "내가 복음을 부끄러워하지 아니하노니 이 복음은 모든 믿는 자에게 구원을 주시는 하나님의 능력이 됨이라 먼저는 유대인에게요 그리고 헬라인에게로다"(롬 1:16).

둘째, 사람이 타락한 상태라는 것은 우리가 좋은 소식을 전하기 전에 나쁜 소식을 먼저 전해야 함을 뜻한다. 때로 불신자는 예수님이 자신의 삶을 더 나아지게 하는 데 도움이 된다고 생각한다. 그런 접근법은 모든 불신자가 처한 심각한 곤경을 고려하지 못한 것이다. 만일 불신자가 자신의 정죄되고 오염된 상태를 먼저 보지 못한다면, 그는 구주가 필요함을 결코 알지 못할 것이다. 호턴은 명쾌하게 밝힌다. "복음은 하나님이 우리의 삶을 위해 흥미진진한 계획을 갖고 계시느냐가 아니라, 우리가 하나님으로부터 영원히 분리될 것인가에 초점을 맞춘다."[11] 사람의 부패한 상태를 진지하게 받아들이지 않으면, 복음의 내용을 완전히 오해할 위험에 처한다. 복음의 메시지는 나쁜 소식부터 시작해야 한다. 그렇게 하지 않으면, 좋은 소식이 우리와 무관하며 불필요한 것이 된다.

죄의 자각이 십자가 메시지에 선행되지 않으면 은혜는 놀라운 것이 아니다. 그러므로 출발점은 수직적이어야 한다. 우리는 죄인이고 부패한 상태며, 완벽하게 거룩하고 의로우신 하나님을 거역했다. 유일한 소망은 하나님의 아들이신 예수 그리스도를 통해 하나님과 화목해지는 것이다.¹² 구원이 여기에 있다.

요약

모든 인간은 대표자 아담에게서 물려받은 죄악되고 부패한 성품을 지닌 채 태어난다. 사람은 전적으로 타락했다. 이는 사람이 물려받은 부패성이 지성, 의지, 감정 등 역량 전체에 미침을 뜻한다. 죄인은 죄의 종이기 때문에 하나님 보시기에 영적으로 선한 일을 전혀 하지 못한다.

더 깊은 묵상을 위한 물음

1 이 장에 언급된 성경구절을 돌아보라. 전적 타락은 성경 줄거리를 이해하는 데 핵심적인 사항인가?
2 모든 사람이 본성적으로 진노의 자녀라면(엡 2:1-3), 죄인에게 하나님의 은혜는 어느 정도나 절실하게 필요할까?
3 그리스도인이 되기 전의 삶을 돌아보면, 그 삶의 방식에서 전적 타락은 어느 정도나 분명해지는가?
4 세상에서 사람들과 함께하는 매일의 경험에서 전적 타락 교리가 공감되는가?
5 전적 타락에 대한 성경적인 이해는 불신자의 구원을 위한 기도를 어떻게 변화시키는가?

물음
5

죄에서 벗어나려면 하나님의 은혜가 필요한가?

"구스인이 그의 피부를, 표범이 그의 반점을 변하게 할 수 있느냐 할 수 있을진대 악에 익숙한 너희도 선을 행할 수 있으리라"_렘 13:23

예레미야는 구스인의 검은 피부와 표범의 반점으로 시선을 돌리게 함으로써 인간의 타락과 관련된 창의적인 그림을 제시한다. 악인은 하나님의 눈에 옳고 선한 것을 전혀 행하지 못한다. 그것은 피부색을 바꾸는 것만큼이나 불가능하며, 표범의 반점을 없애는 것만큼이나 생각할 수 없는 일이다. 예레미야의 논지는 분명하다. 악이 사람의 성품 속에 굳건히 자리 잡고 있다는 것이다. 사람은 좋은 열매를 전혀 맺지 못하는 병든 나무와 같다(마 7:18). 혹은 칼빈이 유머러스하게 말했듯이 "하나님의 계시와 마주칠 때 불신자는 마치 연주회장의 당나귀와 같다(연주 내용을 전혀 이해하지 못한다)."[1] 불신자는 자신이 물려받은 타락성 때문에 이 세상의 어리석음에 예속되어 있다. 그는 하나님의 영적인 일을 구원과 관련지어 이해하지 못한다. 죄인이 거듭난다면 사람의 뜻에 의한 것이 아니라 오직 하나님 덕분이다 (요 1:12-13; 3:5).

영적 무능에 대한 정의

인간의 예속 또는 영적 무능을 오해하지 않기 위해 주의 깊게 정의해야 한다.

첫째, 영적 무능은 죄인이 하나님의 거룩하신 율법의 완벽한 요구를 전혀 만족시킬 수 없음을, 또는 스스로는 믿음과 회개로 하나님께 돌이킬 수 없음을 뜻한다.

둘째, 영적 무능은 하나님을 사랑하고자 하여 죄를 추구하는 성향을 극복하거나 바꿀 수 없음을 뜻한다. 부패한 본성을 지니고서 태어나기 때문에, 죄인은 불가피하게 죄를 좋아하며 영적으로 하나님을 기쁘시게 하는 행동을 전혀 할 수 없다. 이는 사람이 합리적인 역량(지식, 이성, 양심, 의지 등)을 잃어버렸음을 뜻하지 않는다. 그것은 본래대로 남아 있다. 다만 사람이 본성상 불가항력적으로 악으로 향하는 성향을 지니고 있음을 뜻한다.

셋째, 영적 무능은 죄에 예속된 상태를 뜻할 뿐 아니라 의도적인 예속을 뜻하기도 한다. 사람이 하나님께 순종할 수 없는 존재라면 책임지게 할 수도 없다고 주장하면서 영적 무능 개념에 반대하는 이들이 많다. 그러나 앞으로 살펴보겠지만, 바울은 그런 모순을 전혀 느끼지 않는다. 사람은 하나님의 율법을 지키지 못하는 존재라도 자신의 죄에 대한 책임을 져야 한다.[2] 어떻게 그럴 수 있을까? 사람이 죄에 예속되었음에도 불구하고 이 예속이 의도적임을 깨달을 때 그러한 긴장은 해소된다. 요컨대 사람은 죄를 사랑한다. 이는 사람이 하나님께 나아가길 원하지만 죄악된 본성의 사슬로 인해 방해받음을 뜻하는 것이 아니다. 죄인은 하나님을 미워하고 오로지 죄에 몰두하기만을 원한다. 그렇다. 죄가 그의 주인이다. 죄인은 자신의 의지에 반하여 강요되는 것이 아니라, 흔쾌히 죄의 제단 앞에 엎드리고 죄의 명령을 이행하며 의도적으로 죄를 자신의 주인으로 섬긴다.

"아무도 내게 올 수 없으니": 전적 타락에 대한 예수님의 가르침

예수님은 인간의 무력함을 밝히 확언하셨다. 요한복음 6장 44절에서 예수님은 "나를 보내신 아버지께서 이끌지 아니하시면 아무도 내게 올 수 없으니"라고 별다른 조건 없이 말씀하신다. 죄인은 영적으로 예수님께 나아갈 수 없다. 예수님께 나아가는 데 방해받으며 스스로 죄에 예속된다. 요한복음 8장 34절에서 예수님은 "진실로 진실로 너희에게 이르노니 죄를 범하는 자마다 죄의 종이라"고 말씀하신다(참조, 롬 6:6,17,19-20; 벧후 2:19). 사람이 죄에 갇혀 있다는 것은 죄를 범한다는 사실만이 아니라 범죄 행위가 적극적으로 그를 예속시킨다는 점에서도 분명해진다.[3] 더욱이 이처럼 죄에 예속되는 것은 습관적인 특성을 보인다.[4] "여기서 주요 논점은 특정한 죄를 범하는 것이 아니라 죄의 상태에 머무는 것"이라고 안드레아스 쾨스텐버거는 말한다.[5]

요한복음 8장에서 예수님은 사람이 불신하고 죄에 예속되는 이유를 제시하신다. "어찌하여 내 말을 깨닫지 못하느냐 이는 내 말을 들을 줄 알지 못함이로다 너희는 너희 아비 마귀에게서 났으니 너희 아비의 욕심대로 너희도 행하고자 하느니라 … 내가 진리를 말하므로 너희가 나를 믿지 아니하는도다 너희 중에 누가 나를 죄로 책잡겠느냐 내가 진리를 말하는데도 어찌하여 나를 믿지 아니하느냐 하나님께 속한 자는 하나님의 말씀을 듣나니 너희가 듣지 아니함은 하나님께 속하지 아니하였음이로다"(요 8:43-47). 예수님의 말씀은 충격적이다. 청중이 이해하지 못한 것은 그들이 예수님의 구원 메시지를 들을 수 없기 때문이다. 예수님은 직설적으로 말씀하신다. 그들은 그들의 아비인 마귀에게 속했다.

하나님을 기쁘시게 할 수 없음: 전적 타락에 대한 바울의 설명

죄에 예속된 인간의 상태를 사도 바울도 예수님만큼이나 암담하게 본다. 로마의 그리스도인들에게 사도 바울은 이렇게 썼다. "육신을 따르는 자는 육신의 일을, 영을 따르는 자는 영의 일을 생각하나니 육신의 생각은 사망이요 영의 생각은 생명과 평안이니라 육신의 생각은 하나님과 원수가 되나니 이는 하나님의 법에 굴복하지 아니할 뿐 아니라 할 수도 없음이라 육신에 있는 자들은 하나님을 기쁘시게 할 수 없느니라"(롬 8:5-8). 바울의 강한 어투는 사람이 하나님의 법에 복종하려 하지 않을 뿐 아니라 하나님을 기쁘시게 할 수 없듯이 하나님의 법에 복종할 수도 없음을 나타낸다. 인간 본성의 부패는 인간 의지의 예속을 포함한다.

사람이 죄에 예속되었음을 말하는 바울 서신의 여러 본문을 살펴볼 때, 영적 무능 개념이 훨씬 더 명확해진다. 바울 서신의 전반에 걸쳐 예속 이미지가 어떻게 사용되는지 살펴보자.

너희 자신을 종으로 내주어 누구에게 순종하든지 그 순종함을 받는 자의 종이 되는 줄을 너희가 알지 못하느냐 혹은 죄의 종으로 사망에 이르고 혹은 순종의 종으로 의에 이르느니라 _롬 6:16

육에 속한 사람은 하나님의 성령의 일들을 받지 아니하나니 이는 그것들이 그에게는 어리석게 보임이요, 또 그는 그것들을 알 수도 없나니 그러한 일은 영적으로 분별되기 때문이라 _고전 2:14

그중에 이 세상의 신이 믿지 아니하는 자들의 마음을 혼미하게 하여 그리스도의 영광의 복음의 광채가 비치지 못하게 함이니 그리스도는 하나님의 형상이니라 _고후 4:4

믿음이 오기 전에 우리는 율법 아래에 매인 바 되고 계시될 믿음의 때까지 갇혔느니라 _갈 3:23

이와 같이 우리도 어렸을 때에 이 세상의 초등학문 아래에 있어서 종노릇하였더니 _갈 4:3

그러나 너희가 그때에는 하나님을 알지 못하여 본질상 하나님이 아닌 자들에게 종노릇하였더니 이제는 너희가 하나님을 알 뿐 아니라 더욱이 하나님이 아신 바 되었거늘 어찌하여 다시 약하고 천박한 초등학문으로 돌아가서 다시 그들에게 종노릇하려 하느냐 _갈 4:8-9; 참조, 4:25-31

거역하는 자를 온유함으로 훈계할지니 혹 하나님이 그들에게 회개함을 주사 진리를 알게 하실까 하며 그들로 깨어 마귀의 올무에서 벗어나 하나님께 사로잡힌 바 되어 그 뜻을 따르게 하실까 함이라 _딤후 2:25-26

깨끗한 자들에게는 모든 것이 깨끗하나 더럽고 믿지 아니하는 자들에게는 아무것도 깨끗한 것이 없고 오직 그들의 마음과 양심이 더러운지라 그들이 하나님을 시인하나 행위로는 부인하니 가증한 자요 복종하지 아니하는 자요 모든 선한 일을 버리는 자니라 _딛 1:15-16

우리도 전에는 어리석은 자요 순종하지 아니한 자요 속은 자요 여러 가지 정욕과 행락에 종노릇한 자요 악독과 투기를 일삼은 자요 가증스러운 자요 피차 미워한 자였으나 _딛 3:3

바울은 인간의 전적 무능을 시사하기 위해 예속 이미지는 물론이고 사망과 어둠 이미지도 사용한다.

그는 허물과 죄로 죽었던 너희를 살리셨도다 그때에 너희는 그 가운데서 행하여 이 세상 풍조를 따르고 공중의 권세 잡은 자를 따랐으니 곧 지금 불순종의 아들들 가운데서 역사하는 영이라 전에는 우리도 다 그 가운데서 우리 육체의 욕심을 따라 지내며 육체와 마음의 원하는 것을 하여 다른 이들과 같이 본질상 진노의 자녀이었더니 _엡 2:1-3

그러므로 내가 이것을 말하며 주 안에서 증언하노니 이제부터 너희는 이방인이 그 마음의 허망한 것으로 행함같이 행하지 말라 그들의 총명이 어두워지고 그들 가운데 있는 무지함과 그들의 마음이 굳어짐으로 말미암아 하나님의 생명에서 떠나 있도다 그들이 감각 없는 자가 되어 자신을 방탕에 방임하여 모든 더러운 것을 욕심으로 행하되 _엡 4:17-19

그가 우리를 흑암의 권세에서 건져내사 그의 사랑의 아들의 나라로 옮기셨으니 _골 1:13

또 범죄와 육체의 무할례로 죽었던 너희를 하나님이 그와 함께 살리시고 우리의 모든 죄를 사하시고 _골 2:13

"종노릇" "혼미하게 하여" "매인 바 되고" "갇혔느니라" "사로잡힌 바 되어" "어두워지고" "더럽고" "떠나 있도다" "감각 없는" "허망한" "죽었던" 이 단어들과 다른 많은 단어들은, 바울이 죄인을 단순히 복음에 반응하기를 꺼리는 자로 묘사하는 것이 아니라 복음에 반응하는 영적 능력을 전혀 갖지 못한 자로 묘사함을 보여준다.[6] 그러므로 죄인이란 물속에서 허우적거리며 자신에게 구명구를 던져주실 하나님을 필요로 하는, 그리고 그 구명구를 붙들 것인지의 선택 여부가 자신에게 있는 사람과 같은 것이라는 주장은 잘못이다. 사람은 죽었고, 생명이 없으며, 대양의 바다에서 썩고 있다. 그에게 필요한 것은 구명구가 아니라 부활이다! 그는 죽어서 무덤 속에 있는 나사로와 같다. 그는 악취를 풍긴다. 나사로에게 필요한 것은 "나사로야 나오라"는 예수님의 부활 명령이었다(요 11:43).

의도적인 죄의 성향

지금까지 인간의 의지가 죄에 예속되어 있다고 말하는 성경의 가르침을 살펴보았다. 그러나 흔히 제기되는 반론은, 사람의 의지가 죄에 예속되어 달리 행할 수 없다면, 그에게는 선택의 여지가 없으며 따라서 비난받을 수도 없다는 것이다. 이런 논리는 몇 가지 이유에서 잘못되었다. 사람이 죄의 종이며 그의 의지가 예속되어 있음은 사실이다. 그러나 사람의 예속은 자발적이며 의도적이다. 죄를 범하고 싶어하지 않거나 죄에 저항하려고 발버둥 치는 것이 아니다. 전혀 그렇지 않다. 불신자는 죄를 사랑하고 죄를 자신의 주인으로 삼는다.

미국의 위대한 목사이자 신학자인 조나단 에드워즈는 영적 무능과 인간의 책임이라는 복잡한 주제와 관련해 큰 도움을 준다. 에드워즈에 따르면, 인간의 의지는 "선택할 수 있는 역량이나 힘이나 마음의 원칙이다. 의지의 행위는 선택 행위 또는 선택과 같다."[7] 자신이 가장 바라는 것을 선택할 때 그 사람의 의지는 자유롭다. "사람은 어떤 경우에도 자신의 바람과 반대되는 것을 하려 하거나 의지에 반대되는 것을 바라지 않는다."[8] 따라서 언제나 사람은 결정의 순간에 가장 큰 바람이나 동기에 따라 선택할 것이다. 사람의 선택은 그의 가장 큰 바람이나 동기를 수반하거나 그것에 따라 결정된다.[9] 결과적으로 이유 없는 의지 행위는 결코 없다. 모든 행동은 의지의 가장 강한 동기(즉, 성향의 자유)에서 비롯된다.

불신자가 영적 문제와 관련해 가장 바라는 것은 무엇일까? 불신자를 행동하게 만드는 가장 강한 동기는 무엇일까? 성경에서 말하듯이, 이 물음에 대한 답은 죄다. 그리스도를 택하거나 죄 가운데 남아 있기를 택해야 하는 상황일 때, 성령의 개입이 없는 한 불신자는 언제나 죄 가운데 남기를 선택한다. 에드워즈가 설명하듯, 사람은 "죄로 향하는 성향으로 인해, 즉 도덕적인 악으로 향하는 확고한 성향으로 인해 타락하고 망가진 상태다."[10] 아담에게서 물려받은 부패성 때문에 사람의 본성은 오염되었고 성향은 악하다. 이는 타락 이후에 인간 의지의 가장 강한 동기가 죄로 향하게 되었음을 뜻한다. 인간의 의지는 반드시 죄악된 본성을 수반하며, 그래서 악한 것을 선택한다. 악한 것은 의지의 가장 강한 동기이므로, 그가 가장 택하기를 원하는 것이다.[11] 사람은 죄를 짓도록 강요되는 것이 아니라 자발적으로 죄를 범한다. 사람의 의지가 가장 강력히 바라는 것은 하나님의 일이 아니라 죄악된 쾌락이기 때문이다.

자연적인 무능과 도덕적인 무능

위의 사실은 죄인으로 하여금 회개하고 믿을 것을 명하는 많은 성경구절과 상충되지 않는가? 죄인이 그러한 명령을 수행할 수 없는 존재라면 어떻게 그에게 책임을 지울 수 있겠는가? 이와 관련하여 에드워즈는 자연적인 무능과 도덕적인 무능을 구별한다.[12] 만일 사람의 의지가 물리적으로 강요된다면, 사람의 의지에 진정한 자유가 결여되었음을 부인할 수 없다. 이 경우 그는 강요된다. 그러나 인간의 예속이 자연적이지 않고 도덕적이라면, 그는 분명히 자유롭다.

달리 말해서, 인간의 무능은 마치 물리적으로 의지 역량을 결여한 것처럼 자연적인 것이 아니라 영적인 것이다.[13] 인간의 도덕적 능력은 바라는 성향으로 이루어져 있다. 그러나 문제는 타락 후에 의를 바라거나 의에 대한 성향을 지닌 사람이 아무도 없다는 사실이다. 불신자가 죄를 선택할 때 불가피하게 그리하지만, 그의 선택은 자유롭다. 자신의 가장 강한 성향, 즉 죄에 따라 선택하기 때문이다.[14] 그러므로 모든 죄인에게는 중생케 하시는 하나님의 주권적인 사역이 절실하게 필요하다. 성령께서 중생을 통해 죄인의 기질과 성향을 바꾸시며, 의도적으로 죄에 예속되는 사람을 해방시켜 그리스도를 사랑하고 기뻐하며 소중히 여기게 하신다.

성경에서 예시된 자유

행동에 있어서의 이 같은 중요한 구분을, 고린도전서 2장 14절과 데살로니가후서 2장 9-12절을 통해 볼 수 있다.

> 육에 속한 사람은 하나님의 성령의 일들을 받지 아니하나니 이는 그것들이 그에게는 어리석게 보임이요, 또 그는 그것들을 알 수도 없나니 그러한 일은 영적으로 분별되기 때문이라 _고전 2:14

> 악한 자의 나타남은 사탄의 활동을 따라 모든 능력과 표적과 거짓 기적과 불의의 모든 속임으로 멸망하는 자들에게 있으리니 이는 그들이 진리의 사랑을 받지 아니하여 구원함을 받지 못함이라 이러므로 하나님이 미혹의 역사를 그들에게 보내사 거짓 것을 믿게 하심은 진리를 믿지 않고 불의를 좋아하는 모든 자들로 하여금 심판을 받게 하려 하심이라 _살후 2:9-12

고린도전서 2장 14절에서 바울은 불신자들이 성령의 일을 받아들일 수 없다고 말한다. 죄인은 복음의 진리를 듣기 전부터 영적으로 무능한 상태라는 것이다. 그러나 데살로니가후서 2장에서 바울은 죄인들이 진리를 받아들이지 않는다고, 즉 진리를 사랑하기를 거부한다고 말한다. 여기서 죄인이 미혹되는 것은 복음을 버림으로 인한 결과다.[15] 그 대조를 이렇게도 말할 수 있다. 고린도전서 2장 14절에서는 죄인이 순종할 수 없는 반면에 데살로니가후서 2장에서는 죄인이 순종하지 않기로 선택한다. 그러면 바울이 자기모순에 빠진 것일까?

사실상 바울은 두 가지를 모두 확언한다! 불신자는 자신의 무능 때문에 복음 메시지에 반응하지 못한다. 그러나 불신자는 복음에 반응하기를 적극적으로 거부하며 거절하기도 한다.[16] 자유의지를 성향의 자유로 이해하면, 위의 두 사실로 인한 긴장은 더 많이 해소된다. 성향의 자유는 죄인의 결정이 그의 가장 강한 동기를 수반하며 그 동기에 따라 결정되지만, 그가 여전히 자신이 가장 바라는 것을 선택하며 따라서 그의 선택이 자유로운 것임을 뜻한다. 성경은 이르기를, 사람의 가장 강한 바람이나 동기는 죄를 향한 것이라고 한다. 죄인의 선택은 자신의 부패한 본성을 수반한다. 그럼에도 죄를 범하는 것은 그가 가장 원하는 바이므로 그의 선택은 자유롭다.

이제 고린도전서 2장 14절과 데살로니가후서 2장 10-12절을 다시 살펴보자. 고린도전서 2장 14절에서 죄인은 영적인 사람이 아니라 자연인이기 때문에 복종하거나 순종할 수 없다. 그의 행동은 오염된 본성에 의해 결정되며, 그는 죄에 예속되어 있다. 그러나 데살로니가후서 2장 10-12절에서, 죄인은 자신이 가장 원하는 것으로서 죄를 의도적이며 자발적으로 선택한다. 이 구절의 상호보완성에 주목하라. 죄인은 영적이지 않으므로 성령의 일을 받아들일 수 없다. 동시에 죄인은 진리를 사랑하길 거부하기 때문에 성령의 일을 받아들이지 않는다. 전자는 인간의 자유의지가 부패한 본성에 의해 결정됨을 암시하지만, 후자는 사람의 가장 강한 성향이 죄로 향함에 따라 자발적으로 죄를 범함을 암시한다.[17]

사람의 의지는 죄에 예속되지만, 그런 예속은 그가 가장 바라는 바이기 때문에 자발적이다.

하나님께 전적으로 의존됨

인간의 의지가 예속되었다는 사실은 무슨 교훈을 주는가? 첫째, 우리의 유일한 소망이 하나님임을 상기시킨다. 그 교리는 우리를 십자가 아래로 이끈다. 자신 안의 그 무엇을 조금이라도 의존한다면 십자가 앞에 설 수 없다. 우리는 아무것도 없이 와서 모든 것을 남기고서 떠난다. 에드윈 팔머가 말했듯 "누구나 자신의 극악한 죄에 대해 성경을 통해 배우면 '예수님, 저를 도와주세요. 저는 나쁘고 죄악됩니다. 잘못을 범했습니다. 전혀 선하지 않습니다. 저를 구원해 주세요, 예수님'이라고 간청하는 것이 마땅하다."[18] 우리는 자신의 구원을 위해 전적으로 하나님께 의존한다.

둘째, 불신자가 구원을 위해 그리스도를 의지하고 싶은 마음을 갑자기 갖게 된다면, 그것은 오직 그의 속에서 작용하는 하나님의 은혜 덕분이다. 전적 타락과 영적 무능이라는 개념은, 우리가 지닌 새 생명이 우리에게서 시작되거나 우리가 만든 것이 아니라, 하나님의 기쁘신 뜻에 따라 그분이 이루신 것임을 상기시킨다(물음 16-17을 보라).

셋째, 그리스도인은 자신의 의지가 예속되었다는 사실에 감사하는 마음을 지녀야 한다. 이 말이 당혹스럽게 들릴 수도 있다. 그러나 죄에 예속됨은 매우 자발적인 예속임을 기억하라. 하나님은 우리를 죄의 종으로 방치하셔도 온전히 공의로우실 것이다. 하나님이 우리를 구원하실 의무가 있다고 믿는 통속적인 생각과는 반대로, 성경은 우리가 하나님의 진노와 정죄를 받아 마땅할 뿐이라고 가르친다. "하나님은 사람을 생명 없는 시신처럼 대하셔도 온전히 공의로우실 것이다. 하나님은 구속의 방편을 제시하지 않고 아담과 하와에게 분명히 경고했던 심판을 선언하실 수도 있었다."[19] 그 점에 비추어 볼 때, 비록 우리가 예속된 상태지만 하나님이 우리를 죄에서 해방시켜 그리스도 안에서 새로운 정체성을 주셨다고 하는 사실은 얼마나 놀라운가(요 8:36).

요약

성경은 불신자가 죄의 종이라고 가르친다. 아담에게서 타락한 본성을 물려받은 결과, 사람의 의지는 죄에 예속되었고 하나님을 기쁘시게 할 수 없다. 그럼에도 사람이 죄에 예속된 것은 의도적인 예속이다. 죄인이 죄에 사로잡혀서 달리 할 수 없지만, 죄를 짓는 것이 그가 가장 원하는 일이므로 사로잡힘은 자발적인 것이다. 죄에 사로잡힌 죄인을 해방시킬 수 있는 분은 하나님뿐이다.

더 깊은 묵상을 위한 물음

1 영적 무능에 대한 교리로 인해, 죄에 예속된 죄인을 해방시키는 하나님의 은혜와 자비에 더욱 감사한가?
2 불신자가 죄에 매여 성령의 일을 이해할 수 없는 것을 어떻게 아는가?
3 성령의 구원 사역 없이도, 불신자가 하나님께 적대적인 상태에서 하나님을 사랑하는 상태로 변할 수 있다고 생각하는가?

4 인간의 자유는 영적 무능에 대한 성경의 확언과 어떤 식으로 조화를 이루는가?

5 불신자에게 복음을 전할 때, 영적 무능에 대한 교리가 당신의 그릇된 가정을 어떤 식으로 긍정적으로 변화시킬 수 있겠는가?

"그가 우리를 흑암의 권세에서 건져내사
그의 사랑의 아들의 나라로 옮기셨으니"

_골 1:13

"구원은 여호와께 속하였나이다"
_ 욘 2:9

2부
구원, 그리스도와의 연합

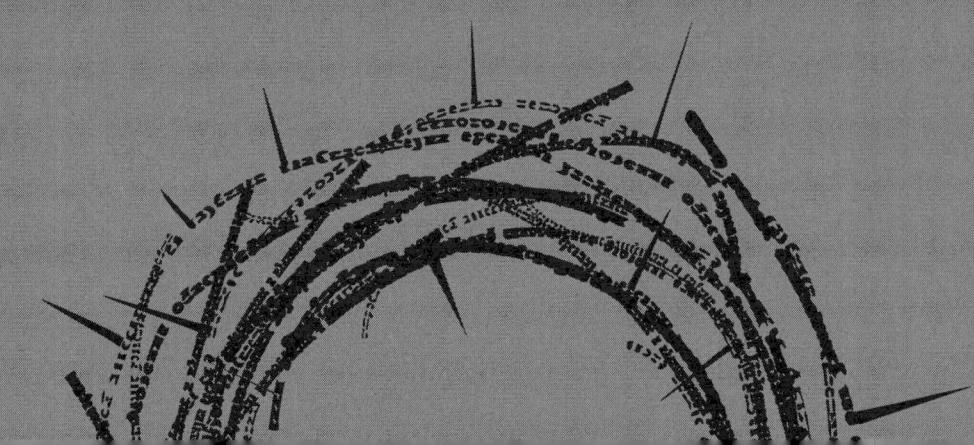

40 Questions
About
salvation

물음
6 / 구원이란 무엇인가?

　가장 넓은 의미에서 구원은 위험에서 구출됨을 가리킨다. 더 구체적으로 성경에서 구원은, 하나님의 진노와 죄와 마귀로부터 구출됨을 가리킨다.[1] 구원은 영원한 징벌과 정죄를 받아 마땅한 우리가 하나님의 진노로부터 구출되는 것이다(마 25:41; 롬 1:18; 5:16; 엡 2:1-3). 구원은 물음 4에서 보았듯이, 본성적으로 부패하여 죄의 종인 우리가(롬 8:8; 요 8:34; 엡 2:1-3) 죄에서 구출됨을 뜻한다. 또 마귀의 덫에 걸려 마귀의 뜻을 따르도록 사로잡힌 불신자가(딤후 2:26) 마귀로부터 구출됨을 뜻한다.

　그러나 앞으로 살펴보겠지만, 구원은 무엇으로부터의(from) 구원만이 아니라 무엇으로의(to) 구원도 의미한다. 하나님은 우리를 죄와 정죄에서부터 구원하실 뿐 아니라 영생을 주신다. 예수님이 요한복음 3장 16절에서 설명하시듯 "하나님이 세상을 이처럼 사랑하사 독생자를 주셨으니 이는 그를 믿는 자마다 멸망하지 않고 영생을 얻게 하려 하심"이다. 그리스도 안에 있는 구원은 멸망치 않는 것을 뜻함

2부 _ 구원, 그리스도와의 연합

과 아울러 영생을 얻는 것도 뜻한다.

구속사 문맥에서의 구원

구약성경은 임박한 파멸과 멸망으로부터 하나님이 죄인을 구출하신 사례로 가득하다. 하나님은 노아와 그의 가족을 대홍수에서 구원하셨다. 그 홍수는 하나님이 사악한 사람들에 대한 의로운 진노로 이 땅에 임하게 하신 것이다(창 6-8장). 하나님은 이스라엘을 애굽에서 건져내시고 바로에게서 구원하셨다(출 14:13; 15:2; 시 106:8-10). 하나님의 진노가 애굽의 장자들에게 임했을 때, 하나님은 어린 양의 피를 문설주에 바른 이스라엘인의 집을 건너가셨다(출 11-12장). 하나님은 그의 백성을 대적으로부터 구해내기 위해 사사를 세우셨다(삿 2:16; 3:9,31; 6:14). 시편은 구원의 노래로 가득하다. 다윗 왕은 "여호와여 돌아와 나의 영혼을 건지시며 주의 사랑으로 나를 구원하소서"(시 6:4), "여호와 내 하나님이여 내가 주께 피하오니 나를 쫓아오는 모든 자들에게서 나를 구원하여 내소서"(시 7:1)라고 부르짖는다.

하나님은 구원을 약속하시는 분이다. 이사야 35장 4절에서 여호와께서는 "겁내는 자들에게 이르기를 굳세어라, 두려워하지 말라, 보라 너희 하나님이 오사 보복하시며 갚아주실 것이라 하나님이 오사 너희를 구하시리라 하라"고 말씀하신다. 이사야 46장 13절에 나오는 여호와의 약속도 매우 확고하다. "내가 나의 공의를 가깝게 할 것인즉 그것이 멀지 아니하나니 나의 구원이 지체하지 아니할 것이라 내가 나의 영광인 이스라엘을 위하여 구원을 시온에 베풀리라" 혹은 "이스라엘은 여호와께 구원을 받아 영원한 구원을 얻으리니 너희가 영원히 부끄러움을 당하거나 욕을 받지 아니하리로다"라는 이사야

45장 17절을 생각해 보라. 큰물고기 배 속에서 드렸던 요나의 기도는 성경 전체의 메시지를 요약해 준다. "구원은 여호와께 속하였나이다"(욘 2:9).

다른 많은 구약성경 구절도 구원의 약속을 담고 있다(사 49:6,25; 52:10; 렘 31:7-9; 겔 36:36). 구약성경에 나오는 구원의 약속은 신약성경에서 예수 그리스도의 인격과 사역 가운데 결실을 맺는다. 이 사실을 인식하는 것이 중요하다. 옛 언약에서 이스라엘은 속죄의 제사를 계속 드려야 했다. 그러나 히브리서 기자가 설명하듯, 매년 반복적으로 드리는 제사는 "나아오는 자들을 언제나 온전하게 할 수" 없었다(히 10:1). 그럴 수 있었다면 다시 제사를 드릴 필요가 없었을 것이다. 예배자가 정결케 되어 더 이상 죄를 자각하지 않았을 것이기 때문이다(히 10:2). 따라서 이 제사는 매년 죄를 상기시키는 것이었다(히 10:3). "이는 황소와 염소의 피가 능히 죄를 없이하지 못함이라"(히 10:4). 그러나 세상 죄를 지고 가는 하나님의 어린 양이신 예수 그리스도께서(요 1:29) 세상에 오셨고, "예수 그리스도의 몸을 단번에 드리심으로 말미암아 우리가 거룩함을" 얻었다(히 10:10). 히브리서 기자는 이렇게 설명한다. "제사장마다 매일 서서 섬기며 자주 같은 제사를 드리되 이 제사는 언제나 죄를 없게 하지 못하거니와 오직 그리스도는 죄를 위하여 한 영원한 제사를 드리시고 하나님 우편에 앉으사 그 후에 자기 원수들을 자기 발등상이 되게 하실 때까지 기다리시나니 그가 거룩하게 된 자들을 한 번의 제사로 영원히 온전하게 하셨느니라"(히 10:11-14).

예수님은 자신이 희생제물로, 속죄제물로 드려지기 위해 온 것을 아셨다. 예수님은 자신을 가리켜 "인자가 온 것은 섬김을 받으려 함이 아니라 도리어 섬기려 하고 자기 목숨을 많은 사람의 대속물로 주려 함이니라"고 말씀하셨다(마 20:28; 참조, 막 10:45). 십자가에 달리시기 바로 전에 예수님은 제자들과 함께 유월절 식사를 나누셨고, 떡을 들고서 "이것은 너희를 위하여 주는 내 몸이라 너희가 이를 행하여 나를 기념하라"고 말씀하셨다. 그리고 잔을 들어 "이 잔은 내 피로 세우는 새 언약이니 곧 너희를 위하여 붓는 것이라"고 말씀하셨다(눅 22:19-20). 이 말씀에 근거하여 신약성경 기자들은, 하나님이 우리를 위한 크신 사랑에서 예수 그리스도를 내어주사 그의 피로 속죄를 이루게 하셨음을 확언한다(롬 3:25; 히 2:17; 요일 2:2; 4:10). 그렇게 함으로써 하나님은 자신이 의로우며 예수님 믿는 자를 의롭게 하는 분임을 보이셨다. 하나님께서 "길이 참으시는 중에 전에 지은 죄를 간과하심으로"(롬 3:25) 자신의 의를 보이시며, 그리스도의 피를 통해 그의 진노가 만족되었다.[2] 또 우리 모두가 죄를 범하여 하나님의 영광에 이르지 못함에도 불구하고 그리스도의 피를 통해 "하나님의 은혜로 값 없이 의롭다 하심을"(롬 3:24) 얻는다는 점에서, 하나님은 자신이 의롭게 하는 분임을 보이신다. 따라서 예수님이 다시 살아나 승천하신 후에, 베드로가 예루살렘의 장로들과 서기관들에게 "다른 이로써는 구원을 받을 수 없나니 천하 사람 중에 구원을 받을 만한 다른 이름을 우리에게 주신 일이 없음이라"(행 4:12)고 말한 것은 놀라운 일이 아니다.

우리의 구원을 위한 그리스도의 죽음이 창세전에 하나님 아버지에 의해 계획되고 결정되었다는 사실을 명심하는 것이 중요하다. 베드로는 복음 설교를 처음 시작했을 때 이 사실을 분명히 밝혔다.

이스라엘 사람들아 이 말을 들으라 너희도 아는 바와 같이 하나님께서 나사렛 예수로 큰 권능과 기사와 표적을 너희 가운데서 베푸사 너희 앞에서 그를 증언하셨느니라 *그가 하나님께서 정하신 뜻과 미리 아신 대로 내준 바 되었거늘* 너희가 법 없는 자들의 손을 빌려 못 박아 죽였으나 _행 2:22-23(기울임체에 유의하라)

과연 헤롯과 본디오 빌라도는 이방인과 이스라엘 백성과 합세하여 하나님께서 기름부으신 거룩한 종 예수를 거슬러 *하나님의 권능과 뜻대로 이루려고 예정하신 그것을 행하려고* 이 성에 모였나이다 _행 4:27-28(기울임체에 유의하라)

두 말씀을 통해 예수님의 죽음이 우연이 아니라 하나님 아버지의 주권적인 뜻에 따라 일어나기로 예정된 것임을 본다. 이 악한 자들이 행한 일은 사악했지만, 그럼에도 하나님이 우리의 구원을 위하여 처음부터 그것을 계획하셨다.

구원은 아버지가 계획하시고 아들이 성취하시며 성령이 적용하신다. 예수님의 죽음은 구약성경에서 약속한 구원의 성취였으며(사 53장), 성령의 강림도 그러했다(겔 36:26-28). 뒤에서 보겠지만, 죄인을 거듭나게 하고(요 3:5-8; 참조, 6:63), 믿는 자들을 의롭게 하며(고전 6:11), 하나님의 자녀를 성화시키고(롬 8:4-8; 고후 3:12-18; 갈 5:22-23; 엡 3:14-19), 복음을 믿는 자들을 인치고(엡 1:13), 신자들 안에 내주하고(요 14:17; 행 2:4; 롬 5:5), 아들을 증언하고(요 15:26), 아버지 앞에서 우리를 위해 중재하고(롬 8:26), 우리를 의의 길로 걷도록 인도하며(갈 5:16,22), 또 언젠가 우리의 몸을 부활시킬(롬 8:11) 분은 성령이시다.

구원: 과거, 현재 또는 미래?

구원은 과거의 실재인가, 현재의 실재인가, 아니면 미래의 실재인가? 답은 셋 모두다. 성경은 구원을 다양한 방식으로 표현한다. 때로는 구원을 과거에 일어난 실재로 말한다. 예를 들면, 바울은 에베소서 2장에서 이렇게 말한다.

> 긍휼이 풍성하신 하나님이 우리를 사랑하신 그 큰 사랑을 인하여 허물로 죽은 우리를 그리스도와 함께 살리셨고 (너희는 은혜로 *구원을 받은 것이라*) 또 함께 일으키사 그리스도 예수 안에서 함께 하늘에 앉히시니 이는 그리스도 예수 안에서 우리에게 자비하심으로써 그 은혜의 지극히 풍성함을 오는 여러 세대에 나타내려 하심이라 너희는 그 은혜에 의하여 믿음으로 말미암아 *구원을 받았으니* 이것은 너희에게서 난 것이 아니요 하나님의 선물이라 행위에서 난 것이 아니니 이는 누구든지 자랑하지 못하게 함이라 _엡 2:4-9(기울임체에 유의하라)

바울에 따르면, 구원은 이미 이루어진 그 무엇이다. 신자는 현재 구원을 소유하고 있다. 바울은 다른 곳에서도 같은 뜻을 전한다.

> 우리 구주 하나님의 자비와 사람 사랑하심이 나타날 때에 *우리를 구원하시되* 우리가 행한 바 의로운 행위로 말미암지 아니하고 오직 그의 긍휼하심을 따라 중생의 씻음과 성령의 새롭게 하심으로 하셨나니 우리 구주 예수 그리스도로 말미암아 우리에게 그 성령을 풍성히 부어주사 우리로 그의 은혜를 힘입어 의롭다 하심을 얻어 영생의 소망을 따라 상속자가 되게 하려 하심이라 _딛 3:4-7(기울임체에 유의하라)

그러므로 너는 내가 우리 주를 증언함과 또는 주를 위하여 갇힌 자 된 나를 부끄러워하지 말고 오직 하나님의 능력을 따라 복음과 함께 고난을 받으라 하나님이 *우리를 구원하사* 거룩하신 소명으로 부르심은 우리의 행위대로 하심이 아니요 오직 자기의 뜻과 영원 전부터 그리스도 예수 안에서 우리에게 주신 은혜대로 하심이라 _딤후 1:8-9(기울임체에 유의하라)

우리가 소망으로 *구원을 얻었으매* 보이는 소망이 소망이 아니니 보는 것을 누가 바라리요 만일 우리가 보지 못하는 것을 바라면 참음으로 기다릴지니라 _롬 8:24-25(기울임체에 유의하라)

바울이 과거시제를 사용한 것은 신자가 이미 구원받았음을 알려준다.

비록 구원이 현재의 실재로서 그리고 현재 신자가 소유한 그 무엇으로서 언급되지만, 신약성경 기자들은 구원을 주로 미래의 실재로 생각했다. 마태복음 10장에서, 예수님은 파송되는 제자들이 마치 이리들 가운데로 보내지는 양과 같다고 경고하신다. 다가올 핍박에 대해 경고하시면서, 예수님은 구원받기 위해 끝까지 견인해야 한다고 말씀하신다(10:17-18,21-22; 참조, 마 24:13). 예수님은 그들이 구원받았다거나 혹은 그들의 견인이 구원받았음을 나타내는 증거라고 말씀하지 않으신다. 그보다는 주님이 오시는 날에 끝까지 견딘 자가 구원받을 것이다.[3]

예수님과 마찬가지로 사도 바울도 구원을 미래의 실재로 언급한다. 로마서 5장 9-10절을 보라. "그러면 이제 우리가 그의 피로 말미암아 의롭다 하심을 받았으니 더욱 그로 말미암아 진노하심에서 구원을 받을 것이니 곧 우리가 원수 되었을 때에 그의 아들의 죽으심으로 말미암아 하나님과 화목하게 되었은즉 화목하게 된 자로서는 더욱 그의 살아나심으로 말미암아 구원을 받을 것이니라" 슈라이너와 캐인데이는 이렇게 주해한다. "바울은 우리가 구원받았음을 확신할 수 있다고 말하는 것이 아니라 우리가 구원받을 거라고 말한다. 그는 우리가 받을 미래의 축복으로서의 구원을 생각한다."[4]

데살로니가교회에 보낸 바울의 첫 편지를 보라. "우리는 낮에 속하였으니 정신을 차리고 믿음과 사랑의 호심경을 붙이고 구원의 소망의 투구를 쓰자 하나님이 우리를 세우심은 노하심에 이르게 하심이 아니요 오직 우리 주 예수 그리스도로 말미암아 구원을 받게 하심이라"(살전 5:8-9). 구원은 얻어야 하는 그 무엇이다. 그리스도인이 도달해야 하지만, 언젠가는 우리 주 예수 그리스도를 통해 도달하게 될 상태. 불신자와는 달리 우리는 마지막 날에 진노에 처해지지 않고, 구원과 영생에 이를 운명에 놓여 있다. 구원의 소망을 지니고 있다. 그러므로 구원은 현재의 실재면서 미래의 선물이다.

바울은 로마서 13장 11-14절에서도 구원을 미래의 실재로 본다. 그는 "우리의 구원이 처음 믿을 때보다" 가까웠으므로 신자들이 잠에서 깨어날 때가 되었다고 말한다. 낮과 밤의 이미지를 사용하여, 밤이 깊고 낮이 가까웠다고 말한다. "어둠의 일을 벗고 빛의 갑옷을" 입어야 한다. 데살로니가전서 5장에서처럼, 바울은 그리스도인이 죄를 벗고 주 예수 그리스도로 옷 입어야 함을 설명하기 위해 병사의 갑주 이미지를 사용한다. 요점은 분명하다. 그리스도인은 그리스도 안에 있는 모든 이를 기다리고 있는 구원을 내다보면서 경건에 박차를 가해야 한다. 그렇게 함으로써 구원은 처음 믿을 때보다 더 가까워진다.

서글프게도 그리스도의 이름을 고백하는 모든 이들이 "오직 주 예수 그리스도로 옷 입고 정욕을 위하여 육신의 일을 도모하지" 않는 (롬 13:14) 건 아니다. 우리 중에는 회개하거나 죄에서부터 돌이키기를 거부하는 이들이 있다. 고린도교회의 경우가 그러했다. 그 교회에 속한 어떤 사람은 근친상간을 범하고 있었다. 바울은 이런 자를 사탄에게 내줌으로써 그의 육신은 멸하고 영은 주 예수의 날에 구원받게 할 것을 교회에 당부한다(고전 5:5). 여기서도 바울은 미래에(주의 날에) 구원받을 것을 언급한다. 그는 고린도전서 3장에서도 유사한 표현을 사용한다. "누구든지 그 공적이 불타면 해를 받으리니 그러나 자신은 구원을 받되 불 가운데서 받은 것 같으리라"(고전 3:15). 바울은 공적이 불충분하여 불에 타버리더라도 결국에는 구원받을 신자들을 언급한다. 여기서도 구원이 미래의 실재로 언급됨에 주목하라. 결국 태우는 불은 주의 날에 태울 것으로 언급된다(13절을 보라).

디모데에게 보낸 바울의 편지 또한 미래에 얻는 구원을 언급한다. 바울은 디모데를 격려하면서, 그의 연소함 때문에 다른 사람들이 그를 무시하지 않게 하고, 모든 행실에서 모범을 보이라고 말한다. 공적인 성경 낭독, 권면, 성경 가르치기 등에 헌신할 것을 당부한다. 아울러 "네 자신과 가르침을 살펴 이 일을 계속하라 이것을 행함으로 네 자신과 네게 듣는 자를 구원하리라"고(딤전 4:16) 말한다. 하나님의 말씀을 설교하고 가르침으로써, 디모데는 미래의 구원을 확실하게 한다.[5]

어떤 사람은 바울이 생의 말년에 구원을 전적으로 과거의 실재로 간주했을 거라고 생각한다. 그러나 그렇지 않다! 바울은 "주께서 나를 모든 악한 일에서 건져내시고 또 그의 천국에 들어가도록 구원하시리니 그에게 영광이 세세무궁토록 있을지어다 아멘"(딤후 4:18)이라고 디모데에게 말한다. 영어성경 NRSV는 이 구절을 "주께서 나를 악한 공격에서 건져내시고 그의 천국을 위해 나를 구원하실 것이다"로 번역한다. 여기서도 바울은 마지막 날의 구원을, 하나님의 천국에 들어갈 때 얻게 될 그 무엇으로 언급한다.[6]

바울만이 구원을 미래의 실재로 언급하는 것은 아니다. 히브리서 기자 역시 히브리서 1장 14절에서, 섬기는 영들이 구원받을 상속자들을 위하여 섬기라고 보내심 받음을 말한다. 히브리서 9장 28절도 보라. "그리스도도 많은 사람의 죄를 담당하시려고 단번에 드리신 바 되셨고 구원에 이르게 하기 위하여 죄와 상관없이 자기를 바라는 자들에게 두 번째 나타나시리라." 이런 구절을 통해 구원이 그리스도의 재림 때 상속될 것임을 알 수 있다.

이 사실을 가장 분명하게 드러내는 구절은 베드로전서 1장 3-9절이다.

우리 주 예수 그리스도의 아버지 하나님을 찬송하리로다 그의 많으신 긍휼대로 예수 그리스도를 죽은 자 가운데서 부활하게 하심으로 말미암아 우리를 거듭나게 하사 산 소망이 있게 하시며 썩지 않고 더럽지 않고 쇠하지 아니하는 유업을 잇게 하시나니 곧 너희를 위하여 하늘에 간직하신 것이라 너희는 *말세에 나타내기로 예비하신 구원을 얻기 위하여* 믿음으로 말미암아 하나님의 능력으로 보호하심을 받았느니라 그러므로 너희가 이제 여러 가지 시험으로 말미암아 잠깐 근심하게 되지 않을 수 없으나 오히려 크게 기뻐하는도다 너희 믿음의 확실함은 불로 연단하여도 없어질 금보다 더 귀하여 예수 그리스도께서 나타나실 때에 칭찬과 영광과 존귀를 얻게 할 것이니라 예수를 너희가 보지 못하였으나 사랑하는도다 이제도 보지 못하나 믿고 말할 수 없는 영광스러운

즐거움으로 기뻐하니 *믿음의 결국 곧 영혼의 구원을 받음이라*(기울임체에 유의하라)

이 구절에서 베드로가 구원을 종말론적인 것으로 간주했다는 사실은 분명하다. 믿음의 목표(텔로스)나 결과는 영혼의 구원이다(9절). 그리고 말세에 계시될 구원이 바로 이것이다. 그때까지 신자는 하나님의 능력으로 믿음을 통해 보호받는다.[7]

이 구절에 비추어 볼 때, 구원이 과거에 받았거나 현재 소유하고 있는 어떤 것이라고 주장하는 것은 성경의 증언에 부합하지 않는다. 구원은 미래적인 것으로도, 즉 그리스도 안에 있는 자들이 언젠가는 받게 될 종말론적 선물로도 간주된다. 사실 신자들은 구원받았지만, 구원받고 있으며, 또한 구원받을 것이기도 하다. 구원에는 '이미/그러나 아직'(already/not-yet)의 차원이 있다. 그리스도를 따르는 자로서 우리는 구원의 소망을 간절히 기다리며, 우리 안에서 착한 일을 시작하신 분이 그것을 완성하실 줄로 알고 믿음 안에서 달려간다(빌 1:6).

요약

성경은 구원을 과거와 현재와 미래라는 세 가지 다른 측면에서 묘사한다. 구원은 하나님이 그분의 아들을 통해 이미 이루신 것이며, 성령께서 회심을 통해 현재적으로 일으키시는 것일 뿐 아니라, 미래의 실재로 그리고 신자에게 엄청난 소망으로 주어지는 것으로 묘사되는 것이기도 하다.

더 깊은 묵상을 위한 물음

1 성경은 구원의 소망을 언급한다. 그리스도인의 삶에서 미래적인 소망은 어떤 역할을 하는가?
2 삶의 시련과 역경 가운데서, 구원의 약속은 현재 상황을 헤쳐 나가는 데 어떤 도움을 주는가?
3 구원은 미래의 실재일 뿐 아니라 과거와 현재의 실재이기도 하다. 구원이 그리스도를 통해 과거에 이루어졌다는 것은 어떤 의미에서인가?
4 구원이 하나님의 계획에 따른 것이라면, 당신이 현재 그리스께 연합되었으므로 어떤 확신을 가질 수 있는가?
5 이 장은 복음을 전할 때 구원에 대해 어떤 내용을 전할 수 있게 하는가?

물음
7 / 구원의 서정이란 무엇인가?

여러 세기를 거쳐, 로마서 8장 28-30절 같은 바울 서신 구절을 고찰한 신학자들은 구원의 서정을 뒷받침하는 성경적 근거가 있음을 인식해 왔다. 간단히 말해서, 구원의 서정은 그리스도의 구속 사역을 성령께서 적용하심에 있어, 서로 적절히 연관된 구원의 여러 측면을 체계화한 것이다.[1] 구원의 서정의 중요성과 함께 구원의 서정 자체를 설명하는 이번 장의 내용은 책의 나머지 부분에서 논의될 사항을 알려줄 것이다.

삼위일체와 구원의 큰 그림

구원의 서정을 적절히 이해하려면, '구원의 큰 그림'으로 시작해야 한다. 다음 도표를 보라.

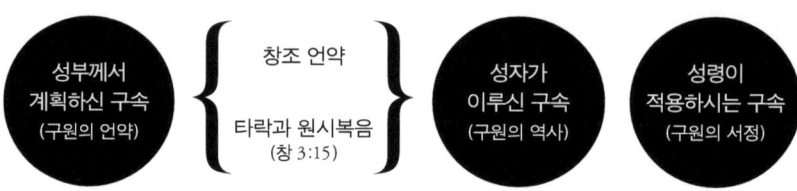

이 도표 속 각 단계를 살펴보자.

구원의 언약(팍툼 살루티스)

그리스도의 사역을 성령께서 시기적절하게 신자에게 적용해 나가는 순서를 가리키는 구원의 서정에 대한 논의를 시작하기 전에, 우리의 구원과 구속을 창세전에 하나님이 계획하셨다는 사실을(이 점에 대해서는 물음 10-11에서 선택을 고찰할 때 깊이 있게 살펴볼 것이다) 인식하는 것은 매우 중요하다. 구원은 죄인을 구원하거나 구출하시는 하나님의 사역과 관련된다. 당연히 그 위대한 구원 사역은 성자께서 성육신하시거나 성령이 오순절에 강림하실 때 우연히 일어난 것이 아니다. 인류가 여러 세기 동안 세상을 엉망으로 만든 후에야 하나님이 등장하여 인간 구원 계획을 세우신 것이 아니다. 구원은 영원 전부터 하나님이 계획하신 것이며, 삼위일체의 삼위가 모두 이 계획에 관여하셨다. 성부께서 성자로 하여금 타락한 인류를 구속하기 위해 성육신하도록 임명하셨고, 성령은 그리스도의 사역을 복음 선언과 결부시켜 하나님의 택하심 받은 자들에게 적용하도록 임명되셨다. 신학자들은 삼위일체 안에서 행해진 이 영원한 임명을 '구원의 언약'(또는 팍툼 살루티스)이라 표현해 왔다.[3]

리처드 뮬러는 구속의 언약을 "성육신하신 성자의 사역 안에서와 그것을 통해 이루어지는 은혜의 언약 및 그 비준과 관련하여, 영원 전부터 아버지와 아들 간에 약속된 삼위일체-내적인 동의"라고 규정한다.[4] 페스코는 유사한 정의를 내리면서, 구속의 언약이 "선택된 자들을 언약적으로 보증하실 성자를 임명하시고 은혜 언약 실행을 통해 그들을 구속하시기 위한 삼위일체-내적인 영원한 언약"임을 설명한다.[5] 또 위대한 청교도 신학자인 존 오웬은 구속의 언약을 "하나님의 영광스러운 은혜를 찬양하게 하기 위해, 그리스도의 중보를 통해 우리를 구속하는 사역을 이루시려고 성부와 성자 간에 맺어진 계약, 언약, 약정, 또는 협약"이라고 묘사한다.[6] 오웬은 계속해서 "성자를 성부께서 미리 아신 그의 택하신 자들의, 그의 교회의, 그의 백성의 머리와 남편과 구원자와 구속자로" 임명하신 것은 바로 성부의 뜻이었으며, 그 뜻에 성자는 자발적으로 반응하여 "그 사역과 사역에 요구되는 모든 일을 기꺼이 수행하셨다"고 설명한다.[7]

여기서의 목적은 구속의 언약을 옹호하는 성경적 근거(슥 6:13; 시 2:7; 110편; 엡 1장; 딤후 1:9-10 등)를 고찰하는 것이 아니다. 물론 다음 두 가지 사실에는 주목해야 한다. 첫째, 하나님의 영원하신 작정을 말하기 위해 성경이 사용하는 표현에서 구속의 언약이 전제된다(엡 1:4-12; 3:11; 살후 2:13; 딤후 1:9; 약 2:5; 벧전 1:2). 둘째, 예수님은 임명받으신 사실만이 아니라 자신의 성육신 이전의 존재와 성부로부터 받은 사명에 대해서도 언급하신다(눅 22:29; 요 5:30,43; 6:38-40; 17:4-12).[8] 그러나 여기서는 단지 구원의 큰 그림을 포착하기만을 바라며, 그 기원이 영원 속에서 맺어진 구속의 언약에 있다는 사실에 무엇보다도 주목한다. 또 이 구속의 언약에서 성령께 특별히 유의해야 한다. 영원 속에서 성부는 구속을 완수하도록 성자에게 명하시고, 성자는 택하심 받은 자들의 구원을 위해 자발적으로 동의하며 찬성하신다. 그러나 이 언약에 성령의 임무도 수반됨을 깨달아야 한다. 구속을 완수하도록 임명받는 것은 성자만이 아니다. 성령도 임명받으신다. 성령은 율법을 완수하거나 대속하신 것이 아니라 그 구원 사역을 하나님의 택하심 받은 자들에게 적용하고 그들을 그리스도께 연합시켜서, 그리스도께서 그들을 위해 값으로 사신 모든 부요함을 받아 누리게 하신다.[9]

구속의 언약은 구속의 모든 축복이 흘러나오는 샘이다. "성부와 성자 사이에 영원한 평화의 의논, 즉 구속의 언약이 없었다면 삼위일체 하나님과 죄악된 인간들 사이에 아무런 약속도 없었을 것"이라고 벌코프는 말한다. 그러므로 구속의 언약은 은혜의 언약을 가능하게 한다.[10] 그것은 하나님의 은혜가 시간 속에서 입증되며 실행되게 하는 방편을 제시한다.[11] 이렇게 생각해 보라. 우리가 영원 속에서 하나님께 택하심을 받고, 영원 속에서 구속의 언약 안에서 성부로부터 성자에게 맡겨졌기 때문에, 성자는 성육신하여 십자가 보혈로 우리를 구속하실 수 있었고, 성령은 우리의 신생의 순간부터 그 구속을 우리에게 적용하실 수 있었다.

창조 언약(행위 언약)과 원시복음

물음 2-3에서 보았듯이, 하나님은 아담을 창조하셨을 뿐 아니라 그와 더불어 언약을 맺으셨다. 이 언약을 가리켜 신학자들은 창조 언약 또는 행위 언약이라 부른다.[12] 언약이라는 단어가 창세기의 해당 본문에서 사용되지는 않았지만 언약적 구조가 분명히 드러난다.[13] (1) 하나님이 특정한 조항을 정하셨다. 아담은 동산에서 일해야 했다 (창 2:15). (2) 아담은 선악을 알게 하는 나무 이외의 나무에 열린 과일을 먹도록 허락되었다(2:16-17). (3) 약정을 어기면 죽음의 징벌이 임한다(2:17).[14] (4) 징벌 경고에는 순종에 따른 보상, 즉 영생과 하나님과의 친교도 암시되어 있다.[15]

다른 언약과 같이, 하나님은 아담과의 첫 언약에서도 약정과 조건을 정하시는데, 그것은 실로 은혜롭다.[16] 더욱이 로마서 5장에서 아담이 시험 기간에 인류의 머리와 대표로서 행했음을 알 수 있다. 따라서 후손의 운명은 생명과 죽음을 놓고서 그가 무엇을 선택하느냐에 달려 있었다.

창세기 3장에서 아담은 죄를 범하고, 그로 인해 언약을 깨뜨리며 자애로우신 창조주와 친교가 끊어진다. 그 결과 아담은 저주를 받고(3:17), 첫 부부는 동산에서 쫓겨나 생명나무로부터 차단되며(창 3:22,24), 한때 누렸던 하나님과의 친교를 더는 누리지 못하게 된다. 하나님은 아담을 그의 죄와 정죄 가운데 내버려두어도 되었지만, 은혜 베푸는 편을 택하셨다. 창세기 3장 15절에 좋은 소식이 나온다. 여자에게서 나올 한 후손이 뱀의 머리를 깨뜨릴 것이다. 우리는 이 후손이 우리 죄에 대한 징벌을 지고 십자가에서 사탄을 정복하는 그리스도, 메시아이심을 안다. 사탄이 우리를 지배하는 것은 오직 죄를 통해서다.

창세기 3장 15절에 나오는 복음 약속은 뒤따르는 모든 언약의 출발점이다. 언약 신학은 이 출발점을 '은혜 언약'이라 지칭한다.[17] 점진적 언약론자들은 성경에서 여러 언약을[노아 언약, 아브라함 언약, 모세 언약, 다윗 언약, 예수님의 언약(새 언약)] 다양하게 언급한다는 점에 근거하여 은혜 언약이라는 표현을 사용하지 않으려 한다. 새 언약이 예전의 모든 언약을 완성한다는 점과 각 언약의 조건적인 면과 무조건적인 면을 감안하여, 점진적 언약론자들은 '언약의 복수성'이라 말하기를 선호할 것이다(갈 4:24; 엡 2:12; 히 8:7-13). 그러나 젠트리와 웰럼에 따르면, 은혜 언약이라는 말은 "시간을 관통하는 하나님의 계획의 연속성을 적절히 표현해 주며, 또한 언약들 간의 관계를 주지시키고 그 언약들의 의미심장한 진전이나 불연속성도 경시하지 않는다."[18]

언약을 어떻게 해석하든, 언약 신학자들과 점진적 언약론자들 양편 모두 창세기 3장 15절이 뱀을 멸하시는 분인 예수 그리스도의 도래를 예고하는 첫 번째 복음 약속이라는 사실에 동의한다.[19] 예수 그리스도는 두 번째 아담으로, 아담이 불순종한 것을 순종하고 우리 죄를 대속하기 위해 자신의 생명마저 내어놓을 분으로 오신다. 그분의 피로 새 언약이 세워지고, 그분을 구주와 주님으로 믿는 모든 이에게 의와 용서와 영생을 주신다.

성자가 이루신 구속(구원의 역사)

물음 6에서 보았듯이, 성경에서 구원이라는 말은 다양하게 사용될 수 있다. 때로는 그리스도의 삶과 죽음과 부활을 통해 성취된 그분의 사역(구원의 역사 또는 *히스토리아 살루티스*)과 그 사역을 성령이 적용하시는 것(구원의 서정 또는 *오르도 살루티스*)을 모두 포함하는, 매우 넓은 의미로 사용된다.[20] 먼저 전자에 초점을 맞춰보자.

율법과 선지자들은 메시아가 도래할 날을 다양한 방식으로 예언했다(눅 24:27; 롬 1:1-4). 적절한 때에, 성부 하나님이 당신의 아들을 보내 성육신하게 하심으로써(요 1:1-3; 빌 2:6-8) 구원의 언약과 원시 복음에(창 3:15) 주어진 약속을 성취하셨다. 히브리서 기자는 하나님이 예전에는 선지자를 통해 말씀하셨지만 말세에는 "하나님의 영광의 광채시요 그 본체의 형상"이신(히 1:3) 아들을 통해 말씀하셨다고

한다. 성육신하신 하나님이며 온전히 하나님이면서 또한 온전히 사람이신 그분은 우리를 대신해 율법에 완벽하게 순종하는 삶을 사심으로써(그리스도의 능동적인 순종) 첫 조상인 아담이 실패한 일을 성공적으로 행하셨으며, 우리를 대신해 희생적이며 대속적인 속죄의 죽음을 죽으심으로써 우리의 죄에 대한 징벌인 하나님의 진노를 대신 담당하셨다(그리스도의 수동적인 순종).[21] 하나님이 선지자를 통해 약속하신 바와 같이(사 53장; 렘 31:31), 그분의 피로 새롭고 더 나은 언약이 세워졌다(마 26:28; 고전 11:25; 히 7-10장; 12:24).

로마서 5장 12-21절에서, 바울은 아담이 우리 언약의 머리이며 대표임을 시사한다. 그래서 아담의 결정이 인류에 대한 정죄를 초래한 것이다. 그러나 그리스도도 하나님의 백성을 대표하는 새 아담이기에, 율법에 순종하고 율법 아래서 죽음으로써 아담의 불순종에 반격을 가하셨고, 그 결과 그리스도께 연합된 모든 이에게 칭의와 영생이 주어졌다. "그리스도께서 행위 언약의 조건을 충족하셨기 때문에, 이제 사람은 예수 그리스도를 믿는 믿음으로 원래적 약속에 따른 결실을 거둘 수 있다"고 벌코프는 주해한다.[22] 원죄의 틀 안에서 이해할 때 아담의 죄책이 육체적 후손에게 전가된 반면, 그리스도의 의는 영적 후손에게 전가된다고도 말할 수 있다. 아담이 옛 인류를 대표한 반면 그리스도는 새 인류를 대표한다.[23]

이제 살펴볼 내용은, 어떻게 성령이 구주에 관한 좋은 소식을 활용하여 거듭난 자들로 하여금 생명과 믿음을 얻게 하고 거룩하게 하는 순종의 사역을 감당하게 하시는가 하는 것이다.

성령이 적용하시는 구속(구원의 서정)

성자가 이루신 것을 성령이 적용하신다. 성육신 동안 이루신 그리스도의 사역을 '완성된 구속'이라 지칭하는 반면, 그리스도께서 이루신 것을 적용하는 성령의 사역은 '적용되는 구속'이라 지칭한다. 성부께서 택하신 자들을 성자께서 십자가에서 자신의 피로 사셨고, 성령은 그들을 그리스도께 연합시키신다. 택하심 받은 자들이 구주께로 효과적인 부르심을 받고 성령으로 거듭나며 회개하고서 그리스도를 믿을 때, 연합이 실제적으로 시작된다. 물론 성령의 사역은 거기서 그치지 않는다. 또 성령은 하나님의 택하신 자들을 의롭다 하고 양자로 취하며 거룩하게 하신다. 성령으로 인해 하나님의 택하심 받은 자들의 마음에 일어나는 구원 과정을 '구원의 서정'이라 부른다. 이 과정은 구원의 논리적 순서를 묘사한다.

구원의 서정은 어떤 구조인가? 이는 책의 나머지 부분에서 대답할 것이다. 책의 개요와 구조를 살펴보면 이어지는 내용이 어떤 순서로 진행될지 알 수 있다. 요컨대 성경적인 순서는 효과적인 부르심과 중생, 회심(믿음과 회개), 칭의, 입양(양자 됨), 성화(견인을 포함함), 영화(92쪽의 '삼위일체와 구원의 큰 그림' 도표를 보라)다.[24]

구원의 서정 전체를 덮는 범주는 그리스도와의 연합이다(물음 8-9를 보라). 구원의 서정 각 단계가 연합과 어떻게 연결되는지는 책 전반에 걸쳐 보게 될 것이다.

구원의 서정을 간략히 요약하면 다음과 같다. 하나님이 택하신 자들을 효과적으로 부르시고(부르심), 그들을 거듭나게 하시며, 믿음과 회개에 이르게 하신다(회심). 사람이 의롭게 되는 것은 오직 그리스도를 믿는 것뿐이며, 이 같은 칭의는 그리스도와의 연합의 법적 근거다. 하나님께 받아들여진 사람은 하나님의 가족이 되고 그리스도와 공동상속자가 된다. 이 새로운 정체성으로 인해 성령의 점진적 성화 사역이 이루어지고, 이로써 신자는 성령의 보호를 받고, 성령은 신자

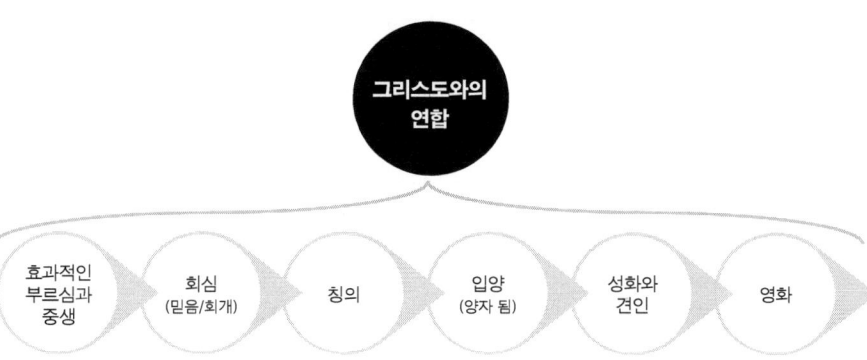

를 거룩하게 하며, 하나님의 은혜로 신자는 영화롭게 되는 마지막 날까지 보존된다.

각 단계의 의미에 대해 더 자세히 살펴볼 내용이 많지만, 분명한 것은 구원의 각 측면이 구원의 서정에 있어 나름대로 성경적인 위치를 차지한다는 점이다. 그리고 서정의 각 단계는 다음 단계로 이어진다. 윌리엄 퍼킨스 같은 신학자들은 구원의 서정을 가리켜 구원의 '황금사슬'이라 불렀다. 각각의 고리가 깨뜨릴 수 없는 사슬처럼 전후로 연결되기 때문이다.[25]

그러나 구원의 서정에 대해 모두 공감하는 것은 아니다. 어떤 이들은 로마서 8장 28-30절에서 바울이 엄밀한 구원 순서를 제시하려 하지 않는다고 주장한다.[26] 성경에 아무런 설명도 나오지 않고 아무런 추론도 할 수 없는데, 구원의 서정을 과잉 분석하고 싶지는 않다. 현시대의 체계적인 방법론에 사도 바울의 생각을 억지로 맞추려 하고 싶지도 않다. 그럼에도 구원의 서정을 아예 내버리는 극단적인 반대 입장에 서서는 안 된다.[27] 심지어 바울도 로마서 8장 28-30절에서, 구원의 서정에 대한 구체적인 세부 내용을 모두 제시하지는 않지만, 구원의 순서를 무시하지는 않는다. 바울이 나열하는 각 측면이 상대적이므로, 영화가 칭의 전에 위치할 수 있다거나 칭의가 예정 전에 위치할 수 있다고 말하는 건 터무니없다.[28] 바울은 의도적으로 예정을 부르심 전에, 부르심을 칭의 전에, 칭의를 영화 전에 놓는다. 이 범주는 교체될 수 없으나 구분될 수 있으며, 각각은 예전 것에 따른 결과로서 이어진다(논리적으로든 시간적으로든).

다른 구절에서도 마찬가지다. 요한복음 3장 3-5절에서 예수님은 니고데모에게, 사람이 거듭나지 않으면 하나님나라에 들어갈 수 없다고 말씀하신다. 여기서도 순서가 있다. 중생이 하나님나라에 들어가는 것보다 먼저며, 둘 다 구원 적용과 관련된다. 순서를 뒤바꾸는 것은 예수님이 정하신 사항을 훼손하는 일이다.[29] 요한일서를 읽어 보라. 특히 5장 1절의 문법구조는 중생이 믿음에 앞서며 믿음을 낳음을 알려준다. 요한은 "하나님의 거듭나게 하시는 사역과 구원 얻게 하는 믿음 간에는 인과관계가 존재한다"고 본다.[30] 또 요한복음 1장에서는 믿음이 양자 됨에 앞서는 것으로 언급된다. "영접하는 자 곧 그 이름을 믿는 자들에게는 하나님의 자녀가 되는 권세를 주셨으니"(요 1:12).[31]

그러므로 신학자가 구원의 서정을 전제로 하지 않고 신학적 사유를 전개하는 건 불가능할 뿐 아니라, 구원의 서정은 성경적으로도 뒷받침된다. 또 그것은 교육학적으로 유용하다.[32] 구원의 순서는 여러 유형으로 구분되며, 구원의 요소들 간의 관계를 적절히 정리해 준다. 순서의 유형은 다음과 같다.

순서의 유형

인과적 순서	도구적 순서	시간적 순서
중생이 믿음보다 앞섬	믿음이 칭의보다 앞섬33	칭의가 영화보다 앞섬

어떤 이들의 주장처럼 구원의 서정을 없애버린다면, 구원 서정상의 각 단계를 구분할 수 없을 것이다. 그 결과 신학적 정확성과 신학적 구조를 모조리 잃게 된다. 그럼에도 퍼거슨이 경고하듯이, 구원의 서정을 너무 기계적으로 설정함으로써 구원론에 있어 그리스도의 핵심적인 역할을 배제하지 않도록 주의해야 한다.34 물음 8-9에서 논의하겠지만, 구원의 서정을 그리스도와의 연합이라는 범주 안에서 이해하는 것이 중요하다.

우리의 구원은 얼마나 위대한가

결론적으로, 구원의 서정이 우리의 삶을 실천적인 면에서 어떻게 변화시켜야 하는지 명심해야 한다.

첫째, 구원 교리는 위대한 구속주이신 하나님을 경배하게 해야 한다. 구원론 공부는 항상 송영으로 이어져야 한다. 사도 바울은 교회들에 보낸 서신에서 그 점을 훌륭히 표현한다. 갈라디아교회에 보낸 편지에서 바울은 "우리 하나님 아버지와 주 예수 그리스도로부터 은혜와 평강이 있기를 원하노라 그리스도께서 하나님 곧 우리 아버지의 뜻을 따라 이 악한 세대에서 우리를 건지시려고 우리 죄를 대속하기 위하여 자기 몸을 주셨으니 영광이 그에게 세세토록 있을지어다 아멘"(갈 1:3-5)이라고 쓴다. 편지를 시작하면서 바울은 하나님이 우리를 어떻게 구원하셨는지를 언급하며 먼저 하나님을 높인다. 그러나 거기서 멈추지 않는다. 그토록 큰 구원은 그로 하여금 하나님을 찬양하고 경배하게 하며, 하나님이 행하신 일로 인하여 하나님께 모든 영광을 돌리게 한다. 구원을 당연시하기가 얼마나 쉬운가. 바울은 아들이신 예수 그리스도를 통해 우리를 구원하신 하나님을 찬양하며 감격하는 마음이 넘쳐나야 함을 상기시킨다. 그러므로 구원을 생각할 때, 공적으로나 개인적으로 하나님을 예배하려는 마음을 억제할 수 없다.

둘째, 구원 교리는 미래적 소망의 근거가 된다. 인생의 시련 가운데서도 그러하다. 구원은 과거와 현재의 실재일 뿐 아니라 미래의 실재이기도 하다. 구원에는 '이미/그러나 아직'의 차원이 있다. 우리는 구원받았지만 여전히 구원의 마지막 완성을 기다린다. 그 중간에 죄와 유혹과 고난은 물론 죽음도 경험한다. 그럼에도 구원의 종말론적 특성으로 인해 현재 고난을 당하는 중에도 하나님을 의지할 수 있다. 하나님은 미래적 소망이시며, 우리는 그분을 온전히 믿고 의지한다. 바울이 빌립보서에서 약속했듯이, 우리 안에서 "착한 일을 시작하신 이가 그리스도 예수의 날까지 이루실 줄을"(빌 1:6) 확신한다. 그 큰 약속을 지니고서, 믿음의 주요 온전하게 하시는 분인 예수님을 바라보며 앞에 놓인 경주를 인내로써 행한다(히 12:1-2).

요약

삼위일체 하나님은 창세전에 구원을 계획하셨다. 구속의 언약에서 성부는 성자를 중보자로 임명하셨고, 성자는 성육신한 신인(God-man)으로서 구속을 성취하여 이 임무를 자발적으로 완수하셨다. 비록 아담이 창조 언약을 지키지 못했지만, 둘째이자 마지막 아담인 그리스도는 율법을 완벽하게 준수하고 우리를 대신해 죄사함을 위한 속죄제물로서 자신을 드리셨다. 그리고 성자를 통해 완성된 사역을 적용하기 위해 성부께서 성령을 보내셨다. 구속을 적용하시는 성령의 사역이 구원의 서정에 따라 진행되며, 이 순서를 신약성경 전반에 걸쳐 볼 수 있다. 성령은 하나님의 택하심 받은 자들을 효과적으로 부르고, 거듭나게 하고, 믿음을 주고, 회개하게 하고, 의롭게 하고, 양자로 받아들이고, 거룩하게 하고, 또한 보존하신다. 그래서 그들은 영화에 이른다.

더 깊은 묵상을 위한 물음

1. 로마서 8장 28-30절을 공부해 보라. 바울이 보여주는 생각의 흐름은 무엇인가?
2. 구원 과정의 각 단계에 적절한 순서를 부여하는 것은 얼마나 중요한 일인가?
3. 당신을 영화의 단계로 이끌기 위해 하나님이 하시는 일을 이해하는 데 구원의 서정이 교육학적으로 도움이 되는가?
4. 황금사슬의 많은 고리를 숙고할 때, 당신을 구원하기 위해 하나님이 얼마나 많은 일을 행하시는지 느끼고 있는가?
5. 구원의 서정이 어떻게 현재 우리로 하여금 게으르거나 장래에 대한 확신을 결여하지 않도록 균형을 유지시키는가?

물음 8 / 그리스도와 연합된다는 것은 무엇을 뜻하는가? (1)

　그리스도께서 우리를 위해 죽으셨다면, 왜 성령은 우리를 그리스도께 연합시키실까? 16세기의 종교개혁자 존 칼빈은 이 질문에 이렇게 답한다. "그리스도께서 우리 밖에 계시면, 그래서 우리가 그분에게서 분리되어 있으면, 인류 구원을 위해 고난당하며 행하신 그의 모든 일이 쓸모없고 아무 가치도 없음을 이해해야 한다. … 우리가 그와 함께 한 몸이 되기 전까지는 그가 지니신 모든 것이 우리에게는 아무것도 아니다."[1] 칼빈이 옳다. 그리스도와의 실제적인 연합은 우리에게 절대적으로 필요하다. 그리스도와의 연합은 구원의 핵심 진리다. 그것은 단지 구속 적용의 한 국면이 아니라 구속의 모든 면에서 기초가 되기 때문이다.[2] 그리스도와의 연합은 "구원의 서정에 있어 지배적인 모티프이며 구성적인 원칙"이다.[3] 그리스도와의 연합은 구원의 서정에서 특정한 한 지점에 위치하기보다는 전체를 뒤덮는 범주로서 역할을 하며, 그 범주 안에서 구원의 서정의 시작과 완성과 최종 목표가 발견된다(요 6:56; 15:4-7; 롬 8:10).[4] 구원의 각 단계에서 성령의 목표는 택하심 받은 자들을 그리스도 안에 있게 하는 것이다(고전 12:12-13). 존 오웬이 통찰력 있게 설명하듯이, 연합은 우리가 참예하게 되는 다른 모든 은혜의 원인이다. 그 모든 은혜는 그리스도와의 연합으로 인해 제공된다. 이로 인해 우리의 양자 됨, 칭의, 성화, 결실, 견인, 부활, 영광이 초래된다.[5] 그러므로 구원의 서정의 목표는 죄인이 성령의 능력을 통해 그리스도의 축복에 직접 참예하는 것이다(엡 1:3).[6]

그리스도와의 연합을 나타내는 성경의 표현

바울 서신에서만 '그리스도 안에'라는 문구가 73회 나온다.[7] 여기서 깊게 분석할 수는 없지만, 이 문구의 특정한 용례에 대해서는 특별히 다룰 만한 가치가 있다.

먼저 성경은 하나님이 그의 백성을 그리스도 안에서 구원하신다고 말한다. 예를 들어, 바울은 우리가 그리스도 예수 안에 있는 구속을 통해 하나님의 은혜로 의롭다 하심을 얻는다고 확언한다(롬 3:24; 참조, 엡 2:13). 또 죄의 삯이 사망인 반면 "하나님의 은사는 그리스도 예수 우리 주 안에 있는 영생"이라고 말한다(롬 6:23; 참조, 고전 1:4). 이와 유사하게, 고린도교회에 쓴 편지에서 바울은 하나님이 "그리스도 안에" "세상을 자기와 화목하게 하시며 그들의 죄를 그들에게 돌리지" 아니하셨다고 말한다(고후 5:19). 더욱이 하나님은 "그리스도 안에서 하늘에 속한 모든 신령한 복을 우리에게" 주셨다(엡 1:3). 우리는 허물로 인해 죽은 상태였지만, 하나님은 우리를 사랑하신 그 크신 사랑 때문에 "우리를 그리스도와 함께 살리셨고" "또 함께 일으키사 그리스도 예수 안에서 함께 하늘에 앉히시니 이는 그리스도 예수 안에서 우리에게 자비하심으로써 그 은혜의 지극히 풍성함을 오는 여러 세대에 나타내려 하심"이다(엡 2:4-7; 참조, 딤후 1:9). 그리스도와 함께 앉은 자로서 우리는 "그가 만드신 바라 그리스도 예수 안에서 선한 일을 위하여 지으심을 받은 자니 이 일은 하나님이 전에 예비하사 우리로 그 가운데서 행하게 하려 하심"이다(엡 2:10; 참조, 5:28-32). 바울은 그리스도 안에 있는 자들을 새로운 피조물이라고 일컬었다. "이전 것은 지나가고" "새것"이 되었기 때문이다(고후 5:17; 참조, 롬 6:4; 고전 15:22).

또 성경은 자신의 믿음을 그리스도 안에 두고, 그리스도 안에서 의롭게 되며, 그리스도 안에서 새로운 신분을 얻는 신자에 대해 말한다. 죄인은 "그리스도 예수 안에 있는 속량으로 말미암아 하나님의 은혜로 값 없이 의롭다 하심"을 얻는다(롬 3:24; 참조, 갈 2:17). 그 결과 "이제 그리스도 예수 안에 있는 자에게는 결코 정죄함이" 없다(롬 8:1). 그리스도 안에서 우리는 "속량 곧 죄사함을" 얻는다(골 1:14; 참조, 2:11-12). 의롭다 하심을 받은 자로서 우리는 "죄에 대하여는 죽은 자요 그리스도 예수 안에서 하나님께 대하여는 살아 있는 자"로 여겨야 한다(롬 6:11).

그리스도와의 연합을 나타내는 표현은 "그리스도 안에"(엔 크리스토)라는 정확한 문구에 국한되지 않는다. 다른 문구도 사용된다.

- 그리스도 안으로(에이스 크리스톤, 롬 6:3; 11:36; 16:5 등)[8]
- 그리스도와 함께(쉰 크리스토, 롬 6:4-8; 8:17,29,32 등)[9]
- 그리스도를 통해(디아 크리스투, 롬 1:3-5,8; 2:16 등)[10]

어떤 은유는 그리스도와의 연합에 대한 이미지를 강하게 시사한다.

- 그리스도의 몸(롬 12:4-5; 고전 6:15; 10:16-17 등)[11]
- 성전과 건물(고전 3:9,16-17; 6:19-20; 9:13 등)[12]
- 결혼(롬 7:1-4; 고전 6:15-17; 고후 11:2-3; 엡 5:22-32)
- 새 옷(롬 13:12-14; 고전 15:51-54; 고후 5:1-4 등)[13]

이러한 은유는 그리스도와 연합의 중요한 면을 시사한다. 캠벨은 은유의 의미를 다음과 같이 설명한다.

- '그리스도의 몸'이라는 은유는 각 사람이 그리스도 안에서 함께 하며 서로 결합되는 유기체적 존재로서의 교회를 나타낸다. 이 은유는 연합의 특성을 시사한다.
- '성전과 건물'이라는 은유는 교회의 집합체적 특성을 시사한다. 성전은 하나님이 그의 백성 가운데 성령으로 거하심을 나타내고, 건물은 기초이신 그리스도와 결합되는 구조를 나타낸다.
- '결혼'이라는 은유는 개인적이며 배타적인 결속으로서의 교회와 그리스도의 영적 연합을 시사하며, 이 결속은 그리스도께서 교회를 구원하고 보살피며 교회가 그리스도의 머리 되심에 복종함에 따른 것이다.
- '옷'이라는 은유는 그리스도께로 회심하는 데 수반되는 윤리적 변화에 대한 기대감은 물론 그 회심의 실재를 시사한다. 신자는 그리스도로 옷 입었고 또 옷 입어야 한다. 이것은 그리스도께 일치되어 감을 수반하는, 그리스도와의 연합을 상징한다.[14]

그리스도와의 연합을 나타내는 표현은 사도 바울의 글에만 국한되지 않으며 예수님도 사용하셨다. 요한복음 6장 56절에서 예수님은 충격적인 말씀을 하신다. "내 살을 먹고 내 피를 마시는 자는 내 안에 거하고 나도 그의 안에 거하나니" 예수님은 문자적으로 그의 살을 먹고 그의 피를 마시는 것을 말씀하신 것이 아니라 영적 실재를 나타내는 생생한 이미지를 사용하신다. 영적 실재란 그리스도를 믿고 신뢰하는 것이며, 특히 영생을 주기 위한 그분의 대속 죽으심을 믿는 것이다(예, 6:35). 요한복음 15장에서 예수님은 연합이라는 주제로 다시 돌아가 "내 안에 거하라 나도 너희 안에 거하리라"고 말씀하신다. 포도나무와 열매에 대한 비유(바울의 '그리스도의 몸' 비유와 유사하다)를 사용하여, 가지인 우리는 스스로 열매 맺지 못하며 포도나무이신 그리스도 안에 있어야 함을 말씀하신다. 우리가 그리스도 안에 거하고 그리스도께서 우리 안에 거하시면 많은 열매를 맺을 것이다(15:4-5).

예수님의 기도 중 가장 친숙한 기도가 요한복음 17장에 나온다. 십자가 처형을 준비하면서 기도하신 내용이다. 예수님은 언젠가 자신을 믿게 될 사람들을 위해 아버지께 기도하신다. "아버지여, 아버지께서 내 안에, 내가 아버지 안에 있는 것같이 그들도 다 하나가 되어 우리 안에 있게 하사 세상으로 아버지께서 나를 보내신 것을 믿게 하옵소서 내게 주신 영광을 내가 그들에게 주었사오니 이는 우리가 하나가 된 것같이 그들도 하나가 되게 하려 함이니이다 곧 내가 그들 안에 있고 아버지께서 내 안에 계시어 그들로 온전함을 이루어 하나가 되게 하려 함은 아버지께서 나를 보내신 것과 또 나를 사랑하심같이 그들도 사랑하신 것을 세상으로 알게 하려 함이로소이다"(17:21-23; 참조, 26절). 예수님은 자신과 신자들 간의 심오한 관계, 즉 서로 안에 거함에 대해 말씀하신다. 이 내주 관계는 너무나 깊고 강렬하다. 예수님은 실제로 그들 안에 있게 되기를 기도하신다.

지금까지 그리스도와의 연합을 나타내는 표현이 성경에 많음을 살펴보았다. 그러나 이 구절들을, 특히 구원을 적용하시는 성령의 사역과 관련하여 어떻게 정리해야 할까? 물음에 답하기 위해 그리스도와의 연합의 근원과 기초 그리고 실현에 대해 알아볼 필요가 있다. 근원과 기초에 대해서는 이번 장에서, 실현에 대해서는 다음 장에서 다룰 것이다.

그리스도와의 연합의 근원

우리와 그리스도의 연합은 창세전에 하나님이 계획하신 것인가? 그렇다. 영원 전에 이루어진 하나님의 선택이 그리스도와의 연합의 근원 또는 뿌리다. 바울이 설명하듯이, 하나님이 "그리스도 안에서 하늘에 속한 모든 신령한 복을" 우리에게 주셨다(엡 1:3). 그리고 "창세전에 그리스도 안에서 우리를 택"하셨다(엡 1:4). 하나님이 "그 기쁘신 뜻대로 우리를 예정하사 예수 그리스도로 말미암아 자기의 아들들이 되게"(엡 1:5; 참조, 1:11) 하신 것은 우리를 사랑하시기 때문이다. 하나님이 "우리로 사랑 안에서 그 앞에 거룩하고 흠이 없게 하시려고" 그리스도 안에서 우리를 택하셨다(엡 1:4). 하나님이 우리를 그리스도와 연합하게 하신 것은 우리가 거룩하거나 흠이 없어서가 아니라 우리로 그분 앞에서 거룩하고 흠이 없게 하기 위함이다. 바울이 에베소서 1장 4절에서 말하는 것은, 하나님이 우리를 선택하신 목적이 그리스도와의 연합이라는 것이다. 이는 그리스도와 연합하는 것을 하나님이 나중에 생각하신 것이 아니라 하나님의 애당초 의도와 목적이었음을 뜻한다. 그리스도는 언제나 그의 백성과 연관되시며, 그의 백성 역시 언제나 그들의 구주와 연관된다.[15]

또 바울은 디모데에게 이렇게 썼다. "하나님이 우리를 구원하사 거룩하신 소명으로 부르심은 우리의 행위대로 하심이 아니요 오직 자기의 뜻과 영원 전부터 그리스도 예수 안에서 우리에게 주신 은혜대로 하심이라 이제는 우리 구주 그리스도 예수의 나타나심으로 말미암아 나타났으니 그는 사망을 폐하시고 복음으로써 생명과 썩지 아니할 것을 드러내신지라"(딤후 1:9-10). 여기서도 바울은 선택을 그리스도와의 연합과 연결시킨다. 창세전에 하나님 아버지께서 택하신 자들을 그리스도께 주셨다.

이 사실을 예수님이 성육신하신 동안에 친히 여러 차례 언급하셨다. 우리의 구속에 삼위일체 하나님이 개입하셨음을 넌지시 알려 주시면서, 예수님은 "아버지께서 내게 주시는 자는 다 내게로 올 것이요 내게 오는 자는 내가 결코 내쫓지 아니하리라"고 말씀하신다(요 6:37). 아버지의 뜻을 행하는 것이, 아버지께서 그에게 주신 자들을 하나도 잃지 않는 것이 자신의 사명임을 예수님은 분명히 밝히신다(6:38-39). 그리스도는 아버지께서 자신에게 주신 자들을 마지막 날에 다시 살리실 것이다(6:40). 예수님의 말씀을 통해, 시간이 시작되기 전에 하나님이 그의 택하신 자들을 아들에게 주셨음을 알 수 있다.

그리스도와의 연합과 선택 간의 연관성은 로마서 8장 29-30절에서도 분명해진다. "하나님이 미리 아신 자들을 또한 그 아들의 형상을 본받게 하기 위하여 미리 정하셨으니 이는 그로 많은 형제 중에서 맏아들이 되게 하려 하심이니라 또 미리 정하신 그들을 또한 부르시고 부르신 그들을 또한 의롭다 하시고 의롭다 하신 그들을 또한 영화롭게 하셨느니라" 하나님의 택하신 자들더러 "그 아들의 형상을 본받게 하기 위하여" 예정이 있었다는 점에 주목하라. 선택은 그리스도와의 연합에서 분리할 수 없다. 전자는 후자의 근원이다.[16]

그리스도와의 연합의 기초

선택이 그리스도와의 연합의 근원이라면, 그리스도의 사역은 그 기초다. 창세전에 하나님이 그리스도 안에서 우리를 택하셨다. 그리고 적절한 때에 아버지께서 아들을 인간의 몸을 입은 모습으로 보내어 율법에 완벽하게 순종하는 삶을 살고(능동적인 순종), 우리를 대신하여 고난받고, 죄에 대한 징벌을 대신 담당하여 죽으시고(수동적인 순종), 또 우리의 칭의를 위해 다시 살아나셔서 구속을 완수하며 보증하게 하셨다(마 20:28; 26:26-29; 요 6:51; 11:50 등).[17] 그리스도는 이 모든 일을 우리를 위하여 그리고 우리를 대신하여 행하셨다.[18] 성령은 그리스도의 구속 사역을 기초로 하여 그 사역을 우리에게 적용하신다.

예수님이 우리 죄를 위한 대속의 희생제물로서 우리 대신 자신의 목숨을 내어주셨다는 사실은 신약성경 전반에 걸쳐 분명히 언급된다. 요한복음 10장 11절에서 예수님은 "나는 선한 목자라 선한 목자는 양들을 위하여 목숨을 버리거니와"라고 친히 말씀하신다. 요한은 죄 없으신 분이 "우리 죄를 없애려고" 나타나셨다고 말한다(요일 3:5). 우리가 하나님을 사랑한 것이 아니라 그가 "우리를 사랑하사 우리 죄를 속하기 위하여 화목 제물로 그 아들"을 보내셨다(요일 4:10). "아버지가 아들을 세상의 구주"로 보내셨다(요일 4:14). 또 바울은 "이 예수를 하나님이 그의 피로써 믿음으로 말미암는 화목제물"로 세우셨다고 말한다(롬 3:25). 그리스도의 피로 인한 화목은 그리스도를 믿는 우리 믿음의 기초다(히 2:17; 요일 2:2; 4:10).[19] 그리스도의 화목 사역이 없었다면, 그리스도와의 연합은 불가능하다. 성령이 그리스도의 구속 사역을 우리에게 적용하실 수 있는 것은, 오직 그리스도께서 우리를 대신하는 완벽한 희생제물로서 자신을 드리고 죄 값을 지불하셨기 때문이다. 달리 말해서, 그리스도께서 우리를 위해 죽으셨기 때문에 성령이 우리를 예수님과 연합시키실 수 있다. 적대감이 제거되고 우리에게 마땅히 임할 진노가 그리스도로 인해 충족되었다. 하나님과 화목해지는 길이 열렸으며 그 길은 그리스도시다. 그분 안에서 우리는 죄사함을 받을 뿐 아니라 그리스도를 믿는 자에게 주어지는 영생을 얻는다(참조, 요일 5:11-12). 그러므로 그리스도의 죽음은 그리스도와의 연합의 기초다.[20] 바울이 에베소 교인들에게 말하듯이, "우리는 그리스도 안에서 그의 은혜의 풍성함을 따라 그의 피로 말미암아 속량 곧 죄사함"을 받았다(엡 1:7; 참조, 1:11). 한때는 멀리 떨어져 있었지만, 그리스도 예수 안에서 우리는 그의 피로 인해 가까워졌다(엡 2:13; 참조, 롬 8:32; 골 1:20).

더욱이 그리스도의 성육신 기간 동안, 우리가 아직 존재하지 않았음에도 하나님은 우리가 그리스도 안에 있는 것으로 생각하셨다. 그리스도는 우리의 대표자이자 머리로서 행동하셨다. 그리스도를 믿는 믿음에 근거하여, 그의 행동은 마치 우리 자신이 한 행동처럼 간주되었다. 전가를 통해 그리스도와의 연합이 법적으로 인정되었다. 하이델베르크 교리문답(1563)에서 말하듯이, 하나님은 나 자신의 아무런 공적도 없이 순전한 은혜로 그리스도의 완전한 속죄의 은총을 내게 베푸시고, 믿는 마음으로 그 은총을 받아들이기만 하면 마치 내가 단 하나의 죄도 범한 적이 없는 것처럼, 그리스도께서 나를 위해 이행하신 모든 순종을 나 자신이 행한 것처럼, 그의 의와 거룩함을 전가하신다(60문).

그리스도와의 연합은 취소될 수 없는, 그리고 삶의 변화에 우선되는 강력한 법적 측면을 지닌다.[21] 물음 21과 22에서 보겠지만, 그리스도께서 우리를 위해 획득하신 의는 믿는 우리에게 전가된다. 우리가 아직 존재하지도 않았지만 그리스도께서 법적 언약적 대표였기에, 그분이 우리를 위해 행하신 모든 일이 이제 믿음에 근거하여 우리 것으로 간주된다. 하나님은 우리를 볼 때 아들이 만족스럽게 완성한 일을 보신다. 그 일에 기초하여 이제 우리는 내적으로 그리스도의 형상을 좇아 변해간다.

이 같은 대표 개념을 몇몇 성경본문이 언급한다. 로마서 5장 19절에서 바울은 "한 사람이 순종하지 아니함으로 많은 사람이 죄인 된 것같이 한 사람이 순종하심으로 많은 사람이 의인이 되리라"고 말한다(참조, 고전 1:30; 빌 3:9). 또 고린도후서 5장 21절을 보라. "하나님이 죄를 알지도 못하신 이[그리스도]를 우리를 대신하여 죄로 삼으신 것은 우리로 하여금 그[그리스도] 안에서 하나님의 의가 되게 하려 하심이라." 우리가 그[그리스도] 안에 있는 것은 하나님이 우리 대신 그리스도를 정죄하셨기 때문이다. 신학자들은 이를 '위대한 교환'이라 부른다.[22] 그리스도께서 우리의 죄를 담당하셨고(참조, 사 53:6; 벧전 2:24) 그 대가로 우리는 그리스도의 의를 얻었다. 이 위대한 교환에 대해서는 물음 23에서 상세히 다룰 것이다.

그리스도는 우리에게 절실히 필요한 구원의 모든 축복을 우리를 위해 획득하셨고, 그 결과 우리는 그리스도께 속하여 이제 그리스도와 연합되었다(롬 5:17). 성령이 우리를 거듭나게 하고 그리스도께로 연합시키며 그리스도 예수 안에서 우리 것인 모든 축복을 우리에게 주실 수 있는 것은, 그리스도께서 자신의 삶과 죽음과 부활을 통해 구원을 획득하셨기 때문이다(롬 6:4-11; 엡 1:3-14; 2:5-6; 벧전 1:3-5).

요약

그리스도와의 연합은 구원의 서정상의 한 단계가 아니라, 구원의 모든 측면을 뒷받침하는 근거가 되는 포괄적인 범주다. 구원의 각 단계에서 성령의 목표는 하나님의 택하심 받은 자들이 그리스도 안에서 발견되게 하는 것이다. 더욱이 그리스도와의 연합의 근원은 영원한 과거에 이루어진 하나님의 선택인 반면, 이 연합의 기초는 그리스도의 삶과 죽음과 부활을 통해 이루신 그분의 사역이다.

더 깊은 묵상을 위한 물음

1 그리스도께서 우리를 위해 죽으셨다면, 왜 우리를 그리스도께 연합시키는 성령이 필요한가?
2 요한복음에서 그리스도와의 연합에 대해 예수님은 뭐라고 말씀하시는가? 이 가르침은 구주이신 그분과의 관계에 대한 견해를 어떻게 변화시키는가?
3 그리스도와의 연합을 두고 성경에서 사용하는 은유에는 어떤 것이 있는가? 이 은유는 무엇을 시사하는가?
4 에베소서 1장 4절에서 바울은 창세전에 하나님께서 행하신 선택이 그리스도와의 연합의 근원임을 가르친다. 바울의 가르침은 시간이 시작되기 전에 그리스도 안에 있었던 우리의 정체성에 대한 이해방식을 어떻게 변화시키는가?

5 로마서 3장 25절 같은 구절에 비추어 볼 때, 우리 죄를 대속하신 그리스도의 사역을 떠나서 그리스도와의 연합이 가능하겠는가?

물음
9 / 그리스도와 연합된다는 것은
무엇을 뜻하는가?(2)

    지금까지 그리스도와의 연합의 근원이 하나님의 선택에서 발견되고, 그 기초는 그리스도의 사역, 즉 그분의 삶과 죽음과 부활에서 발견됨을 살펴보았다. 이제 성령이 우리를 그리스도께 연합시키실 때 우리와 그리스도의 실제적인 연합이 일어남을 배울 것이다. 여기서도 구원을 위한 삼위일체의 개입을 간과해서는 안 된다. 성부 하나님이 창세전에 그리스도 안에서 우리를 택하셨다(엡 1:4-5,11). 성자 하나님이 우리를 대신해서 죽기 위해 성부에게서 보내심을 받았다(엡 1:7-10). 성부와 성자는 그리스도 사역의 혜택을 우리에게 적용하기 위해 성령을 보내셨고, 그래서 우리가 실제로 그리스도와 연합된다(엡 1:13-14).

    그리스도와의 실제적인 연합은 어떤 것일까? 앤서니 회케마는 그리스도와의 연합에 대해 성경이 말하는 여덟 가지 방식을 열거하며 구원의 전체 과정, 즉 구원의 서정이 그리스도와의 연합에서 비롯됨을 보여준다.[1]

1. 우리는 먼저 효과적인 부르심과 중생으로 그리스도와 연합 된다.²
2. 우리는 믿음을 통해 이 연합을 자신의 것으로 삼으며 삶에 계속 적용한다.
3. 우리는 그리스도와의 연합 안에서 의롭게 된다.
4. 우리는 그리스도와의 연합을 통해 성화된다.
5. 우리는 그리스도와의 연합 안에서 믿음의 삶을 유지한다.
6. 우리는 그리스도 안에서 죽는다.
7. 우리는 그리스도와 함께 다시 살아날 것이다.
8. 우리는 그리스도와 함께 영원히 영화롭게 될 것이다.

여덟 가지 사항을 각각 순서대로 살펴봄으로써 회케마의 논지를 확장시키고자 한다.

1. 우리는 먼저 효과적인 부르심과 중생(신생)으로 그리스도와 연합된다

비록 죄인이 영적으로 죽은 상태지만, 성부께서는 택하신 자들을 그의 아들에게로 효과적으로 이끄시며(요 6:44,65; 딤후 1:9), 허물로 죽은 죄인을 성령의 능력으로 그리스도와 함께 살리신다(엡 2:5,10; 참조, 롬 6:11). 그 결과 우리는 그리스도 예수 안에서 새로운 피조물이다(물음 12-17을 보라).³

바울이 말하듯이, "긍휼이 풍성하신 하나님이 우리를 사랑하신 그 큰 사랑을 인하여 허물로 죽은 우리를 그리스도와 함께" 살리셨다(우리가 은혜로 구원받은 것이다)(엡 2:4-5). 바울은 하나님이 우리를 살리셨다고만 말하지 않고 우리를 "그리스도와 함께" 살리셨다고 말한다. 10절에서 바울은 우리가 "그리스도 예수 안에서" 지으심을 받았다고 말함으로써, 중생을 통한 그리스도와의 연합을 다시금 암시한다. 바울은 창세기 1장의 표현을 빌려, 어떻게 성령께서 죄인을 새로운 피조물로 만드시는지 보여준다(참조, 고후 5:17). 하나님은 죽음뿐인 곳에서 주권적으로 영적 생명을 만드셨고, 그렇게 함으로써 우리를 그리스도께 연합시키신다(롬 8:2; 고전 15:22; 골 2:11,13).[4] 그러므로 그리스도 안에서 우리를 택하심은 그리스도 안에서 우리를 재창조하심을 초래한다.[5]

2. 우리는 믿음을 통해 이 연합을 자신의 것으로 삼으며 삶에 계속 적용한다

성령은 신생을 통해 우리를 그리스도와 연합시키지만, 우리는 이 연합을 믿음을 통해 누린다. 갈라디아서 3장 26절에서 말하듯이, 우리는 "믿음으로 말미암아" 하나님의 아들이 되었다. 이와 유사하게, 바울은 에베소서 1장 13절에서 "그 안에서 너희도 진리의 말씀 곧 너희의 구원의 복음을 듣고 그 안에서 또한 믿어 약속의 성령으로 인치심을 받았으니"라고 말한다. 또 골로새인들에게 보내는 편지에서 바울은, 우리가 세례로 그리스도와 함께 장사되었고 "또 죽은 자들 가운데서 그를 일으키신 하나님의 역사를 믿음으로 말미암아 그 안에서 함께 일으키심을" 받았다고 쓴다(골 2:12).

아울러 바울은 믿음을 통한 칭의에 대해서도 말한다. "우리는 본래 유대인이요 이방 죄인이 아니로되 사람이 의롭게 되는 것은 율법의 행위로 말미암음이 아니요 오직 예수 그리스도를 믿음으로 말미암는 줄 알므로 우리도 그리스도 예수를 믿나니 이는 우리가 율법의 행위로써가 아니고 그리스도를 믿음으로써 의롭다 함을 얻으려 함이라 율법의 행위로써는 의롭다 함을 얻을 육체가 없느니라"(갈 2:15-16). 로마인들에게 보낸 바울의 편지 내용은 갈라디아인들에게 보낸 것과 평행을 이룬다. "그러므로 우리가 믿음으로 의롭다 하심을 받았으니 우리 주 예수 그리스도로 말미암아 하나님과 화평을 누리자 또한 그로 말미암아 우리가 믿음으로 서 있는 이 은혜에 들어감을 얻었으며 하나님의 영광을 바라고 즐거워하느니라"(롬 5:1-2).

우리는 믿음을 통해 그리스도와의 연합을 자신의 것으로 삼으며 삶에 계속 적용한다. 갈라디아서 2장 20절에서 바울은 "내가 그리스도와 함께 십자가에 못 박혔나니 그런즉 이제는 내가 사는 것이 아니요 오직 내 안에 그리스도께서 사시는 것이라 이제 내가 육체 가운데 사는 것은 나를 사랑하사 나를 위하여 자기 자신을 버리신 하나님의 아들을 믿는 믿음 안에서 사는 것이라"고 말한다. 이제는 더 이상 죄의 종이 아니며, 그리스도께서 우리 안에 사신다. 그럼에도 이 일은 "하나님의 아들을 믿는 믿음 안에서" 이루어진다.

바울은 믿음을 통한 그리스도와의 연합을 에베소인들에게도 재차 언급한다. 그는 신자들이 성령을 통한 능력으로 강해져서 "믿음으로 말미암아 그리스도께서 너희 마음에 계시기를" 기도한다(엡 3:16-17). 그리스도께서 영구적으로 우리 안에 거하시는 것은 믿음을 통해서다. 디모데에게 쓴 편지에서 바울은, 성경이 "능히 너로 하여금 그리스도 예수 안에 있는 믿음으로 말미암아 구원에 이르는 지혜가 있게" 한다고 가르친다(딤후 3:15).

3. 우리는 그리스도와의 연합 안에서 의롭게 된다

물음 22와 24-25에서 자세히 설명하겠지만, 하나님이 우리를 의롭다고 선언하시고 그리스도의 의를 우리에게 전가하거나 우리 것으로 돌리실 때 칭의가 발생한다. 우리는 그리스도의 완전한 의로 옷 입고 모든 죄를 사함받고서 "죄 없는" 존재로 하나님 앞에 선다(슥 3장). 그러나 칭의를 그리스도와의 연합에서 분리할 수는 없다. 고린도전서 1장 30-31절에서 바울은 "너희는 하나님으로부터 나서 그리스도 예수 안에 있고 예수는 하나님으로부터 나와서 우리에게 지혜와 의로움과 거룩함과 구원함이 되셨으니 기록된 바 자랑하는 자는 주 안에서 자랑하라 함과 같게 하려 함이라"고 쓴다. 그리스도는 우리의 의가 되셨고, 따라서 우리는 "그리스도 예수 안"에 있다. 이와 유사하게, 바울은 고린도후서 5장 21절에서 "하나님이 죄를 알지도 못하신 이를 우리를 대신하여 죄로 삼으신 것은 우리로 하여금 그 안에서 하나님의 의가 되게 하려 하심이라"고 쓴다. 하나님은 전혀 죄를 짓지 않으신 그리스도를 죄로 삼으셔서 "그 안에서" 우리로 하여금 하나님의 의가 되게 하셨다. 하나님이 우리를 완벽하게 의롭게 여기시는 것은 바로 그리스도 안에서다. 루터는 이 전가된 의가 정확히 그리스도와의 연합과 어떻게 결부되는지 강조하면서 다음과 같이 말한다. "그러므로 그리스도를 믿는 믿음을 통해 그리스도의 의가 우리의 의가 되며 그가 가진 모든 것이 우리 것이 된다. 그 자신이 우리 것이 되신다."[6]

바울의 논점은 빌립보서 3장 8-9절에서 특히 분명해진다. 바울은 자신이 그리스도를 얻고 그 안에서 발견되기 위해 모든 것을 잃었음을, 그리고 "내가 가진 의는 율법에서 난 것이 아니요 오직 그리스도를 믿음으로 말미암은 것이니 곧 믿음으로 하나님께로부터 난 의라"

고 말한다(참조, 롬 1:17; 3:22). 어떻게 죄인이 그[그리스도] 안에서 발견될 수 있을까? 사람이 율법을 통해 얻는 자신의 의를 지님으로써 그리스도 안에서 발견되는 것이 아니다. 오직 "그리스도를 믿음으로 말미암는" 의를 지님으로써만 그리스도 안에서 발견된다. 이 의는 하나님으로부터 오는 것이며, 행위가 아니라 믿음에 의존한다(참조, 갈 2:16). 로마서 3장 24절에서 바울이 분명히 밝히듯이, 우리는 은혜를 통한 선물로 의롭다 하심을 얻으며, 이것은 "그리스도 예수 안에 있는 속량으로" 말미암는다. 그의 은혜로 하나님은 그리스도 안에서 우리 죄를 용서하셨고(엡 4:32; 골 1:14), 우리는 믿음으로 의롭다 하심을 얻었으므로 주 예수를 통해 하나님과 화평을 누리며(롬 5:1) 더 이상 정죄받지 않는다(롬 8:1). 하나님의 은혜와 거저 얻는 풍성한 의의 선물로 인해 이제 우리는 "한 분 예수 그리스도를 통하여 생명 안에서 왕 노릇" 한다(롬 5:17).[7]

이들 본문에서 바울이 칭의의 법정적(사법적) 특성에 우선순위를 둔 점에 비추어 볼 때(물음 22도 보라), 그리스도와의 연합이 구원의 관계적인 면만을 수반하고 법적인 면은 수반하지 않는다고 말하는 것은 잘못이다.[8] 그런 말과는 정반대로, 그리스도와의 연합은 관계적인 범주를 수반할 뿐 아니라 법적인 범주도 수반한다. 이 둘은 서로 상충되지 않는다. 더 구체적으로 말하자면, 관계적인 면을 뒷받침하며 그 기초가 되는 것이 바로 법적인 면이다.[9] 그리스도와의 연합을 통해 삶이 변화되는 것은 그 연합의 법정적인(또는 법적인) 면에 근거하고 기초하며 그 면에 의존한다. 더 알기 쉽게 말하면, 성화가 칭의의 기초인 것이 아니라 칭의가 성화의 기초다(롬 5:16; 8:1-17; 갈 3:14).[10] 페스코가 지적하듯이, "내가 의롭게 되기 때문에 성화된다"고 말할 수 있는 반면 "내가 성화되기 때문에 의롭게 된다"고 말해서는 안 된다.[11] 원인과 결과가 있다. 칭의가 원인이며, 그리스도와 함께하는 친교는 물론이고 성화 과정에서의 선행이 결과다.[12]

그리스도와의 연합에 있어 법정적인 면이 관계적인(신비적인) 면에 앞선다는 사실은 아담과의 연합에도 해당한다. 아담 안에서 우리는 죄책과 부패성을 물려받으며, 물음 3에서 죄책이 부패성의 원인임을(직접적인 전가) 살펴보았다. 따라서 그리스도 안에서 우리는 의와 새 생명을 물려받는다. 새 생명은 중생과 더불어 시작되지만 성화를 특징짓는 것이기도 하다. 성화에 있어 새 생명이 주어질 수 있는 이유는, 그것이 그리스도 안에서 의롭다고 선언된 자인 우리의 새로운 법적 정체성에 기초하기 때문이다. 그리스도의 의의 전가는 우리의 새 신분을 보장하며, 이에 기초하여 이제 그리스도의 부활 생명의 모든 유익이 우리에게 전가된다. 후자의 사실을 바로 성령의 지속적인 사역이라 칭할 수 있다. 호턴은 말한다. "성령은 그리스도께 속한 것을 우리의 것으로 만드시며(요 16:14), 우리가 성령의 열매를 맺도록 우리 안에서 일하신다(요 15:1-11; 참조, 갈 5:22-26)."[13]

실천적으로 그리고 목회적으로 말하면, 이는 그리스도를 본받음이 언제나 그리스도 안에서 올바로 서는 것에 기초해야 함을 뜻한다. 복음의 직설법이 언제나 그리스도인의 삶의 명령법을 위한 기초가 된다.[14] 호턴은 설명한다. "우리 안에서 경험하는 모든 주관적인 축복은 역사상으로 우리 밖에서 우리를 위해 행하신 그리스도의 객관적인 사역의 결과다. 우리가 성령의 열매를 맺기 때문에 법적으로 의롭다고 선언되거나 법정적으로 그리스도 안에 거하게 되는 것이 아니다. 거꾸로다."[15]

성화의 실제적인 의를 부정하는 것이 아니라, 다만 이 실제적인 의가 그리스도의 전가된 의에 기초함을 말하는 것이다.[16] 루터는 종교개혁의 기치를 흔들면서, 그리스도의 전가된 의가 "우리 자신의 모든 실제적인 의의 기초와 원인과 근원"이라고 하는 유명한 말을 했다.[17] 두 가지 형태의 의 중 어느 것도 배제해서는 안 되지만, 언제나 적절한 순서를 명심해야 한다. 게르하르더스 보스의 말을 인용하면, 법정적인 것이 신비적인 것에 기초하는 것이 아니라 신비적인 것이 법정적인 것에 기초한다.[18]

4. 우리는 그리스도와의 연합을 통해 성화된다

고린도전서 1장 30절에서 바울은 그리스도가 우리의 의로움이며 또한 거룩함이라고 말한다. 바울은 고린도인들에게 보내는 편지의 서두에서, 그들을 가리켜 "그리스도 예수 안에서 거룩하여"진 사람들이라 지칭한다(고전 1:2). 그리스도인은 선한 일을 위해 그리스도 예수 안에서 지음받은 자다(엡 2:10). 그리스도 예수를 주로 받았으므로 "그 안에서 행하되 그 안에 뿌리를 박으며 세움을 받아 교훈을 받은 대로 믿음에 굳게 서서 감사함을 넘치게" 해야 한다(골 2:6-7; 참조, 고전 15:58). 온갖 교리나 사람의 속임수나 간사한 유혹의 바람에 휩쓸릴 것이 아니라, 사랑 안에서 참된 것을 말하며 "범사에 그에게까지" 자라야 하는데 그는 머리니 곧 그리스도시다(엡 4:15). 이는 바울의 사명이었다. "내가 그리스도와 그 부활의 권능과 그 고난에 참여함을 알고자 하여 그의 죽으심을 본받아"(빌 3:10; 참조, 고후 1:5).[19] 핵심은 분명하다. 우리의 성화는 구주와의 연합을 통해서다.

5. 우리는 그리스도와의 연합 안에서 믿음의 삶을 유지한다

성화가 그리스도 안에 있다면 견인도 마찬가지다. 이들은 같은 동전의 양면이다. 그리스도 안에 있는 사람은 결코 그리스도의 손에서 빼앗길 수 없다(요 10:27-28). 그리스도 안에 있는 자들은 그리스도께 속해 있다. 그들은 그리스도의 양이며 그분 안에서 영생을 지닌다. 따라서 결코 멸망하지 않을 것이다(롬 5:8-9,21; 6:23; 8:32; 엡 1:11; 살전 5:9). 바울도 이 점을 개인적으로 확신했다. "내가 확신하노니 사망이나 생명이나 천사들이나 권세자들이나 현재 일이나 장래 일이나 능력이나 높음이나 깊음이나 다른 어떤 피조물이라도 우리를 우리 주 그리스도 예수 안에 있는 하나님의 사랑에서 끊을 수 없으리라"(롬 8:38-39; 참조, 빌 4:7,19). 세상의 그 무엇도 심지어 사탄마저도 우리를 그리스도에게서 떼어낼 수 없다(물음 34-35를 보라).

그러나 성경은 신자를 보존하시는 하나님에 대해 가르칠 뿐 아니라 믿음 안에서 자신을 보존할 것을 신자에게 당부하기도 한다. 이는 그리스도 안에 거함으로써만 이룰 수 있는 일이다(요 15:4-5; 요일 2-4장). 그리스도를 떠나서는 아무런 열매도 맺을 수 없기 때문이다. 바울은 자신의 사역을 통해 그러한 인내의 본을 보였다. 바울은 빌립보인들에게 쓴 편지에서, 자신이 누구 못지않게 육체를 신뢰할 만하지만(빌 3:5-7) 자신에게 유익하던 것을 그리스도를 위해 모두 해로 여긴다고 말했다. "또한 모든 것을 해로 여김은 내 주 그리스도 예수를 아는 지식이 가장 고상하기 때문이라"(빌 3:8상). 그리스도를 위해 모든 것을 잃어버리고 배설물로 여김은 그리스도를 얻고 그 안에서 발견되려 함이었다. 그가 가진 의는 율법에서 난 것이 아니요 오직 그리스도를 믿음으로 말미암은 것이니 곧 믿음으로 하나님께로부터 난 의였다(빌 3:9). 이 모든 일에서 바울의 목표는 그리스도를, 그의 부활의 권능을, 심지어 그의 고난에 참여함을 아는 것이며, 또한 "그의 죽으심을 본받아 어떻게 해서든지 죽은 자 가운데서 부활에" 이르는 것이다(빌 3:10-11; 참조, 1:29; 롬 8:17).

바울은 그것을 이미 얻었거나 자신이 이미 완벽한 것이 아니라고 말한다. 도리어 그것을 얻기 위해 열심히 달려간다. 이렇게 할 수 있는 것은 그리스도께 잡힌 바 되었기 때문이다(빌 3:12). 바울은 뒤에 있는 것을 잊어버리고 앞에 있는 것을 잡으려 한다. "푯대를 향하여 그리스도 예수 안에서 하나님이 위에서 부르신 부름의 상을 위하여 달려가노라"(빌 3:14). 그는 모든 그리스도인에게 자신을 본받으라고 권면한다(빌 3:16,17). 바울은 빌립보 교인들에게 다음과 같은 격려의 말씀으로 마무리한다. "우리의 시민권은 하늘에 있는지라 거기로부터 구원하는 자 곧 주 예수 그리스도를 기다리노니 그는 만물을 자기에게 복종하게 하실 수 있는 자의 역사로 우리의 낮은 몸을 자기 영광의 몸의 형체와 같이 변하게 하시리라"(빌 3:20-21).[20]

6. 우리는 그리스도 안에서 죽는다

"우리가 살아도 주를 위하여 살고 죽어도 주를 위하여 죽나니 그러므로 사나 죽으나 우리가 주의 것이로다"(롬 14:8). 앞에서 그리스도 안에서 우리를 위한 하나님의 사랑이 너무나 강하므로 그 어떤 것도 우리를 그분에게서 분리시키지 못함을 배웠다. 여기서는 육체적으로 죽을 때도 계속 그리스도께 속함을 발견한다(고전 15:18). 그리스도 안에 있는 우리의 정체성이 너무나 요지부동이어서 심지어 죽음 가운데서도 그리스도 안에 있다고 말할 수 있다(참조, 계 14:13).

사는 분이 그리스도시니 죽는 것도 유익이라며 바울이 확신 있게 말할 수 있는 것도 놀라운 일이 아니다(빌 1:21). 죽는 것은 "떠나서 그리스도와 함께" 있기 때문에 "훨씬 더 좋은 일"이다(빌 1:23).

7. 우리는 그리스도와 함께 다시 살아날 것이다

그리스도와의 연합에 대해 생각할 때, 대체로 구원을 위해 엄청난 의미를 지닌 그분의 십자가 죽음으로 관심이 쏠린다(롬 6:3-8; 7:4; 갈 3:27-29; 6:14; 골 3:1-3). 그러나 바울은 그리스도의 부활과 관련한 우리의 연합에 대해서도 생각했다. 우리는 그리스도와 함께 영적으로 이미 살아났고(골 3:1; 엡 2:6), 허물과 죄 가운데 더는 죽은 상태로 있지 않다. 그러나 언젠가 부활한 몸을 받을 것 또한 사실이다(물음 40을 보라). 이 일이 어떻게 가능할까? 그리스도께서 친히 무덤에서 살아나셨기 때문이다. 그가 자신의 죽음에 있어 우리를 대표하셨기 때문에, 자신의 부활에 있어 우리를 대표하신 것도 사실이다. "아담 안에서 모든 사람이 죽은 것같이 그리스도 안에서 모든 사람이 삶을 얻으리라 그러나 각각 자기 차례대로 되리니 먼저는 첫 열매인 그리스도요 다음에는 그가 강림하실 때에 그리스도에게 속한 자요"라고 바울은 설명한다(고전 15:22-23; 참조, 빌 3:21; 골 3:4; 살전 4:14-17; 5:10). 그리스도 안에 있는 모든 사람의 몸이 부활할 날이 올 것이다. 그 사실에 비추어, 그리스도와의 연합이 영적인 면에 국한되지 않고 육체적인 의미도 지니고 있다고 결론지어야 한다.

8. 우리는 그리스도와 함께 영원히 영화롭게 될 것이다

언젠가는 우리의 생명이신 그리스도께서 나타나실 것이다. 그날이 오면 우리가 "그와 함께 영광 중에 나타나리라"고 바울은 말한다(골 3:4). 데살로니가인들에게도 유사한 말을 한다. "주께서 호령과 천사장의 소리와 하나님의 나팔 소리로 친히 하늘로부터 강림하시리니 그리스도 안에서 죽은 자들이 먼저 일어나고 그 후에 우리 살아남은 자들도 그들과 함께 구름 속으로 끌어올려 공중에서 주를 영접하게 하시리니 그리하여 우리가 항상 주와 함께 있으리라"(살전 4:16-17). 그리스도께서 재림하실 때, "그리스도 안에서" 죽은 자들이 일어날 것이다. 그 시점으로부터 우리는 부활한 상태로 새 하늘과 새 땅에서 주님을 경배하며 영원히 그분과 함께 있을 것이다. 그리스도와의 연합은 중생 때 처음 실현되지만 영화를 통해 영원히 누릴 것이다.

요약

그리스도와의 연합의 근원이 영원 전에 이루어진 신적 선택이고, 그 기초는 그리스도의 삶과 죽음과 부활이라는 그분의 사역인 반면, 우리가 시공간 속에서 실제로 그리스도와 연합되는 것은 성령이 그리스도의 사역을 우리에게 적용하시는 때다. 그리스도와의 연합은 먼저 효과적인 부르심과 중생을 통해 실현되지만, 그 연합을 우리 것으로 누리는 것은 믿음을 통해서다. 그리스도와의 연합으로 칭의를 얻는데, 칭의는 그 연합을 누릴 수 있는 법정적 근거다. 또 그리스도와의 연합을 통해 성화되며, 그리스도와의 연합 안에서 끝까지 보존된다. 끝으로 성경은 우리가 죽음, 장래의 육체적 부활, 그리고 영화를 그리스도 안에서 그리스도와 함께 맞이할 것을 말한다.

더 깊은 묵상을 위한 물음

1 그리스도와의 연합의 측면 중 오늘날 그리스도인들이 가장 간과하는 것은 무엇인가?
2 성령이 처음으로 우리를 그리스도와 연합시키는 것은 구원의 서정 중 어떤 단계인가?
3 그리스도와의 연합과 칭의 간에는 어떤 관계가 있을까?
4 그리스도와의 연합 및 성화와 관련하여, 그리스도를 더 깊이 개인적으로 알 수 있는 실제적인 방법은 무엇일까?
5 그리스도와의 연합은 단지 과거의 사실인가, 아니면 미래의 부활이나 영화를 위한 의미도 지닌 것인가?

"하나님이 죄를 알지도 못하신 이를
우리를 대신하여 죄로 삼으신 것은
우리로 하여금 그 안에서 하나님의 의가 되게 하려 하심이라"

_고후 5:21

"구원은 여호와께 속하였나이다"
_욘 2:9

3부

선택, 소명 그리고 거듭남

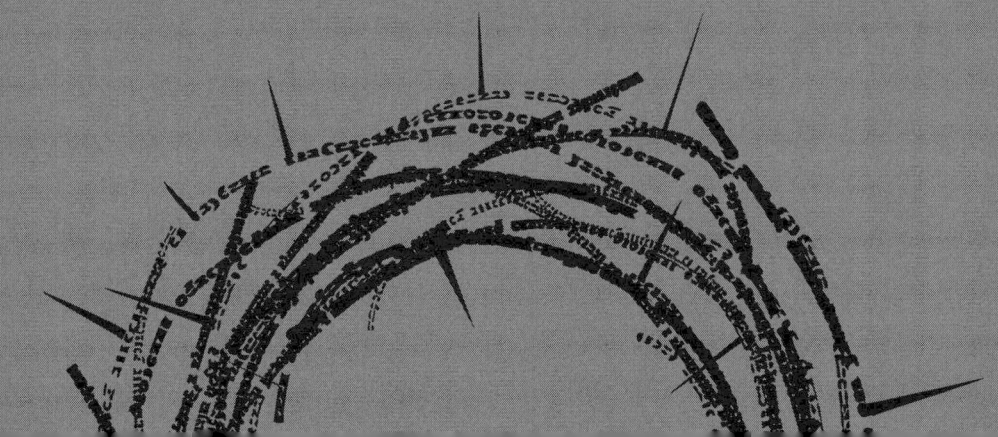

40 Questions
About
salvation

물음 10 / 하나님의 택하심은 우리에게 달린 것인가?(1)

처음 듣는 이에게는 선택 교리가 충격적일 수 있다. 때로는 여러 해 동안 성경을 읽어온 그리스도인 중에도, 특정한 개인의 구원을 영원 가운데서 택하시는 하나님의 주권적인 선택을 결코 묵상해 본 적 없는 이들이 더러 있다.[1] 신자가 '예정'이나 '선택'이라는 단어를 처음 들을 때 "그런 건 성경에 없어!"라며 곧바로 반대하는 경우도 많다. 그런 반응은 하나님의 주권에 대한 우리의 자연적 반감을 노출하는 것이다. 그러나 선택은 성경 곳곳에서 자연스럽게 가르치는 주제다.[2] 선택이 성경적인 교리임은 부인할 수 없는 사실이다. 선택의 정확한 의미에 대해 심한 의견 차이를 보이는 그리스도인들마저 이 사실은 인정해 왔다.

논의의 초점은 성경이 선택 교리를 얼마나 정확히 규정하는가 하는 것이다. 하나님이 창세전에 특정한 사람들의 믿음을 미리 아시고서 그들의 구원을 선택하실까? 아니면 하나님이 오직 주권적인 호의에 따라 특정한 사람들의 구원을 선택하시는 걸까? 달리 말해서, 선택은 조건적일까 아니면 무조건적일까?

두 견해는 교회사 전반에 걸친 논쟁거리였다. 알미니안주의자들은 조건적 선택을, 칼빈주의자들은 무조건적 선택을 주장한다. 두 전통을 역사적으로 고찰하기에는 지면이 부족하다.[3] 여기서 알미니안주의를 비판할 수는 없으며(이 일은 다른 사람들이 담당해 왔다),[4] 단지 선택과 관련된 가장 중요한 성경구절을 살펴봄으로써 이 문제에 대해 성경이 분명한 입장을 밝히고 있음을 드러낼 것이다. 하나님은 특정한 개인의 구원을 무조건적으로 택하신다.

미리 정하심(롬 8:28-30)

사도 바울은 다른 어떤 성경기자보다 신적 선택에 대해 자세히 언급한다. 로마서 8장 28-30절을 보라.

> 우리가 알거니와 하나님을 사랑하는 자 곧 그의 뜻대로 부르심을 입은 자들에게는 모든 것이 합력하여 선을 이루느니라 하나님이 미리 아신 자들을 또한 그 아들의 형상을 본받게 하기 위하여 미리 정하셨으니 이는 그로 많은 형제 중에서 맏아들이 되게 하려 하심이니라 또 미리 정하신 그들을 또한 부르시고 부르신 그들을 또한 의롭다 하시고 의롭다 하신 그들을 또한 영화롭게 하셨느니라

몇 가지 사실에 주목할 만하다.

1. 바울은 구원에 대해 말한다.

미리 아시고, 미리 정하시고, 부르시고, 의롭다 하시며, 또한 영화

롭게 하셨다는 것은 모두 구원, 즉 과거와 현재와 미래의 구원을 가리킨다. 바울이 단지 신자의 현세적인 축복만을 말하고 있다고 주장하는 것은 충분하지 않다.[5]

2. 바울이 말하는 구원의 사슬은 같은 그룹의 사람들에 대한 것이며, 이 구원의 사슬은 깨뜨릴 수 없다.

하나님은 미리 아신 자들을 또한 예정하셨다. 예정하신 자들을 부르시고, 부르신 자들을 의롭다 하셨다. 그리고 의롭다 하신 자들을 영화롭게 하실 것이다. 하나님이 미리 아신 자들과 미리 정하신 자들은 부르시고 의롭다 하시고 영화롭게 하시는 자들과 동일하다. 성경은 하나님이 모든 사람을 의롭다 하시며 영화롭게 하심을 결코 가르치지 않는다. 따라서 하나님이 모든 사람을 미리 아시며 예정하는 것이 아니라 일부 사람들만을 그리하시는 것이 분명하다.

아울러 바울이 말하는 구원의 사슬은 깨뜨릴 수 없는 특성을 지녔음을 간과하지 말라. 예정된 자들이 부르심을 받고, 의롭다 하심을 받으며, 영화롭게 될 것이다. 바울은 하나님이 모든 사람을 예정하시고 부르시며 의롭다 하려 하시지만 불행히도 모든 사람이 믿는 것은 아니라고 말하지 않는다. 바울은 선택된 자만을 염두에 둔다. 그렇지 않다면 바울은 예정되고, 부르심 받고, 의롭다 하심을 받은 이들이 모두 영화롭게 된다고 말할 수 없었을 것이다. 바울은 효과적인 구원의 서정을 염두에 둔다. 하나님의 선택은 효과적인 부르심을 초래한다. 하나님의 효과적인 부르심은 언제나 칭의를 초래한다. 하나님은 의롭다 하시는 자들을 확실히 영화롭게 하실 것이다. 이러한 구절에는 조건성이 전혀 없다. 처음부터 끝까지 하나님이 구원을 이루신다.

3. 고난에 처한 신자의 소망은 예정에 근거한다.

28절에서 바울이 말하듯이, "우리가 알거니와 하나님을 사랑하는 자 곧 그의 뜻대로 부르심을 입은 자들에게는 모든 것이 합력하여 선을" 이룬다. 세상에서 고난에 처한 그리스도인에게 이 약속은 얼마나 큰 확신이 되는가. 하나님은 효과적으로 부르심 받은 이들에게는 모든 것이, 심지어 악한 일마저 합력하여 선을 이룬다고 약속하신다. 여기서 "하나님이 모든 것을 합력하여 선을 이루심을 그리스도인이 어떻게 알 수 있는가?"라는 물음이 제기된다. 하나님이 모든 것을 합력하여 선을 이루실 것임을 그리스도인이 확신하며 안심할 수 있는 것은, 창세전에 하나님이 영생을 위해 이미 그들을 예정하셨기 때문이다(28절).[6]

4. 로마서 8장 29-30절에서 예정은 무조건적이다.

어떤 이들은 바울이 하나님께서 "미리 아신" 자를 언급할 때 예지(즉, 믿을 자와 믿지 않을 자를 하나님이 미리 아심)를 언급하는 것이라고 주장한다. 하나님이 선택하시는 것은 이 예지(미리 아신 바 된 믿음)에 기초해서라는 것이다. 예컨대 알미니안주의 신학자 잭 코트렐은 이렇게 말한다. "예지를 통해 하나님은 누가 예수 그리스도를 믿을지를 아시며 … 그래서 창세전에 그는 신자들이 다시 사신 그리스도의 영광을 공유할 것을 예정하신다."[7] 그런 견해에서는, 사람이 택하심을 받는 궁극적인 기초가 자신 안에서 발견된다. 하나님의 선택이 죄인이 믿을 것인지의 여부에 따라 마침내 결정되기 때문이다.

이는 핵심을 놓친 것으로, 선택을 단지 확정 정도로 보는 것이다. 우리가 최종적인 결정을 내리고, 하나님은 단지 미리 내다보며 우리의 선택을 확정하실 뿐이다. 아울러 이 견해는 "미리 아신"이라는 바울의 용례를 특정한 예지 개념으로 받아들인다. "미리 아신"이라는 말이 때로는 어떤 사실을 미리 앎을 나타내지만, 로마서 8장 29절과 다른 많은 구절에서는 그런 뜻이 아니다. 하나님이 모든 일을 미리 아신다는 것은 언제나 사실이지만, 로마서 8장 29절의 미리 아심은 특정한 사람들을 구원하기 위해 미리 사랑하심을 가리킨다.[8] 달리 말해서, 바울은 하나님이 사실들을 미리 아심을 말하는 것이 아니라 사람들을 미리 아심을 말한다. 창세전에 하나님이 우리를 구원하려는 사랑을 정하셨고 자신과의 관계 속에서 우리를 생각하셨다.

"미리 아신"과 관련된 다른 본문을 보라. 바울은 고린도인들에게 "또 누구든지 하나님을 사랑하면 그 사람은 하나님도 알아주시느니라"(고전 8:3)고 쓴다. 우리에 관한 사실을 하나님이 아심을 가리키는 것이 아니라, 하나님이 우리를 구원하기 위해 우리를 개인적으로 아심을 가리킨다. 갈라디아서 4장 8-9절을 보라. "너희가 그때에는 하나님을 알지 못하여 본질상 하나님이 아닌 자들에게 종노릇하였더니 이제는 너희가 하나님을 알 뿐 아니라 더욱이 하나님이 아신 바 되었거늘 어찌하여 다시 약하고 천박한 초등학문으로 돌아가서 다시 그들에게 종노릇하려 하느냐" 바울은 하나님에 관한 사실을 아는 것을 말하는 것이 아니라 구원하시는 하나님을 인격적으로 알게 됨을 말한다.

요한복음 10장 14-15절에서 예수님도 이 점을 입증하신다. "나는 선한 목자라 나는 내 양을 알고 양도 나를 아는 것이 아버지께서 나를 아시고 내가 아버지를 아는 것 같으니 나는 양을 위하여 목숨을 버리노라." 택하신 자들을 아시는 예수님이 자신의 아들을 아는 아버지에 그리고 자신의 아버지를 아는 아들에 비유된다. 아버지에 대한 사실적 지식을 가리키는 것이 아니라 인격으로서의 아버지를 알고 있음을 가리킨다. 이와 유사하게 자신이 택하신 자들을 아는 데 대해 말씀하실 때, 예수님은 구원하는 인격적인 관계로 그들을 아신다. 마태복음 7장 21-23절에서 예수님이 하신 말씀도 같은 맥락에서 이해된다. 예수님은 자신을 가리켜 "주"라고 부르는 모든 이가 천국에 들어가는 것이 아니라 아버지의 뜻을 행하는 자만 들어간다고 말씀하신다. 예수님의 이름으로 예언하고 귀신을 쫓아내고 여러 권능을 행할지라도, 예수님은 "내가 너희를 도무지 알지 못하니 불법을 행하는 자들아 내게서 떠나가라"고 말씀하실 것이다. 여기서도 예수님은 사실적 앎을 말씀하시는 것이 아니라 구원하는 관계에서 그들을 알지 못함을 말씀하신다.[9]

5. 로마서 8장 28-30절의 어디에서도, 바울이 막연히 어떤 그룹이나 부류의 사람들에 대한 예정을 말하고 있다는 인상을 받지 않는다.

바울은 특정한 개인에 대한 예정을 말하고 있다. 바울은 "하나님을 사랑하는 자" "그의 뜻대로 부르심을 입은 자들"을 염두에 둔다. 이 개인은 우리의 연약함을 돕고, 우리를 위해 중보하며, 마음을 살피시는 성령과 함께한다(롬 8:26-27).

하나님은 긍휼히 여기고자 하는 자를 긍휼히 여기심(롬 9:6-24)

무조건적 선택을 뒷받침하는 가장 강력한 본문 중 하나는 로마서 9장 6-24절이다. 로마서 9장의 문맥은 이스라엘의 구원에 대한 것이다. 바울은 자신의 마음속에 큰 근심과 그치지 않는 고통이 있다고 설명하면서, 그의 형제 곧 "골육의 친척"이 구원받을 수 있다면 자신이 저주를 받아 그리스도에게서 끊어져도 좋다고 말한다(롬 9:3). 이 스라엘은 다음과 같은 특권을 모두 지녔다. "그들에게는 양자 됨과 영광과 언약들과 율법을 세우신 것과 예배와 약속들이 있고 조상들도 그들의 것이요 육신으로 하면 그리스도가 그들에게서 나셨으니 그는 만물 위에" 계신다(롬 9:4-5). 이스라엘이 불순종하고 그리스도를 거부한 사실로 인해 "하나님의 말씀이 폐하여졌을까?"라는 물음이 자연히 일어난다. 이에 대해 바울은 아니라고 단호히 답한다. 그 이유는 무엇일까? "이스라엘에게서 난 그들이 다 이스라엘"이지는 않기 때문이다(롬 9:6). 혈통적으로 아브라함의 자손이라고 해서 아브라함의 참된 자녀인 것은 아니다. "육신의 자녀가 하나님의 자녀가 아니요 오직 약속의 자녀가 씨로 여기심"을 받기 때문이다(롬 9:8).

무슨 근거로 바울은 그토록 충격적인 내용을 확언할 수 있을까? 바울은 아브라함과 사라의 이야기로 말머리를 돌린다. 하나님은 이들을 통해 아들 이삭을 약속하셨다. 하나님이 야곱과 에서를 낳게 하신 것은 이삭과 리브가를 통해서였다. 이 두 아들의 출생과 관련해 바울이 하는 말에 주목하라.

> 그뿐 아니라 또한 리브가가 우리 조상 이삭 한 사람으로 말미암아 임신하였는데 그 자식들이 아직 나지도 아니하고 무슨 선이나 악을 행하지 아니한 때에 택하심을 따라 되는 하나님의 뜻이 행위로 말미암지 않고 오직 부르시는 이로 말미암아 서게 하려 하사 리브가에게 이르시되 큰 자가 어린 자를 섬기리라 하셨나니 기록된 바 내가 야곱은 사랑하고 에서는 미워하였다 하심과 같으니라 _롬 9:10-13

하나님이 야곱을 택하고 에서를 거부하셨다. 야곱을 사랑하고 에서를 미워하셨다. 이 선택이 왜 놀라운가? 몇 가지 이유 때문이다. 첫째, 장자는 야곱이 아니라 에서였다. 그러나 하나님은 선택과 관련한 자신의 뜻을 이루기 위해 차남인 야곱을 택하셨다(롬 9:11). 본문이 말하듯이, "큰 자가 어린 자를" 섬길 것이었다. 둘째, 하나님의 선택은 야곱이나 에서에게서 미리 아신 그 무엇에 기초한 것이 아니다. 전혀 그렇지 않다. 오히려 하나님의 선택은 그의 선하신 목적에 따른 것이며, 이는 "그 자식들이 아직 나지도 아니하고 무슨 선이나 악을 행하지 아니한 때에 택하심을 따라 되는 하나님의 뜻이 행위로 말미암지 않고 오직 부르시는 이로 말미암아 서게 하려" 하심이다. 하나님의 선택은 야곱이나 에서가 행한 그 무엇에 기초한 것이 아니라 순전히 부르시는 하나님께 달린 것이었다. 하나님의 선택이 조금이라도 야곱이나 에서에 의해 좌우되었다면, 선택과 관련한 그의 목적은 실현되지 않았을 것이다.

조건적 선택을 옹호하는 사람들은, 이것이 불공평하고 독단적이라 주장하며 반발할 것이다. 만일 하나님이 누군가를 구원하고 또 누군가를 거부하기로 선택하시되 그들 속의 어떤 것에 근거하지 않고 순전히 그분의 뜻과 목적 때문에 그리하신다면 하나님이 공의로우실 수 있을까? 아이러니하게도 이런 반문은 바울이 이어지는 구절에서 대답하고자 했던 물음과 매우 유사하다. "그런즉 우리가 무슨 말을 하리요 하나님께 불의가 있느냐 그럴 수 없느니라 모세에게 이르시되 내가 긍휼히 여길 자를 긍휼히 여기고 불쌍히 여길 자를 불쌍히 여기리라 하셨으니"(롬 9:14-15). 바울은 그런 반박을 받아들이지 않는다. 하나님은 주권적이시며 그분에게는 불공평함이 전혀 없다. 그는 자신의 뜻대로 누구든 택하실 수 있다. 조건적 선택을 옹호하는 자들이 옳다면, 바울에게는 선택의 의미를 명확히 하기에 이보다 더 좋은 논거가 없을 것이다. 선택이 하나님께서 인간의 반응을 미리 아신다는 사실에 기초한다면, 바울은 그 선택을 받을 자격을 곧바로 자신에게 부여할 수 있었을 것이다. 그러나 바울의 반응은 정반대다. 그는 하나님이 부당하지 않으심을 주장한다. 이것은 선택이 무조건적이라고 믿는 사람의 반응이다. 바울은 물러서서 선택이 사람의 믿음에 기초한다고 말하지 않고, 하나님의 주권을 재차 강조하며("내가 긍휼히 여길 자를 긍휼히 여기고") 하나님이 사람의 선악 간의 행위를 전혀 고려하지 않고 누가 구원받을지 결정하심을 옹호한다.

이어지는 구절은 사람의 자유의지보다는 하나님의 주권적 선택을 모든 면에서 강조하는 놀라운 내용이다.

> 그런즉 우리가 무슨 말을 하리요 하나님께 불의가 있느냐 그럴 수 없느니라 모세에게 이르시되 내가 긍휼히 여길 자를 긍휼히 여기고 불쌍히 여길 자를 불쌍히 여기리라 하셨으니 그런즉 원하는 자로 말미암음도 아니요 달음박질하는 자로 말미암음도 아니요 오직 긍휼히 여기시는 하나님으로 말미암음이니라 성경이 바로에게 이르시되 내가 이 일을 위하여 너를 세웠으니 곧 너로 말미암아 내 능력을 보이고 내 이름이 온 땅에 전파되게 하려 함이라 하셨으니 그런즉 하나님께서 하고자 하시는 자를 긍휼히 여기시고 하고자 하시는 자를 완악하게 하시느니라 _롬 9:14-18

구원에 있어 결정적인 동인은 사람이 아니라 하나님이다. 하나님은 자신이 원하는 대로 누구든 자유로이 선택하시며, 그 선택은 우리의 뜻이 아니라 하나님의 뜻에 기초한다.

이를 뒷받침하기 위해 바울은 바로에 대해 이야기한다. 택하신 백성을 구원함에 있어 자신의 주권과 능력과 영광과 탁월하심을 온전히 드러내기 위해, 하나님이 바로를 세우고 마음을 완악하게 하셨다. 하나님이 자유로이 야곱을 사랑하고 에서를 미워하셨듯이(롬 9:11), 이스라엘을 구원함에 있어 그의 영광을 나타내기 위해 바로의 마음을 자유로이 완악하게 하신다. 바울이 말하듯이 "그런즉 원하는 자로 말미암음도 아니요 달음박질하는 자로 말미암음도 아니요 오직 긍휼히 여기시는 하나님으로 말미암음이니라 … 그런즉 하나님께서 하고자 하시는 자를 긍휼히 여기시고 하고자 하시는 자를 완악하게" 하신다(롬 9:16,18).

어떤 이들은 이렇게 반박할 것이다. "반칙이다! 하나님은 불공평하시다! 하나님이 구원받을 사람과 구원받지 못할 사람을 미리 결정하셨다면 어떻게 죄인에게 책임을 지울 수 있는가?" 바울은 그러한 반박을 예상했다. 선택의 무조건적 특성을 설명하는 사람이라면 누구나 예상할 수 있는 반박이다.

> 혹 네가 내게 말하기를 그러면 하나님이 어찌하여 허물하시느냐 누가 그 뜻을 대적하느냐 하리니 이 사람아 네가 누구이기에 감히 하나님께 반문하느냐 지음을 받은 물건이 지은 자에게 어찌 나를 이같이 만들었느냐 말하겠느냐 토기장이가 진흙 한 덩이로 하나는 귀히 쓸 그릇을, 하나는 천히 쓸 그릇을 만들 권한이 없느냐 만일 하나님이 그의 진노를 보이시고 그의 능력을 알게 하고자 하사 멸하기로 준비된 진노의 그릇을 오래 참으심으로 관용하시고 또한 영광 받기로 예비하신 바 긍휼의 그릇에 대하여 그 영광의 풍성함을 알게 하고자 하셨을지라도 무슨 말을 하리요 이 그릇은 우리니 곧 유대인 중에서뿐 아니라 이방인 중에서도 부르신 자니라 _롬 9:19-24

조건적 선택이 사실이라면, 바울은 다음과 같이 쉽게 대답했을 것이다. "하나님이 절대적으로 통제하시지는 않는다. 당신이 내 가르침을 오해했다. 하나님은 우리에게 자유의지를 부여하시며, 복음에 대한 반응에 기초하여 선택하신다."[10] 그러나 바울은 이런 식으로 반응하지 않는다. 대신에 "이 사람아 네가 누구이기에 감히 하나님께 반문하느냐 지음을 받은 물건이 지은 자에게 어찌 나를 이같이 만들었느냐 말하겠느냐"고 되묻는다.

토기장이와 진흙이라는 이미지를 사용해, 바울은 하나님이 자신의 진흙으로 원하는 대로 만들 수 있는 완전한 자유를 지닌 토기장이와 같으심을 주장한다. 진흙은 토기장이에게 "어찌 나를 이같이 만들었느냐"고 따질 권한이 전혀 없다. 진흙은 진흙일 뿐이다. 반면 하나님은 토기장이시다. 하나님이 "진흙 한 덩이로 하나는 귀히 쓸 그릇을, 하나는 천히 쓸 그릇을" 만드시는 것은 완벽하게 정당하다. 귀히 쓸 그릇을 만듦으로써 자신의 긍휼과 영광을 나타내시고, 천히 쓸 그릇을 만듦으로써 진노와 능력을 나타내신다. 진노를 보이며 자신의 능력을 알리려고 하나님은 "멸하기로 준비된 진노의 그릇을" 오래 참으심으로 관용하셨다. 그 이유는 무엇일까? "영광받기로 예비하신 바 긍휼의 그릇에 대하여 그 영광의 풍성함을 알게" 하시기 위함이다. 하나님은 모든 개개인의 운명을 결정하신다. 그는 토기장이시며, 같은 진흙 덩이로 영광을 위한 그릇과 멸망을 위한 그릇을 만드신다.

지금까지 로마서 9장에 언급되는 선택이 전혀 조건적인 것이 아님을 살펴보았다. 바울이 염두에 둔 것은 개인적인 선택이 아닌 집단적인 선택이라며 반박하는 사람도 있을 것이다. 개개인의 영원한 운명을 언급하는 것이 아니라 단지 어떤 부류나 그룹(유대인과 이방인)을 언급하고 있다는 것이다. 이에 대해 바울은 진노의 그릇과 긍휼의 그릇이 유대인과 이방인이라는 두 부류를 가리키지 않음을 밝힌다. 긍휼의 대상이 유대인과 이방인 모두를 포함함을 바울이 어떻게 주장하는지에 주목하라.[11] 더욱이 개인과 집단을 굳이 나눌 필요가 없다. 하나님은 야곱과 에서의 경우처럼 구원받을 개인을 선택하시지만, 이 개인은 하나님의 백성인 교회를 구성하는 부분이다.[12] 유대인과 이방인이 하나님의 선민의 일부로 선택된다(롬 9:24-29). 구원받을 남은 자들이 있다(롬 9:27).[13]

요약

로마서 9장에서 사도 바울은 선택이 무조건적임을 가르친다. 하나님의 선택은 예지(우리의 믿음을 미리 보심)에 기초한 것이 아니다. 오직 그분의 긍휼과 선하신 뜻에 따른 것이다. 따라서 오직 그분만이 우리의 구원으로 인한 모든 영광과 찬사를 받으신다. 우리는 자신을 자랑할 수 없고 오직 구주이신 하나님만을 자랑한다.

더 깊은 묵상을 위한 물음

1 로마서 9장을 읽어보라. 바울은 무조건적 선택을 염두에 두고 있음을 나타내기 위해 야곱과 에서에 대한 이야기를 어떻게 활용하는가?

2 로마서 9장에 나오는 바울의 논거에 자연적으로 반발하는 마음이 드는가? 만일 그렇다면, 하나님의 공의에 의문을 표하는 반박에 대해 바울은 어떻게 답하는가?

3 선택이 무조건적이라면, 사람이 자랑할 수 있는 무슨 근거가

남아 있을까?

4 하나님께서 바로의 마음을 완악하게 하신 것이 어떻게 그분의 능력을 높이는가?

5 무조건적 선택이 우리의 구원으로 인한 모든 영광과 영예를 오직 하나님께 돌리게 하는 이유는 무엇인가?

물음
11 / 하나님의 택하심은
우리에게 달린 것인가?(2)

　로마서 9장은 무조건적 선택을 가장 강력하게 뒷받침하는 성경 본문이다. 바울은 하나님의 선택이 전혀, 심지어 부분적으로도 사람의 뜻에 기초한 것이 아니라고 믿는다. 물론 무조건적 선택은 단 하나의 본문에만 근거하는 것이 아니며 신약성경 전반에 걸쳐 가르치는 교리다.

　이 장에서는 무조건적 선택에 대한 개요적인 내용을 더 살펴보되, 신약성경 기자들에게 그것이 중요했다는 점을 이해하는 데 주안점을 두고자 한다. 그런 다음 택하심 받지 못한 자들에게 하나님이 어떻게 관련되는지 이해하기 위해 유기 교리를 알아볼 것이다. 선택이 냉담하고 추상적인 교리가 아니라 그리스도인의 삶을 위해 목회적 실천적으로 많은 의미를 지닌 것임을 배우게 될 것이다.

하나님이 선택하심(엡 1:4-5,11)

로마서 9장 다음으로, 에베소서 1장은 무조건적 선택을 위한 가장 중요한 본문이다.

> 찬송하리로다 하나님 곧 우리 주 예수 그리스도의 아버지께서 그리스도 안에서 하늘에 속한 모든 신령한 복을 우리에게 주시되 곧 창세전에 그리스도 안에서 우리를 택하사 우리로 사랑 안에서 그 앞에 거룩하고 흠이 없게 하시려고 그 기쁘신 뜻대로 우리를 예정하사 예수 그리스도로 말미암아 자기의 아들들이 되게 하셨으니 이는 그가 사랑하시는 자 안에서 우리에게 거저 주시는 바 그의 은혜의 영광을 찬송하게 하려는 것이라 … 모든 일을 그의 뜻의 결정대로 일하시는 이의 계획을 따라 우리가 예정을 입어 그 안에서 기업이 되었으니 이는 우리가 그리스도 안에서 전부터 바라던 그의 영광의 찬송이 되게 하려 하심이라 _엡 1:3-6,11-12

바울에 따르면 "창세전에" 하나님이 특정한 사람들을 구원하기로 선택하셨다. 로마서 9장에서처럼 에베소서 1장에서도 어떤 사람이 태어나기 전, 그가 선이나 악을 행하기 전에 하나님의 선택이 있었다. 바울이 에베소서 1장에서 선택이 우리 안에 있는 그 무엇을 조건으로 하는 것이라 설명하는가? 결코 그렇지 않다. 하나님이 우리를 선택하신 것은 창세전에 이루어진 일일 뿐 아니라 "그 기쁘신 뜻대로" 하신 것이다. 선택받음에 있어 결정적인 요인은 우리의 뜻이 아니라 하나님의 주권적인 뜻이다. 바울은 이 점을 11절에서 재차 언급한다. "모든 일을 그의 뜻의 결정대로 일하시는 이의 계획을 따라 우리가 예정을 입어 그 안에서 기업이 되었으니" 하나님은 모든 일을 통제하고 조절하시며, 주권적인 계획에 따라 모든 것이 이루어지게 하신다. 모든 일에는 선택이 포함된다. 하나님이 택하신 자들을 결정하고 구원하시는 것은 그들 속에 있는 무엇이 아니라 하나님의 뜻과 계획에 따른 것이다.

어떤 이를 선택하고 다른 이를 선택하지 않는 하나님은 사랑의 하나님이 아니라는 반박이 제기된다. 그러나 이는 진리와는 전혀 무관한 반박이다. 에베소서 1장 4-5절은 하나님이 사랑으로 우리를 택하셨음을 알려준다("사랑 안에서 … 우리를 예정하사"). 하나님의 선택의 이면에는 사랑이 있다. 하나님의 사랑에 대한 바울의 언급은 무조건적 선택을 다시 한 번 강조한다. 바울은 선택이 믿음 같은 우리 안에 있는 어떤 것 때문이 아니라, 순전히 우리를 위한 하나님의 사랑 때문임을 가르친다. 따라서 선택의 근거는 하나님의 주권이며 또한 하나님의 은혜로우신 사랑이기도 하다.

6절은 하나님의 예정이 우리를 위한 사랑에서 비롯된 것이고 아울러 "그의 은혜의 영광을 찬송하게" 하려 하심이기도 하다는 것을 알려준다. 피터슨과 윌리엄스가 바울의 메시지를 잘 요약한다. "예정은 결국 하나님의 주권적인 자비, 거저 주시는 은혜, 사랑의 선택, 은혜로우신 뜻에 근거한다."[1] 선택의 근거나 목적은 인간의 의지나 선택이 아니라 하나님의 영화로우신 은혜. 사람의 자의적 선택을 하나님의 택하심의 조건으로 본다면(이는 에베소서 1장과는 거리가 먼 생각이다), 하나님께 돌릴 찬송을 빼앗는 셈이다.

더욱이 바울이 생각하는 선택은 언제나 구원의 결과로 이어진다. 우리는 "그 앞에 거룩하고 흠이 없게 하시려고" 창세전에 선택되었다(엡 1:4). 하나님이 사랑으로 우리를 예정하사 "예수 그리스도로 말미암아 자기의 아들들이 되게" 하셨다(엡 1:5). 그리스도 안에서 우리는 유업을 얻었다. "모든 일을 그의 뜻의 결정대로 일하시는 이의 계획을 따라 우리가 예정을 입어 그 안에서 기업이 되었으니 이는 우리가 그리스도 안에서 전부터 바라던 그의 영광의 찬송이 되게 하려 하심이라"(엡 1:11-12).² 하나님이 "그리스도 안에서 하늘에 속한 모든 신령한 복을 우리에게" 주셨다고(엡 1:3) 바울이 말할 수 있는 것도 놀라운 일이 아니다.

에베소서 1장에서 매우 잘 알려주듯이, 예정은 구원의 모든 축복, 시간이 생기기 전에 보증된 축복이 흘러나오는 샘이다. 달리 말해, 하나님이 죄인들 속에 있는 어떤 것에 기초하지 않고 오직 그의 기쁘신 뜻에 따라 그들을 선택하실 때, 이 선택이 구원의 결과로 이어지도록 보증하신다. 따라서 선택이 구원과 직결되는 것이 아니라는 주장은 비성경적이다. 바울은 영원한 의의를 지닌 영적 문제를 언급한다. 바울은 예정이 하늘에 속한 모든 신령한 복(엡 1:3), 그리스도의 피를 통한 구속(엡 1:7), 죄사함(엡 1:7), 영원한 유업(엡 1:11,14), 구원의 복음(엡 1:13)으로 이어진다고 말한다. 에베소서 1장은 구속과 양자 됨과 성화와 영원한 생명 얻음이 모두 선택의 결과임을 보여준다.

선택이 구원과 직결되는 또 다른 이유는 우리가 그리스도 안에서 예정되었기 때문이다(엡 1:3-5,11). 바울은 하나님이 "그 안에서" 우리를 택하셨다고 말할 때 그리스도와의 연합을 언급한다(엡 1:4,11). 물론 우리는 창세전에 그리스도 안에서 택하심 받지만(엡 1:4) 그리스도와 실제로 연합하는 때는 효과적으로 부르심 받는 순간이다. 그럼에도 시간이 생기기 전에 하나님이 우리와 그리스도의 연합을 이미 계획하셨고, 이는 하나님이 우리를 택하셨음을 뜻할 뿐 아니라 그의 선택 속에 구원을 위한 방편까지 포함되었음도 뜻한다.³

유기

사도 바울의 도움으로 선택의 무조건적 특성을 파악할 수 있다. 그러나 영원 속에서 하나님의 택하심을 받지 않는 자들에 대해서는 어떻게 생각해야 할까? '예정'이라는 신학용어는 선택과 유기를 모두 포함한다. 하나님은 어떤 이를 구원하기 위해 택하실 뿐 아니라 또 어떤 이를 택하심에서 제외시켜 정죄, 즉 유기에 이르게도 하신다. 로마서 9장에서 보았듯, 같은 진흙덩이에서 귀하게 쓸 그릇과 천하게 쓸 그릇을 만드신다. 예컨대 하나님은 바로의 마음을 완악하게 하여 신적 권능을 드러내셨다. 따라서 바울은 하나님이 하고자 하시는 자를 긍휼히 여기시고 하고자 하시는 자를 완악하게 하신다고 말한다(롬 9:18). 하나님이 택하신 자들은 구원을 얻는 반면 나머지는 완악해진다(롬 11:7). 베드로전서 2장 8절은 불신자들이 넘어지는 것은 그들이 정해진 대로 말씀을 불순종하기 때문이라고 말한다.

마태복음 11장 25-26절에서는 예수님이 친히 유기를 가르치셨다. "그때에 예수께서 대답하여 이르시되 천지의 주재이신 아버지여 이것을 지혜롭고 슬기 있는 자들에게는 숨기시고 어린아이들에게는 나타내심을 감사하나이다 옳소이다 이렇게 된 것이 아버지의 뜻이니이다" 예수님은 아버지께서 "지혜롭고 슬기 있는" 자들에게는 숨기고 "어린아이들"에게는 나타내셨다고 말씀하신다(참조, 마 13:10-17). 분명 예수님은 구원을 위한 선택만이 아니라 정죄받을 유기도 믿으셨다.

그러나 유기가 선택과 같은 방식으로 작용한다고 생각해서는 안 된다. 호턴이 말하듯이, 이들 두 가지는 "같은 동전의 양면"이 아니다.[4] 도르트신조를 쓴 개혁파 신학자들은 "선택이 믿음과 선행의 원천이라는 것과 같은 방식으로 유기는 불신과 불경건의 원인"이라는 개념을 혐오함을 설명한다.[5] 하나님은 선택과 유기에 대해 비대칭적으로 관계하신다. 특정한 개인을 택하시는 하나님의 선택의 근거는 오직 그의 긍휼이다. 달리 말해서, 선택은 무조건적이다. 유기의 경우에는 그렇지 않다. 유기는 죄인에 대한 하나님의 의로우신 심판에 근거한다. 하나님은 개인이 자신의 죄를 회개하지 않고 그리스도를 거부한 것을 근거로 그를 유기하신다.[6] 이 때문에 하나님이 그들을 영원히 징벌하는 것은 절대적으로 공의롭다. 따라서 선택이 무조건적인 반면 유기는 조건적이다. 강조하자면 유기는 죄인의 사악한 선택에 근거하지만, 선택은 사람의 선택에 전혀 근거하지 않는다.[7] 선택이 사람의 선택에 근거했다면 선택 자체가 없었을 것이다. 모든 사람이 죄에 예속되어 있으므로 자신의 죄를 버리고 그리스도를 따르는 일이 결코 없다고 성경은 말하기 때문이다(물음 4와 5를 보라). 유기는 사람이 받아 마땅한 것이지만 선택은 그렇지 않다. 유기는 사람이 지은 죄의 대가인 반면 선택은 구주의 순종의 대가를, 영생의 선물을 얻음을 뜻한다(롬 6:23; 참조, 롬 11:5; 살후 2:13; 요일 5:11). 유기와 선택 모두 하나님이 정하신 것이지만(신 32:39; 사 45:5-7; 엡 1:11), 둘은 매우 다른 이유로 행해진다.[8]

이 비대칭적 구분이 중요한 이유는 그것이 하나님의 거룩하신 성품에 위배되지 않기 때문이다. 악과 선 모두 하나님이 정하신다. 하나님은 주권적이며 이 둘을 세심하게 컨트롤하고 둘 다 명하신다(창 50:20; 단 4:34-37; 마 10:29-30; 행 2:22-23; 4:27; 17:26). 그러나 악은 선이 하나님이나 그분의 명령에서 나오는 것과 같은 방식으로 나올 수 없다. 선이 하나님과 직접적으로 연관되는 반면 악은 그렇지 않고 그럴 수도 없다.[9] 이 사실은 욥(하나님이 친히 악을 행하시지는 않았지만 사탄더러 욥에게 악을 행하도록 허용하심)과 요셉(하나님은 요셉의 형제들이 사악한 행동을 하도록 정하셨지만 그 악행을 친히 범하지는 않으심) 두 사람과 관련된 기사에서 분명해진다. 하나님을 죄와 악의 창시자로 만들지 않으려면, 죄와 악을 하나님과 간접적으로 연관시켜야 한다. 유기에 있어서도 마찬가지다. 하나님이 죄인을 유기하시되 그의 유기는 죄인의 죄에 근거한다는 것이 핵심이다. 따라서 하나님은 불공평하지 않고 죄의 창시자도 아니다. 벌코프가 확언하듯이, 하나님은 "어떤 이들이 거룩해지도록 예정하시듯이 어떤 이들이 죄악을 범하도록 예정하지는 않으셨다."[10]

위의 구절에서 보았듯이, 택함 받지 못한 자들의 유기를 통해서도 하나님은 영광을 받으신다. 오늘날의 문화에 반대되는 것처럼 보일 수도 있지만, 하나님은 긍휼을 나타내심을 통해서만이 아니라 공의를 실행하심으로써도 영광을 받으신다. 동시에 하나님이 선택을 즐기거나 바라시는 것과 같은 방식으로 유기를 그렇게 즐기거나 바라지는 않으심을 주지해야 한다. 그분은 죄인의 멸망을 보는 것을 슬퍼하신다(겔 18:32).[11] 다른 무엇보다도 그 사실 때문에, 하나님의 유기 행위가 그의 선택 행위와 똑같다고 결론지을 수 없다. 하나님이 어떤 사람을 영원 속에서 유기하시는 것이 사실이지만, 죄인인 그들에게 마땅한 징벌이라는 사실에 근거해서만 그렇게 하심을 기억해야 한다.[12]

무조건적 선택과 그리스도인의 삶

선택 교리는 그리스도인의 삶을 위한 몇 가지 실천적 의미를 담고 있다. 첫째, 선택 교리는 주권적이며 자비롭고 은혜로우신 하나님을 경배하며 찬양하게 한다. 에베소서 1장 5-6절에서 바울이 설명하듯이, 하나님이 그 기쁘신 뜻대로 우리를 예정하사 "그의 은혜의 영광을 찬송하게" 하셨다. 우리가 예정된 것은 "그의 영광"을 찬송하기 있기 위함이다(엡 1:12). 선택은 감사의 모든 이유를 제공한다. 바울은 데살로니가인들에게 "우리가 너희 모두로 말미암아 항상 하나님께 감사하며 … 하나님의 사랑하심을 받은 형제들아 너희를 택하심을 아노라"고 말한다(살전 1:2,4). 또 "주께서 사랑하시는 형제들아 우리가 항상 너희에 관하여 마땅히 하나님께 감사할 것은 하나님이 처음부터 너희를 택하사 성령의 거룩하게 하심과 진리를 믿음으로 구원을 받게 하심이니"라고 말한다(살후 2:13). 구원은 주님께 속한 것이다. 선택된 것은 우리가 한 일이 아니라 그분이 하신 일이다. 영원히 지옥에 떨어지지 않는 이유는 하나님이 은혜롭고 자비로워 우리를 택하셨기 때문이다. 우리는 감사할 이유를 모두 지녔다.

덧붙여 말하자면, 택하심 받은 우리는 하나님을 경배하며 찬양할 뿐 아니라 잃어버린 자들에게 전도해야 한다. 무조건적 선택을 확언하면 잃어버린 자에게 다가가려는 마음이 사라질 거라는 반박이 흔히 제기되지만 이는 비성경적이다. 바울은 로마서 9장에서 하나님의 주권을 높인 후에 곧바로 로마서 10장에서 듣지 못한 자에게 복음을 전할 것을 신자들에게 당부한다. 그리고 사도행전 18장 9-10절에서, 많은 고린도인들이 바울에게서 복음을 듣고 믿은 직후 하나님은 바울에게 이렇게 말씀하신다. "두려워하지 말며 침묵하지 말고 말하라 내가 너와 함께 있으매 어떤 사람도 너를 대적하여 해롭게 할 자가 없을 것이니 이는 이 성중에 내 백성이 많음이라 하시더라" 신자로서 우리는 만민에게 복음을 전하기 위한 방편이 되는 특권을 지녔다. 하나님께서 택하신 자가 있으며 그들이 복음을 들을 때 믿을 거라는 사실을 아는 것은 큰 확신이 된다.

선택은 큰 확신과 위안을 주는 교리다. 바울은 "모든 것이 합력하여 선을 이루느니라"고 말한다(롬 8:28). 이것이 사실임을 어떻게 아는가? 바울은 "하나님이 미리 아신 자들을 또한 그 아들의 형상을 본받게 하기 위하여 미리 정하셨으니 이는 그로 많은 형제 중에서 맏아들이 되게 하려 하심이니라"고 설명한다(롬 8:29). 하나님이 우리를 예정하셨기 때문에 우리는 그리스도의 형상을 닮아갈 것이다. 비록 시련과 환난이 닥치겠지만, 하나님은 모든 것이(나쁜 일들을 포함하여) 합력하여 선을 이루게 할 것을 약속하신다. 그가 창세전에 시작하신 일을 완성하실 것이다. 하나님이 언제나 우리의 영원한 유익을 염두에 두시며, 구원이 그리스도 안에서 보장된다는 사실을 아는 것은 참으로 큰 위안이 된다.[13]

요약

하나님이 창세전에 특정한 개인을 구원하기로 하신 선택은, 그들의 믿음이나 장점을 미리 아신 사실에 근거한 것이 아니라 전적으로 하나님의 기뻐하시는 주권적인 뜻에 근거한 무조건적인 것이다. 무조건적 선택은 하나님의 위대하신 긍휼과 은혜와 사랑의 표현이다. 왜냐하면 하나님이 죄인을 파멸에 넘겨도 전적으로 공의로우셨겠지만, 크신 사랑과 긍휼로 특정한 죄인을 선택하여 영생을 얻게 하셨기 때문이다. 우리는 영원한 정죄를 받아 마땅하지만, 자애롭고 은혜로우며 긍휼에 풍성하신 하나님이 우리를 구원하려고 따로 구분하셨다. 선택이 우리 안의 어떤 것에 조금도 근거하지 않았기 때문에, 이 교리는 우리를 겸손하고 감사하며 경배하게 하기 마련이다. 덧붙여 말하면, 무조건적 선택은 복음 전도와 선교를 위한 근거이자 원동력이다. 우리가 하나님의 대사로서 만민에게 복음을 전할 수 있고 또한 하나님이 택하신 자들을 구원으로 이끌 것임을 확신할 수 있는 것은 하나님이 모든 나라에 그들을 예비해 두셨기 때문이다. 무조건적 선택은 신자에게 확신을 준다. 우리를 예정하신 하나님께서 모든 것이 합력하여 선을 이룰 것을 약속하시기 때문이다.

더 깊은 묵상을 위한 물음

1 사도 바울에 따르면, 선택 교리가 하나님을 찬양하고 경배하게 하는 이유는 무엇인가?
2 선택 교리가 신자로서 큰 위안과 확신을 갖게 하는가? 만일 그렇지 않다면 그 이유는 무엇인가?
3 로마서 9장에 비추어, 어떤 죄인은 선택하시는 반면 어떤 죄인은 방치하시는 하나님이 공평하며 의롭다고 믿는가?
4 선택 교리는 어떤 식으로 복음 전도를 독려하는가?
5 선택 교리를 생각할 때 하나님이 당신을 개인적으로 사랑하신다고 느끼는가?

물음
12 / 복음을 통한 부르심과
효과적인 부르심의 차이는 무엇인가?

　성경은 인간을 매우 암담하게 묘사한다. 대중문화는 인간을 기본적으로 선하게 여기는 경향이 있지만, 성경은 정반대로 말한다. 우리는 모두 죄인이며 부패했고, 오직 영원한 정죄와 하나님의 진노를 받아 마땅하다. 그처럼 암담한 상태에도 하나님이 자신의 아들을 보내어 누구든지 그를 믿으면 영생을 얻게 하신다고 하는 말씀이(요 3:16) 같은 성경에 나온다는 사실은 참으로 놀랍다. 하나님의 은혜는 예수님의 죽으심과 함께 끝나지 않는다. 예수님이 살아나 아버지의 우편으로 올라가신 후에도 계속된다. 오순절에 성령이 오심으로써(행 2장), 하나님은 예수님에 관한 이 좋은 소식을 온 세상과 함께 나눌 것을 제자들에게 명하셨다(마 28:19). 계층, 인종, 연령에 상관없이 모든 이에게 선포되어야 하는 복음이다. 신학자들은 예수님에 관한 좋은 소식을 이처럼 무차별적으로 선포하는 것을 '복음을 통한 부르심'이라 부른다.
　하나님은 세상 모든 이들을 예외 없이 '복음을 통해 부르고자' 하시지만, 또한 '효과적인 부르심'을 통해 택하신 자들을 착오 없이 부르신다. 복음을 통한 부르심과는 대조적으로, 효과적인 부르심은 그 유효 범위가 독특하다. 복음을 통한 부르심은 거부될 수 있지만(거부되는 경우가 매우 잦다!), 효과적인 부르심은 명칭이 시사하듯 언제나 성공적이다. 심지어 '불가항력적'이라고(불가항력적 은혜)[1] 말할 수 있다(때로는 이 표현에 대해 오해가 생기기도 하지만).

이 장에서는 복음을 통한 부르심에 초점을 맞추고, 다음 두 장에서 하나님의 효과적인 부르심으로 관심을 돌릴 것이다.

복음을 통한 부르심에 대한 성경의 확언

복음을 통한 부르심은 주 예수 그리스도 안에 있는 구속과 구원의 공적 제시, 그리고 죄사함과 영생의 소망을 위해 회개하고 그리스도를 믿으라고 하는 초청과 명령으로 정의할 수 있다.[2] 복음을 통한 부르심은 모든 사람을 위한 초청임에 주목하라. 일반적인 부르심 또는 보편적인 부르심이라 부를 수도 있다. 복음은 어디서나 모든 사람들에게 차별 없이 전해져야 하기 때문이다.

구약성경과 신약성경 모두에서 복음을 통한 부르심을 확언한다. 예를 들어, 이사야 45장 22절에서 하나님은 "땅의 모든 끝이여 내게로 돌이켜 구원을 받으라 나는 하나님이라 다른 이가 없느니라"고 선언하신다. 그리고 이사야 55장 1절에서도 "오호라 너희 모든 목마른 자들아 물로 나아오라 돈 없는 자도 오라 너희는 와서 사 먹되 돈 없이, 값 없이 와서 포도주와 젖을 사라"고 말씀하신다. 이사야서와 비슷한 이미지를 사용하여, 예수님은 요한복음 4장 10절에서 사마리아 여인에게 이르기를, 구하는 이에게 생수를 주실 거라고 하신다. 영적 구원을 상징적으로 말씀하시면서, 예수님은 자신이 주는 물을 마시는 자는 다시 목마르지 않으며 그 물이 "그 속에서 영생하도록 솟아나는 샘물"이 될 것이라고 약속하신다(요 4:14). 요한복음 4장에 나오는 예수님의 초청은 요한계시록 22장 17절 내용과 평행을 이룬다. "성령과 신부가 말씀하시기를 오라 하시는도다 듣는 자도 오라 할 것이요 목마른 자도 올 것이요 또 원하는 자는 값 없이 생명수를 받으라 하시더라"

예수님은 생명의 떡인 자신의 살을 먹으라며 죄인들에게 말씀하실 때도 같은 초청을 제시하셨다(요 6:35-56). 그렇게 함으로써 그들은 살 것이다. "누구든지 여호와의 이름을 부르는 자는 구원을" 얻을 것이기 때문이다(욜 2:32; 참조, 행 2:21). 모든 사람은 구원을 얻기 위해 여호와의 이름을 부르도록 초청받는다. 유명한 요한복음 3장 16절에서는 "하나님이 세상을 이처럼 사랑하사 독생자를 주셨으니 이는 그를 믿는 자마다 멸망하지 않고 영생을 얻게 하려 하심이라"고 말한다(참조, 요 6:40; 11:26; 12:46).³ 복음을 맡은 대사들로서, 우리는 누가 믿을지 알지 못한다. 하나님이 택하신 자들을 우리에게 알려주시지 않기 때문이다. 우리가 할 일은 간단하다. 무조건적으로 복음을 전하는 것이다.

복음을 통한 부르심은 초청일 뿐 아니라 명령이기도 하다. 마태복음 4장 17절에서 예수님은 "회개하라 천국이 가까이 왔느니라"고 말씀하신다. 혹은 사도 바울을 생각해 보라. "알지 못하던 시대에는 하나님이 간과하셨거니와 이제는 어디든지 사람에게 다 명하사 회개하라 하셨으니 이는 정하신 사람으로 하여금 천하를 공의로 심판할 날을 작정하시고 이에 그를 죽은 자 가운데서 다시 살리신 것으로 모든 사람에게 믿을 만한 증거를 주셨음이니라"(행 17:30-31). 심판의 날이 다가오고 있다. 따라서 하나님은 모든 사람이 자신의 죄 가운데서 멸망하지 않도록 회개할 것을 명하신다. 이 명령은 회개하고 믿는 것이 모든 죄인의 의무임을 알려준다. 회개할 수 있는 능력을 지녔는지의 여부에 상관없이(물음 5에서 설명했듯이, 죄인에게는 그 능력이 없다), 회개하는 것은 사람의 의무다.

또 사도행전 10장에서 복음을 통한 부르심의 보편성을 본다. 고넬료 이야기에서 보여주듯이(행 10:42-43), 그리스도를 믿는 자들을 위한 용서의 약속은 유대인을 위한 것이지만 동시에 이방인을 위한 것이기도 하다. 바울도 부르심의 보편성을 이해했다. 이사야 28장 16절에 근거하여, 로마서 9장 33절에서 바울은 구원이 이방인에게 전해짐을 주장한다(참조, 롬 10:11-13; 벧전 2:6). 요한일서 4장 15절에서도 복음을 통한 부르심의 보편성이 시사된다. "누구든지 예수를 하나님의 아들이라 시인하면 하나님이 그의 안에 거하시고 그도 하나님 안에 거하느니라" 이 구절과 다른 많은 구절들은 명확하다. 하나님은 유대인과 이방인 모두에게 복음을 거저 베푸시며, 그리스도를 믿는 모든 이에게 구원이 약속된다.

선의의 복음 제시

복음을 통한 부르심이 하나님의 은혜로우신 성품의 반영임을 기억하는 것이 중요하다. 모든 사람을 향한 무상의 복음 제시는 하나님이 세상 모든 죄인의 구원을 바라심을 반영한다. 우리의 죄에도 불구하고 하나님은 오래 참으시며 "아무도 멸망하지 아니하고 다 회개하기에 이르기를" 원하신다(벧후 3:9). "모든 사람이 구원을 받으며 진리를 아는 데에 이르기를" 원하시는 하나님이다(딤전 2:4).[4] 만민의 구원을 원하시는 하나님의 바람은 온 세상의 죄인을 차별 없이 복음으로 초청하시는 사실에서 드러난다. 하나님은 구속사 전반에 걸쳐 그렇게 초청하신다(예, 겔 18:23; 33:11; 마 23:37; 고후 5:20).

모든 사람이 회개하고 그리스도께로 돌이키기를 하나님이 진정으로 바라신다는 사실은 보편적인 복음 선언에서 분명히 드러난다(민 23:19; 시 81:13-16; 잠 1:24; 사 1:18-20; 겔 18:23,32; 33:11; 마 21:37; 딤후 2:13). 복음을 통한 부르심은 진지하게 제시된 진실한 부르심이다.

그러나 어떤 이들은 진실한 부르심을 확언함과 동시에 하나님이 택하신 자들에게만 그의 은혜가 효과적이게 하신다고(물음 13-14를 보라) 믿는 것은 모순이라 반박할 것이다. 그렇다면 복음을 통한 부르심은 표리부동한 것이 아닌가?

이 같은 반박은 핵심을 놓친 것이며, 몇 가지 이유에서 일관성이 없다. 첫째, 복음 제시는 하나님이 죄인을 회심시키기 위해 사용하시는 방편이므로 진실하다. 성령이 죽은 죄인의 마음속에서 역사하여 그들을 영적으로 살리는 것은 복음 선언을 통해서다(물음 16-17을 보라). 따라서 복음을 통한 부르심과 효과적인 부르심을 구분하는 것은 중요하지만, 이 둘을 분리할 수는 없다.

둘째, 하나님이 복음을 제시하실 때, 결코 지키지 않을 약속을 하지 않으신다. 하나님이 모든 이에게 복음을 제시하신다면, 하나님이 모든 이를 구원하려 하셔야 한다고 생각하는 사람이 많다. 그러나 그런 약속을 하신 적은 없다. 복음 제시는 하나님이 모든 사람을 구원하실 거라는 약속이 아니라, 믿음과 회개를 조건으로 영생이 주어질 것이라는 약속이다. 이 점을 분명히 하자. 하나님은 모든 사람을 믿음과 회개에 이르게 할 것임을 결코 약속하지 않으신다.

셋째, 복음 제시의 진실성은 사람이 영적으로 그것을 받아들일 수 있는지의 여부에 의존하지 않는다. 어떤 이들은 죄인이 회개하고 믿을 수 있는 영적 능력을 갖고 있지 않다면 복음 제시가 진실할 수 없다고 반박한다. 심지어 사람이 복음의 조건을 만족시킬 수 없음을 하나님이 알면서도 복음을 제시하시는 것은 기만적이라고 말하는 사람도 있다. 그러나 네덜란드의 개혁파 신학자인 빌헬뮈스 아 브라켈의 주장처럼, 사람이 회개하지도 믿지도 못한다는 사실은 하나님의 잘못이 아니며, 비난은 사람이 받아야 한다.[5] 하나님이 복음의 조건을(예, 믿음과 회개) 낮추실 필요는 전혀 없다. 어차피 사람은 그 조건을 충족할 수 없기 때문이다. 덧붙여 말하면, 하나님이 구원의 은혜를 반드시 모든 사람에게 베풀어야 하는 것이 아니다. 우리는 심판받아 마땅한 죄인일 뿐이다. 하나님이 죄인을 위해 복음의 조건을 충족시키기로 결정하신다면, 그것은 순전히 은혜의 행위다. 은혜가 그토록 놀라운 이유는 전혀 자격 없는 사람들에게 주어지기 때문이다.[6]

거부할 수 있는, 복음을 통한 부르심

효과적인 부르심과는 달리 복음을 통한 부르심은 거부될 수 있다. 구약성경은 이 주제를 특징적으로 보여준다. 많은 이스라엘 백성이 여호와를 거부하고 이방의 우상을 섬겼다.

> 나의 책망을 듣고 돌이키라 보라 내가 나의 영을 너희에게 부어주며 내 말을 너희에게 보이리라 내가 불렀으나 너희가 듣기 싫어하였고 내가 손을 폈으나 돌아보는 자가 없었고 도리어 나의 모든 교훈을 멸시하며 나의 책망을 받지 아니하였은즉 _잠 1:23-25

이스라엘이 어렸을 때에 내가 사랑하여 내 아들을 애굽에서 불러냈거늘 선지자들이 그들을 부를수록 그들은 점점 멀리하고 바알들에게 제사하며 아로새긴 우상 앞에서 분향하였느니라 _호 11:1-2

그들이 하나님의 언약을 지키지 아니하고 그의 율법 준행을 거절하며 _시 78:10

내 백성이 내 소리를 듣지 아니하며 이스라엘이 나를 원하지 아니하였도다 그러므로 내가 그의 마음을 완악한 대로 버려두어 그의 임의대로 행하게 하였도다 내 백성아 내 말을 들으라 이스라엘아 내 도를 따르라 _시 81:11-13

그는 우리의 하나님이시요 우리는 그가 기르시는 백성이며 그의 손이 돌보시는 양이기 때문이라 너희가 오늘 그의 음성을 듣거든 너희는 므리바에서와 같이 또 광야의 맛사에서 지냈던 날과 같이 너희 마음을 완악하게 하지 말지어다 _시 95:7-8

내가 내 포도원을 위하여 행한 것 외에 무엇을 더할 것이 있으랴 내가 좋은 포도 맺기를 기다렸거늘 들포도를 맺음은 어찌 됨인고 _사 5:4; 참조, 65:12; 66:4

그들은 순종하지 아니하며 귀를 기울이지 아니하며 그 목을 곧게 하여 듣지 아니하며 교훈을 받지 아니하였느니라 _렘 17:23; 참조, 7:13,16; 35:17

> 그들이 등을 내게로 돌리고 얼굴을 내게로 향하지 아니하며 내가 그들을 가르치되 끊임없이 가르쳤는데도 그들이 교훈을 듣지 아니하며 받지 아니하고 _렘 32:33

이 본문에서 이스라엘 백성 전체가 참 이스라엘은 아니었다는 사실이 분명해진다. 모든 히브리인이 민족적 이스라엘의 구성원이었지만, 모든 히브리인이 성령으로 인해 내적으로 거듭난 것은 아니었다.[7] 여호와께서 회개하고 자신을 믿도록 이스라엘 백성을 부르셨지만 그들은 거부했다. 하나님나라에 들어가기 위해 회개할 것을 예수님이 친히 촉구하셨지만, 그들은 메시아께로 돌이키지 않고 도리어 그분을 십자가에 못 박히게 했을 때 거역은 절정에 달했다. 예수님은 구원의 좋은 소식을 가지고 이스라엘 백성에게 오셨으나 그들은 알아보지 못했다(행 13:27). 예수님은 크게 슬퍼하면서, "예루살렘아 예루살렘아 선지자들을 죽이고 네게 파송된 자들을 돌로 치는 자여 암탉이 그 새끼를 날개 아래에 모음같이 내가 네 자녀를 모으려 한 일이 몇 번이더냐 그러나 너희가 원하지 아니하였도다"라고 외치셨다(마 23:37; 참조, 눅 13:34). 심지어 그리스도께서 죽은 자 가운데서 살아나 승천하신 후에도, 많은 유대인은 복음 메시지를 계속 거부했다. 사도행전 7장에서 스데반은 그리스도를 믿는 믿음 때문에 순교당했다. 스데반은 자신을 핍박하는 자들을 두고, 그들이 선지자를 핍박했던 선조와 같다고 질책했다. "목이 곧고 마음과 귀에 할례를 받지 못한 사람들아 너희도 너희 조상과 같이 항상 성령을 거스르는도다"(행 7:51; 참조, 히 3:8-13).

성경에서 복음을 통한 부르심을 확언한다는 사실을 강조하는 것이 왜 중요한가? 복음을 통한 부르심과 효과적인 부르심을 성경에서 구분하고 있다고 믿는 사람들이, 때로는 은혜가 거부될 수 있는 것임을 부인하기 때문이다. 이는 우스꽝스러운 생각이다. 복음을 통한 부르심에서는 하나님의 은혜가 거부될 수 있다. 요점은 하나님의 의도와 목적과 계획이 다르다는 것이다. 청교도 신학자인 존 오웬이 이를 잘 말해 준다. "은혜의 사역이 효과적이지 않다는 것은, 그것을 효과적이게 할 의도가 하나님께 없었고, 그것을 효과적이게 하기 위해 꼭 필요한 은혜의 힘을 하나님이 가하지도 않으셨음을 뜻한다."[8]

요약

복음을 통한 부르심은 그리스도 안에 있는 구원을 제시하는 것이며, 회개하고 죄사함과 영생의 소망을 위해 그리스도를 믿도록 초청하는 것이다. 복음을 통한 부르심은 실제적인 초청이며, 때로는 명령의 형태로 제시된다. 그것은 유대인과 이방인 모두를 위한 것이다. 또 복음을 통한 부르심은 선의의 구원 제시다. 어떤 사람들은 하나님이 택하신 자만을 효과적으로 부르신다면 선의의 복음 제시는 기만적이라며 반박한다. 그러나 복음을 통한 부르심이 기만적이지 않은 이유는 다음과 같다.

첫째, 그것은 하나님이 죄인을 회심시키기 위해 사용하시는 방편이다. 둘째, 하나님은 복음을 통한 부르심에서 자신이 지키지 않을 약속을 하신 적이 결코 없다. 셋째, 복음을 통한 부르심의 진실성은, 사람이 복음을 받아들일 수 있는 영적 능력을 지니고 있는지의 여부에 달린 것이 아니다. 끝으로, 하나님의 효과적인 부르심은 거부될 수 없지만, 복음을 통한 부르심은 죄인이 거부할 수 있다.

더 깊은 묵상을 위한 물음

1 만민을 부르시는 복음을 통한 부르심은 선교와 복음 전도를 위한 원동력에 어떤 식으로 작용하는가?
2 복음을 통한 부르심의 보편적이며 공평한 특성은, 당신이 다양한 인종과 계층의 사람들에게 복음을 전하는 방식을 바꾸게 하는가?
3 복음을 통한 부르심은 믿는 자들을 어떤 식으로 구원에 이르게 하는가?
4 복음을 통한 부르심에서 예시된, 잃어버린 자들을 위한 하나님의 사랑은 불신자에게 복음을 전하는 전도 방식에 어떤 영향을 미치는가?
5 복음을 통한 부르심이 선의의 구원 제시임을 믿는가?

물음
13 하나님의 부르심에
실패가 있는가?(1)

　왜 복음이 전해질 때 어떤 사람은 회개하고 믿는 반면 또 어떤 사람은 불신 가운데 완고하게 남아 있을까?[1] 아마도 자연적 본능으로는 받아들이기 힘들겠지만, 어떤 사람이 믿는 이유는 하나님이 자신의 주권적인 긍휼과 은혜에 따라 택하신 자를 효과적으로 부르셨기 때문이라고 성경은 가르친다. 물음 12에서 보았듯이, 하나님의 부르심에는 두 가지가 있다. 복음을 통한 부르심과 효과적인 부르심이다. 복음이 모든 사람에게 전해져서 그들더러 회개하고 믿을 것을 명하며 초청하지만, 하나님이 택하신 자들을 복음을 통해 불가항력적으로 거부할 수 없도록 확실히 불러, 그들로 하여금 살아나서(즉, 중생 또는 신생) 회개하며 예수님을 믿게(즉, 회심) 하는 것은 효과적인 부르심을 통해서다.[2] 이번 장과 다음 장에서는 그리스도와의 연합으로 귀결되는 불가항력적인 부르심을 성경본문에 근거하여 살펴볼 것이다.

아버지께서 내게 주시는 자는 다 내게로 올 것이요
(요 6:36-40; 8:47; 10:26)

효과적인 부르심을 가장 강력하게 뒷받침하는 성경본문은 요한복음 6장 35-64절이다. 요한복음 6장 22-34절에서 예수님은 그를 믿기 거부하는 유대인들과 마주하신다. 썩을 양식을 위해서가 아니라 영생하도록 있는 양식을 위해 일해야 한다고 하신 예수님의 말씀에서 가르침의 배타성이 분명히 드러난다. 인자이신 예수님만이 이 양식을 사람들에게 주실 수 있다(6:27). 이 말씀을 들은 청중이 "우리가 어떻게 하여야 하나님의 일을 하오리이까"라고 여쭙는다(6:28). 이에 예수님은 "하나님께서 보내신 이를 믿는 것이 하나님의 일이니라"고 대답하신다(6:29).

청중의 반응에서 불신이 드러난다. 그들은 믿기보다는 표적을 요구한다. 표적을 보면 예수님이 아버지께로부터 오신 분임을 믿을 거라는 식이다. "그들이 묻되 그러면 우리가 보고 당신을 믿도록 행하시는 표적이 무엇이니이까, 하시는 일이 무엇이니이까 기록된 바 하늘에서 그들에게 떡을 주어 먹게 하였다 함과 같이 우리 조상들은 광야에서 만나를 먹었나이다"(6:30-31). 예수님이 대답하신다. "내가 진실로 진실로 너희에게 이르노니 모세가 너희에게 하늘로부터 떡을 준 것이 아니라 내 아버지께서 너희에게 하늘로부터 참 떡을 주시나니 하나님의 떡은 하늘에서 내려 세상에 생명을 주는 것이니라"(6:32-33). 유대인들이 이 떡에 대해 묻자 예수님은 "나는 생명의 떡이니 내게 오는 자는 결코 주리지 아니할 터이요 나를 믿는 자는 영원히 목마르지 아니하리라"고 대답하신다(6:35; 참조, 사 49:10; 55:1; 계 7:16). 이 말씀은 무슨 뜻일까? 하나님이 예수님을 보내심으로써 그 무리가 찾고 있던 표적을 행하셨다는 뜻이다. 예수님이 바로 하늘에

서 온 참된 떡이다. 그 사실을 믿으면 영생을 얻음에도 무리는 마음이 굳어 완악한 상태로 남아 있다.³

예수님은 무리가 자신을 믿지 않음을 확실히 알고 계신다.

> 그러나 내가 너희에게 이르기를 너희는 나를 보고도 믿지 아니하는도다 하였느니라 아버지께서 내게 주시는 자는 다 내게로 올 것이요 내게 오는 자는 내가 결코 내쫓지 아니하리라 내가 하늘에서 내려온 것은 내 뜻을 행하려 함이 아니요 나를 보내신 이의 뜻을 행하려 함이니라 나를 보내신 이의 뜻은 내게 주신 자 중에 내가 하나도 잃어버리지 아니하고 마지막 날에 다시 살리는 이것이니라 내 아버지의 뜻은 아들을 보고 믿는 자마다 영생을 얻는 이것이니 마지막 날에 내가 이를 다시 살리리라 하시니라 _요 6:36-40

예수님이 사람들 앞에서 같은 표적을 행하시지만, 어떤 이들은 믿고 또 다른 이들은 믿지 않는다. 어떻게 그럴 수 있을까? 신자와 불신자가 모두 같은 메시지를 듣고 같은 이적을 목격하지만, 어떤 이들은 무릎 꿇고 경배하는 반면 어떤 이들은 예수님을 십자가에 못 박기를 원한다.

믿음과 불신의 근원적인 이유가 무엇일까? 사람의 자유의지라고 대답할 수도 있다. 그러나 예수님은 그런 대답을 제시하지 않으신다. 예수님은 어떤 이들이 그를 거부하는 반면 다른 이들은 그를 선택한다고 하는 사실에 관심을 집중시키는 방법으로 믿음과 불신을 설명하려 하지 않으신다. 예수님은 모든 사람에게 영생의 약속을 제시하지만(6:35-37,40,47,51), 모두 믿을 수 있는 능력을 지녔다고는 결코 확언하지 않으신다.

생명의 약속은 예수께로 돌이킬 수 있는 능력이 사람에게 있음을 ("…해야 한다"는 말은 "…할 수 있다"를) 시사하는 것이 아닌가? 믿음으로 영생을 잡을 수 있는 영적 능력이 듣는 자들에게 없다면 어떻게 예수님이 영생을 제시하실 수 있을까? 혹자는 어떤 사람들이 믿고 다른 사람들은 믿지 않는 이유가 예수님과 협력할 수 있는 능력이 사람에게 있기 때문이라고 생각한다. 그러나 요한복음 6장 36-40절에 수록된 예수님의 말씀은 그런 생각을 철저히 배격한다.[4] 예수님의 말씀 속에는 '…해야 한다'는 많지만 '…할 수 있다'는 없다. 예수님은 사람으로서는 '할 수 없음'을 확언하신다. 리더보스가 고찰했듯이, 예수님은 "그를 보내신 아버지께서 사람을 '당기시지' 않으면 자연인이('아무도') 그리스도 안에 있는 구원으로 나아갈 수 없음"을 분명히 하신다.[5]

예수님의 말씀을 이해하기 위해서는 37절에 주의를 기울여야 한다. "아버지께서 내게 주시는 자는 다 내게로 올 것이요 내게 오는 자는 내가 결코 내쫓지 아니하리라." 이 구절에 수록된 예수님의 말씀은 여러 가지 이유에서 신적 예정을 염두에 두신 것이다.[6] 첫째, D. A. 카슨이 고찰하듯이, "내가 결코 내쫓지 아니하리라"는 예수님의 말씀은 "이미 '안에' 있는 어떤 것이나 어떤 사람을 '쫓아냄'을 시사한다. 따라서 37절의 강한 곡언법은 '오는 자를 내가 분명히 받아들일 것임'을 뜻하는 것이 아니라 '오는 자를 내가 분명히 보존하고 계속 안에 머물게 할 것임'을 뜻한다. '내게 오는 자'가 누구인지는 앞 구절에서 분명해진다"(참조, 요 2:15; 9:34; 10:4; 12:31).[7] 예수님은 아버지께서 그에게 주신 자들을 결코 내쫓지 않을 것을 약속하셨다. 따라서 이것은 택하심 받은 사람들, 선택된 사람들의 수효, 이미 '안에' 들어와 있는 사람들이 정해져 있음을 시사한다. 그들이 안에 있는 것은 그들 속의 어떤 것 때문이 아니라 아버지께서 그들을 택하셨기 때문이다. 아버지께서 택하셨기 때문에, 그들을 당신의 아들에게 주실 것이다. 아버지께서는 모든 사람을 아들에게 주는 것이 아니라 택하신 자만을 그리하신다. 오직 이 사람들만이 예수께서 부르실 때 그에게 나아갈 것이다.

둘째, 요한복음 6장 37절에 따르면, 아버지께서 아들에게 주시는 사람들은 확실히 그리고 반드시 예수께로 나아갈 것이다. "아버지께서 내게 주시는 자는 다 내게로 올 것이요"라고 예수님은 말씀하신다. 조건성의 여지는 전혀 없다. 죄인이 아들에게로 가는 것을 아버지께서 보증하신다.

셋째, 예수께 주어진 자들이 반드시 그에게로 가는 것이 사실일 뿐 아니라, 그에게 가는 자들이 그리스도의 품 안에서 안전하게 보호된다는 것도 사실이다.[8] "아버지께서 내게 주시는 자는 다 내게로 올 것이요 내게 오는 자는 *내가 결코 내쫓지 아니하리라*"(기울임체에 유의하라)고 예수님이 말씀하신다.

아버지께서 아들에게 주실 사람을 정해두셨고, 아들에게 주어진 사람은 반드시 그에게 나아갈 것이며, 또한 아들에게 속한 자를 그가 지키며 최종적인 구원을 보장할 것임을 예수님은 확언하신다. 처음부터 끝까지, 아버지로부터 아들까지, 택하심 받은 자들의 구원에는 전혀 실패가 없다. "사람들의 불신 때문에 실패할 수 있는 임무를 맡기면서 아버지께서 아들을 보내셨다고 하는 개념을 예수님은 철저히 배격하신다."[9]

그렇다면 예수님을 거부하고 믿으려 하지 않았던 유대인들에게 이 모든 사실은 무엇을 뜻할까? 그들이 예수께로 나아가지 않았던 이유는 무엇일까? 어떤 이들은 그들이 예수께 나아가지 않고 그에게 속하지 않을 것을 자신의 자유의지로 결정했기 때문이라고 주장한다. 충격적일 수 있지만, 예수님은 정반대로 확언하신다. 그들이 예수께 나아가지 않은 이유는 아버지께서 그들을 아들에게 주지 않으셨기 때문이다.[10] 카슨은 이 점을 정확히 언급한다. "아버지께서 아들에게 주지 않은 사람은 생명을 얻지 못하고 계속 불신 가운데 있을 것이다."[11]

요한복음 6장 37절에 수록된 예수님의 말씀이 충분히 분명하지 않다면, 요한복음 10장 26절은 매우 명확하다. "*너희가 내 양이 아니므로 믿지 아니하는도다*"(기울임체에 유의하라). 순서를 '너희가 믿지 아니하므로 내 양이 아니니라'로 바꿔서는 안 된다. 예수님은 그렇게 말씀하지 않으신다. 그의 양이 되는 것이 사람의 자유의지에 따른 믿음에 달린 것이라고 말씀하지 않으신다. 어떤 사람이 믿지 않는다면, 그것은 아버지께서 아들에게 주기로 택하지 않으셨기 때문이다. 다시 말해서, 어떤 사람이 예수님의 양이 아닌 이유는 아버지께서 그를 예수님에게 넘기지 않으셨기 때문이다.

예수님은 요한복음 8장 47절에서 다시 가르침을 주신다. "하나님께 속한 자는 하나님의 말씀을 들나니 *너희가 듣지 아니함은 하나님께 속하지 아니하였음이로다*"(기울임체에 유의하라). 예수님에 따르면, 사람이 아들의 말을 듣지 않고 그를 믿지 않는 것은 그가 하나님께 속하지 않았기 때문이다. 어떤 사람이 예수님을 믿는지의 여부는 아버지께서 그를 구원하려고 택하셔서 아들에게 주셨는지의 여부에 의존한다. 아버지께서 어떤 사람을 아들에게 주기로 택하지 않으셨으면 그 사람은 믿지 않을 것이다. 결정적인 요인은 사람의 자유의지가 아니라 하나님의 주권적인 선택이다.[12]

나를 보내신 아버지께서 이끌지 아니하시면 아무도 내게 올 수 없으니(요 6:41-45)

계속되는 요한복음 6장 41-51절 기사를 통해, 예수님이 효과적인 부르심을 다시 가르치시는 것을 발견할 수 있다. 44절에서 예수님은 아버지께서 아들에게 주신 사람이 아니라면 그 누구도 예수님에게 갈 수 없음을 분명히 밝히신다(참조, 6:65). 달리 말해서, 죄인이 믿는 이유는 아버지께서 그를 예수님에게 주시기 때문이다. 아버지께서 죄인을 예수님에게 주시지 않으면 그 죄인은 믿지 않을 것이다. 그러므로 6장 44절에서 예수님은 효과적인 부르심과 예수님에게 나아갈 수 없는 인간의 영적 무능을 동시에 확언하신다. 모든 죄인은 예수님에게 "나아가야 하지만" 아버지께서 그를 이끌지 않으시면 그 어떤 죄인도 예수님에게 나아갈 수 없다.[13]

아울러 아버지께서 이끄시면 택하심 받은 죄인들이 반드시 예수님에게 나아가기 마련이라는 사실을 요한복음 6장 44절에서 알려주고 있음을 깨닫는 것이 중요하다. "나를 보내신 아버지께서 이끌지 [엘쿠세 아우톤] 아니하시면 아무도 내게 올 수 없으니 오는 그를 내가 마지막 날에 다시 살리리라."[14] 여기서 이끄심은 죄인들이 그리스도께 나아가기로 선택하면 그렇게 할 수 있음을 뜻하는 것이 아니다. 이 이끄심은 효과적이고 불가항력적이며 실패할 수 없는 것이다.[15] 이끌리는 자들은 모두 믿을 것이며 또한 믿는다.

어떤 이들은 이를 반박하며 그런 이끄심이 거부될 수 있는 것이라고 주장한다. 그러나 이런 해석은, 예수님이 "아무도 내게 올 수 없으니"라며 사람들의 영적 무능을 또다시 확언하실 뿐 아니라 "마지막 날에 다시 살리리라"고도 말씀하심을 무시하는 것이다. 이끄심을 받는 모든 이들은 마지막 날에 부활한다. 이는 이 이끄심이 효과적인 것이며 최종적인 구원으로 귀결됨을 나타낸다. 그렇다면 이끄심을 받는 사람은 모든 사람이 아니라 아버지의 택하심을 받는 자들일 뿐이다.[16]

요컨대 요한복음 6장 44절에서 예수님이 언급하는 이끄심은 저항하거나 거부할 수 없는 '소집'이다. 소집이라는 단어는 매우 도움이 된다. 프레임이 설명하듯이, 이것은 아버지의 부르심의 효력을 잘 전달하기 때문이다. 사람이 초청을 거부할 수 있지만 소집을 거역할 수는 없다.[17] 소집은 왕의 모든 권위와 능력에 따른 것이다. 은혜롭고 자애로우며 전능하신 하나님이 소집하실 때, 그분은 자신이 의도하신 바를 완수하는 일에 결코 실패하지 않으신다. 그러나 카슨이 말하듯이, 아버지께서 "믿음을 강요하시는 것은 성폭행자의 야만적인 강압처럼 하는 것이 아니라 연인의 정성어린 구애처럼 하신다."[18]

내게 주셨으며 (요 12:37-40; 17:24)

마지막 두 본문이 관심을 끈다. 첫째, 요한복음 12장 37-40절은 구원에 있어 하나님의 주권을 강조하는 탁월한 본문이다. 앞에서 예수님이 믿기 힘든 이적을 행하셨지만 사람들은 떠나갔다. 이유가 무엇일까? 요한은 이 물음에 답을 제시한다.

이렇게 많은 표적을 그들 앞에서 행하셨으나 그를 믿지 아니하니 이는 선지자 이사야의 말씀을 이루려 하심이라 이르되 주여 우리에게서 들은 바를 누가 믿었으며 주의 팔이 누구에게 나타났나이까 하였더라 그들이 능히 믿지 못한 것은 이 때문이니 곧 이사야가 다시 일렀으되 그들의 눈을 멀게 하시고 그들의 마음을 완고하게 하셨으니 이는 그들

로 하여금 눈으로 보고 마음으로 깨닫고 돌이켜 내게 고침을 받지 못하게 하려 함이라 하였음이더라

요한은 (이사야 53장 1절과 6장 10절에서 인용하여) 이르기를, 그들이 믿지 않는 이유는 하나님이 "그들의 눈을 멀게 하시고 그들의 마음을 완고하게" 하여 믿지 못하게 하셨기 때문이라고 한다.[19] 마이클스는 설명한다. "하나님이 이 사람들을 '이끄시거나' 믿음을 '주셨을' 뿐 아니라 '그들의 눈을 멀게 하고 마음을 완악하게 하여' 회개하거나 치유를 받지 못하게도 하셨다."[20] 요한의 말은 로마서 9장 18절에 나오는 바울의 말을 상기시킨다. "그런즉 하나님께서 하고자 하시는 자를 긍휼히 여기시고 하고자 하시는 자를 완악하게 하시느니라."

둘째, 요한복음 17장에서 위대한 대제사장이신 예수님은 아버지께 기도하면서 "아들에게 주신 모든 사람에게 영생을" 주실 것을 간구하신다(17:2). 6절에서 예수님은 "세상에서 내게 주신 사람들에게"(17:6) 아버지의 이름을 나타내었다고 하신다. 이어지는 "그들은 아버지의 것이었는데 내게 주셨으며 그들은 아버지의 말씀을 지켰나이다"라는(17:6) 말씀도 예정의 의미를 더 강화한다. 여기서 예수님은 누구를 가리켜 말씀하실까? 대답은 9절에 나온다. "내가 비옵는 것은 세상을 위함이 아니요 내게 주신 자들을 위함이니이다 그들은 아버지의 것이로소이다." 예수님은 제자들만을 위해 특별히 기도하고 계신다. 아버지께서 아들에게 주신 자들은 영생을 받을 것이다. 따라서 예수님은 이 땅에서 살아가는 그리스도인의 삶만이 아니라 구원을 염두에 두신다. 그들의 대제사장으로서, 예수님은 그들을 위해 중재하시고 그들로 하여금 끝까지 신실하도록 보증하신다.[21]

요한복음 17장 20절에서 하나님의 은혜의 특별함, 효력, 결정론적

특성을 볼 수 있다. 예수님은 온 세상을 위해서가 아니라 미래의 선택된 신자들을 위해 기도하시며, 그렇게 함으로써 그들을 위해 중재하고 그들이 믿을 것을 보증하신다. 그들은 아직 복음을 듣지 않았지만 들을 때 믿을 것이다. 아버지께서 그들을 아들에게 주셨고, 아들은 그들의 구원을 위해 중보하셨기 때문이다(참조, 요 10:14-18).

요약

신약성경 전체에서 효과적인 부르심에 대해 요한복음에 수록된 예수님의 말씀처럼 분명하게 가르치는 본문은 없을 것이다. 예수님은 아버지께서 주신 자들이 실패 없이 그에게 올 것임을 거듭 가르치셨다(요 6:36). 또 "나를 보내신 아버지께서 이끌지 아니하시면 아무도 내게 올 수 없으니"라는(요 6:44; 참조, 6:65) 예수님의 말씀은 스스로 예수님께 올 수 없는 죄인의 무능함을 확언한다. 또 요한복음 10장 26절에서 가르치듯이, 죄인들이 믿지 않는 이유는 그들이 하나님 양떼의 일원이 아니기 때문이다(참조, 8:47). 그러므로 죄인이 예수님께 나아가려면 아버지의 거역할 수 없는 이끄심을 받아야 한다. 요컨대 예수님이 결정적 요인이라고 가르치시는 것은, 사람의 자유의지가 아니라 하나님의 주권적 선택이다.

더 깊은 묵상을 위한 물음

1 사복음서나 사도행전에는 예수님이 죄인을 효과적인 방식으로 부르시는 구체적 사례가 있는가?
2 구원 완수와 관련한 아버지와 아들의 관계에 대해 요한복음 6

장에서 효과적인 부르심은 무엇을 말하는가?

3 효과적인 부르심을 확언하는 예수님의 말씀은 죄인을 구원하러 오신 예수님의 사명에 대한 당신의 인식을 변화시키는가?

4 예수님의 대제사장적 기도는 잃어버린 세상 사람들을 위한 당신의 기도 방식을 어떻게 변화시키는가?

5 어떤 사람들이 믿거나 믿지 않는 이유가 인간의 자유의지 때문이 아니라 하나님의 주권적 선택 때문이라면, 신자가 다른 사람들은 구원받지 않고 자신이 구원받은 사실에 대해 교만할 수 있을까?

물음
14 / 하나님의 부르심에
   실패가 있는가? (2)

앞에서 효과적인 부르심은 예수님이 친히 가르치신 교리임을 살펴보았다. 특히 요한복음 6장은 하나님의 부르심이 특별하며(즉, 택하신 자들을 부르신다) 효과적임을(즉, 택하신 자들을 반드시 이끄신다) 알려주는 핵심 본문임이 입증되었다. 그렇다면 사도 바울도 효과적인 부르심을 가르친다는 사실에 놀랄 필요가 없을 것이다. 효과적인 부르심에 대해 바울이 사용하는 개념은 예수님의 것과 일치하지만, 이 주제에 관한 바울의 생각을 유심히 탐구할 필요가 있다. 그런 탐구를 통해 부르심의 세부적인 내용이 더욱 뚜렷해지기 때문이다.

구원의 황금사슬 (롬 8:28)

사도 바울의 기록은 효과적인 부르심에 대한 직간접적인 언급으로 가득하다(예, 롬 1:6-7; 8:30; 11:29; 고전 1:2,9,24,26; 7:18; 살후 2:13-14; 벧전 1:3,14-15; 2:9-10,21; 벧후 1:3-10). 어떤 이들의 추측과 달리, 바울이 그의 서신에서 언급하는 부르심은 받아들여질 수도 있고 거부될 수도 있는 일반적이며 보편적인 초청을 말하는 것이 아니다. 부르심과 관련한 바울의 표현은 수행적(performative)이며, 요구되는 바가 정확히 실현됨을 나타낸다.[1] 로마서 8장 28-30절을 보라.

> 우리가 알거니와 하나님을 사랑하는 자 곧 그의 뜻대로 부르심을 입은 자들에게는 모든 것이 합력하여 선을 이루느니라 하나님이 미리 아신 자들을 또한 그 아들의 형상을 본받게 하기 위하여 미리 정하셨으니 이는 그로 많은 형제 중에서 맏아들이 되게 하려 하심이니라 또 미리 정하신 그들을 또한 부르시고 부르신 그들을 또한 의롭다 하시고 의롭다 하신 그들을 또한 영화롭게 하셨느니라

본문 전체에 걸쳐 바울은 같은 그룹의 사람들을 염두에 둔다. 하나님은 예정하신 자들을 부르셨다. 그리고 부르신 자들을 의롭다 하셨다.[2] 바울이 구원의 황금사슬 전반에 걸쳐 똑같은 그룹의 사람들을 염두에 두고 있다면, 이 황금사슬은 깨뜨릴 수 없다. 사슬의 각 단계가 필수적으로 그리고 돌이킬 수 없도록 연결되어 있기 때문이다. 하나님이 예정하신 자들을 확실히 부르실 것이고, 부르심 받은 자들에게는 의롭다 하실 것이며, 의롭다 하심 받은 자들은 실패 없이 영화롭게 될 것이다.

여기서 동사 '부르시고'(*에칼레센*)가 특히 중요하다. 더글라스 무에 따르면, 이 동사는 "자신과의 관계 속으로 부르시는 하나님의 효과적인 소집"을 나타낸다.[3] 존 머레이도 동의한다. "그 부르심은 확실한 효력을 특징으로 한다. 그것은 영원한 목적에 따라 주어지기 때문이다."[4] 무와 머레이의 말이 옳은 이유는, 복음을 통해 부르심을 받

는 모든 이가 의롭게 되며 영화롭게 되는 것은 아니기 때문이다. 정반대로 복음을 통해 부르심 받은 많은 사람이 믿지 않고 정죄된다.[5] 바울이 복음을 통한 부르심을 언급하려 했다면, 그는 부르심 받은 이들 중에서 일부만 의롭게 되며 영화롭게 된다고 말했을 것이다. 그러나 바울은 정반대로 말하며, 하나님이 부르시는 모든 이를 의롭게 하며 영화롭게 하심을 단호하게 확언한다. 바울이 말하는 부르심은 불변적으로 실패 없이 칭의와 영화로 귀결된다. 따라서 효과적인 부르심을 일컫는 것이 분명하다.

아울러 바울이 로마서 8장에서 하나님의 섭리를 언급하고 있음을 간과하지 말라. 바울은 부르심 받은 자들이 의롭게 되며 영화롭게 됨을 확언할 뿐 아니라(8:30), 28절에서는 부르심 받은 자들이 하나님께 분명한 목적이 있음을 그리고 모든 것이 합력하여 선을 이룰 것을 확신할 수 있음을 말한다. 따라서 바울은 택함 받은 자들이 "그의 뜻대로" 부르심을 받았다고 말할 수 있다. 바울이 복음을 통한 부르심을 들은 모든 이에 대해 이렇게 말할 수는 없었을 것이다. 복음을 통한 부르심은 택하심 받은 자에게나 받지 않은 자에게나 동일하게 들리기 때문이다. 모든 것이 합력하여 선을 이룬다는 말씀은 복음을 통한 부르심을 받은 모든 이에게 해당하는 것이 아니다. 그들 중 다수는 마지막 날에 정죄되어 영원한 지옥에 떨어지므로, 그들의 경우에는 모든 것이 합력하여 선을 이루지 않을 것이다(예, 마 7:23). 그러므로 바울이 염두에 둔 것은 효과적인 부르심, 즉 신자들을 그리스도께 이끌고 온갖 시련과 환난 속에서도 끝까지 보존하는 부르심이다.

끝으로 구원의 서정과 관련한 로마서 8장 28-30절의 의미를 고찰할 수 있다. 로마서 5장 1절에서 바울은 칭의가 믿음으로 말미암는다고 주장한다. 로마서 8장 30절에서는 하나님의 부르심을 받는 모든 이가 의롭게 된다고 말한다. 두 본문을 비교함으로써 내리는 결론은 무엇인가? 먼저 로마서 8장 30절에서 효과적인 부르심을 염두에 두고 있다고 결론 내리는 것이 안전하다. 복음을 통한 부르심을 듣는 모든 사람이 의롭게 하는 믿음을 지녔다고는 말할 수 없다. 그러나 로마서 8장 30절에서는, 부르심을 입은 자들이 모두 그리스도를 믿는 믿음을 지녔다. 바울은 부르심을 받은 자들이 모두 사실상 의롭다 하심을 받았다고 말하기 때문이다.[6] 아울러 바울이 칭의를 영화 앞에 두는 것이 우연이 아니듯, 소명을 칭의 앞에 두는 것도 우연이 아니다. 간과될 수 없는 의미심장한 순서가 있다. 하나님의 효과적인 부르심은 칭의를 낳으며, 거꾸로는 성립되지 않는다. 의롭게 하는 믿음을 낳는 것은 하나님의 효과적인 부르심이다.[7] 따라서 성경적인 구원의 서정을 정할 때 소명을 믿음 앞에 두어야 한다. 그렇게 함으로써 로마서 8장 30절 같은 구절에 충실하고, 택하신 자들을 부르시는 하나님의 주권을 사도 바울처럼 강조하게 된다. 효과적인 부르심은 우리가 기여하는 것이 아니라 오직 하나님이 하시는 일이다.[8]

부르심을 입은 자들(고전 1:9,18-31)

바울이 효과적인 부르심을 언급하는 다른 구절도 많지만(롬 1:6-7; 9:22-23; 갈 1:15; 엡 4:1-6; 골 3:15; 딤전 6:12), 가장 중요한 것 중 하나는 고린도전서 1장에 나온다. 바울은 이 서신을 시작하면서 자신과 신자들을 가리켜 각각 "하나님의 뜻을 따라 그리스도 예수의 사도로 부르심을 받은" 사람들과(1:1) "그리스도 예수 안에서 거룩하여지고 성도라 부르심을 받은 자들과 또 각처에서 우리의 주 곧 그들과 우리의 주 되신 예수 그리스도의 이름을 부르는 모든 자들"이라고(1:2)

지칭한다. 바울은 그리스도 예수 안에서 고린도 교인들에게 주신 하나님의 은혜로(이는 모든 언변과 모든 지식을 풍부하게 하는 은혜다) 말미암아 하나님을 찬양한다(1:4).

또 하나님은 은혜를 베푸셨을 뿐 아니라 그들을 "우리 주 예수 그리스도의 날에 책망할 것이 없는 자로 끝까지 견고하게" 할 것도 약속하신다(1:8). 하나님은 택하신 자들을 끝까지 지킴으로써 자신의 신실함을 드러내실 것이다. "너희를 불러 그의 아들 예수 그리스도 우리 주와 더불어 교제하게 하시는 하나님은 미쁘시도다"(1:9). 여기서도 바울은 신자들을 부르심을 언급한다. 바울이 염두에 두는 것은 복음을 통한 일반적인 부르심이 아니라 효과적인 부르심이다. 이 사실을 어떻게 알 수 있을까? 1장 9절에서 바울은, 하나님의 부르심을 받은 사람들이 모두 그리스도와 교제함을 분명히 밝힌다. 이는 복음을 통한 부르심을 거부하는 자에게는 해당하지 않는다. 바울은 죄인을 그리스도와 연합시켜 교제할 수 있게 하는 부르심을 언급하는데, 이 교제는 아버지께서 영원 속에서 택하신 자만을 위해 마련된다.[9]

그러나 고린도전서 1장에서 바울이 효과적인 부르심을 가장 강하게 확언하는 내용은 1장 18-31절이다. 그리스도의 복음(십자가의 말씀)을 전하는 바울의 선언이 믿지 않고 멸망하는 자들에게는 어리석게 들리지만(1:18,23,25), 이 동일한 복음이 구원받는 자들에게는 하나님의 지혜와 능력이다(1:18,21,24; 참조, 롬 1:16). 동일한 복음이 제시되고 동일한 십자가 메시지가 전해져도, 어떤 이는 듣고서 그리스도를 어리석게 여기는 반면 또 어떤 이는 복음을 생명의 능력으로 받아들인다. 고린도후서 2장 15-16절에서 바울이 설명하듯이, 전자에게는 복음이 사망의 냄새고 후자에게는 그리스도의 향기이자 영원한 생명의 냄새다. "복음 또는 향기는 동일하다! 차이는 향기 그 자체에 있는 것이 아니라 향기를 맡는 자들에게 있다."[10]

지금까지 살펴본 바 복음은 동일하다. 그렇다면 누군가는 복음을 거부하는 반면 다른 누군가는 복음을 받아들이는 현실을 어떻게 설명할 수 있을까? 바울은 고린도전서 1장 23-24절에서 답을 제시한다. "우리는 십자가에 못 박힌 그리스도를 전하니 유대인에게는 거리끼는 것이요 이방인에게는 미련한 것이로되 오직 부르심을 받은 자들에게는 유대인이나 헬라인이나 그리스도는 하나님의 능력이요 하나님의 지혜니라" 바울은 두 그룹을 대조한다. 하나는 "부르심을 받은 자들"이고 다른 하나는 유대인과 이방인이라는 훨씬 더 큰 그룹이다. 유대인과 이방인에게 복음은 거리끼는 것이며 미련한 것이다. 그러나 부르심을 받은 자들에게 그리스도는 하나님의 능력과 지혜다. 두 그룹을 대조한다는 사실은, 바울이 복음을 통한 일반적인 부르심만을 말하고 있다는 개념을 철저히 배제한다.[11] 웨어는 이렇게 말한다. "유대인과 헬라인 중에서 믿는 자들과 믿지 않는 자들의 차이가 그들 각각의 선택에만 달린 것이라면, 일반적인 유대인과 헬라인을 부르심 받은 유대인과 헬라인에 대조하는 것은(1:23-24에서처럼) 의미가 없다." 여기서는 "믿지 않는 유대인과 헬라인 중에서 부르심 받은 자들과 부르심 받지 않은 자들이 대조되며, 부르심 받지 않은 자들은 복음을 연약하고 어리석은 것으로 간주한다."[12]

바울이 거역할 수 없고 대항할 수 없는 부르심을 염두에 두고 있다는 사실은, "부르심을 받은" 자들이 부르심 받음에 따른 결과 실제로 믿게 됨을 그가 확언하는 데서도 분명해진다. 여기서도 대조는 명확해진다. 부르심 받지 않고 그 결과 십자가를 어리석게 여기는 자들과 달리, 부르심 받은 자들은(유대인과 헬라인 포함) 그리스도를 하나님의 능력과 지혜로 여긴다.[13]

덧붙여 말하면, 고린도전서 1장 26-31절은 사람의 자유의지를 하나님의 부르심의 성공을 결정짓는 요소로 보는 그 어떤 견해도 뒷받침하지 않는다. 부르심 받은 자들은 자신의 내부에 있는 지혜나 능력 덕분에 부르심 받거나 택하심 받은 것이 아니다. 바울이 설명하듯이, 하나님은 약하고 신분이 낮고 멸시받는 자들을 의도적으로 택하셨다. 그 이유가 무엇일까? "아무 육체도 하나님 앞에서 자랑하지 못하게 하려 하심"이다(1:29). 유대인과 헬라인이 자신의 믿고자 하는 선택 덕분에 부르심 받고 거듭났다면, 바울이 자랑을 배제할 수 없었을 것이다. 믿는 모든 사람은 "하나님 앞에" 자랑할 것을 지닐 것이다(1:29). 그러나 그들은 "하나님으로부터 나서 그리스도 예수 안에" 있었기 때문에, 만일 누가 자랑하려면 "주 안에서" 자랑해야 했다(1:30-31). 웨어는 바울의 언급을 잘 요약한다. "주 안에서 자랑할 수 있는 근거는 그분이 우리의 구원을 가능하게 하셨다는 사실이 아니라 그분의 부르심과(1:24,26) 택하심을(1:27-28,30) 통해 우리를 구원하셨다는 사실이다. 따라서 자랑하게 하는 그 어떤 인간적인 근거도 제거되며(1:29), 모든 영예와 영광은 오직 주님 덕분이다(1:31)!"[14]

거룩한 소명으로 부르심(딤전 6:12; 딤후 1:8-10)

바울 서신 중에서 살펴볼 만한 본문이 많지만, 본문 두 개가 특히 주목할 만하다. 디모데전서 6장 12절에서는 "믿음의 선한 싸움을 싸우라 영생을 취하라 이를 위하여 네가 부르심을 받았고 많은 증인 앞에서 선한 증언을 하였도다"라고 말한다. 유사하게 두 번째 편지에서 바울은 디모데에게 당부한다.

그러므로 너는 내가 우리 주를 증언함과 또는 주를 위하여 갇힌 자 된 나를 부끄러워하지 말고 오직 하나님의 능력을 따라 복음과 함께 고난을 받으라 하나님이 우리를 구원하사 거룩하신 소명으로 부르심은 우리의 행위대로 하심이 아니요 오직 자기의 뜻과 영원 전부터 그리스도 예수 안에서 우리에게 주신 은혜대로 하심이라 이제는 우리 구주 그리스도 예수의 나타나심으로 말미암아 나타났으니 그는 사망을 폐하시고 복음으로써 생명과 썩지 아니할 것을 드러내신지라 _딤후 1:8-10

디모데전서 6장 12절에서 부르심은 수동태며(참조, 갈 5:13; 엡 4:1,4) 영생을 낳는 구원으로의 소집을 가리키는데, 이 구원은 복음을 통한 부르심을 듣는 모든 이에게 주어지는 것이 아니다.[15] 마찬가지로 디모데후서 1장 8-10절에서 부르심은 하나님의 뜻과 영원 전부터 그리스도 예수 안에서 우리에게 주신 은혜에 따른 구원을 위한 것이다. 바울이 우리의 행위를 언급하는 것이 특히 중요하다. 그는 하나님의 부르심이 "우리의 행위대로 하심이 아니요 오직 자기의 뜻과 영원 전부터 그리스도 예수 안에서 우리에게 주신 은혜대로 하심"이라고 말한다. 우리를 부르심은 우리 안에 있는 그 무엇이나 자신의 선택에 의존하는 것이 아니다. 하나님의 부르심이 성공적일 수밖에 없는 것은 그분의 뜻과 은혜 덕분이다. 하나님의 특별한 부르심의 효력을 어떤 형태로든 인간의 의지와 결부시키는 신인협력설은 디모데후서 1장 8-10절과 부합하지 않는다.[16] 또 우리의 소명과 관련하여 바울이 언급하는 은혜와 뜻은 선택에 뿌리를 둔다("영원 전부터 그리스도 예수 안에서 우리에게 주신").[17] 그러므로 부르심은 선택과 마찬가지로 특성상 무조건적이며 우리 안에 있는 그 무엇에, 심지어 우리의 믿음에 기초하지 않고 하나님의 선하신 뜻과 은혜에 기초한다.

신약성경의 다른 많은 서신을 고찰해 볼 수도 있지만, 이 장에서 살펴본 본문만으로도 효과적인 부르심의 교리를 분명하고 강력하게 뒷받침한다.[18]

선택과 효과적인 부르심

전체론적 신학적 사고의 핵심적인 특징은 한 교리와 다른 교리 사이의 점들을 연결하는 것이다. 이 사실에 비추어 효과적인 부르심을 뒷받침하는 성경적 근거를 살펴보았으므로, 이제 효과적인 부르심이 무조건적 선택과 불가분적으로 서로 연결되어 있음을 파악하는 것이 중요하다. 신약성경의 곳곳에서 이러한 연결을 알려준다(요 6:29,37,44,63-64; 15:16,19; 행 13:48; 롬 9:6-24; 엡 1:4-13; 살후 2:13-15; 딤후 1:9; 벧전 1:2; 벧후 1:10). 하나님의 선택이 특정적이며(특정한 사람들만 선택받음) 무조건적인 것처럼, 하나님의 효과적인 부르심도 특정적이며 무조건적임이 분명하다.

하나님은 모든 사람을 효과적으로 부르시는 것이 아니라 구원하기로 선택하신 사람들만을 그리하신다. 하나님은 자신의 부르심을 사람이 행하는 어떤 것(예, 믿음)으로 조건 삼지 않으신다. 하나님의 부르심이 그리고 그분의 주권적인 선택이 믿음을 낳는다. 하나님께서 사람들이(타락하고 무능한 상태인 그들이) 행하는 것에 기초하지 않고서 그들을 택하신다면, 아버지는 자신이 택한 자들을 아들에게로 효과적으로 불러주실 것이다. 우리의 무능함과 예속 상태가 극복되려면, 하나님이 불가항력적으로 부르셔야 한다. 로마서 9장에서 살펴보았듯, 그의 부르심은 우리가 행하는 어떤 것에 조건 지워질 수 없다. 결론적으로 무조건적 선택과 효과적인 부르심은 서로를 함의한

다. 둘 중 하나가 없이 다른 하나가 존재할 수는 없다. 성경에서 이 둘은 언제나 동반된다.[19]

요약

하나님이 모든 사람을 복음을 통해 부르시지만, 오직 택하신 자들만 효과적으로 부르신다. 복음을 통한 부르심이 거부될 수 있는 것과는 달리, 하나님이 택하신 자들을 부르실 때는 효과적으로 또한 불가항력적으로 실패 없이 부르신다. 그러므로 하나님의 특별한 부르심의 성공은 사람 안에 있는 것이나 사람이 행하는 것에 의존하지 않는다. 하나님의 효과적인 부르심은 오직 그분의 선하신 뜻과 은혜에 따른 것이며, 따라서 우리의 구원과 관련한 모든 영광을 하나님이 받으심이 마땅하다.

더 깊은 묵상을 위한 물음

1 우리의 구원과 관련한 모든 영광을 하나님이 받으셔야 한다는 사실을, 효과적인 부르심의 교리가 어떻게 확실하게 하는가?
2 하나님의 효과적인 부르심을 특별히 보여주는 성경의 사례를 제시할 수 있는가?
3 이 장에 언급된 성경본문 중에서 효과적인 부르심의 교리를 가장 강력히 뒷받침하는 것이 무엇이라고 생각하는가?
4 효과적인 부르심에 대한 개념은 하나님이 전 세계에 걸쳐 택하신 자들을 구원하실 거라는 확신을 어떻게 강화하는가?
5 하나님의 효과적인 부르심이 선택에 근거하며 제시간에 완수

된다면, 하나님이 시작하며 끝내실 우리의 성화에 대해 어떤 확신을 가질 수 있는가?

물음 15 / 거듭난다는 것은 무엇을 뜻하는가?

20세기의 신학자 존 머레이는 한때 "허물과 죄로 죽은, 마음으로 하나님을 대적하는, 하나님을 기쁘시게 하는 일을 할 수 없는 사람이 어떻게 그리스도와의 친교에 응할 수 있는가?"라고 물었다.[1] 어떤 이들은 이렇게 대답할 것이다. "사람은 자신의 자유의지를 행사해야 한다. 사람이 결정자가 되어야 한다. 하나님의 은혜에 협력할 것인지의 여부를 사람이 선택해야 한다."

이런 대답은 인간의 자율성을 강조하려는 우리의 자연적 성향을 드러낼 뿐 아니라 성경 내용과 부합하지도 않는다. 물음 4-5에서 보았듯이, 죄인이 복음을 통한 부르심에 적극적으로 응하는 것은 불가능하다. 모든 사람은 허물 가운데 죽어 있고, 죄에 예속되었으며, 하나님을 기쁘시게 하는 일을 할 수 없고 하려고 하지도 않는다 (요 6:44; 롬 8:8).[2] 죄인은 복음을 통한 하나님의 부르심에 전혀 응하지 못하며, 하나님은 죽은 죄인을 살리고 거듭나게 하기 위해 부르심을 효과적으로 적용하셔야 한다. 머레이는 이렇게 말한다. "하나님의 효과적인 부르심은 은혜를 수반하며, 부르심 받은 이 은혜로 인해 그 부르심에 응하며, 복음에서 제시된 대로 예수 그리스도를 받아들일 수 있다. 하나님의 은혜는 우리의 가장 깊은 결핍 상황에까지 내려오며, 우리의 타락성과 무력함 속에 내재된 도덕적 영적으로 불가능한 모든 문제를 해결해 준다."[3] 신생이라고도 불리는 이 중생의 은혜를 정의하는 것이 이 장의 목표다.

중생에 대한 정의

효과적인 부르심(물음 13-14를 보라)을 확언한 후에 중생 교리를 살펴보는 것은 성경적으로 타당한 순서다.[4] 하나님이 택하신 자들을 효과적으로 부르시며, 그렇게 함으로써 그들을 그리스도 안에서 살리신다(롬 8:7-8; 엡 2:1,5; 골 2:13). 그러나 성경에서 중생을 가리키는 헬라어 *팔린게네시아*는 마태복음 19장 28절과 디도서 3장 5절에서만 사용된다. 심지어 두 본문 중에서, 이 단어를 사망에서 새로운 생명으로의 처음 변화를 가리키는 말로 실제 사용한 것은 디도서 3장 5절뿐이다.[5]

교회사에서 중생이라는 단어는 다양한 방식으로 사용되었다. 어떤 종교개혁가들은 회심뿐 아니라 성화도 포함하는, 그리스도인의 전체적 갱신을 가리키는 넓은 의미로 이 단어를 사용했다.[6] 그러나 종교개혁 이후로 신학자들은 새 생명이 처음 심기는 것 또는 '신생'이라고 흔히 불리는 것을 가리키는, 보다 좁은 의미로도 사용했다. 중생이라는 단어가 성경에 많이 나오지는 않지만, 좁은 의미의 중생 개념은 성경 곳곳에서 두루 나타난다(요 1:12-13; 3:3-8; 갈 6:15; 엡 2:5-6,10; 4:22-24; 골 2:11-14; 딛 3:5; 약 1:18; 벧전 1:3-5; 요일 2:29; 3:9;

4:7; 5:1,4). 여기서는 중생에 대한 정의와 특질을 다루고, 다음 장에서 각 본문을 살펴볼 것이다.[7]

중생을 이렇게 정의할 수 있다. "중생은 타락하여 죽은 죄인을 영적 죽음에서부터 영적 생명으로 다시 살리기 위해, 그리고 그의 돌 같은 마음을 제거하고 부드러운 마음을 주어 그로 하여금 씻음받고 위로부터 나서 새 피조물로서 회개하며 그리스도를 믿을 수 있게 하기 위해, 그에게 새 생명을 불어넣음으로써 택하심받은 죄인을 그리스도께 연합시키는 성령의 사역이다. 중생은 하나님의 단독 행위로서 인간의 믿으려는 의지를 조건으로 하지 않고, 그것과는 무관하게 성령의 주권적인 사역을 통해 이루어진다. 인간의 믿음이 중생을 야기하거나 유발하지 않으며, 중생이 인간의 믿음을 야기하거나 유발한다."[8]

중생에 대한 설명

위의 정의를 염두에 두고, 중생이 아닌 것을 설명함으로써 시작하고자 한다.

1. 중생은 인간성의 본질에서 빼내거나 그것에 첨가되는 것이 아니다.
2. 중생은 인간의 한 가지 역량에 국한된 부분적인 것이 아니라 전인(the entire person)에 영향을 미친다.
3. 중생은 죄인의 인간 본성이 변화되는 것이지만, 이제 죄인이 죄를 범할 수 없다고 하는 완벽주의식의 전체적인 변화는 아니다.

다음 네 가지로 중생을 적극적으로 정의할 수 있다.

1. 중생은 순간적으로 일어나는 변화다.
2. 중생은 인간 본성의 핵심에서 생기는 변화다.
3. 중생은 의식의 하부에서 일어나는, 하나님의 직접적인 개입에 따른 변화다.
4. 중생은 말씀을 통해 성령이 이루시는 초자연적 변화다.

중생에 대한 정의에 살을 붙이려면 이들 네 가지 각각에 주의를 기울여야 한다.[9] 첫째, 중생은 순간적으로 일어나는 변화다. 평생에 걸쳐 점진적으로 일어나는 도덕적 변화인 성화와 달리, 중생은 단 한 차례 일어나며 즉각적이다. 신생은 스냅사진과 같은 것으로, 죄인을 영적 죽음에서 영적 생명으로 옮기는 순간적이며 단회적인 변화다 (행 16:14; 엡 2:5).

둘째, 중생은 인간 본성의 핵심에서 생기는 변화다. 이는 전적 타락 측면에서 적절한 정의다(물음 4를 보라). 그 표현이 시사하듯 전적 타락은 만연해 있는 것이다. 죄는 인간 존재의 핵심에 침투해 있으므로, 중생도 인간의 마음과 본성의 본질에까지 침투하는 것이어야 한다(겔 36:26).[10] 또 전적 타락이 인간 존재의 모든 면에 영향을 미치듯 중생도 그렇다. 인간의 어떤 부분도 성령의 손길이 닿지 않은 것이 없다. 죄인의 생각과 의지와 감정 등이 모두 성령으로 변화된다. 중생의 영향은 강렬하며 광범위하다. 인간 존재 전체가 그리스도 안에서 살아난다.[11]

셋째, 중생은 의식의 하부에서 일어나는, 하나님의 직접적인 개입에 따른 변화다. 물음 16-17에서 더 상세히 언급하듯이, 신생은 죄인이 의식적으로 하나님과 협력함으로써 이루어지는 것이 아니다. 인간은 죄 가운데 죽어 있다. 따라서 죄인으로 하여금 의식적으로 믿고 회개하게 하는 성령의 초자연적이며 잠재의식적 행위가 요구된다. 중생은 죄인을 죽음에서 생명으로 나아가게 하기 위한, 자신의 죄를 의식적으로 회개하며 예수 그리스도를 믿게 하기 위한, 하나님의 일깨우시는 사역이다.[12]

이는 중생이 직접적인 변화임을 뜻한다. 신생은 단지 말씀을 통한 도덕적 설득으로 되는 것이 아니다. 하나님은 죄인들이 들은 복음을 그들의 자유의지를 행사하여 믿도록 설득시키려고만 하시는 것이 아니다. 우리를 하나님께로 회심시키는 은혜가 "부드러운 설득일 뿐"이라고 생각해서는 안 된다.[13]

하나님의 특별한 은혜는 "가장 강력함과 동시에 가장 만족스러운, 놀랍고 은밀하며 말로 표현할 수 없는 창조의 능력이나 죽은 자를 일으키는 능력에 못지않은 전적으로 초자연적인 사역"이다.[14]

네덜란드의 개혁파 신학자인 헤르만 바빙크는 중생의 직접적인 특성이 중요함을 다음과 같이 설명한다. "하나님의 영이 친히 인간의 마음에 직접 들어오셔서 인간의 의지에 전혀 의존하지 않고서 확실하게 중생을 일으키신다."[15] 이는 다음 두 장에서 다룰 주제지만, 여기서는 중생이 인간 의지의 협력을 수반하지 않음을 밝히는 데 초점을 맞추고자 한다. 중생은 인간의 죽은 심령에 임하는 하나님의 직접적인 작용이다. 인간의 어떠한 의지도 수반되지 않는다. 직접적인 변화인 중생은 하나님의 단독 행위에 따른 것이라고도 말할 수 있다. 죄인을 죽음에서부터 새 생명으로 일깨우는 것은 하나님의 단독 사역이다.

그러나 중생의 직접적인 특성이, 성령의 사역에 있어 말씀이 도구

역할을 한다는 사실을 배제함을 뜻하는 것은 결코 아니다(벧전 1:23; 약 1:18). 바빙크가 말하듯이, 중생의 직접적인 특성은 "말씀을 통해서이긴 하지만, 은혜의 성령이 친히 사람의 심령 속에 들어가서 사람의 의지와 동의에 의존하지 않고서 중생을 이루어내심"을 확언한다.[16] 찰스 핫지의 비유를 생각해 보라. 그는 중생의 직접적인 특성을 장님이었다가 기적적으로 볼 수 있게 된 사람과 비교한다. 볼 수 있으려면 자연 빛이 필수적이다. 그러나 그 빛이 소경의 시력을 만들지는 못한다. 소경의 시력을 만드는 것은 볼 수 있는 능력을 소경에게 줄 수 있는 하나님의 초자연적인 사역이다.

중생의 직접적인 특성도 동일하게 말할 수 있다. 하나님의 말씀이 필수적이지만 말씀 그 자체는 아무도 거듭나게 하지 못한다. 죽은 시신 속에 새 생명을 불어넣는 것은 성령의 초자연적이고 전능하신 사역이며, 그것이 바로 영적 생명의 원인이다. 성령은 이 이적을 이루기 위해 말씀을 사용하지만, 죄인의 협력이나 동의에 의존하지 않고 직접 그렇게 하신다.[17]

넷째, 중생은 말씀을 통해 성령이 이루시는 초자연적 변화다. 죽은 죄인 속에 영적 생명을 불어넣는 분은 성령이시지만, 성령은 이 일을 위해 말씀, 즉 복음을 사용하신다. 신생의 유효한 원인은 성령이시며, 도구적인 원인은 "하나님의 말씀"(벧전 1:23) 또는 "진리의 말씀"이다(약 1:18; 참조, 요 15:3; 살후 2:14).[18] 신생에 있어 말씀의 역할을 강조하는 본문이 두 개 있다.[19] 야고보서 1장 18절은 "그가 그 피조물 중에 우리로 한 첫 열매가 되게 하시려고 자기의 뜻을 따라 진리의 말씀으로 우리를 낳으셨느니라"고 말한다. 또 베드로는 "너희가 진리를 순종함으로 너희 영혼을 깨끗하게 하여 거짓이 없이 형제를 사랑하기에 이르렀으니 마음으로 뜨겁게 서로 사랑하라 너희가 거듭난 것은 썩어질 씨로 된 것이 아니요 썩지 아니할 씨로 된 것이니 살아 있고 항상 있는 하나님의 말씀으로 되었느니라"고 말한다(벧전 1:22-23).

죄인의 구원을 위해서는 하나님의 말씀이 절대적으로 필요하다. 그러나 말씀이 택하심받은 죄인에게 효과적으로 적용되려면 성령의 역사와 짝을 이루어야 한다. 칼빈이 설명하듯, 모든 불신자는 일반은총 덕분에 하나님께 받은 이성이라는 선물을 지니고 있어, 예컨대 교양과목을 성공적으로 습득할 수 있다. 그러나 하나님과 관련해서는 "가장 뛰어난 천재(예, 플라톤, 아리스토텔레스)도 두더지보다 더 우매하다."[20] 가장 명석한 사람들이 하나님 말씀을 들을지라도, 그 말씀을 심령에 적용하는 성령의 내적 사역이 없다면 그들은 전적인 흑암 속에 갇히게 된다. 칼빈은 말한다. "사람의 지성은 하나님의 성령을 통해 조명받기 전까지는 눈먼 상태고, 사람의 의지는 성령을 통해 교정되기 전까지는 악에 예속되어 있으며, 전적으로 악을 향할 뿐이다."[21]

따라서 말씀과 성령은 서로 분리될 수 없다. 하나님이 죄인의 이성을 조명하고 그의 마음을 움직여서 그리스도를 사랑하며 바라게 하시고 또 새 피조물이 되게 하시는 것은, 하나님의 말씀과 성령을 통해서다.[22] 혹은 신학적인 표현을 사용하자면, 하나님이 택하신 자들을 효과적으로 부르며 거듭나게 하시는 것은 복음을 통한 부르심을 통해서다.[23] 데살로니가후서 2장 14절에서 바울은 "이를 위하여 우리의 복음으로 너희를 부르사 우리 주 예수 그리스도의 영광을 얻게 하려 하심이니라"고 말한다. 그렇다면 복음을 통한 부르심과 효과적인 부르심을 차이 나게 하는 것은 무엇일까? 효과적인 부르심에서는 성령이 말씀과 함께하셔서 하나님의 택하심받은 사람들의 마음속에 그 말씀이 적용되게 하시며, 죄와 사망의 블랙홀이 있는 곳에 새로운 영적 생명을 가져다주신다.

요약

중생은, 타락하여 죽은 죄인을 영적 죽음에서부터 영적 생명으로 다시 살리기 위해, 그리고 그의 돌 같은 마음을 제거하고 부드러운 마음을 주어 그로 하여금 씻음받고 위로부터 나서 새 피조물로서 회개하며 그리스도를 믿을 수 있게 하기 위해, 그에게 새 생명을 불어넣음으로써 택하심받은 죄인을 그리스도께 연합시키는 성령의 사역이다. 중생은 하나님의 단독 행위로서 인간의 믿으려는 의지를 조건으로 하지 않고, 그것과는 무관하게 성령의 주권적인 사역을 통해 이루어진다. 인간의 믿음이 중생을 야기하지 않으며, 중생이 인간의 믿음을 야기한다.[24]

더 깊은 묵상을 위한 물음

1 오늘날의 다양한 기독교 집단과 복음주의적 집단에서 보이는, 신생에 대한 그릇된 견해는 무엇인가?
2 요한복음 3장 8절 같은 성경본문에서 중생의 잠재의식적 특성이 어떻게 분명히 드러나는지 설명하라.
3 사도행전에 나오는 루디아와 사울(바울)의 사례는 중생의 순간적이며 직접적인 특성을 어떻게 보여주는가?
4 최근에 불신자가 그리스도를 믿는 것을 목격한 적이 있는가? 그런 적이 있다면, 신생하게 하시는 성령의 사역이 생각, 의

지, 감정 등 그 사람의 삶의 여러 측면을 어떤 식으로 변화시켰는가?
5 신생과 관련해 말씀과 성령을 분리할 경우 초래되는 부정적인 결과는 무엇인가?

물음
16 / 신생은 우리가
일으키는 것인가?(1)

　신생은 전적으로 하나님이 하시는 일인가, 아니면 우리가 참여하여 스스로 일으키는 그 무엇인가? 달리 말해서, 신생에 있어 우리는 수동적인가 능동적인가? 우리를 영적으로 죽은 상태에서 일으키기 위해 성령이 초자연적으로 일하시는가, 아니면 신생을 일으키는 성령의 노력을 거부하거나 받아들임으로써 우리가 성령과 협력하는가? 이 같은 물음은 '단독사역설-신인협력설' 논쟁과 관련된 것이다. 칼빈주의 전통을 따르는 사람들은 신생에 있어 하나님이 단독적으로 일하심을 주장한다. 하나님이 단독 행위자로서 우리를 사망에서 새 생명으로 옮기시고, 우리는 전적으로 수동적이며 허물과 죄 가운데 죽어 있다. 알미니안주의 전통을 따르는 이들은 신인협력설을 주장한다. 신생에 있어 하나님과 사람이 서로 협력한다는 것이다. 이 경우 사람은 수동적이지 않고 능동적이며, 신생을 야기하시는 하나님께 협력하거나 거부한다.
　신인협력설에서 신생은 언제나 구원의 서정에서 믿음과 회개에 뒤따른다.[1] 믿고자 하는 인간의 의지가 신생의 조건이 된다. 단독사역설에서 신생은 언제나 믿음과 회개에 앞선다. 하나님이 사람을 죽음에서부터 새 생명으로 일으키기 전까지 사람은 결코 회개하거나 믿을 수 없다. 물론 회심(믿음과 회개)에 앞서는 신생에 대해 말할 때, 이 일이 각기 다른 시점에 일어나는 것처럼 시간적으로 말하는 것이 아니다. 경험상 이 모든 일은 동시에 일어나는 것 같다. 단지 논리적으로 인과관계의 순서를 언급하고 있는 것이다.

비유적으로 전등 스위치를 생각해 보자. 어떤 사람이 방 안으로 들어가서 스위치를 켤 때, 그것을 켜는 것과 방 안에 불이 밝혀지는 것 중 무엇이 먼저일까? 경험상 둘은 동시에 일어난다. 어느 것이 다른 것을 야기하는가? 방 안에 불이 들어옴으로써 전등 스위치가 켜지는가, 아니면 스위치를 켜서 방 안에 불이 들어오는가? 대답은 분명하다. 스위치를 켬으로써 방 안에 불이 밝혀진다. 신생과 회심의 순서도 마찬가지다. 시간적으로 둘은 경험상 동시에 일어나는 것 같다. 그러나 하나가 다른 하나를 야기하는가? 성령과 협력하며 믿고자 하는 의지가 신생을 야기하는가, 아니면 우리를 거듭나게 하시는 하나님의 사역이 믿음과 회개를 야기하는가?

이번 장과 다음 장에서는 성경이 단독사역설을 압도적으로 증언한다는 사실이 분명해질 것이다. 인간은 허물과 죄 가운데서 죽은 상태지만, 하나님이 그리스도 예수 안에서 살리신다. 회심(믿음과 회개)을 야기하거나 일으키는 것은 하나님의 초자연적이고 효과적이며 불가항력적인 신생 사역이다. 거꾸로 될 수는 없다.

예수님이 말씀하시는 신생 (요 3:3-8)

구약성경에서 이스라엘의 근본적인 문제는 할례받지 못한 마음이었다. 그러나 하나님은 그의 모든 백성에게 새 마음을 주고 그들 각자 속에 성령을 줄 날이 올 것이라고 선지자들을 통해 약속하셨다(겔 11:19; 36:26; 참조, 37:1-14; 신 30:6; 렘 31:33; 32:39-40). 여호와께서 선지자들을 통해 선언하신 말씀을, 예수님은 당시의 유대인들에게 재차 말씀하신다. 요한복음 3장에서 유대인 관원인 니고데모가 밤중에 예수님을 찾아와 "랍비여 우리가 당신은 하나님께로부터 오신 선생인 줄 아나이다 하나님이 함께하시지 아니하시면 당신이 행하시는 이 표적을 아무도 할 수 없음이니이다"라고 말한다(요 3:2). 이에 예수님은 니고데모에게 놀라운 말씀으로 대답하신다.

> 예수께서 대답하여 이르시되 진실로 진실로 네게 이르노니 사람이 거듭나지 아니하면 하나님의 나라를 볼 수 없느니라 니고데모가 이르되 사람이 늙으면 어떻게 날 수 있사옵나이까 두 번째 모태에 들어갔다가 날 수 있사옵나이까 예수께서 대답하시되 진실로 진실로 네게 이르노니 사람이 물과 성령으로 나지 아니하면 하나님의 나라에 들어갈 수 없느니라 육으로 난 것은 육이요 영으로 난 것은 영이니 내가 네게 거듭나야 하겠다 하는 말을 놀랍게 여기지 말라 바람이 임의로 불매 네가 그 소리는 들어도 어디서 와서 어디로 가는지 알지 못하나니 성령으로 난 사람도 다 그러하니라 _요 3:3-8

요한복음 2장을 보면 예수님이 이적을 행하셨음에도 그것을 본 사람 중 믿지 않는 자가 많았다. 예수님은 그들의 내면, 즉 불신과 사악함을(2:25) 아셨으므로 자신을 그들에게 의탁하지 않으셨다. 예수님은 근본적인 문제가 사람의 내면에 있는 것(불신)만이 아니라 사람의 내면에 없는 것(새 마음 또는 새 영)이기도 함을 아셨다. 예수님은 성령을 통한 중생이 없는 것이 문제라고 말씀하신다.[2]

예수님은 니고데모에게 대답하실 때 핵심적인 문제를 정확히 지적하셨다. 성령으로 거듭나지 않으면 우리는 예수님이 누구인지를 결코 믿지 않을 것이며, 하나님 아버지의 나라에 들어갈 수 없다.[3] 니고데모의 호기심에 대한 답은 주어졌다. 비록 그가 특히 종교지도자로서 예상한 것과는 다른 방식이었지만.

그러나 "거듭나지"("위로부터 나지"로도 번역될 수 있음)라는 예수님의 말씀은 무슨 뜻일까?[4] 당황하고 혼란에 빠진 니고데모는 육체적으로 다시 태어남을 가리키는 것으로 예수님의 말씀을 오해한다(3:4). 그러나 예수님이 가리키시는 것은 두 번째 육체적 출생이 아니라 하늘로부터 성령으로 태어남이다(3:5-6).[5] 물과 성령이 강조된 것(3:5)이 중요하다. 물은 육체적인 출생을 가리키지 않는다. 육체적인 출생으로 보는 것은, 신생이 육체적인 것이 아니라 성령으로 인한 것이라는 예수님의 말씀에 위배된다. 물은 물세례를 가리키는 것도 아니다. 요한이 다른 어디서도 그런 식으로 사용하지 않기 때문이다.[6] 물은 상징적으로 해석되어야 한다. 예수님은 죄인을 씻으시는 성령의 사역을 언급하기 위해 물이라는 표현을 사용하신다. 물은 신생 때 일어나는 영적 씻음을 나타낸다.[7]

물에 대한 이러한 해석은 예수님의 표현이 에스겔 36장 25-27절에 나오는 여호와의 약속을 반영하는 것 같다는 점에서도 분명해진다. "맑은 물을 너희에게 뿌려서 너희로 정결하게 하되 곧 너희 모든 더러운 것에서와 모든 우상 숭배에서 너희를 정결하게 할 것이며 또 새 영을 너희 속에 두고 새 마음을 너희에게 주되 너희 육신에서 굳은 마음을 제거하고 부드러운 마음을 줄 것이며 또 내 영을 너희 속에 두어 너희로 내 율례를 행하게 하리니 너희가 내 규례를 지켜 행할지라." 퍼거슨의 설명에 따르면, 물과 성령은 "중생과 관련한 성령의 이중사역을 가리킨다. 하나님은 새 생명을 주심과 동시에 심령을 정결하게 하신다."[8] 따라서 물과 성령은 나란히 사용되어, 중생 때 성령으로 깨끗해지고 정화되고 새로워지며 씻김을 가리킨다.[9]

아울러 성령의 역할도 간과되어서는 안 된다. 6절에서 예수님은 영으로 난 것은 영이라고 말씀하신다. 성령으로 중생한 죄인들은 영적인 존재가 된다.[10] 예수님은 '영'이라는 표현으로 성령을 가리키시는데(요 3:8; 참조, 요 1:13; 요일 2:29; 3:9; 4:7; 5:1,4,18), 이는 중생이 하나님께서 하시는 일이며 그 특성상 초자연적임을 시사한다. 여기서도 구약성경의 약속을 시사한다. 여호와께서 이스라엘과 언약을 맺으셨지만, 이스라엘은 불신실하여 그의 율법을 거부하고 이방 신을 따랐다(삿 2:11-15). 하나님이 이스라엘 민족을 택하셨지만 그들이 모두 중생한 것은 아니다(참조, 롬 9:6). 따라서 하나님은 새 언약을 맺으셨고(렘 31:33), 그의 백성에게 새 마음과 새 영을 넣어줄 것을 약속하셨다(겔 11:19-20). 또 그의 영을 백성들의 속에 두어 여호와의 율례를 행하게 할 것도 약속하셨다(겔 36:27).[11]

핵심 질문은 요한복음 3장에 묘사된 신생이 특성상 하나님의 단독 사역인지의 여부다. 성령이 수동적인 죄인에게 효과적으로 역사하셔서 신생을 야기하는가? 이에 대한 대답은 7절과 8절에 나온다. 거기서는 신생에 있어 하나님과의 협력(신인협력설)이 어떤 형태로든 출생 비유 자체를 통해 배제된다. 인간의 출생은 모든 면에서 하나님의 단독적 사역이다. 자신의 출생에 관여하거나 무슨 역할이라도 하는 아기는 전혀 없다. 태어나는 것은 아기의 의지와 상관없다. 아기는 수동적이다. 영적인 출생도 마찬가지다. 죄인은 철저히 수동적이다. 죄인은 태어나려고 하지 않는다. 하나님 혼자서 생명을 주시는 것이다. 죄인은 아무런 역할도 하지 않는다. 카슨은 이렇게 설명한다. "예수님의 대답은, 천국을 보기 위해 니고데모가 무엇을 해야 하는지가 아니라, 그에게 무슨 일이 일어나야 하는지의 측면에서 주어진 것이다. 이것은 사람이 스스로 태어날 수 없다는 사실과 여기 사용된 동사가 수동태라는 사실을 통해 분명해진다."[12]

출생 이미지만이 아니라 바람 이미지도 하나님의 주권과 인간의 수동성을 나타낸다. 바람에 대한 예수님의 언급은 신생을 야기하는 성령의 능력을 강조한다. 앞에서 물에 대한 언급을 통해 성령이 중생을 야기함을 살펴보았다(요 3:5).[13] 먼저 요한복음 3장 3-8절에서 수동태가 사용됨에 주목하는 것이 중요하다. 해밀턴이 설명하듯, "신생은 사람이 행하거나 스스로 자신의 힘으로 하는 어떤 것이 아니다. 요한복음 3장 3-8절에서는 헬라어 동사 *겐나오*가 수동태로만 사용된다. 요한복음 1장 13절은("하나님께로부터 난") 이 구절들이 하나님의 단독 사역을 나타내는 수동태임을 분명히 알려준다. 하나님은 성령을 통해 사람들이 위로부터의 신생을 경험하게 하신다."[14] 해밀턴은 다음과 같이 덧붙인다. "이 본문에서 신생의 필요성은 또 다른 분명한 사실과 결부되어 있다. 신생을 떠나서는 하나님나라를 경험할 수 없는 인간의 무능함이 강조된다. 3장 2-5절에서 헬라어 *두나마이*가 다섯 차례 나오고 9절에서 다시 나온다. 신생은 하나님이 야기하시며, 이것 없이 사람들은 하나님나라를 볼 수(들어갈 수) 없다."[15] 수동태를 사용함으로써 예수님은 성령의 주권성을 강조하신다.

아울러 예수님이 바람과 성령을 비교하신 데서 성령의 전능성을 다시 한 번 엿볼 수 있다. "내가 네게[복수형] 거듭나야 하겠다 하는 말을 놀랍게 여기지 말라 바람[영]이 임의로 불매 네가 그 소리는 들어도 어디서 와서 어디로 가는지 알지 못하나니 성령으로 난 사람도 다 그러하니라." '영'에 해당하는 헬라어 *프뉴마*는 바람을 뜻하기도 한다. 8절에서는 성령과 바람이 확실히 평행을 이룬다. 예수님이 언급하시는 바람은 곧 성령을 가리킨다.[16] 바람이 임의로 분다는 예수님의 말씀은, 성령이 어디든 원하는 대로 행하심을 뜻한다. 성령은 사람의 의지에 종속되지 않고, 죄인의 선택에 따라 조종되지도 않으신다. 성령은 아버지께서 원하는 곳이면 어디든 가서 죽음만 있는 곳에 새 생명을 가져다주신다.[17]

신생에 있어 사람은 하나님과 협력하는 것이 아니며 수동적이다. 하나님이 신생을 야기하기 위해 단독적으로 일하신다. 신생은 신비하다. 우리는 믿음과 회개라는 성령 개입의 결과만을 보기 때문이다. 그러나 가시적으로 보는 것 이면에서 성령이 일하시며, 그리스도 안에서 새 창조를 이루신다. 성령 개입의 결과(즉, 그리스도를 믿는 믿음과 회개)가 보이는 것은 오직 신생이 야기됨을 통해서다. 그러므로 신생은 죄인의 믿고자 하는 의지를 조건으로 하지 않으며, 오히려 죄인의 믿고자 하는 의지가 신생을 야기하는 성령의 주권적인 선택을 조건으로 한다.[18]

요한일서에서 말하는 신생

예수님이 요한복음에서, 신생이란 우리가 야기하는 어떤 것이 아니라 성령의 주권적인 사역임을 가르치셨다면(요 3:3-8), 요한이 그의 첫 번째 서신에서 동일한 사실을 가르쳤다는 것은 놀라운 일이 아니다. 요한에게 신생은 언제나 사람의 어떠한 믿음의 행위보다 앞

선다.[19]

요한일서 5장 1절은 "예수께서 그리스도이심을 믿는 자마다 하나님께로부터 난 자니 또한 낳으신 이를 사랑하는 자마다 그에게서 난 자를 사랑하느니라"고 말한다.[20] "믿는 자마다"(또는 "믿는 모든 자")에서 '믿는'은 지속적인 믿음을 가리킨다. 현재능동태분사형이기 때문이다.[21] "그에게서 난"이라는 문구에서 '난'은 이미 과거에 일어났고(완료되었고) 현재에 지속적인 영향을 미치는 일을 가리킨다. 이 동사는 완료수동태직설법이기 때문이다.[22] 달리 말해, 요한일서 5장 1절은 중생(완료수동태직설법의 행동)이 믿음(현재능동태분사)에 앞서며 믿음을 야기한다.[23] 존 스토트가 설명하듯, "현재시제(믿다)와 완료시제(태어났다)가 짝을 이룬다는 점이 중요하다. 이는 믿는 것이 신생의 원인이 아니라 결과임을 분명히 보여준다. 그러므로 우리가 현재 지속적으로 믿는 행동은 과거의 신생 경험에 따른 결과며 그 증거다. 신생을 통해 우리는 하나님의 자녀가 되었고, 계속 하나님의 자녀로서 살아간다."[24] 그러므로 인간의 믿음은 항상 성령의 중생케 하시는 사역의 결과이며 결코 그 원인이 아니다. 로버트 야브러가 설명하듯, "요한 신학에서 영적 거듭남은 믿음에 선행하며 궁극적으로 믿음을 조성하는 것 같다. 인간의 믿음은 의지력의 결과이기보다는 하나님의 사전 의도로 인한 것이다."[25]

사랑에 있어서도 마찬가지다. 요한일서 5장 1절이 말하듯, "하나님께로부터 난 자니 또한 낳으신 이를 사랑하는 자마다 그에게서 난 자를 사랑"한다(요일 5:1). 아버지를 향한 인간의 사랑이 신생에 앞서는 것이 아니라, 신생이 아버지를 향한 사랑에 앞서며 그것을 조성한다. 신명기 30장 6절에서 하나님은 "네 하나님 여호와께서 네 마음과 네 자손의 마음에 할례를 베푸사 너로 마음을 다하며 뜻을 다하여 네 하나님 여호와를 *사랑하게 하사* 너로 생명을 얻게 하실 것"이라고 약속하셨다(기울임체에 유의하라). 여호와께서 먼저 죄인을 거듭나게 하지 않으시면, 어떤 죄인도 여호와를 사랑할 수 없다.

세 절 후에 요한은 "무릇 하나님께로부터 난 자마다 세상을 이기느니라 세상을 이기는 승리는 이것이니 우리의 믿음이니라"고 말한다(요일 5:4). 요한에 따르면, 믿음은 세상을 이기는 것이다. 그러나 믿음을 통해 세상을 이기는 것은 하나님께로부터 난 결과다. 세상을 이기는 믿음을 지닐 수 있는 것은, 하나님이 우리를 거듭나게 하셨기 때문이다. 우리는 이 믿음이 구원을 얻게 하는 믿음임을 안다. 다음 절에서 요한은 예수님이 하나님의 아들이심을 믿는 자만이 세상을 이길 수 있다고 말하기 때문이다(요일 5:5). 요한일서 5장 1절에서 보았듯이, 예수님을 하나님의 아들로 믿는 믿음은 언제나 신생의 결과이며 그 원인이 아니다.

요약

성경에 따르면 중생에 있어 죄인은 전적으로 수동적이고, 영적으로 죽은 상태이며, 신생을 절실하게 필요로 한다. 예수님이 요한복음 3장 3-8절에서 알려주셨듯, 신생을 야기하는 분은 마치 바람처럼 자신이 원하는 대로 행하시는 성령이다. 신생은 인간의 협력을 수반하지 않으며, 이는 전적으로 하나님의 사역이다. 출생 비유 그 자체에서 드러나는 분명한 사실이다.

더 깊은 묵상을 위한 물음

1 성경에서 사용되는 물, 바람, 출생 같은 여러 이미지는 신생에서 성령의 주권을 어떻게 강조하는가?
2 요한복음 3장에서 알려주는 성령의 주권은 오늘날 복음주의자들이 사용하는 거듭남이라는 표현에 대한 당신의 인식을 어떻게 바꿔주는가?
3 만일 신생이 하나님의 단독 행위라면, 하나님께 모든 영광과 찬양을 돌리는 것이 합당한가?
4 예레미야 31장과 에스겔 36장 같은 구절에 나오는 구약의 약속이 어떻게 신약에서 성취되는가?
5 신생의 실재는 하나님나라에 들어간다는 의미에 어떤 영향을 미치는가?

물음
17 / 신생은 우리가
일으키는 것인가? (2)

앞에서 신생은 죄인의 협력과는 상관없이 오직 하나님이 일으키시는 것임을 예수님의 가르침을 통해 살펴보았다. 이 장에서는 예수님의 사도들이, 특히 베드로와 바울이[1] 이 사실을 어떻게 뒷받침하는지 추가로 살펴볼 것이다. 이 기자들 역시 하나님이 택하신 자를 사망에서 새 생명으로 옮기기 위해 성령의 능력으로 효과적으로 일하심을 가르친다.

우리를 거듭나게 하사 (벧전 1:3-5)

야고보처럼 베드로도 신생을 묘사할 때, 우리 눈을 자신에게서 돌이켜 하나님의 위대하신 주권에 감탄하게 하는 표현을 사용한다.

우리 주 예수 그리스도의 아버지 하나님을 찬송하리로다 그의 많으신 긍휼대로 예수 그리스도를 죽은 자 가운데서 부활하게 하심으로 말

> 미암아 *우리를 거듭나게 하사[아나겐네시스]* 산 소망이 있게 하시며 썩지 않고 더럽지 않고 쇠하지 아니하는 유업을 잇게 하시나니 곧 너희를 위하여 하늘에 간직하신 것이라 너희는 말세에 나타내기로 예비하신 구원을 얻기 위하여 믿음으로 말미암아 하나님의 능력으로 보호하심을 받았느니라 _벧전 1:3-5(기울임체에 유의하라)

먼저 왜 하나님이 찬양받으셔야 하는지에 주목하라. 베드로에 따르면, 하나님은 우리를 중생하게 또는 거듭나게 하셨기 때문에 찬양을 받으셔야 한다. 베드로전서 1장 23절에서 베드로는 신생과 관련된 표현을 다시 사용하며, "너희가 거듭난 것은 썩어질 씨로 된 것이 아니요 썩지 아니할 씨로 된 것이니 살아 있고 항상 있는 하나님의 말씀으로 되었느니라"고 말한다. 이들 구절을 통해 신생을 일으키심에 있어 주도권은 하나님 아버지께 있다는 동일한 메시지를 보게 된다.

둘째, 하나님은 우리를 거듭나게 하실 때 그분의 "많으신 긍휼"대로 하신다. 긍휼에 대한 정의 자체가 인간의 가장 작은 기여마저 배제한다. 더욱이 물음 3-5에서 보았듯이, 신생 이전의 죄인은 죄 가운데 죽어 있으며, 하나님의 진노와 정죄를 받아 마땅할 뿐이다. 그러나 하나님이 죄 가운데서 죽은 자들을 많으신 긍휼로 그리스도 예수 안에서 살아나게 하신다(엡 2:4-5). 그러므로 요한복음 3장 5-6절과 베드로전서 1장 3-5절에서처럼 인간의 기여나 협력이 수반될 가능성은 조금도 없다. 슈라이너가 확언하듯이, "신생에 있어 초점은 하나님의 주도권에 맞춰진다. 그 누구도 거듭남에 대한 공적을 내세우지 못한다. 그것은 (외부로부터) 우리에게 일어나는 것이다."[2]

셋째, 베드로는 신생과 관련한 하나님의 사역을 묘사할 때 인과관계의 표현을 사용한다. "그의 많으신 긍휼대로 … 우리를 거듭나게 하사" 신생의 기적은 사람과 하나님의 협력된 노력에 따른 것이 아니다. 오직 하나님이 죄인을 거듭나게 하셔야 한다. 거듭남과 관련하여 하나님께 너무 많이 의존하는 것을 우려해 어떤 이들은 이 표현을 좋아하지 않을 수도 있지만, 베드로는 그것을 회피하지 않고 오히려 관심을 하나님의 능력에 집중시킨다.

넷째, 하나님은 죽은 자 가운데서 다시 사신 예수 그리스도의 부활을 통해 우리를 거듭나게 하셨다. 그리스도는 우리 죄를 위해 죽으셨을 뿐 아니라 우리를 거듭나게 하기 위해 다시 살아나셨다. 그리스도를 죽은 자 가운데서 다시 살리신 하나님이 산 소망과 쇠하지 않는 유업을 우리에게 주신다. 베드로전서 1장 3-5절은 택하신 자들을 거듭나게 하되 그들이 지닌 그 무엇에 기초해서가 아니라, 하나님의 크신 긍휼과 은혜에 기초해서 그리하시는 하나님의 부활 능력을 강조한다.

그리스도와 함께 살리셨고(엡 2:1-7; 골 2:11-14)

베드로만이 부활과 중생을 연관시킨 것은 아니다. 사도 바울도 그리한다.[3] 에베소서 2장 1-7절을 보라.

> 그는 허물과 죄로 죽었던 너희를 살리셨도다 그때에 너희는 그 가운데서 행하여 이 세상 풍조를 따르고 공중의 권세 잡은 자를 따랐으니 곧 지금 불순종의 아들들 가운데서 역사하는 영이라 전에는 우리도 다 그 가운데서 우리 육체의 욕심을 따라 지내며 육체와 마음의 원하는 것을 하여 다른 이들과 같이 본질상 진노의 자녀이었더니 긍휼이 풍성하

신 하나님이 우리를 사랑하신 그 큰 사랑을 인하여 허물로 죽은 우리를 그리스도와 함께 살리셨고[수네조오포이에센](너희는 은혜로 구원을 받은 것이라) 또 함께 일으키사 그리스도 예수 안에서 함께 하늘에 앉히시니 이는 그리스도 예수 안에서 우리에게 자비하심으로써 그 은혜의 지극히 풍성함을 오는 여러 세대에 나타내려 하심이라

에베소서 2장은 죄인이 거듭날 때 실제로 무슨 일이 일어나는지 가장 뚜렷이 묘사하는 구절 중 하나다. 바울이 설명하듯이, 우리는 죄성 때문에 영적으로 죽어 있다. 상처를 입었으나 하나님과 협력할 수 있는 상태가 아니다. 오히려 무덤에서 썩고 있다. 그러나 풍성한 긍휼과 크신 사랑으로 하나님은 우리를 죽은 자 가운데서 부활시키시고, 죽어서 마른 우리 뼈에 영적 생기를 불어넣으신다. 하나님의 부활 능력과 주도권이 인간의 허용 의지에 좌우된다는 식의 인간 협력은(신인협력설) 본문에서 전혀 발견되지 않는다. 바울의 부활 표현은 죄인을 영적 죽음에서 영적 생명으로 부활시키는 분이 오직 하나님이심을, 따라서 오직 하나님만이 영광과 찬양을 받기에 합당하심을 나타낸다.

또 영적 부활이 직접적이고 즉각적이며 단독적이라는 사실에 주목하라. 한순간에 죄인이 죽고 바로 그다음 순간에 살아난다.[4] 바울은 우리의 영적 부활(또는 중생)이 그리스도의 육체적 부활과 흡사하다고 말한다. 그리스도는 죽고 무덤에 옮겨졌지만, 하나님이 크신 능력으로 그를 다시 살리셨다(엡 1:19-20).[5] 나사로 이야기도 유사하다. 나사로는 죽은 지 사흘이 지나 시신에서 악취가 났다. 그러나 "나사로야 나오라"(요 11:43)는 그리스도의 명령에 곧바로 일어나서 무덤 밖으로 걸어 나왔다. 성령을 통한 중생도 그러하다.[6] 우리의 믿음이

부활에 선행하는 것이 아니라, 영적 부활이 반드시 절대적으로 믿음에 선행하며 믿음을 야기한다.[7]

덧붙여 말하자면, 우리가 '살아날 때' 우리의 영적 부활이 그리스도의 부활과 비교될 뿐 아니라 우리는 그리스도와 함께 살아난다. 이는 이제 우리가 얻는 새 생명이 그분 안에서 그리고 그분과 함께 발견됨을 뜻한다(엡 2:5). 우리는 그리스도와 함께 하늘에 앉혀졌다(2:6). 다가올 시대에 그리스도 예수 안에서 우리에게 베푸신 자비로 인해 그 은혜의 지극히 풍성함을 알게 될 것이다(2:7).[8] 그러므로 신생은 예수님의 부활의 열매. 영적 부활을 우리의 예전 모습과 비교할 때 그 실재를 더 분명히 알 수 있다. 영적 삶은 허물과 죄로 죽은 상태, 세상("이 세상 풍조를 따르고," 2:2)과 사탄("공중의 권세 잡은 자를 따랐으니," 2:2)과 육신("전에는 우리도 다 그 가운데서 우리 육체의 욕심을 따라 지내며 육체와 마음의 원하는 것을 하여," 2:3)에 예속된 상태와 대조된다. 다른 세상 사람들처럼 우리도 "본질상 진노의 자녀"(2:3)였다. 오브리언이 말하듯, 살아나거나 거듭나면 그리스도 안에서 회개와 용서에 이르게 할 뿐 아니라 포악한 세력들(세상, 사탄, 육신)로부터도 자유롭게 된다.[9] 바울이 골로새서 2장 13절에서 감탄하듯이 "범죄와 육체의 무할례로 죽었던 너희를 하나님이 그와 함께 살리시고 우리의 모든 죄를" 사하셨다(참조, 롬 6:11).

그러나 고찰을 계속하기 전에, "너희는 은혜로 구원을 받은 것"이라는(2:5) 구절에 주목할 필요가 있다. 분명히 바울은 중생이 커다란 구원 계획 속에 포함되어 있는 것으로 생각한다.[10] 은혜와 행위 간의 대조는 바울 서신을 관통하는 주제다. 바울에게 은혜는 인간의 공적이나 인간의 모든 기여와 대조된다(엡 2:8-10). 은혜는, 죄인에게 마땅히 돌아가야 할 보응에도 불구하고 그들을 향해 베푸시는 하나님의 은총으로 정의할 수 있다(롬 3:21-26; 4:4; 5:15).

구원은 종말론적 실재를, 특히 마지막 날에 있을 하나님의 심판과 진노로부터의 구원을 가리키는 말로 자주 사용된다는 점에 주목하라.[11] 틸먼은 이 용어의 다양성에 대해 설명한다. 어떤 구절에서 바울은 "구원을 현재 일어나고 있는 사건으로 묘사하며(고전 1:18; 15:2; 고후 2:15), '지금은 구원의 날이로다'라고 말한다(고후 6:2; 참조, 사 39:8)." 그러나 바울은 "대체로 구원을 신자들이 장래에, 아마도 마지막 날에 경험할 어떤 것으로 언급한다(살전 2:16; 고전 3:15; 5:5; 10:33; 롬 5:9-10; 9:27; 10:9; 11:26)."[12] 흥미롭게도 에베소서 2장은 예외적이다. 오브리언이 주장하듯이, 여기서 구원받았다는 것은 특히 이미 성취되고 경험된 것을 가리킨다. 그것은 "죽음과 진노와 속박에서 구출되고, 다양한 축복이 있는 새로운 통치 속으로 들어감을 묘사한다. 이 완료형 구조는 구원의 결과적 상태로 관심을 이끈다."[13] 혹은 틸먼이 말하듯이, "에베소서 2장 5, 8절에서 구원을 완료시제로 묘사하는 것이 특이하지만" 바울은 구원을 "신자들을 위해 명백히 현존하는" 것으로 언급한다.[14]

요컨대 7절에서 바울은 구원의 종말론적 결과를(우리는 다가올 시대에 그리스도와 함께 앉아 있다) 바라보게 하지만, 5절과 6절에서는 은혜로 구원받은 것이 현재적 실재, 즉 하나님의 은혜로 그리스도와 함께 살아난 것을 포함하고 있음을 가리킨다. 결론은 그리스도 안에서 거듭나거나 살아나는 것이 사람의 노력이나 의도적 협력에 따른 일이 아니라는 것이다. 우리가 살아나는 것은 오직 은혜로 인함이다. 죄인을 사망에서 생명으로 부활시키는 것은 하나님의 특권이며 능력이다.[15]

바울은 그리스도와 함께 살아난다는 표현을 골로새서 2장 11-14

절에서 다시 사용한다. 구약성경을 바탕으로 바울은 다음과 같이 말한다.

> 또 그 안에서 너희가 손으로 하지 아니한 할례를 받았으니 곧 육의 몸을 벗는 것이요 그리스도의 할례니라 너희가 세례로 그리스도와 함께 장사되고 또 죽은 자들 가운데서 그를 일으키신 하나님의 역사를 믿음으로 말미암아 그 안에서 함께 일으키심을 받았느니라 또 범죄와 육체의 무할례로 죽었던 너희를 하나님이 그와 함께 살리시고 우리의 모든 죄를 사하시고 우리를 거스르고 불리하게 하는 법조문으로 쓴 증서를 지우시고 제하여 버리사 십자가에 못 박으시고

모세와 예레미야와 에스겔을 통해, 여호와는 그의 백성의 마음에 할례를 행하겠다고 약속하셨다(물음 15를 보라. 참조, 신 10:16; 30:6; 렘 4:4; 겔 44:7). 그리스도의 구속 사역과 성령 강림을 통해 새 언약 약속이 현실화되었다. 그러므로 바울은 그리스도 안에서 신자가 할례를 받았는데, 이 할례는 손으로 한 것이 아니라 영적인 것, 즉 마음의 할례라고 말한다.[16]

출생 비유와 마찬가지로 할례 비유 자체가, 중생이 우리의 참여 없이 하나님을 통해서만 실현되는 일임을 나타낸다. 중생은 우리가 야기하는 것이 아니라 우리에게 일어나는 기적이다. 인간은 자신의 마음에 할례를 행하지 못한다. 오직 하나님이 우리를 위해 마음에 할례를 행하실 수 있다. 그럴 때만 우리가 그리스도를 믿을 수 있다. 무(Moo)는 이르기를, 마음에 할례를 받은 결과 "우리는 더 이상 옛 시대와 죄와 사망과 육신의 힘에 지배되지 않는다. 이제는 의와 생명과 은혜와 성령의 지배를 받는다(롬 5:12-8:17; 12:1-2; 갈 1:4; 5:14-

6:2).”**17**

바울은 할례 비유에서 그치지 않고, 죽은 자의 부활 이미지로 나아간다. 우리는 영적 할례 덕분에 그리스도 안에 있을 뿐 아니라, 세례로 그리스도와 함께 장사되었고 "죽은 자들 가운데서 그를 일으키신 하나님의 역사를 믿음으로 말미암아" 그리스도와 함께 다시 살아났다(골 2:12). 그다음 바울은 곧바로 중생 교리로 이끈다. "또 범죄와 육체의 무할례로 죽었던 너희를 하나님이 그와 함께 살리시고[수네조오포이에센] 우리의 모든 죄를 사하시고"(골 2:13). 에베소서 2장에서처럼, 바울은 신생을 묘사하기 위해 죽음과 부활이라는 표현을 다시 사용한다. 특히 바울은 예수님을 죽은 자 가운데서 일으키심과 죄인을 영적으로 죽은 상태에서 일으키심을 나란히 언급한다(2:12-13). 바울은 죄인의 이 같은 영적 부활을 "하나님의 (강력한) 역사"라 표현한다. 바울의 말이 옳다. 죽은 자 가운데서 다시 살리시는 것이야말로 하나님의 능력을 가장 잘 드러내는 일이기 때문이다.**18** 새 생명을 주시는 것은 순전한 은혜의 행위이며, 오브리언이 말하듯이 전혀 인간에 의해 좌우되지 않는다.**19**

중생의 씻음(딛 3:3-7)

에베소서 2장과 골로새서 2장에서, 바울은 각 사람이 모두 범죄와 죄로 죽은 상태라고 묘사함으로써 인간의 전적 부패와 영적 무능을 매우 분명하게 확언한다. 계속해서 바울은 디도서 3장 3-7절에서 죄에 예속된 인간의 상태를 강조한다.

우리도 전에는 어리석은 자요 순종하지 아니한 자요 속은 자요 여러 가지 정욕과 행락에 종노릇한 자요 악독과 투기를 일삼은 자요 가증스러운 자요 피차 미워한 자였으나 우리 구주 하나님의 자비와 사람 사랑하심이 나타날 때에 우리를 구원하시되 우리가 행한 바 의로운 행위로 말미암지 아니하고 오직 그의 긍휼하심을 따라 중생의 씻음과 성령의 새롭게 하심으로 하셨나니 우리 구주 예수 그리스도로 말미암아 우리에게 그 성령을 풍성히 부어주사 우리로 그의 은혜를 힘입어 의롭다 하심을 얻어 영생의 소망을 따라 상속자가 되게 하려 하심이라

"우리도 전에는 어리석은 자요 순종하지 아니한 자요 속은 자요 여러 가지 정욕과 행락에 종노릇한 자요 악독과 투기를 일삼은 자요 가증스러운 자요 피차 미워한 자였으나" 이 문구는 인간의 전적인 영적 무능을 드러낸다. 하나님의 은혜에 인간의 어떤 협력도 더해지지 않는다. 인간은 죄 가운데 죽어 있고 육신의 욕구에 예속되기 때문이다(참조, 딛 2:12; 딤전 6:9).

그러나 그리스도(구주 하나님)께서 오셔서, 우리의 행위 때문이 아니라 그의 긍휼에 따라 우리를 구원하셨다(딛 3:5). 어떻게 그리하셨을까? "중생의 씻음과 성령의 새롭게 하심으로 하셨나니 우리 구주 예수 그리스도로 말미암아 우리에게 그 성령을 풍성히 부어"주셨다(딛 3:5-6). 먼저 바울이 말하는 구원이 그 특성상 무조건적임에 주목하라. 나이트가 말하듯이, 바울의 두 전치사구는 죄인을 위한 하나님의 구속의 근거를 제시한다. 첫 번째 구는 '우리 측의 기여'를 일절 배제하며, 두 번째 구는 '구원이 전적으로 하나님의 긍휼에 기초함'을 강력히 확언한다.[20] 성령께서 죄인을 깨끗이 씻김으로써(중생) 하나님의 긍휼을 적용하신다. 성령의 목적은 하나님 앞에서 사람을 정결케 함으로써 그리스도의 구속 사역을 효과적이게 하는 것이다(참

조, 딛 2:14). 성령은 중생의 기적을 통해 바로 이 일을 행하신다.[21] 행위를 통한 의 또는 믿음에 행위를 덧붙이는 것은 배제된다(참조, 롬 3:21-28; 4:2-6; 9:11; 갈 2:16; 엡 2:8-9; 빌 3:9; 딤후 1:9).[22]

둘째로, 오직 믿음으로 구원을 얻지만, 중생의 씻음을 야기하기 위해 사람이 성령과 협력해야 할 여지가 남아 있다는 식의 주장으로 구원의 무조건적 특성을 간과하거나 회피할 수는 없다. 그런 주장은 사람이 죄의 종이며 성령의 신생 사역에 전혀 기여할 수 없다는 바울의 논점을 진지하게 고려하지 못한 것이다. 중생의 씻음은 더럽고 부패하고 죽은 죄인을 위한 성령의 사역이다. 이는 디도서 3장 3-7절과 고린도전서 6장 11절의 유사성을 고찰할 때 더욱 분명해진다. 바울은 인간을 예속시키는 죄의 목록을 길게 나열함으로 시작하며, 이어서 "주 예수 그리스도의 이름과 우리 하나님의 성령 안에서 씻음과 거룩함과 의롭다 하심을 받았느니라"고 말한다. 따라서 바울은 인간의 수동성과 타락, 즉 성령을 따라 행하지 않고 육신을 따라 행하는 상태를 다시 상기시킬 뿐 아니라, 중생 때의 새롭게 하며 정결케 하시는 성령 사역을 언급하기 위해 '씻는다'는 표현을 사용한다. 바울은 죄인을 씻어 새로운 삶을 살게 하시는 성령의 능력을 강조한다(참조, 겔 36:26-27).[23] 요한복음 3장에서 예수님은 중생을 성령의 사역과 연관시키면서 성령이 어디든 원하는 대로 행하신다고 말씀하셨는데, 분명히 바울도 그 말씀에 동의했을 것이다.[24] 유일한 차이점은, 바울이 디도서 3장에서 출생(요 3:5), 죽음으로부터의 부활(엡 2:5; 골 2:13), 할례(골 2:14-15)에 대한 비유를 더러운 죄인을 씻는 비유로 바꾼 것이다. 그러나 전하고자 하는 의미는 동일하다.

신학적 결론

앞의 두 장에서 살펴본 여러 성경본문에 비추어 도출할 수 있는 신학적 결론은 무엇일까? 첫째, 중생은 하나님의 단독 사역이다. 하나님과 인간의 협력에 따른 것, 즉 신인협력설이 아니다. 신인협력설에서는 중생케 하시는 하나님의 사역의 성공이 궁극적으로 인간의 결단에 좌우된다. 그러나 죄인은 영적으로 죽은 상태이며 따라서 전적으로 수동적이다. 하나님이 그를 새 생명으로 살리셔야 하며, 이는 하나님만이 하실 수 있는 일이다. 둘째, 중생이 하나님의 단독 사역이고 사람은 수동적이므로, 중생은 구원의 순서에서 언제나 믿음에 앞선다. 믿음과 회개라는 사람의 반응이 가능한 것은, 오직 하나님이 영적으로 죽은 시신에게 새 생명을 불어넣어주시기 때문이다.

요약

성경의 어디서도 중생이 인간의 의지에 좌우된다고 말하지 않는다. 하나님은 주권적인 행위자요 결정권자이며, 자신의 의지로 영적 생명을 창조하신다. 성경 기자들은 이 진리를 나타내기 위해 다양한 비유를 사용한다. 출생 이미지는 물론, 죽음과 부활 이미지도 사용한다. 중생은 무덤에서부터의 영적 부활이며, 그 특성상 직접적이고 즉각적이며 단독적이다.

더 깊은 묵상을 위한 물음

1 중생 때 일어나는 일을 가르치기 위해 예수님은 출생 이미지를 사용하신 반면, 베드로와 바울은 어떤 이미지를 사용했는가?

2 부활이라는 말은 중생과 관련된 하나님의 주권을 어떻게 시사하는가?

3 바울과 루디아의 사례(행 9:1-18; 16:14)는 신생의 단독적 특성(단독행위설)을 어떻게 강조하는가?

4 중생이 믿음에 앞선다는 진리는, 죄인이 처음 예수님을 믿을 때 일어나는 일을 묘사하는 우리의 설명 방식을 어떻게 변화시키는가?

5 중생과 관련한 하나님의 주권은 당신으로 하여금 구주를 어떻게 경배하며 찬양하게 하는가?

물음
18 / 하나님은 우리의 자유의지를
       강압하시는가?

　　물음 12-14에서 보았듯이, 하나님은 복음을 통해 모든 사람을 부르실 뿐 아니라 택하신 자들을 효과적으로 부르신다. 그러나 후자에 대해 반론이 제기되는 것은, 그 부르심이 효과적이기 때문이다. 달리 말해, 하나님이 택하신 자들을 부르실 경우에는 실패가 없다. 그렇다면 효과적인 부르심은 우리의 자유의지를 억압하는 것이 아닌가? 우리는 수동적이고 하나님이 모든 것을 하셔야 한다. 부르심을 거역할 수 없다면 의지가 침해당하는 것이 아닌가? 인간이 지닌 자유의 유형은 물론이고 중생 때 새롭게 하시는 하나님의 사역의 특성을 고려할 때, 이 반론에 대답할 수 있다.

속박에서 해방으로

　　물음 4에서 사람이 부패한 본성 때문에 불가피하게 죄에 예속됨을 배웠지만, 사람이 가장 원하는 것이 죄이기 때문에(즉, 성향의 자유) 그런 예속은 자발적임을 살펴보았다.¹ 하나님의 은혜를 이해하려 할 때도 자유의지에 대한 개념을 고려해야 한다. 하나님의 효과적인 부르심과 중생케 하시는 성령의 사역이 있기 전에, 사람의 의지가 죄에 예속되어 있다는 사실을 기억하라(예, 엡 2:1-3). 결국 하나님을 향한 의지는 능동적이지 않고 수동적이다.

하나님이 택하신 자들을 효과적으로 불러 중생케 하려고 선택하실 때, 사람은 전혀 협력하지 않는다. 영적으로 죽은 상태이기 때문이다. 바울이 설명하듯, 우리는 죄 가운데서 죽은 상태였지만 이제 "그리스도 예수 안에서 하나님께 대하여 살아" 있다(롬 6:11). 예전에는 죄에 속박되고 예속되었지만, 그리스도와 함께 죽고 "죄에서 벗어"났다(롬 6:7,18,22).

하나님의 그러한 초자연적 사역을 강압이라 일컫는 것은 얼마나 이상한가. 그것은 강압이 아니라 해방이다! 하나님이 중생을 통해 우리의 의지를 해방시키실 때, 그것은 죄의 속박에서 해방되는 것임을 이해해야 한다. 그러므로 우리는 죄의 지배에서 해방되었으며 아울러 예수 그리스도 안에 있는 진리로 해방되었다.²

새롭게 하심과 의지 전환

중생에 있어서는 하나님이 사람의 의지를 전환시키시며, 그래서 사람은 자신의 죄를 회개하고 그리스도를 믿게 된다. 사람이 죄에 예속되어 있기 때문에 회개와 믿음은 거듭나기 전에는 일어날 수 없다. 물음 4에서 보았듯, 중생 전에 인간의 의지는 모든 면에서 타락의 영향을 받는다(예, 요 8:34; 엡 2:1-3). 죄가 인간의 모든 면에 침투했기에 인간의 의지마저 왜곡된다. 의지 기능은 존재하지만, 죄의 영향으로 그 의지가 구부러지고 영원히 불경건으로 향한다. 인간에게 필요한 것은 신생의 기적이며, 신생은 언제나 인간의 영적 활동에 앞선다. 달리 말해, 사람의 적극적인 의지는 하나님이 죄인을 거듭나게 하심에 따른 결과다(물음 15-17을 보라). 이 때문에 많은 청교도들은 신생을 야기함에 있어 하나님의 은혜가 "인간의 의지를 강요하지 않으며, 자유롭게 믿음을 선택할 수 있도록 그 의지를 새롭게 하고 교정해준다"[3]고 주장했다. 하나님이 사람의 의지를 새롭게 하고 교정해 주심에 따라, 예전에 그리스도를 미워했던 죄인이 이제 그리스도를 선택하기를 원하게 된다. 달리 말하면, 죄인에게 새로운 욕구가 주어진 것이다.

따라서 그리스도께 나아가는 것이 효과적이며 하나님에 의해 결정되지만, 그것은 이제 거듭난 죄인이 원하는 바다. 웰티는 다음과 같이 설명한다.

강압으로부터의 자유란 당신에게 하고 싶은 것을 할 자유가 있음을 뜻한다. 당신이 하고 싶지 않은 어떤 일을 한다면 그것은 강압일 것이다. 그러나 회심 전/회심/회심 후에 대한 칼빈주의적 입장에 있어 그 어떤 단계에서도 죄인이 원치 않는 일을 하도록 강요받지는 않는다. 하나님이 (신비한 방식으로) 우리의 욕구를 변화시키신다. 우상과 죄악을 원하던 우리가 하나님과 의를 원하게 된다. 중생이 우리의 의지에 반하는 어떤 행동을 하게 만들지는 않는다. 중생을 통해 하나님은 우리의 의지를 새롭게 하시고, 그래서 전인(the whole person)이 하나님을 기뻐하며 다른 무엇보다 더 하나님을 좋아하게 된다. 그리고 우리는 새로워진 의지로 선택하며 그리스도를 선택한다. … 하나님이 어떤 사람으로 하여금 그의 의지에 반하는 행동을 하게 하시는 것이 결코 아니다.[4]

'의지를 새롭게 하심'이 핵심이다. 하나님이 인간의 의지를 전환시키고 교정하여 새롭게 하심으로써, 이제 그 의지는 예전에 경멸했던 것을 원한다. 예전에는 죄인이 죄를 기뻐했지만, 이제 하나님이 중생을 통해 의지를 변화시킴으로써 그 의지는 그리스도께로 향한다. 예전에 죄인이 반발했던 것을, 이제는 교정되고 새로워짐에 따라 매력적인 것으로 본다. 그러므로 성령으로 거듭난 죄인은 그리스도를 가장 바라며 다른 무엇보다도 소중히 여긴다. 그는 자신의 의지에 반하는(강압에 따른) 행동을 하지 않고 거듭난 의지에 따라 행동한다.

신적 불가피성

의지의 전환과 교정과 갱신은 신적 불가피성과 상충되지 않는다. 중생 이전에 사람은 죄에 예속되어 있다. 따라서 모든 면에서 자신이 원하며 바라는 것인 죄를 불가피하게 선택한다. 죄의 지배를 받지 않을 수 없지만, 죄를 범하는 것은 자신이 가장 원하는 일이며 그래서 그 의지에 따라 행동한다. 이와 유사하게 효과적인 부르심과 중생에 있어, 죄인은 신적 불가피성이나 신적 결정 아래 있다. 하나님은 택하신 자를 부르시되 거역할 수 없는 방식으로 부르신다. 그러나 그러한 신적 결정이 죄인을 강압함을 뜻하지는 않는다. 거듭난 죄인은 그리스도를 택하지 않을 수 없지만, 그처럼 정해진 선택은 이제 그 사람이 원하는 바와 절대적으로 일치한다. 그가 그리스도 선택하기를 원하는 것이다. 하나님이 죄인을 부르시며 거듭나게 하기 위해 효과적으로 개입하시지만, 거듭난 죄인은 이제 자신이 다른 무엇보다 더 원하며 바라는 대상으로서 그리스도를 택한다.[5] 그는 싫은데도 억지로 그리스도께로 나아가는 것이 아니라 기뻐하며 자발적으로 흔쾌히 나아간다.

교회사에서 이 같은 사실을 예리하게 포착한 신학적 표현이 많이 사용되었다. 예컨대 웨스트민스터 신앙고백은 하나님이 택하신 자들을 말씀과 성령을 통해 효과적으로 부르심을 언급하면서 이렇게 설명한다. "그들의 생각을 밝히고 … 그들의 마음에서 돌을 제거하고 … 그들의 의지를 새롭게 하며 … 또한 그들을 효과적으로 예수님에게 이끎으로써 그 일을 이루신다. 그러나 하나님의 은혜로 자발적인 마음을 지닌 그들은 매우 자유롭게 예수님에게 나아간다."[6] 혹은 도르트회의의 다음과 같은 확언을 보라. "이 중생의 신적 은혜는 블록이나 돌 같은 마음을 지닌 사람들에게 작용하는 것이 아니다. 그 은혜는 인간의 의지와 성향을 없애거나 마지못해 하는 의지를 강압하는 것이 아니라, 영적으로 소생시키고 치유하고 교정하며 즐거이 돌이키게 한다."[7]

캐리커처 바로잡기

어떤 이들은 '불가항력적 은혜'라는 표현과 대조되는 것으로 '효과적인 은혜'라는 표현을 선호하는데, 이는 단지 '불가항력적 은혜'라는 표현이 마치 죄인의 의지에 반하여 하나님이 그를 강압하시는 것처럼 오해된다는 이유 때문이다.[8] 카슨이 설명하듯, "불가항력적 은혜라는 표현은 오해되기 쉽다. 신학자들이 대체로 피하고자 하는 개념을 시사하기 때문이다. 그 개념이란 예수님께 주어진 자들이 예수님께 나아가지 않을 수 없다는 사실은, 그들이 자신의 의지에 반하여 억지로 그렇게 함을 뜻한다는 것이다."[9] J. 그레샴 매첸은 그런 캐리커처를 잘 바로잡는다.

하나님의 은혜에 관한 성경적 교리는 때로 캐리커처가 뜻하는 것과는 달리, 사람이 자신의 의지에 반하여 구원받음을 의미하는 것이 아니다. 그것은 사람의 의지 자체가 갱신됨을 뜻한다. 주 예수 그리스도와 연합하게 하는 믿음의 행위는 자신의 행위다. 기쁘고 자유롭게 그와 같이 행한다. 그렇게 믿을 수 있게 된 것은 단지 하나님의 영의 은혜롭고 주권적이신 사역을 통해서다.[10]

그렇다. 하나님의 은혜는 효과적으로 작용한다. 하나님이 인간의 의지를 새롭게 하고 바로잡고 치유하며 또 전환시키되 언제나 성공적으로 그리하시기 때문이다. 하나님은 죄인으로 하여금 그리스도께 나아가지 않을 수 없게 하는 방식으로 그리하시지만, 그럼에도 불구하고 죄인의 의지를 효과적으로 새롭게 하사 기꺼이 그리스도께 나아가게 하신다. 패커는 웨스트민스터 교리문답을(10.1) 인용하여 그 신비를 설명한다. "은혜는 불가항력적이지만, 이는 죄인의 의지에 반하여 그들을 그리스도께 이끌기 때문이 아니라, 그것이 사람의 마음을 바꾸어 자발적인 마음으로 '매우 자유롭게' 그리스도께 나아가게 하기 때문이다."[11]

요약

효과적인 부르심과 중생에 있어 하나님은 인간의 의지를 강압하지 않으시며, 다만 그 의지를 죄의 속박에서 해방시킴으로써 새롭게 하고 전환시키며 바로잡으신다. 자유의지를 중생 전에나 후에나 성향의 자유로 이해하는 것이 가장 좋다. 중생 전 인간은 죄에 예속되어 있지만, 인간이 가장 원하는 것이 죄이므로 예속은 너무나 의도적이며 자발적인 것이다. 그러나 하나님이 죽은 자를 효과적으로 부르시며 거듭나게 하기 위해 개입하실 때, 사람의 의지는 새로워지고 전환되며 교정된다. 이제 죄인은 의도적으로 회개하며 믿음으로 그리스도를 받아들일 수 있다. 회개와 믿음이 하나님의 효과적인 부르심과 거듭나게 하시는 사역에 뒤따를 것이다. 회개와 믿음의 반응은 바로 죄인이 가장 바라는 바이기에 그는 자유롭게 그리한다.

더 깊은 묵상을 위한 물음

1 자유의지에 대한 일반적인 견해는 무엇이며, 그것은 성경적인가?
2 '성향의 자유'라는 말을 정의하고 그 의미를 설명해 보라.
3 성향의 자유는 하나님의 주권과 상충되는가?
4 인간의 의지는 죄에 예속되어 있는가? 이 예속은 자발적이며 의도적인가?
5 인간의 의지를 새롭게 하며 전환시키기 위해, 하나님은 중생 때 어떻게 행하시는가?

"구원은 여호와께 속하였나이다"
_욘 2:9

4부

회심, 칭의 그리고 입양(양자 됨)

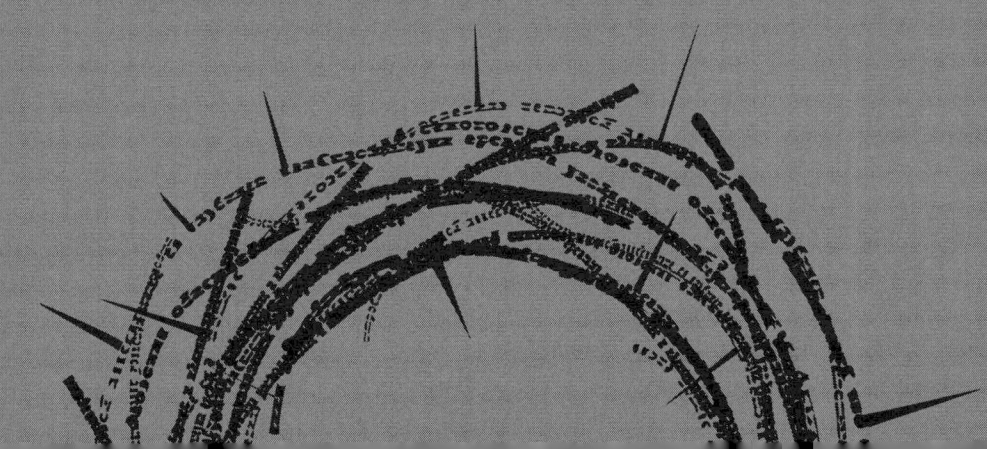

40 Questions
About
salvation

물음
19 / 구원 얻는 믿음이란 무엇인가?

믿음과 회개는 복음주의적 회심 교리를 구성하는 두 가지 본질적 요소다. 회심은 복음을 듣고 죄를 회개하며 구원을 위해 오직 그리스도만을 의지할 때 일어난다. 믿음과 회개라는 두 요소는 하나님의 은혜로운 선물이다(물음 21을 보라). 회심은 궁극적으로 하나님의 초자연적이고 주권적인 사역이며, 자랑할 여지를 우리 자신에게 남기지 않는다.

회심과 구원의 서정

먼저 몇 가지 일반적인 사항을 살펴보자. 첫째, 회심은 구원의 서정에 있어 자연적으로 중생에 뒤따른다(물음 16-17을 보라). 하나님이 창조하신 새 생명이 이제 형체를 띤다. 죽은 자들이 영적으로 부활하고, 눈이 열리면서 그리스도를 본다. 구주를 볼 수 있는 새로운 영적 능력은 죄에서부터 돌이키고(회개) 그리스도께로 나아가는(믿음) 결과로 이어질 수밖에 없다. 혹은 신학적으로 표현하면, 중생이 잠재의식에서 일어나는(영적으로 죽은 죄인에게 행해지는 하나님의 단독적 사역이기 때문이다) 반면, 회심은 의도적으로 주의하여 죄를 거부하고 예수님을 구주로 받아들이는 의식적인 삶을 수반한다.[1] 하나님이 심으신 새 생명이 땅 위로 싹을 틔우고 영적인 햇빛을 받아야 한다(빛의 아들!). 벌코프가 말하듯이, 중생에 뿌리를 두지 않은 회심은 참된 회심이 아니다.[2]

둘째, 중생처럼 회심도 어느 한 시점의 사건이다. 그것은 평생 진행되는 성화와 같지 않다(물음 32-33을 보라). 회심은 그리스도인으로서 삶이 시작될 때 일어나서 결코 반복되지 않는다. 죄인이 회심하고서 죄를 지어 자신의 구원을 잃어버리고 난 후에 다시금 회심해야 하는 식이 아니다. 하나님은 예정하고 부르고 거듭나게 하시며 회심시킨 자들을 거룩하게 하고 영화롭게도 하신다(롬 8:28-30). 진정으로 거듭난 사람들은 모두 끝까지 유지된다(물음 36-37을 보라). 따라서 회심은 반복될 수 없으며, 그리스도인의 삶의 시초에 일어난다. 또 신생에 기초를 둔 것이기 때문에 자연히 영화로 이어진다.[3]

두 가지 일반적인 사항을 염두에 두고, 이 장에서는 구원 얻게 하는 믿음을 개괄적으로 살펴보고, 다음 장에서는 회개로 관심을 돌리고자 한다.

믿음에 대한 정의

구원 얻는 믿음이란 정확히 무엇일까? 단지 그리스도에 관한 지식인가? 아니면 사람의 동의와 신뢰를 포함하는 것일까? 성경에서, 구원 얻는 믿음은 지식(노티티아), 동의(아센수스), 신뢰(피두치아) 세

가지를 모두 포함한다. "우리는 자신이 알지 못하는 것이나 알지 못하는 사람을 믿거나 신뢰한다고 말할 수 없다. 마찬가지로 불신하여 자신을 의탁할 수 없는 것을 믿는다고 말할 수 없다"[4]고 B. B. 워필드는 말한다. 믿음의 핵심 요소를 하나씩 간략히 살펴보자.

지식

오늘날에는 마치 믿음이 미지의 어떤 것이나 사람에 대한 맹목적 신뢰여야 하기라도 하듯이 흔히들 지식을 믿음의 적으로 본다. 그런 입장에서 중요한 것은 믿음의 대상이 아니며, 지식이 참된지의 여부나 지식의 대상이 참된지의 여부가 아니라 단지 믿음이 진실한지의 여부다. 무지는 신실함으로 대체되므로 그리 중요한 문제가 아니다.[5] 무엇을 혹은 누구를 믿는가 하는 것이나 지식이 정확하며 신뢰할 만한지의 여부는 중요하지 않다. 중요한 것은 믿음의 권위다.

그러나 성경에서는 지식도 중요하다. 사람이 복음을 적절히 이해하지 못하고서는 구원을 얻지 못할 정도로 지식은 매우 중요하다. 이는 바울이 로마서 10장 14절에서 수사의문문으로 묻고 있는 바와 같다. "그런즉 그들이 믿지 아니하는 이를 어찌 부르리요 듣지도 못한 이를 어찌 믿으리요 전파하는 자가 없이 어찌 들으리요." 죄인이 복음에 대해 아는 것, 그리스도가 누구이며, 그가 삶과 죽음과 부활을 통해 이룬 일이 무엇인지를 아는 것은 절대적으로 필요하다.

사도 바울은 그릇된 것을 믿으면 항상 불의와 정죄에 빠져들기 마련임을 가르친다(살후 2:11-12). 반면 사람이 구속하심을 받으려면 반드시 참된 것을 믿어야 한다(살후 2:10; 딤후 2:25).[6] 히브리서 기자는 믿음이 보이지 않는 것들에 대한 확신을 수반한다고 말하며, 이 확신은 지식과 관련한 확실성을 시사한다.

물론 구원이 지식만으로 충분하다고 생각하는 건 잘못이다. 복음에 대한 지식은 구원 얻는 믿음을 위해 필수적이지만 그 자체로 충분한 건 아니다. 이 사실은 예수님의 사역에서도 분명히 드러난다. 가장 종교적인 유대교 지도자들이 예수님의 말씀을 경청하고 신성 주장을 이해했지만, 그들 중 다수는 믿지 않고 예수님을 죽이려 했다(예, 요 5:18; 8:39-59).[7] 사도행전에서 스데반이 말하듯, 그들은 하나님께 직접 특별계시를 받았으나 하나님의 선지자를 거부하는 편을 택했던 그들의 선조와 같다(예, 행 7:51-53). 따라서 지식만으로는 충분하지 않다.

더욱이 구원 얻는 믿음이 지식만으로 충분하다면, 마귀도 구원을 얻을 것이다. 그러나 야고보서는 "네가 하나님은 한 분이신 줄을 믿느냐 잘하는도다 귀신들도 믿고 떠느니라"고 말한다(2:19). 하나님이 누구인지 그리고 그의 아들이 무슨 일을 행했는지를 아는 지식만으로는 충분하지 않다. 마귀에게도 그런 지식은 있다. 더 많은 무엇인가가 필요하다.

동의

복음에 대한 이해는 물론이고 동의 또는 인정도 필요하다.[8] 지식뿐 아니라 그 지식이 사실임을 믿어야 한다. 믿음은 확신을 수반하며(히 11:1), 확신은 지성(지식)과 지적 동의도 내포한다.

예수님 당시 종교지도자들의 주요 문제가 이것이다. 지식이 있었지만(그들은 예수님의 가르침을 들었다), 예수님 말씀에 동의하거나 그것을 인정하지 않았다. 요한복음 5장 18절을 생각해 보라. 예수님이 가르침과 이적을 통해 하나님이 자신의 아버지임을 가르치셨지만, 유대인들은 그 사실을 믿지 않았다. 도리어 예수님이 "하나님을 자기의 친아버지라 하여 자기를 하나님과 동등으로" 삼으셨기 때문에 그를 죽이려 했다. 그들은 지식, 즉 예수님이 하나님과 동등함을 선언하셨다는 지식을 지녔지만, 그 주장을 인정하거나 동의하지 않았다.[9] 그러므로 지식은 동의나 인정을 수반해야 한다.[10]

지식과 동의가 필수지만 이것만으로는 불충분하다. 단지 진리를 알며 인정하는 것으로는 충분하지 않다(예, 행 26:27-28). 유대인 관원이던 니고데모의 경우가 좋은 예다. 그는 밤에 예수님을 찾아와 "랍비여 우리가 당신은 하나님께로부터 오신 선생인 줄 아나이다 하나님이 함께하시지 아니하시면 당신이 행하시는 이 표적을 아무도 할 수 없음이니이다"라고 말했다(요 3:2). 그는 동의를 표했다. 니고데모나 그와 같은 사람들은 예수님이 하나님으로부터 오셨음을 그리고 하나님이 진정으로 예수님과 함께 계심을 동의했다. 그렇다면 이것이 니고데모가 구원 얻는 믿음을 지녔음을 뜻할까? 전혀 그렇지 않다. 사실 예수님은 정반대의 말씀을 하셨다. 니고데모가 하나님나라에 들어가려면 거듭나야 한다고 말씀하신 것이다(요 3:4-14). 그러므로 지식과 동의가 구원 얻는 믿음의 필수적인 측면이긴 하지만, 이들 자체만으로는 불충분하다. 더 많은 것이 필요하다.

신뢰

지식과 동의(확신)는 물론이고 예수님에 대한 의지와 신뢰도 필수적이다. 사람은 복음을 듣고 인정해야 함과 더불어 그 복음 속에 선포되는 예수님을 신뢰해야 한다. 그를 믿는 것만으로는 충분하지 않다. 그의 인격에 대해서도 믿어야 한다.[11] 하이델베르크 교리문답에서 말하듯, 믿음은 "하나님이 그의 말씀으로 우리에게 계시하신 모든 것을 사실로 받아들이는 특정한 지식일 뿐 아니라, 성령이 복음을 통해 우리 안에 일으키시는 진실한 신뢰이기도 하다"(21문). 죄인이 구원을 얻으려면 예수님만을 믿어야 한다. 그렇게 함으로써 복음의 구경꾼에 지나지 않은 상태에서 구원 얻는 그리스도와의 관계 속으로 들어가며, 구주와 주님이신 그리스도께 자신을 맡긴다.[12]

그러므로 구원 얻는 믿음은 영생과 죄사함을 위해 예수님만 신실하게 의지하고 신뢰함을 포함해야 한다.[13] 그러한 의지와 신뢰는 마음으로 하는 것이다. 믿음과 관련하여 사람의 지성이나 감정이나 의지가 각각의 역할을 담당하지만, 믿음의 좌소(seat of faith)는 이들 속에 위치한 것이 아니다. 믿음의 좌소는 마음속에만 있다. "인간의 영적 존재의 중심 기관이 바로 마음이며, 마음에서부터 삶이 시작되기 때문이다."[14] 그리고 믿음의 좌소가 마음이므로, 영생과 관련하여 믿음이 안심과 확신과 감사와 기쁨을 수반하기 마련이다.[15]

예수님을 신뢰하며 의지하는 것이 구원을 위해 필수적이라는 사실은 성경 전반에 걸쳐 분명히 제시된다. 예를 들면, 예수님은 죄인이 멸망하지 않고 영생을 유업으로 받으려면 그분을 믿어야 함을 거듭 선언하신다. 요한복음 3장 16절과 18절에서 예수님은 "하나님이 세상을 이처럼 사랑하사 독생자를 주셨으니 이는 그를 믿는 자마다 멸망하지 않고 영생을 얻게 하려 하심이라 … 그를 믿는 자는 심판을 받지 아니하는 것이요 믿지 아니하는 자는 하나님의 독생자의 이름을 믿지 아니하므로 벌써 심판을 받은 것이니라"고 말씀하신다. 또 요한복음 5장 24절 말씀을 생각해 보라. "내가 진실로 진실로 너희에게 이르노니 내 말을 듣고 또 나 보내신 이를 믿는 자는 영생을 얻었고 심판에 이르지 아니하나니 사망에서 생명으로 옮겼느니라." 요한은 같은 내용으로 복음서를 시작한다. "영접하는 자 곧 그 이름을 믿는 자들에게는 하나님의 자녀가 되는 권세를 주셨으니"(1:12).[16] 요한은 복음서를 마무리하면서도 같은 내용을 언급한다. 예수님의 표적을 기록한 목적이 "너희로 예수께서 하나님의 아들 그리스도이심을 믿게 하려 함이요 또 너희로 믿고 그 이름을 힘입어 생명을 얻게 하려 함이니라"고 설명한다(20:31).

불행하게도 오늘날 많은 사람에게 믿음은 성경적인 의미를 반영하지 않는 말이다. 21세기에 '믿는다'는 말은 무엇인가가 사실임을 믿는다는 뜻으로 사용된다. 그런 믿음이 반드시 개인적인 의지나 의탁을 포함한다는 뜻일 필요는 없다.[17] 그러나 성경에서 '믿는다'나 '믿음'은 지식과 동의는 물론이고 신뢰도 나타내는 말이다. "그를 믿는 자마다 멸망하지 않고 영생을" 얻는다는 예수님의 말씀은 동의만이 아니라 구원을 위해 그를 신뢰하고 의지함도 가리킨다. 그런 신뢰는 개인적이며, 죄를 사하고 영생을 주신다는 약속을 성취하시는 예수님을 의지하는 것이다.[18]

아울러 예수님을 믿는 것은 단순한 지식과 동의 이상을 의미한다. 성경은 믿음을 구원받기 위해 예수님에게 나아가는 것이라 묘사한다(요 6:37; 7:37; 마 11:28-30; 히 7:25). 믿음은 우리 자신으로부터 그리스도께로 돌이킴을 뜻한다. 성경에 나오는 다른 이미지들도 믿음을 신뢰와 의지로 묘사한다. 믿음은 그리스도를 먹고(요 6:51), 그리스도를 마시며(요 4:14), 그리스도 안에 거하는 것이다(요 15:5). 벌코프는 믿음에 대해 이렇게 결론짓는다. "믿음은 성령이 야기하시는, 복음 진리에 대한 분명한 확신이며 그리스도 안에 있는 하나님의 약속을 진심으로 의지(신뢰)하는 것이다."[19]

믿음: 뿌리 깊은 확신

히브리서 기자는 믿음을 훌륭하게 정의한다. "믿음은 바라는 것들의 실상이요 보이지 않는 것들의 증거니"(히 11:1). 앞에서 보았듯이, 구원 얻는 믿음은 지식과 동의는 물론 신뢰도 수반한다. 그러나 여기서는 신뢰의 또 다른 요소, 즉 확신으로서의 믿음을 살펴보고자 한다.[20] 믿음은 죄인이 언젠가는 그에게 약속된 구원을 얻게 될 것이라는 사실에 대한 보증이다.[21] 믿음은 하나님의 약속된 긍휼에 대한 지식과 신뢰다. 칼빈이 말했듯이, 믿음은 "그리스도 안에서 값 없이 주어진 진리에 기초한, 성령을 통해 우리의 생각에 계시되고 마음에 인쳐진 하나님의 자비하심에 대한 확고하고 분명한 지식이다."[22] 혹은 하이델베르크 교리문답에서 설명하듯이, 믿음은 "… 다른 사람들은 물론이고 나 역시 죄사함 받고 영원토록 하나님과의 올바른 관계에 들어서게 되었으며 또한 구원을 얻었다고 하는, 복음을 통해 성령으로 말미암아 내 속에 생겨난 뿌리 깊은 확신"이다(21문). 그러므로 그리스도가 누구이며 그가 행한 일이 무엇인지를 믿음으로써, 신자는 의심 가운데 허우적거리는 것이 아니라 자신의 구원이 흔들릴 수 없는 굳건한 확신에 근거함을 발견한다.[23]

믿음의 대상과 근거

믿음의 대상이 예수 그리스도임은 분명하다. 혹은 복음이라는 면에 초점을 맞춘다면 믿음의 대상은 예수 그리스도의 복음이라고도 말할 수 있다. 이 사실은 사도행전 전반에 걸쳐 분명히 드러난다. 잃어버린 바 되고 정죄당한 죄인을 위한 구원의 소망으로 선포된 것이 바로 예수 그리스도의 복음이다. 그리스도는 사도들이 전한 메시지의 핵심이다. 따라서 빌립보 감옥의 간수가 어떻게 해야 구원받을 수 있는지 바울과 실라에게 물었을 때, 그들은 "*주 예수*를 믿으라 그리하면 너와 네 집이 구원을 받으리라"고 대답했다(행 16:31, 기울임체에 유의하라). 이어서 바울과 실라는 "주의 말씀을 그 사람과 그 집에 있는 모든 사람에게" 전했다(16:32). 그리스도가 누구인지, 그가 무슨 일을 행하셨는지, 그들의 구원을 위해 그 일이 무엇을 의미하는지를 설명한 것이다.

예수님이 믿음의 대상이라면, 믿음의 근거는 복음 약속을 주시며 그 약속을 지키는 하나님의 진실하심과 신실하심이다.[24] 하나님이 구원의 약속을 신실하게 성취하신다는 것은, 아버지께서 그의 백성을 구원하기 위해 아들을 보내 십자가에서 죽게 하셨다는 사실에서 입증된다. 삼위일체 하나님의 신실하심은, 아버지와 아들이 택하심받은 자들을 위해 그리스도의 사역을 적용하려고 성령을 보내심으로써 한 번 더 입증되었다. 그러므로 구원의 서정은 영원한 계획대로 위대한 구원 사역을 이루는 하나님의 신실하심과 진실하심도 증언한다. 결국 우리의 믿음은 하나님의 성품 자체에 근거한다. 우리가 하나님을 믿고 복음 약속을 신뢰하는 것은 그분이 참되며 신실하시기 때문이다.

요약

구원 얻는 믿음은 지식, 동의, 신뢰라는 세 가지 본질적인 요소를 수반한다. 그리스도를 진정으로 믿는 죄인은 그리스도가 누구인지와 그분이 행하신 일이 무엇인지를 알며 복음의 사실에 동의한다. 또 죄 사함과 영생의 소망을 위해 오직 그리스도만을 의지하고 신뢰하는 사람이다. 아울러 신뢰와 의지는, 죄사함받고 하나님과의 올바른 관계에 들어섰으며, 오직 은혜로 구원받았다는 뿌리 깊은 확신을 수반한다. 그러므로 믿음은 무너질 수 없는 굳건한 확신을 수반한다. 구원 얻는 믿음의 대상은 예수 그리스도다. 더 구체적으로 말하면 예수 그리스도의 복음이다. 그 믿음의 근거는 하나님의 진실하심과 신실하심이다.

더 깊은 묵상을 위한 물음

1. 성경은 구원 얻는 믿음을 어떻게 정의하는가?
2. 당신이 마주한 적이 있는 믿음에 대한 가장 흔한 오해는 무엇인가?
3. 지식과 동의만으로 충분한가, 아니면 믿음이 신뢰와 의지함도 수반해야 하는가?
4. 믿음이 '뿌리 깊은 확신'이라는 것은 무슨 뜻인가? 이 사실이 신앙생활에 어떤 위안을 주는가?
5. 믿음이 "보이지 않는 것들의 증거(확신)"라는 말씀은 무엇을 뜻하는가?

물음 20 / 참된 회개란 무엇인가?

회개에 대한 가장 심오한 정의 중 하나가 웨스트민스터 신앙고백에 나온다.

> 회개를 통해 죄인은 거룩한 성품과 하나님의 의로운 율법과는 정반대되는 자신의 죄의 위험성은 물론 그 더러움과 혐오스러움을 직시함에 따라, 그리고 회개하는 자에게 그리스도 안에서 베푸시는 하나님의 자비를 깨닫고서, 자신의 죄에 대해 슬퍼하고 그것을 미워하며 그 모든 것으로부터 하나님께로 돌이키고 또한 하나님의 계명의 모든 법도 안에서 그분과 동행하려고 노력한다(15.2).

고전적인 신앙고백에서 볼 수 있고 이번 장에서 설명하듯이, 회개는 자신의 죄에 대한 슬픔이며 죄를 거부하고 그리스도를 신뢰하고자 하는 결단이다. 죄로 인한 슬픔과 가책이 본질적이긴 하나, 회개는 이것만으로는 충분하지 않다. 죄로 인한 슬픔은 죄를 버리고 포기하고 거부하며 단념하려는 결단을 동반해야 한다. 그러므로 죄에 대한 단순한 슬픔만 요구되는 것이 아니다. 불신자도 징벌을 두려워하기 때문에 자신의 죄악된 행동에 슬퍼할 수 있다. 참된 회개가 일어나기 위해서는 더 많은 것, 즉 죄로부터 돌이키고 죄를 거부하려는 결단이 있어야 한다(욥 42:5-6; 사 55:7; 겔 33:11; 렘 8:6; 욜 2:12-13).[1] 요컨대 삶의 변화로 이어지는 마음과 생각의 변화가 있어야 한다.[2]

죄에서 하나님께로 돌이킴

베드로와 가룟 유다를 생각해 보라. 이들은 그리스도의 제자로서 그리스도께 큰 죄를 범했다. 베드로는 그리스도를 세 차례나 부인했고, 유다는 그리스도를 배신하고 체포되도록 넘겨주었다. 그러나 범죄 후에 나타난 두 사람의 차이점에 주목하라. 베드로는 밖으로 나가 비통하게 울었으나, 예수님이 죽은 자 가운데서 살아나신 후에는 구주께로 회복되었고, 그리스도께서 맡기실 양떼를 먹이라는 지시를 받았다(마 26:75; 요 21:15-17). 유다도 범죄 후에 후회로 가득했다. 주님을 배신하여 정죄당하도록 넘겨준 사실을 자각한 후에 뉘우쳤지만 너무 늦었다(마 27:3). 그리스도의 피 값인 은 삼십을 돌려주면서, 유다는 대제사장들과 장로들에게 "내가 무죄한 피를 팔고 죄를 범하였도다"라고 말했다(마 27:4). 은 삼십을 성전 안에 던진 후 유다는 목을 매달았다. 두 사람, 두 죄인, 그리스도를 배반한 두 배신자 중에서 한 사람은 회복되고 다른 한 사람은 정죄되었다(마 27:3; 행 1:25). 베드로의 회개는 용서와 구속의 결과로 이어진 반면, 유다의 슬픔은 정죄와 사망으로 이어졌다. 베드로의 회개는 진실하고 진지했으며, 오직 예수님만이 주실 수 있는 용서를 구했다(요 21:7-17). 유다는 자신의 결정을 후회했지만, 결코 용서로 이끄는 회개를 모색하지 않았다. 그는 슬픔에 사로잡혔지만 그의 슬픔은 "후회할 것이 없는 구원"(고후 7:10)으로 이끄는 회개를 낳는 경건한 슬픔이 아니었다.[3] 유다가 목을 매단 사실에 대해 성 어거스틴은 이렇게 말한다. "그는 자신의 혐오스러운 배신을 속죄한 것이 아니라 도리어 죄를 가중시켰다. 하나님의 자비를 단념하고, 자기파괴적인 가책에 사로잡힌 채 구원 얻는 회개의 기회를 놓쳐버렸기 때문이다."[4]

에서의 경우도 유사하다. 그는 팥죽 한 그릇에 동생 야곱에게 장자권을 팔았다(창 27:34-38). 이 비극적인 이야기를 히브리서 기자가 어떻게 해석하는지 보라. "너희가 아는 바와 같이 그가 그 후에 축복을 이어받으려고 눈물을 흘리며 구하되 버린 바가 되어 회개할 기회를 얻지 못하였느니라"(히 12:17). 에서는 자신의 선택에 따른 결과로 인해 슬펐다. 그는 울었지만 그 울음은 결코 참된 회개로 이끌지 않았다. 슬픔 자체로는 충분하지 않다. 슬픔이 꼭 필요하지만, 죄에서 돌이켜 하나님께 순종하고자 하는 결단과 각오가 수반되어야 한다. 바울은 고린도인들에게 "내가 지금 기뻐함은 너희로 근심하게 한 까닭이 아니요 도리어 너희가 근심함으로 회개함에 이른 까닭이라 너희가 하나님의 뜻대로 근심하게 된 것은 우리에게서 아무 해도 받지 않게 하려 함이라 하나님의 뜻대로 하는 근심은 후회할 것이 없는 구원에 이르게 하는 회개를 이루는 것이요 세상 근심은 사망을 이루는 것이니라"고 말했다(고후 7:9-10).

유다와 베드로의 차이, 또는 에서와 야곱의 차이는 율법적 회개와 복음적 회개의 차이다.[5] 율법적 회개는 단지 심판과 징벌을 두려워하는 것이다. 복음적 회개는 복음으로 이끄는 죄에 대한 자각이며, 이를 통해 용서가 주어진다.[6] 율법적 회개가 파멸로 끝나는 반면, 복음적 회개는 죄인을 지옥의 문에서 나오게 하여 하나님나라의 안뜰로 인도한다.

회개의 세 측면

믿음과 회개는 불가분적이므로 회개가 믿음의 특징을 많이 공유한다는 사실은 놀라운 것이 아니다(물음 19를 보라). 회개의 세 가지 특징은 다음과 같다.

첫째, 회개는 지식(또는 감성)을 수반한다. 죄인이 하나님의 거룩하심과 공의와 진노와 위엄에 직면할 때 죄를 자각하고 성령을 통해 회개로 나아간다. 그때 죄인은 자신이 죄인이며 매우 비참한 존재임을 알게 된다. 이사야의 경우가 그러했다. 그는 하나님의 거룩하심을 경험하고서 "화로다 나여 망하게 되었도다 나는 입술이 부정한 사람이요 나는 입술이 부정한 백성 중에 거주하면서 만군의 여호와이신 왕을 뵈었음이로다"라고 외쳤다(사 6:5).

둘째, 회개는 죄인의 감정과 정서를 수반한다. 진실하고 진지한 회개는 자신이 그릇됨을 인식함과 아울러 자신의 죄로 인한 큰 슬픔을 느끼는 것(고후 7:10)도 뜻한다. 이것은 에서나 가룟 유다의 경우처럼 단순히 죄의 결과로 인한 슬픔이 아니다.[7] 자신이 하나님의 도덕법을 어기고 주님을 분노하게 했음을 알고 슬퍼하는 것이다.[8]

셋째, 믿음처럼 회개도 의지를 수반한다. 믿음이 그리스도께로 돌이킴이듯이, 회개는 죄로부터의 의도적인 전환이다. 죄에서 주님께로 돌이키면 순종의 삶으로 이어지며, 진정한 회개는 성화의 과정을 통해 열매를 맺는다(물음 32를 보라). 진정한 회개는 변화된 삶으로 나타난다(예, 마 16:24). 하이델베르크 교리문답에서 설명하듯이, 회개는

"옛 자아를 없애고 새 자아의 삶으로 나아가는 것"이다(88문). 회개한다는 것은 "죄를 진정으로 뉘우치고 그것을 점점 더 미워하며 그것으로부터 달아나는 것"이다(89문). 존 칼빈은 이후의 존 오웬과 마찬가지로, 회개를 "육신을 죽이고 영을 살리는 것"으로 묘사했다.[9] 회개한다는 것은 죄를 십자가에 못 박고 자신의 십자가를 지고 예수님을 따르는 것이다.

세 가지 요소를 언급함에 있어 요점은 전인(the whole person)이 수반되어야 한다는 것이다. 진정성 있는 죄 고백이나 슬픔 없이 단지 죄를 인식하기만 하는 것은 분명 마음에서 우러나오는 것이 아니다. 거룩하신 하나님 앞에서 자신의 죄악을 인식하지 않고 피상적인 감정만 표출하는 것도 미흡하다. 또 회개에는 의지가 수반되어야 한다. 그러나 회개가 거듭남을 위한 조건으로 이해되어서는 안 된다.[10] 그렇게 이해할 경우에는 의심과 불안이 야기될 수 있다. 회개자가 자신의 순종이 충분히 선한지에 대해 결코 알 수 없기 때문이다. 호턴은 "어떤 사람이 행하는 회개의 질과 정도가 용서받기에 적합한지에 대해" 단정할 수 없다고 말한다. 회개는 용서의 근거가 아니며, 감정과 결심의 강도에 의해서나 특정한 죄에 대한 승리로 평가될 수 있는 것이 아니다.[11] 하나님 앞에 설 수 있는 근거는 오직 예수님의 피임을 기억해야 한다. 믿음을 동반하는 참된 회개는 그리스도 안에서 이루어지기 때문에 확실한 것이다. 이 세상에서부터 구주께로 돌이키는 심령은 이제 하나님과 화평하다. 구주의 피로 화목해졌기 때문이다(롬 5:1,10-11). 이 때문에 신약성경은 회개를 복음과 부단히 연결한다(눅 24:46-47; 행 2:37-38; 5:31; 20:21; 히 6:1).

회개 모델 (시편 51편)

회개에 대해 앞에서 언급한 모든 것을 다윗 왕이 시편 51편에서 모델로 보여준다. 다윗보다 더 위대한 성인이면서 큰 죄인이었던 사람을 생각하기는 힘들다. 다윗이 사울과 달랐던 점은 참된 회개의 사람이었다는 것이다. 간음에 이어 살인죄까지 범한 후, 다윗은 상하고 통회하는 마음으로 하나님께 부르짖었다. 나단 선지자를 통해 죄를 지적받고서 하나님 앞에 통회하는 심경을 토로했던 다윗의 고백을 들어보라.

1 하나님이여 주의 인자를 따라 내게 은혜를 베푸시며 주의 많은 긍휼을 따라 내 죄악을 지워주소서 2 나의 죄악을 말갛게 씻으시며 나의 죄를 깨끗이 제하소서 3 무릇 나는 내 죄과를 아오니 내 죄가 항상 내 앞에 있나이다 4 내가 주께만 범죄하여 주의 목전에 악을 행하였사오니 주께서 말씀하실 때에 의로우시다 하고 주께서 심판하실 때에 순전하시다 하리이다 5 내가 죄악 중에서 출생하였음이여 어머니가 죄 중에서 나를 잉태하였나이다 6 보소서 주께서는 중심이 진실함을 원하시오니 내게 지혜를 은밀히 가르치시리이다 7 우슬초로 나를 정결하게 하소서 내가 정하리이다 나의 죄를 씻어주소서 내가 눈보다 희리이다 8 내게 즐겁고 기쁜 소리를 들려주시사 주께서 꺾으신 뼈들도 즐거워하게 하소서 9 주의 얼굴을 내 죄에서 돌이키시고 내 모든 죄악을 지워주소서 10 하나님이여 내 속에 정한 마음을 창조하시고 내 안에 정직한 영을 새롭게 하소서 11 나를 주 앞에서 쫓아내지 마시며 주의 성령을 내게서 거두지 마소서 12 주의 구원의 즐거움을 내게 회복시켜 주시고 자원하는 심령을 주사 나를 붙드소서 _시 51:1-12

참된 회개의 요소가 다윗의 기도에 들어 있다.

- 자신이 하나님의 율법을 어겼음을 인식하며 하나님 앞에 죄책감을 느낀다(2,3절).
- 자신이 이웃에게 잘못을 범했음을 알지만, 죄란 먼저 창조주이신 하나님께 대한 것임을 올바로 이해하고 있다(4절).
- 악행만이 아니라 자신의 부패한 상태도 고백한다(5절).
- 용서받고 정결해지기 위해 자신의 행위를 보지 않고 하나님의 자비와 은혜와 사랑을 바라본다(1,2,7,9,10,12절).
- 다윗의 회개는 가롯 유다와 에서의 경우처럼 좌절을 초래하지 않으며, 하나님의 자비에 자신을 던지고 정결한 마음을 구한다(10절).
- 다윗의 회개는 믿음으로 옷 입는다. 그의 회개의 부르짖음은 그를 용서하고 정결케 하며 그에게 구원을 회복시키실 수 있는 하나님에 대한 신뢰의 특징을 지닌다(7-12절; 참조, 13,17,18-19절).

호턴이 이런 유형의 회개를 패러다임 변화라고 지칭한 것은 옳다. "마음의 변화는 지식적이기만 한 것이 아니라 전 존재의 기초까지 뒤흔들기 때문이다."[12] 회심 때 수반되는 것이 바로 이런 유형의 회개이며, 진정한 그리스도인을 특징짓는 성화로 계속 이어지는 것 또한 이런 유형의 회개다.[13]

믿음과 회개는 불가분적이다

믿음과 회개는 서로 분리될 수 없다. 이들은 같은 동전의 양면이다. 존 머레이는 다음과 같이 설득력 있게 설명한다. "구원에 이르게 하는 믿음은 회개하는 믿음이며 생명에 이르게 하는 회개는 믿음을 지닌 회개다. … 믿음은 죄에서 구원받기 위해 그리스도를 믿는 것이다. 그러나 만일 믿음이 죄에서부터 구원으로 향하는 것이라면, 죄를 미워하고 죄에서 벗어나려는 갈망이 있어야 한다. 죄에 대한 미움은 회개를 수반한다." 머레이는 이렇게 결론짓는다. "회개가 죄에서부터 하나님께로 돌이키는 것이라면, 하나님께로의 돌이킴은 그리스도 안에서 계시된 것과 같은 하나님의 자비에 대한 믿음을 내포한다. 믿음과 회개를 분리하는 것은 불가능하다. 구원 얻는 믿음은 회개를 수반하고 회개는 믿음을 수반한다."[14] 믿음과 회개는 서로 얽혀 있다. 이 둘을 분리할 수는 없다. 더욱이 믿음과 회개는 동시적으로 일어나는 것 같다.[15] 자신의 죄를 버리지 않고 그리스도를 붙드는 것은 불가능하다. 전자는 후자를 가로막는다. 사람이 회개를 통해 죄에서 돌이킬 때 비로소 구원을 얻기 위해 그리스도를 진정으로 의지하게 된다.

어떤 이들은 사람이 진정으로 죄를 회개하지 않고서도 구원을 얻게 하는 참된 믿음을 지닐 수 있다고 주장한다. 그리스도를 구주로 받아들이되 주님으로는 받아들이지 않을 수 있다는 것이다.[16] 이 견해에 따르면, 복음의 사실에 동의하기만 하면 구원을 얻는다. 나중에 그 사람이 그리스도께 복종할 때 회개하게 되고 삶의 변화가 뒤따른다는 것이다. 그러나 신약성경은 그런 견해를 가르치지 않는다. 성경의 가르침에 따르면, 죄인이 회심하려면 그리스도를 믿어야 할 뿐 아니라 자신의 죄를 진정으로 회개해야 한다. 구약성경에서 선지자 이사야는 이렇게 선언한다. "너희는 여호와를 만날 만한 때에 찾으라

가까이 계실 때에 그를 부르라 악인은 그의 길을, 불의한 자는 그의 생각을 버리고 여호와께로 돌아오라 그리하면 그가 긍휼히 여기시리라 우리 하나님께로 돌아오라 그가 너그럽게 용서하시리라"(사 55:6-7). 죄인이 하나님께 용서받으려면 절대적으로 회개가 필요함을 분명히 알 수 있다. 자신의 죄악되고 사악한 방식을 버리고 불의한 생각을 포기해야 한다. 그때에야 비로소 주님이 불법을 용서하실 것이다. 또 이사야는 죄인의 회개에 믿음이 불가분적으로 연결되어 있음을 알려준다. 죄인은 자신의 길을 버려야 하며, 주님의 긍휼을 입고 죄사함을 받기 위해 주께로 돌아가야 한다(참조, 행 20:21; 히 6:1).

혹자는 "믿음만 언급하는 신약성경 구절이 있지 않은가?" 하며 반박할 수도 있다. 그런 구절이 있는 것이 사실이다(예, 요 3:16; 행 16:31; 롬 10:9; 엡 2:8-9). 그러나 회개만 언급하는 구절도 있다(예, 눅 24:46-47; 행 2:37-38; 3:19; 5:31; 17:30; 롬 2:4; 고후 7:10). 신약성경 기자들은 회개가 항상 그리스도를 믿는 믿음을 수반함을 전제한다. 둘 중 하나를 언급하면 다른 하나도 내포한다. 그리스도께 향하지 않고서 어떻게 죄에서 돌이킬 수 있겠는가? 누가복음 24장 46-47절 같은 구절에도 그런 전제가 분명히 깔려 있다. "이같이 그리스도가 고난을 받고 제삼일에 죽은 자 가운데서 살아날 것과 또 그의 이름으로 죄사함을 받게 하는 회개가 예루살렘에서 시작하여 모든 족속에게 전파될 것이 기록되었으니"(참조, 마 3:2,8; 4:17; 행 2:37-38). 예수님은 회개만 언급하시지만, 죄사함이라는 문구 속에는 당연히 믿음이 암시되어 있다. 죄인은 죄사함을 얻기 위해 회개할 뿐 아니라 그리스도를 믿기도 해야 한다. 마찬가지로 믿음이 분명히 언급되고 회개가 암시된 구절에 대해서도 똑같이 말할 수 있다.

누가복음 24장 46-47절에서 보았듯이, 성경에서는 구원을 위해 회개를 절대적으로 요구한다는 사실을 분명히 인식해야 한다. 예를 들면, 오순절에 베드로의 설교를 듣고 사람들이 어떻게 해야 할지 물었을 때, 베드로는 회개하라며 간단히 대답했다. 사람이 회개하면 죄사함과 성령의 선물을 받는다(행 2:37-38). 조금 후에 베드로는 걷지 못하는 걸인을 치유한다. 그 광경을 지켜본 사람들에게 베드로는 그리스도에 대해 말한다. 그리스도를 그들이 죽였으나 하나님이 다시 살리셨고 이제 사도들이 증언하고 있다는 것이다(행 3:14-16). 그다음 베드로가 말한 내용은 무엇인가? "그러므로 너희가 회개하고 돌이켜 너희 죄 없이함을 받으라 이같이 하면 새롭게 되는 날이 주 앞으로부터 이를 것이요"(행 3:19). 따라서 구원을 위해서는 회개가 요구된다. 회개 없이는 죄사함이 있을 수 없다.

하나님이 그리스도를 통치자와 구주로서 자신의 우편으로 높이신 이유도 "이스라엘에게 회개함과 죄사함을" 주시기 위함이었다(행 5:31). 바울은 사도행전 17장 30-31절에서 "알지 못하던 시대에는 하나님이 간과하셨거니와 이제는 어디든지 사람에게 다 명하사 회개하라 하셨으니 이는 정하신 사람으로 하여금 천하를 공의로 심판할 날을 작정"하셨기 때문이라고 말한다. 따라서 죄인이 회개하지 않으면 마지막 날에 하나님의 심판에 직면할 것이다. 그럼에도 그리스도의 초림과 재림 사이의 때에 하나님은 엄청난 자비와 인내를 보이시는데, 이 자비는 사람들을 회개케 하기 위함이다(롬 2:4; 참조, 벧후 3:9). 죄인이 회개하지 않으면, 그는 하나님의 의로우신 심판 날에 임할 진노를 계속 쌓는 것이라고 바울은 말한다(롬 2:5). 반면에 죄인의 경건한 근심은 회개를 낳고, 회개는 "후회할 것이 없는 구원"에 이르게 한다(고후 7:10).[17]

회심에 굳이 회개가 요구되지 않는다고 생각한다면 심각한 위험에 처하게 된다. 복음을 전한다고 생각해 보라. 죄인들에게 회개에 대한 촉구를 소홀히 하면(이는 사도행전 2장 38절에 나오는 베드로의 예와 대조된다), 온전한 복음을 혹은 최소한 그 온전한 의미를 전하지 못하는 셈이다.[18] 그 결과는 엄청난 재앙으로 이어질 수 있다. 많은 사람이 자신의 죄를 버리지 않고서도 구원받았다는 그릇된 확신에 빠질 수 있기 때문이다. 그러나 그리스도는 우리의 자아 전부를 요구하시며 시작, 즉 회심부터 그리하신다. 그리스도를 자신의 주님으로 모시기를 거부했다면, 처음부터 그분을 구주로 삼은 적이 없었던 것이 분명하다. 우리는 그리스도의 일부를 선택할 수 없다. 그리스도는 우리에 대한 철저한 주권을 요구하신다.

요약

회개는 자신의 죄를 슬퍼하고, 철저히 버림과 아울러 그리스도를 따르며 순종하는 것이다. 회개는 자신의 죄성에 대한 인식, 죄에 대한 근심과 슬픔, 기꺼이 죄를 버리고 그리스도께 돌이킴을 수반한다. 믿음과 회개는 불가분적이며, 사람이 죄를 회개하지 않고도 믿음을 가질 수 있다고 가르치는 내용은 성경 어디에도 없다. 회심은 언제나 믿음과 회개를 모두 포함한다.

더 깊은 묵상을 위한 물음

1 오늘날 사람들은 거룩하신 하나님 앞에서 자기 죄의 심각성을 이해할까? 이해하지 못한다면 그들에게 회심은 어떤 의미일까?
2 죄에 대한 슬픔만으로는 회개가 충분하지 않은 이유는 무엇

인가?
3 구약성경과 신약성경에서 참된 회개와 그릇된 회개의 사례를 찾아낼 수 있는가?
4 당신의 삶에서 회개의 표지는 무엇인가?
5 과거에 당신이 죄를 시인하고 그리스도께 돌이켰을 때 어떤 결과가 따랐는가?

물음
21 / 믿음과 회개는
하나님의 은혜의 선물인가?

　믿음과 회개는 자신의 자유의지로 행하는 것인가 아니면 하나님의 선물인가?[1] 16세기의 종교개혁에 따른 프로테스탄트들은 믿음과 회개가 인간의 의지를 수반하기는 하지만 무엇보다도 하나님의 사역임을, 효과적인 부르심과 중생의 열매이자 결과임을 주장해 왔다. 그러나 인간이 전적으로 수동적인 역할을 하는 중생과 달리, 회심할 때의 인간은 능동적이며 어떤 역할을 담당한다. 자신의 죄를 회개하고 그리스도를 믿어야 하기 때문이다. 그러나 성경에서 회개와 믿음은 하나님의 선물이며, 택하신 자들 안에서 하나님이 효과적으로 작동시키시는 선물이기도 하다.[2] 하나님께 치유받은 소경의 경우를 생각해 보라. 그는 볼 수 있는 힘을 얻어야 하며, 그가 보려면 하나님이 친히 눈을 열어주셔야 한다. 하나님은 믿고자 하는 의지를 불어넣으실 뿐 아니라 믿는 행위 자체를 하게도 하신다.[3] 머레이는 이렇게 말한다. "사람이 중생 없이 그리스도를 믿는 것은 도덕적으로나 영적으로 불가능하다. 그러나 사람이 거듭나면 믿지 않는 것이 도덕적으로

나 영적으로 불가능하다."⁴ 죄인이 새 마음을 지니게 되었으므로 그 마음은 특성에 맞는 반응을 보여야 하며, 그 첫 반응이 구주를 믿는 것이다.⁵

믿음: 하나님의 효과적인 선물

사도행전 13장 2절에서 바울과 바나바는 성령의 위임을 받았으며, 그들이 비시디아의 안디옥에 도착했을 때 바울은 안식일에 설교하도록 초청받았다. 바울은 구약성경 이야기로 설교를 진행했으며, 하나님이 이스라엘에 구주를 약속하셨고 그 구주는 다윗의 후손으로서 하나님의 백성을 죄에서 구원하실 분임을 설명했다(행 13:18-27). 율법과 선지서에서 언급되는 이 구주는 물론 예수 그리스도이며 바울은 그를 증언했다. 비록 이스라엘이 알아보지 못하고 아무 죄도 없으신 분을 십자가 죽음으로 내몰았지만, 하나님이 죽은 자 가운데서 그를 다시 살리셨다(13:30-33). 그래서 예수님의 이름으로 죄사함이 선포되고(13:38), 그를 믿는 자는 누구나 모세 율법으로 의롭다 하심을 얻지 못하는 모든 일에도 의롭다 하심을 얻게 된다(13:39).

바울은 다시 설교해 줄 것을 부탁받았고, 다음 안식일에는 온 시민이 경청했다. 그러나 시기심으로 가득한 많은 유대인이 바울을 비방했다. 이에 대해 바울은 놀라운 선언을 한다. "하나님의 말씀을 마땅히 먼저 너희에게 전할 것이로되 너희가 그것을 버리고 영생을 얻기에 합당하지 않은 자로 자처하기로 우리가 이방인에게로 향하노라"(13:46). 그러자 이방인들이 크게 기뻐하며 메시지를 적극적으로 받아들였다.

이방인들이 듣고 기뻐하여 하나님의 말씀을 찬송하며 *영생을 주시기로 작정된 자는 다 믿더라* 주의 말씀이 그 지방에 두루 퍼지니라 이에 유대인들이 경건한 귀부인들과 그 시내 유력자들을 선동하여 바울과 바나바를 박해하게 하여 그 지역에서 쫓아내니 _행 13:48-50(기울임체에 유의하라)

유대인은 복음을 거부하고 이방인은 받아들인 이유가 무엇일까? 사람의 의지에 따라 그리 되었다고 생각할 수도 있다. 하나님이 그들을 설득하려고 최선을 다하셨지만, 자신의 자유의지로 믿은 자만이 구원받았다고 하는 생각이다. 그러나 누가는 그렇게 말하지 않는다. 이방인이 믿은 반면 유대인이 바울과 그의 메시지를 비방한 이유에 대해, 누가는 "영생을 주시기로 작정된 자는 다 믿더라"고 말한다(13:48). '믿는 자는 다 영생을 주시기로 작정되었더라'고 말하지 않음에 주목하라. 누가는 믿을 자와 믿지 않을 자를 결정하는 것이 하나님의 선택이나 작정임을 설명한다(참조, 행 15:2; 22:10; 28:23; 마 28:16-17; 눅 7:8; 롬 13:1; 고전 16:15-16).[6] 그리스도를 믿을 사람과 믿지 않을 사람을 결정하는 분은 사람이 아니라 하나님이며, 하나님이 사람의 죄악된 마음을 거듭나게 하시기 전까지는 사람이 믿음과 회개의 반응을 보이지 않을 것이다(참조, 행 2:37; 16:14; 18:10).[7] 그렇다. 회개하며 믿는 사람은 우리지만, 그렇게 하는 것은 오직 하나님이 예전에 우리를 영생하도록 지정하셨고 또한 정해진 때에 회개하며 그의 아들을 믿게 하시기 때문이다.

두 번째로 살펴볼 본문은 에베소서 2장 8-10절이다. "너희는 그 은혜에 의하여 믿음으로 말미암아 구원을 받았으니 이것은 너희에게서 난 것이 아니요 하나님의 선물이라 행위에서 난 것이 아니니 이는 누구든지 자랑하지 못하게 함이라 우리는 그가 만드신 바라 그리스도 예수 안에서 선한 일을 위하여 지으심을 받은 자니 이 일은 하나님이 전에 예비하사 우리로 그 가운데서 행하게 하려 하심이니라" 영어성경 NASB는 8절을 "은혜에 의하여 너희가 믿음을 통해 구원받았으니, 그것은 너희 스스로 한 것이 아니다. 그것은 하나님의 선물이다"로 번역한다. "이것은 너희에게서 난 것이 아니요"와 "(그것은) 하나님의 선물이라"에 대해서는 논란이 있다. 어떤 이들의 주장에 따르면, 헬라어상으로 '이것'과 '그것'은 바울이 염두에 두는 선물로서의 믿음을 가리키지 않는다. '믿음'은 여성형인 반면 '그것'은 중성형 대명사이기 때문이다. 바울이 믿음을 선물이라고 말하려 했다면 여성형 전치사를 사용했을 것이다. '은혜' 역시 여성형이다. 대부분의 칼빈주의자들은 이 문법적 구조를 인정한다. 칼빈 자신이 이렇게 말한다. "바울은 믿음이 하나님의 선물이라고 말하는 것이 아니라, 구원이 하나님에 의해 우리에게 주어졌음을 또는 우리가 하나님의 선물을 통해 구원 얻음을 말한다."[8]

그렇다면 2장 8절에서 '이것'의 선행사는 무엇일까? 바울은 구원의 선물 전체를 가리키고 있다.[9] 슈라이너가 주해하듯이, "바울은 에베소서 2장 8절에서 언급되는 모든 것이 하나님의 선물임을 알리고자 한다. 남성형이나 여성형 전치사를 사용했다면, 이 절에 포함된 일부 요소는 하나님의 선물이 아니라고 결론짓는 사람도 있을 것이다. 중성형을 사용함으로써 바울은 그 전체가 하나님의 선물임을 강조한다."[10] 따라서 구원의 모든 것이 오직 은혜로 말미암는다(*솔라 그라티아*). "처음부터 끝까지, 시작부터 완성까지, 구원은 택하신 자들에게 베푸시는 하나님의 선물이다."[11] 그러면 믿음을 어떻게 이해해야 할까? 샘 스톰즈는 이렇게 대답한다. "하나님의 은혜로 주어지는 것을 경험적으로 소유하게 하는 믿음은 구원의 다른 모든 것과 마찬가지로 선물이다."[12] 선물은 구원 전체를 가리키며 구원은 오직 은혜로 말미암는다. 바울이 에베소서 2장 8절에서 확언하듯이, 우리는 "그 은혜에 의하여 믿음으로 말미암아 구원을" 얻는다. 구원은 우리에게서 난 것이 아니라 "하나님의 선물"이다. 따라서 믿음도 오직 은혜로 말미암는 하나님의 선물이다.[13]

그러므로 믿음은 죄인 안에서 생기는 것이 아니다. 죄인에 의해 믿음의 효력이 생기는 것도 아니다. 틸먼이 말하듯이, 믿음은 하나님의 은혜를 야기하는 상승작용을 하는 것이 아니다. "바울의 사고에 있어 믿음은 사람들이 하나님께 제공하는, 그래서 그들을 구원하기 위해 하나님의 은혜와 협력하는 것이 아니다. 믿음은 은혜와 나란히 서 있으며, 믿음과 은혜 둘 다 인간이 하나님께 제공할 수 있는 것이 아니다. 그것은 삯을 요구할 만한 일이나 자랑할 수 있는 근거도 아니다(롬 4:2-5,16)."[14] 마지막 문장인 "그것은 … 자랑할 수 있는 근거도 아니다"에 주목하라. 바울은 모든 자랑을 배제한다. 바울이 강조하는 은혜는 인간의 노력을 포함하는 어떤 행위도 배제한다. 구원은 "하나님의 인정을 받기 위한 그 어떤 노력이나 인간의 공적에 근거하지 않는다."[15]

앞에서 바울은 인간이 죄 가운데서 죽은 상태임을 매우 강조했다(엡 2:1-3). 구원에 있어 인간의 노력을 조금도 포함시키지 않았다. 오브리언이 말하듯이, 에베소서의 독자들이 예전의 행위로 구원을 얻는다는 건 불가능했다.[16] 사람이 자랑할 수 없는 이유는, "하나님께 받아들여짐에 있어 자신의 공적을 조금도 주장할 수 없는 위치에 있기 때문이다(로마서 4장 1-8절에 수록된 바울의 논거에 주목하라). … 사람은 살아계신 하나님께 자신의 것이라며 드릴 수 있는 것을 전혀 지니고 있지 않다."¹⁷ 믿음이 자신의 결정에 따른 것이 아니라 하나님의 선물이라는 사실에 대해서는 앞에서 살펴보았다. 믿음을 하나님의 선물로 본다고 해도, 믿음을 거부할 수 있는 선물로 이해하거나 그 선물을 받아들이는 것이 주로 사람의 일이라고 주장한다면 자랑의 여지를 남겨두는 셈이다(참조, 엡 2:9-10).¹⁸

세 번째로 살펴볼 본문은 빌립보서 1장 29-30절이다. "그리스도를 위하여 너희에게 은혜를 *주신* 것은 다만 그를 *믿을* 뿐 아니라 또한 그를 위하여 고난도 받게 하심이라 너희에게도 그와 같은 싸움이 있으니 너희가 내 안에서 본 바요 이제도 내 안에서 듣는 바니라"(기울임체에 유의하라). 바울에 따르면, 하나님은 그분의 주권 안에서 고난을 주신다. 바울은 고난만이 아니라 그리스도를 믿는 믿음도 선물이라고 말한다.¹⁹ 여기 사용된 표현이 중요하다. "은혜를 주신"에 해당하는 헬라어는 '그것(믿음)이 주어진'으로 직역된다. '주어진'(에카리스데)은 값없이 은혜롭게 줌을 뜻한다. 사실 이 단어에서 은혜를 뜻하는 명사가 유래했다.²⁰ 그것은 마지못해 하는 것이나 하나님의 허용을 뜻하지 않는다.²¹ 오히려 하나님은 그리스도를 믿는 택하신 자들에게 믿음(또는 신앙)을 주신다. 믿음은 죄인이 만들어내는 것이 아니라 하나님으로부터 나오는 것이다. 하나님이 주시지 않으면 믿음이 생기지 않는다. 빌립보서 1장 29-30절은 믿음이 우리의 자유의지로 행하는 그 무엇이 아니라 하나님이 우리 안에서 생기게 하시는 것임을 알려준다.

네 번째로 살펴볼 본문은 베드로후서 1장 1절이다. "예수 그리스도의 종이며 사도인 시몬 베드로는 우리 하나님과 구주 예수 그리스도의 의를 힘입어 동일하게 보배로운 믿음을 우리와 함께 받은 자들에게 편지하노니." 믿음을 얻는 것이 사람의 의지를 통해서일까? 언뜻 보기에는 그런 것 같다. 그러나 베드로는 정반대로 말한다. 믿음 얻는 것을 언급하면서, 하나님의 선택으로 하나님께 얻는 선물을 말하고 있다. 스톰즈는 말한다. "여기서 가장 중요한 것은 '받은'이라고 번역된 단어다. 그것은 '제비를 뽑아서 얻음'을 뜻하는 단어와 관련된다(눅 1:9; 요 19:24). 따라서 믿음은 인간의 자유의지 영역에 있지 않으며 하나님의 주권적이고 은혜로우신 뜻 안에서 얻어지는 것이다."[22] 믿음이 죄인의 믿는 행위(*피데스 콰 크레디토르*)임을 부인하고 싶지는 않지만, 믿음은 궁극적으로 사람의 일이 아니라 하나님의 일로 보아야 한다. "믿음은 하나님의 은혜로 우리의 것을 회복하는 단지 수동적인 그 무엇이 아니라 우리에게 결여된 것을 그리스도로부터 얻는 것"이라고 칼빈은 말한다.[23] 그러므로 패커가 설명하듯이, 믿음을 주로 인간의 일로 돌리는 사람들은 "인간의 구원이 궁극적으로 인간 자신에게 달린 것으로 보며, 구원 얻게 하는 믿음이 하나님의 개입에 따른 것이 아니라 인간 자신이 만들어내는 것"이라고 여긴다.[24] 그러나 위의 성경본문 네 군데에서 보았듯이, 구원 얻는 믿음은 죄인에게 주권적으로 주어지며 죄인의 내면에서 효과적으로 적용된다.

성경이 말하는 회개

믿음처럼 회개도 하나님 아버지에 의해 우리에게 주어지고 성령에 의해 효과적으로 적용되는 선물이다.[25] 중요한 성경본문 세 군데를 살펴보자.

첫째, 바울은 디모데후서 2장 24-26절에서 이렇게 말한다. "주의 종은 마땅히 다투지 아니하고 모든 사람에 대하여 온유하며 가르치기를 잘하며 참으며 거역하는 자를 온유함으로 훈계할지니 혹 하나님이 그들에게 *회개함을 주사* 진리를 알게 하실까 하며 그들로 깨어 마귀의 올무에서 벗어나 하나님께 사로잡힌 바 되어 그 뜻을 따르게 하실까 함이라"(기울임체에 유의하라). "거역하는 자", 즉 주의 종을 반대하는 자를 언급할 때 바울은 불신자를 염두에 둔다(2:25). 이 반대자들은 "마귀의 올무"에 걸려 있으며, 따라서 회개와 진리를 아는 지식을 절실하게 필요로 한다(2:26). 사탄에 예속된 그들은 회개할 수 없고 회개를 원하지도 않으며, 도리어 죄를 사랑하고 자기 아비인 마귀가 시키는 대로 한다(엡 2:1-5). 죄인이 마귀의 종노릇에서 해방되기 위해서는, 죄에 포로 된 상태로 머물지 않도록 하나님이 회개의 마음을 그에게 주셔야 한다.²⁶ 하나님이 죄인에게 회개의 마음을 주셔야 하므로(죄인은 스스로 회개할 수 없기 때문이다. 물음 4-5를 보라), 회개는 보편적으로 주어지는 것이 아니라 택하심받은 자들에게만 효력을 발휘하는 선물이다. "회개가 하나님이 모든 사람에게 주시는 것이라면, 바울은 '혹' 하나님이 회개함을 주실 수 있다고 말하지 않았을 것이다. 분명히 그는 하나님이 회개의 마음을 주지 않으실 수도 있음을 밝힌다."²⁷ 하나님은 회개하며 믿을지의 여부를 스스로 결정할 수 있는 은혜를 모든 이에게 주지 않으셨다. 그런 은혜가 주어졌다면 그 은혜는 궁극적으로 사람의 의지에 의존하는 셈이다. 이는 회개 여부를 결정하는 이가 사람이 아니라 하나님임을 가르치는 디모데후서 2장 24-26절에 위배된다.²⁸

두 번째와 세 번째로 살펴볼 성경본문은 사도행전 5장 31절과 11장 18절이다. 사도행전 5장 31절에서 베드로는, "이스라엘에게 회개함과 죄사함을 주시려고 그를 오른손으로 높이사 임금과 구주로 삼으셨느니라"고 말한다. 그리고 11장 18절에서, 하나님이 유대인만이 아니라 이방인에게도 회개를 주셨음을 배운다. "그들이[유대인 신자들] 이 말을[어떻게 이방인들이 복음을 믿게 되었는지를] 듣고 잠잠하여 하나님께 영광을 돌려 이르되 그러면 하나님께서 이방인에게도 생명 얻는 회개를 주셨도다 하니라." 어떻게 이방인이 그리스도를 믿게 되었는지 보고 들었을 때, 베드로와 유대인들은 그 이방인들이 자유의지로 그리한 것이라고 결론짓지 않았다. 모든 공로를 하나님께 돌렸다. 하나님이 주권적으로 이방인에게 회개를 주셨다. 회개의 선물을 주는 것은 하나님의 특권이다. 스톰즈가 주장하듯, "회개가 누구나 얻는 보편적인 선물이라면 베드로는 그런 결론을 도출할 필요가 없었을 것이다. … 모든 사람이, 심지어 불신을 고집하는 자마저 회개의 마음을 얻는다면, 베드로는 그런 식의 논리를 펼 수 없었고 펴지도 않았을 것이다."[29] 하나님은 모든 사람에게 회개를 주려 하거나, 그의 선물을 받아들일지의 여부를 사람의 결정에 맡기려 하지 않으셨다. 오직 하나님만이 누구에게 회개를 줄지 결정하시며, 그 선택은 전혀 사람의 협력에 좌우되지 않는다(참조, 행 2:47).

요약

성경은 믿음과 회개가 무엇보다도 하나님의 사역에 따른 것임을, 효과적인 부르심과 중생의 열매며 결과임을 가르친다. 인간이 전적으로 수동적인 중생과 달리, 회심의 경우에 인간은 능동적이며 어떤 역할을 한다. 자신의 죄를 회개하고 그리스도를 믿어야 하기 때문이다. 그러나 성경에서 회개와 믿음은 하나님의 단순한 선물이 아니라, 하나님이 택하신 자들 안에서 효과적으로 작동시키시는 선물이다.

더 깊은 묵상을 위한 물음

1 믿음과 회개를 하나님의 선물이라고 묘사하는 성경본문은 어디인가?
2 믿음과 회개가 하나님의 효과적인 선물이라고 성경적으로 이해할 때, 회심의 경험에 대한 우리의 설명이 어떻게 바뀌는가?
3 믿음과 회개가 효과적인 선물이라는 사실은 하나님 앞에서 자랑하려는 성향을 어떻게 제거하는가?
4 처음 믿었던 순간을 되돌아볼 때, 그리스도를 믿게 하기 위해 하나님이 당신에게 어떤 식으로 개입하셨다고 보는가?
5 오늘날 복음주의자들은 중생을 하나님이 하시는 일로 보는 반면, 믿음에 대해서는 우리가 행하는 어떤 일로 보는 경향이 있는가?

물음 22 / 칭의는 법적 선언인가, 도덕적 변화인가?

칭의란 무엇인가? 어떻게 우리가 하나님 앞에서 올바로 설 수 있을까? 칭의는 법적 선언인가, 아니면 도덕적 변화인가?

이런 질문은 프로테스탄트 종교개혁자들이 기독교 신앙의 중심에 있다고 믿었던 교리로 이끈다.[1] 종교개혁자들은 교회의 존폐가 달린 교리가 이신칭의임을 확언했다. 존 칼빈은 그것이 "신앙의 핵심이고, 구원 교리 전체의 주요 항목이며, 모든 신앙생활의 기초"라고 주장했다.[2]

그 중요성을 생각할 때, 칭의가 프로테스탄트 그리스도인과 다른 모든 종교 그룹을 나누는 구분선임이 입증되어 온 것은 놀라운 일이 아니다. 이 교리는 프로테스탄트 기독교를 특징짓는다. 우리가 선포하는 복음은 선행(심지어 성령의 도우심과 하나님의 은혜로 인한 선행)에 기초한 것이 아니라, 오직 은혜로 말미암고 오직 은혜를 통한 것이며 오직 그리스도 안에 있는 것이기 때문이다.

대분수령

프로테스탄트와 로마 가톨릭 간에 가장 오래도록 진행된 논쟁 중 하나는, 칭의가 하나님의 즉각적이고 선언적이며 법정적인 행위인가, 아니면 로마 가톨릭에서 주장하듯이 도덕적 갱신과 변화의 지속적 과정인가(성화를 생각해 보라) 하는 것이다. 가톨릭교회의 교리문답은 로마 가톨릭의 입장을 규정한다. "칭의는 죄 사면일 뿐 아니라 속사람의 성화와 갱신이기도 하다."[3] 이런 칭의 개념은 사람이 실제적으로 점점 더 의로워진다고 본다.

마틴 루터, 존 칼빈, 토마스 크랜머, 그리고 16세기의 다른 많은 종교개혁자들은 로마 가톨릭의 견해를 비성경적인 것이라며 거부했다. 그들의 주장에 따르면, 전반적으로 성경은 칭의와 성화가 혼동되어서는 안 됨을 알려준다. 칼빈은 칭의를, "하나님이 우리를 그의 은총 가운데 의로운 존재로 받아들여서 죄를 제거하고 그리스도의 의를 전가해 주시는 것"[4]이라 정의했다. 칭의는 죄인이 오직 그리스도만을 의지하는 특정한 순간에 일어난다. 하나님은 죄인의 무죄를 선언하시며, 그의 사법적 판결은 신자의 의에 조금이라도 기초하는 것이 아니라 신자의 신앙 대상인 그리스도의 의에 기초한다. 오직 그리스도만을 믿는 자에게 그리스도의 의가 전가된다.

하나님의 이 즉각적인 행위가 법적(사법적, 법정적) 행위라는 사실은 강조하고 또 강조할 만하다. 이 행위를 통해 하나님은 우리를 의롭다 선언하시고 우리의 죄를 사하시며 그리스도의 의가 우리에게 속한 것으로 여기신다.[5] 물음 23에서 보게 되듯이 위대한 교환이 이루어진다. 우리의 죄가 그리스도께 전가되고 그리스도께서 갈보리에서 하나님의 진노를 만족시킴으로써 우리의 죄 값을 지불하셨다. 대신에 하나님은 그리스도의 완벽한 순종과 의를 우리에게 전가하셨다. 그래서 우리는 죄사함받고 의로운 존재로 하나님 앞에 선다. 이 놀라운 교환을 염두에 두고서, 칭의라고 하는 하나님의 법적 선언을 통해 신자가 그리스도 안에서 새 신분과 새로운 정체성을 얻는다고 말할 수 있다.

선행은 하나님의 선언에 따른 결과일 뿐이다. 선행은 칭의의 열매와 결과지 그 원인이 아니다. "비록 칭의와 성화 모두 믿음을 통한 그리스도와의 연합에 따른 불가분적 선물이지만, 칭의는 죄인에게 전가된 그리스도의 의에 근거하여 본래적으로 불의한 그들을 의롭다고 선언하시는 판결"이라고 호턴은 말한다. 우리가 의로운 동시에 죄인이라고 하는 루터의 결론도 바로 이러한 개념에 따른 것이다. 호턴은 이렇게 덧붙인다. "로마 가톨릭은 사람이 최종적으로 의롭게 되는 것은 성화를 통해서라고 가르치지만, 개혁파의 견해에 따르면 사람이 성화되는 것은 이미 의롭게 되었기 때문이다. 신자는 하나님께 옹호받을 판결로 나아가기보다는, 의롭다는 판결을 받고 법정을 나가서 기쁨으로 선행이라는 믿음의 열매를 맺는다."[6]

오늘날 프로테스탄트와 로마 가톨릭 간의 구분선은 여전히 남아 있다. 16세기에 로마 가톨릭은 종교개혁자들에게 대응했고, 트렌트공의회에서 입장을 분명히 밝혔다. 트렌트공의회 이후 칭의에 대한 논의가 진행되었고, 특히 제2차 바티칸공의회와 특정한 에큐메니컬 운동들이 있었다.[7] 그럼에도 트렌트공의회의 선언이 여전히 효력을 발휘했고, 앞서 가톨릭교회 교리문답에서 보았듯이, 로마 교회는 칭의가 사람의 내적 갱신과 성화를 수반한다고 계속 가르치며, 그것이 오직 그리스도의 사역에 기초하며 오직 믿음으로 얻는 것임을 부정한다. 로마 가톨릭에 따르면, 칭의는 계속 내적으로 의롭게 되는 과정이다.

물론 프로테스탄트의 입장을 줄곧 반대하는 측은 로마 가톨릭만이 아니다. 오늘날 프로테스탄트 자유주의, 신정통주의, 바울에 대한 새 관점, '복음주의적으로 보편적인' 새 핀란드 관점, 근본주의적 정통주의, 해방신학 등의 많은 그룹이 프로테스탄트의 칭의 교리에 도전한다.[8] 이에 대해 일일이 다루긴 힘들지만, 여기서 언급한 것은 다만 우리 시대에 칭의에 대한 성경적 관점을 정의하며 옹호하는 일이 중요함을 강조하기 위해서다.

성경에 나오는 '의롭게 하다'라는 표현

우리가 하나님 앞에 올바로 설 수 있는 가장 중요한 이유가 하나님의 법정적 선언 때문임을 숙고하는 것이 중요하다.[9] 먼저 '의롭게 하다'라는 단어 자체의 성경적 의미를 살펴볼 필요가 있다. 히브리어와 헬라어에서 이 단어는 그 특성상 법정적이며, 법정 이미지를 시사한다. 히브리어 동사 *히츠디크*는(그 피엘형인 치데크는 물론이고) 법정적 선언을 가리킨다.[10] 피고소인이 율법에 따라 올바르다고 선언받는 것이다(예, 출 23:7; 신 25:1; 잠 17:15; 사 5:23; 렘 3:11).[11] '올바르다고 선언하는 것' 또는 '의롭다고 선언하다'['(스스로) 의롭게 만들다'와 반대됨]라는 뜻인 헬라어 *디카이오오*도 마찬가지다. 이 단어가 시사하는 것은 습관 형성이 아니라 법정적 옹호다.[12] 사전적 의미는 '법정에서 밝혀짐'이다.[13]

이 용어나 개념이 나오는 성경본문을 살펴보자. 누가복음 18장 10-14절에서 예수님은 바리새인과 세리 두 사람을 비교한다. 바리새인은 선행을 내세우면서("나는 이레에 두 번씩 금식하고 또 소득의 십일조를 드리나이다") 자신이 세리와 같지 않음을 하나님께 감사했다. 반면에 세리는 가슴을 치면서 "하나님이여 불쌍히 여기소서 나는 죄인이로소이다"라고 외쳤다. 예수님은 "의롭다 하심을 받고"(디카이오오에서 유래한 *데디카이오메노스*) 자신의 집으로 내려간 사람이 바리새인이 아니라 세리라는 결론을 내리신다. 누가복음 18장 14절에서, 의롭다 하심을 받았다는 말은 세리가 하나님 앞에서 의롭다고 선언되었음을 뜻한다. 그는 죄가 사해졌고, 자신의 죄로 인한 정죄에서 벗어났다. 긍휼을 얻었다.

바울이 칭의와 정죄를 비교하는 데서도 드러나듯이, 바울 서신들은 칭의의 법정적 특성을 특히 강조한다. 정죄는 죄인을 의롭다고 선언하는 것의 정반대다. 바울이 로마 그리스도인들에게 말하듯이, "누가 능히 하나님께서 택하신 자들을 고발하리요 의롭다 하신 이는 하나님이시니 누가 정죄하리요 죽으실 뿐 아니라 다시 살아나신 이는 그리스도 예수시니 그는 하나님 우편에 계신 자요 우리를 위하여 간구하시는 자시니라"(롬 8:33-34). 죄인에게 제기될 수 있는 고소는 그가 심판관이신 하나님 앞에서 유죄이며 따라서 정죄받아 마땅하다는 것이다. 그러나 하나님은 택하신 자들을 의롭다 하셨고, 그리스도의 완벽한 삶과 대속의 죽으심에 근거하여 그리하셨다. 그리스도는 삶과 죽음을 통해 하나님의 보좌 앞에서 중보하셨다. 또 로마서 8장 33-34절에서 칭의는 정죄의 반대이며, 따라서 칭의는 의롭게 만드는 과정이 아니라 신분상으로 의롭다고 선언하는 것이다.[14]

칭의의 법정적 특성은 로마서 4장 5절에서도 분명히 드러난다. "일을 아니할지라도 경건하지 아니한 자를 의롭다 하시는 이를 믿는 자에게는 그의 믿음을 의로 여기시나니"(롬 4:5). '여기시나니'(때로는 '인정하다'는 뜻으로 번역됨)는 재판 용어이며, 어떤 사람을 의롭다고 선언함을 뜻한다(의롭게 만드는 것과는 반대됨). 바울에 따르면, 하나님께 의롭다 하심을 받은 사람은 율법의 선행을 이행하는 사람이 아니라 믿는 사람이며, 결국 그의 믿음이 의로 여겨지거나 인정받는다.[15]

고린도전서 4장 4절도 칭의의 법정적 특성을 뒷받침한다. 바울은 고린도 교인들이나 세상 법정의 판단을 받는 것이 매우 작은 일이라고 말한다(4:3). 바울의 훨씬 더 큰 관심은 하나님의 심판에 있다. 그가 하나님 앞에서 "의롭다 함을" 얻을 것인가?(4:4). '의롭다 함'(어근 디카이오오에서 유래)이라는 말은 칭의를 가리킨다. 마지막 날에 모든 사람은 심판관이신 하나님 앞에 설 것이며, 무죄 선언을 받거나 정죄받을 것이다. 하나님 앞에서 무죄 선언을 받는다면, 그가 의로워져서가 아니라 하나님에 의해 의롭다는 선언을 받기 때문이다.

다른 많은 구절에서 바울은 불경건한 사람이 율법의 행위로 의롭다 함을 받지 못함을 확언하며(롬 3:20,28; 4:2; 갈 2:16; 3:11; 5:4), 그럴 때마다 의롭다 함을 받는다는 말은 법정적 의미(즉, 의롭다고 선언한다는 의미)를 지닌다. 그 배경은 법정이다. 하나님이 재판관이시며, 재판관으로서 하나님은 자신의 행위를 의지하는 자들이 그분 앞에서 의롭다 함을 얻을 것인지 판결하실 것이다.[16] 바울의 대답은 분명하다. 자신의 행위를 의지하는 자는 누구도 의롭다 함을 얻지 못할 것이다. 모두 율법의 완전한 기준에 미치지 못하기 때문이다. 아무도 율법을 완벽하게 지킬 수 없다. 자신의 행위를 의지하는 자에 대한 모든 판결은 의롭지 않음과 유죄일 것이다.

반면 자신의 행위를 의지하지 않고 그리스도 예수의 행위를 의지하는 자들은 전혀 다른 판결, 즉 의롭다는 판결을 받는다(롬 3:24,26-30; 5:1,9; 갈 2:16-17; 3:8,24; 딛 3:7). 이 배경 또한 법정적이다. 재판관이 판결을 선언하실 것이다. 그러나 이번에는 불경건한 자들이 율법을 준수하지 않았음에도 의롭다는 선언을 받는다. 그가 의롭다고 선언되는 것은 그리스도의 의가 그의 것으로 인정되기 때문이다. 이제 그는 재판관 앞에서 의로운 신분을 얻으며, 그 신분으로 칭의를 얻는다. 불경건한 자들을 의롭다 하시는 하나님이 의로우신 것은(롬 4:5) 칭의의 근거가 예수님의 완벽하신 순종이기 때문이다.[17]

칭의는 도덕성의 변화가 아니며, 본질적으로 의로워지기까지 내적으로 변화되어 가는 삶의 과정도 아니다. 칭의는 사법적으로 죄인을 의롭다고 선언하시는 하나님의 즉각적인 행위다. 중생과 성화가 도덕성에 일어나는 변화와 관련 있는 반면, 칭의는 하나님 앞에서의 신분에 일어나는 법적 변화와 관련이 있다. 전자가 '우리 안에서' 행해지는 하나님의 행위 특히 성령의 행위인 반면, 후자는 '우리와 관련한' 하나님의 판결이다.[18] 외과의사와 재판관에 대한 존 머레이의 비유를 생각해 보라. 중생은 수술과 같다. 외과의사는 우리 속의 암을 제거한다. 대조적으로 칭의는 법정의 판결과 같다. 재판관이 판결을 선언하며, 그의 판결은 우리가 무죄인지 아니면 유죄인지에 대한 것이다.[19]

정죄와 칭의의 대조

칭의를 사법적 법정적 선언으로 정의해야 하는 또 다른 이유는, 성경에서 칭의와 정죄를 대조하는 방식과 관련된다(신 25:1; 잠 17:15; 요 3:17-18; 롬 4:6-7; 8:1,33-34; 고후 5:19). 정죄는 죄책, 율법, 거룩하신 하나님 앞에서 사법적 신분과 관련된다. 따라서 정죄와 칭의의 대조 또한 우리의 신분이 하나님과의 사법적 문제임을 시사한다.

하나님이 절대적으로 거룩하시며, 따라서 그분의 거룩함과 공의가 손상되지 않도록 죄와 사악함을 용납하지 않으심을 성경은 명확히 가르친다. "주께서는 눈이 정결하시므로 악을 차마 보지 못하시며 패역을 차마 보지 못하시거늘"(합 1:13상). 하나님이 죄에 대해 진노하시는 것은 놀라운 일이 아니다(롬 1-2장). 물음 3에서 언급했듯이, 모든 사람이 본성상 하나님의 진노의 대상이다. 바울은 진지하게 확언한다. "그는 허물과 죄로 죽었던 너희를 살리셨도다 그때에 너희는 그 가운데서 행하여 이 세상 풍조를 따르고 공중의 권세 잡은 자를 따랐으니 곧 지금 불순종의 아들들 가운데서 역사하는 영이라 전에는 우리도 다 그 가운데서 우리 육체의 욕심을 따라 지내며 육체와 마음의 원하는 것을 하여 다른 이들과 같이 본질상 진노의 자녀이었더니"(엡 2:1-3).

죄를 범하고 하나님의 율법에 불순종할 때 마땅히 주어지는 보응은 하나님의 진노다(엡 5:6). 우리는 자신의 죄성 때문에 하나님에게서 멀어졌다(골 1:21). 저주받은 상태인 우리는(갈 3:10) 하나님의 아들을 거부함으로써 하나님의 진노를 더욱 심하게 유발한다. 예수님이 선언하셨듯이, "아들을 믿는 자에게는 영생이 있고 아들에게 순종하지 아니하는 자는 영생을 보지 못하고 도리어 하나님의 진노가 그 위에 머물러" 있다(요 3:36). 우리는 거룩하신 하나님 앞에 유죄 상태로 서 있으며, 영원한 진노와 정죄를 받아 마땅하다. 그 진노에서 구원할 수 있는 분은 오직 그리스도뿐이다(롬 5:9). 오직 그분께만 우리를 대속할 자격이 있기 때문이다(롬 3:25; 히 2:17; 요일 2:2; 4:10).

우리가 거룩하신 하나님 앞에서 정죄당해 마땅한 사실과는 대조적으로, 칭의는 믿음을 지닌 죄인을 의롭다고 하시는 하나님의 즉각적이며 법정적인 선언이다. 이는 죄인 자신이 행한 그 무엇에 근거한 것이 아니라, 그리스도께서 삶과 죽음과 부활을 통해 그 죄인을 대신하여 행하신 일에 근거한 선언이다. 그래서 그리스도의 의가 신자의 것으로 인정되어 신자로 하여금 죄사함받고 하나님 앞에서 의로운 존재로 서게 한다.[20] 이 선언은 은혜로우며, 특성상 사법적이고 법정적이다. "그러므로 이제 그리스도 예수 안에 있는 자에게는 결코 정죄함이 없나니"(롬 8:1). 그래서 바울은 "누가 능히 하나님께서 택하신 자들을 고발하리요 의롭다 하신 이는 하나님이시니"라고 말할 수 있었다(8:33). 정죄와 칭의(둘 다 법적 사법적 신분과 관련이 있다)의 대조를 이보다 더 뚜렷이 드러내는 구절도 없을 것이다.

그리스도를 믿는 순간에, 죄인은 하나님과의 관계에 있어 법적 신분이 즉각적이며 영구적으로 변화된다. 예전에는 유죄였지만, 이제 그를 대신하여 그리스도께 행하신 일로 인해 그는 무죄한 것으로 선언된다. 그리스도의 사역에 기초하여, 하나님은 믿는 죄인의 모든 죄를 사하신다. 예전에는 죄인이 거룩하신 하나님 앞에 정죄된 상태였지만, 칭의로 인해 죄사함을 받고 그리스도의 의가 그에게 전가된다. 이번 장과 다음 장에 걸쳐 이 내용을 철저히 고찰하고자 한다.

하나님의 의

칭의가 사법적 법정적 문제라는 사실은 '하나님의 의'라고 하는 성경적 개념에 의해서도 뒷받침된다. 물음 24-25에서 로마서 3장을 고찰할 때 하나님의 의에 대해 언급할 것이다. 여기서는 몇 가지 기본적인 윤곽만 살펴보고자 한다.

하나님의 의는 '하나님의 의'와 '하나님으로부터 오는 의'라는 두 가지 형태를 띨 수 있다.[21] 하나님의 의는 하나님의 거룩하신 성품을 묘사한다. 죄인에게 하나님의 의는 정말 나쁜 소식이다. 로마서 3장 10절에서 바울이 설명하듯이, 그 누구도 의롭지 않으며 완벽하게 거룩하신 창조주 앞에서 모두 정죄당하는 상태에 있다. 죄에 대한 공정한 징벌은 하나님의 의로우신 심판이며, 심판 날에 퍼부어질 하나님의 영원한 진노다(롬 3:4-6; 참조, 시 51:4). 그러므로 로마서 1-3장에서 바울은 의로우신 하나님과 의로우신 하나님이 어떻게 심판하시는지에 주안점을 둔다.[22] 바울이 말하는 것은 하나님의 구원하시는 의가 아니라 심판하시는 의다.[23]

로마서 3장 19-20절에서 바울은 어떻게 하나님의 의가 율법에 반영되어 있는지 설명한다. 율법은 우리의 죄와 우리에게 마땅히 임할 심판을 마치 거울처럼 비춰준다.[24] 로마서 3장 20절에서 바울은 자신의 행위로 하나님 앞에서 의롭다 함을 얻을 수 있는 사람은 아무도 없다는 확고한 결론을 내린다. 율법이 우리를 의롭게 할 수 없고 단지 정죄할 수 있을 뿐이라고 말한다. 하나님 앞에서 우리의 신분이 고쳐지려면, 이 나쁜 소식을 되받아칠 좋은 소식이 필요하다.

그 좋은 소식은 예수님 안에서 온다. "그리스도 안에서" 우리가 하나님으로부터 오는 의를 받기 때문이다(롬 1:17; 3:21-26; 4:2-6; 5:19; 10:3; 고후 5:21; 빌 3:9). 이것은 정죄하는 의가 아니라 의롭게 하는 의다.[25] 하나님이 죄인을 어떻게 의롭다 하실까? 하나님의 거룩한 기준에 대해 눈을 감으시는 것일까? 율법을 완화하여 낮은 기준을 적용하실까? 그렇지 않다. 하나님은 율법을 폐기하거나 완화하지 않으신다. 그렇게 하는 것은 공의롭고 거룩하신 성품에 위배된다.[26] 그리스도는 우리를 대신하여 율법의 요구를 만족시키신다. 그의 완벽한 순종의 삶과 십자가의 대속 희생을 통해(롬 3:21-25), 하나님은 여전히 공의로움을 드러내시며 믿는 자들을 의롭게도 하신다(3:26). 오직 그리스도를 믿는 믿음에 근거하여, 하나님 아버지께서는 아들의 의를 우리에게 전가하신다. 하나님으로부터 거저 주어지는 의의 선물 덕분에, 우리는 더 이상 하나님의 법정에서 정죄당하지 않는다. 그렇다. 우리는 본래 불의하지만, 그리스도를 통해 구주의 의를 지닌 것으로 인정받는다. 이 의는 율법의 행위가 아니라 오직 믿음을 통해 얻는다.[27] 우리도 바울처럼 말할 수 있다. "내가 가진 의는 율법에서 난 것이 아니요 오직 그리스도를 믿음으로 말미암은 것이니 곧 믿음으로 하나님께로부터 난 의라"(빌 3:9). 그러므로 하나님이 선물로서 주시는 의는 칭의의 사법적 특성을 뒷받침한다.[28]

이외에도 칭의의 사법적 특성을 뒷받침하는 사항이 많다. 예를 들면, 의롭게 '여겨진다'(로기조마이)는 표현(롬 4:3-6,8-11,22-24; 9:8; 갈 3:6)이나, 칭의가 행위를 통해서가 아니라 오직 믿음으로 주어진다는 사실(롬 1:17; 3:22,26; 4:3,5,9,13; 9:30; 10:4; 갈 2:16; 3:6,11; 5:5; 빌 3:9), 의와 용서의 연관성(롬 4:1-8,25; 8:33) 등이다. 그러므로 성경에서 칭의는 죄인의 변화(의로워지는 것)를 가리키는 것이 아니라 하나님의 법적 선언을 가리킨다.

요약

죄인이 그리스도를 믿는 순간에 하나님과의 관계에 있어 그의 법적 신분은 즉각적이고도 영구적으로 변화된다. 예전에는 유죄였지만, 이제 그리스도께서 그를 대신하여 행하신 일로 의롭다고 선언된다. 예전에는 죄인이 거룩하신 하나님 앞에서 정죄된 상태였지만, 칭의로 인해 사면되고 죄가 사해지며 그리스도의 의가 그에게 전가된다. 칭의는 죄인이 본질적으로 의로워지는 과정이 아니라, 그리스도의 전가된 의에 근거한 즉각적이며 법적인 선언이다.

더 깊은 묵상을 위한 물음

1 칭의가 본질적으로 의로워지는 긴 과정이라면, 죄인이 하나님과 올바른 관계에 있음을 확신할 수 있을까?
2 칭의가 법적 선언임을 믿으려고 애쓰는 사람에게 제시할 수 있는 성경적 근거는 무엇인가?
3 로마서에서 '정죄'라는 표현은 칭의의 법정적 특성을 어떻게 뒷받침하는가?
4 칭의가 부분적으로 자신의 의에 의존한다고 말하는 것과 칭의가 전적으로 그리스도의 의에 의존한다고 말하는 것에는 어떤 차이가 있는가?
5 칭의의 법적 법정적 개념은 프로테스탄트를 로마 가톨릭과 어떻게 구분해 주는가?

물음
23 / 위대한 교환이란 무엇인가?

　지금까지 칭의 교리를 탐구하면서 하나님이 죄인을 의롭다 하실 때, 그의 눈에 죄인이 의로움을 법정적 또는 사법적으로 선언하신다는 것을 배웠다. 이것은 정확히 어떤 뜻일까? 실제로는 본성상 여전히 죄인인 우리를 하나님이 어떻게 무죄하며 의롭다고 선언하실 수 있을까?

　다음 두 장에서 구체적인 성경본문을 통해 이 물음에 깊이 있게 대답할 것이다. 이번 장에서는 서론적인 대답을 제시하면서 핵심적인 용어와 개념을 소개하고자 한다. 칭의는 우리의 죄가 용서되었음을 그리고 그리스도의 의가 우리에게 전가되었음을 뜻한다. 프로테스탄트들은 이를 '위대한 교환'이라 부른다.

칭의는 죄사함을 수반한다

　하나님이 우리를 의롭다고 선언하시는 것은 우리가 죄 값을 더 이상 지불하지 않아도 됨을 선언한 것이다. 예수님 믿는 자들을 위해 그 징벌이 이미 가해졌다. 그리스도께서 우리 대신 하나님의 징벌을 당하셨고, 우리의 죄 값을 친히 담당하셨다(롬 3:25; 히 2:17; 요일 2:2; 4:10). 그 결과 "이제 그리스도 예수 안에 있는 자에게는 결코 정죄함이" 없다(롬 8:1). 우리를 정죄했던 죄책이 그리스도께로 옮겨졌다. 따라서 "누가 능히 하나님께서 택하신 자들을 고발하리요 의롭다 하신 이는 하나님이시니 누가 정죄하리요 죽으실 뿐 아니라 다시 살아나신 이는 그리스도 예수시니 그는 하나님 우편에 계신 자요 우리를 위하여 간구하시는 자시니라"(롬 8:33-34).

그리스도를 의지할 때 우리의 모든 죄가 사해진다. 그리스도께서 십자가에 달리시기 오래전에, 다윗 왕은 죄사함받는 것이 얼마나 큰 복인지 깨닫고 모든 죄를 사하시는 하나님을 찬양했다(시 103:3). 그는 자비롭고 은혜로우시며, "우리의 죄를 따라 우리를 처벌하지는 아니하시며 우리의 죄악을 따라 우리에게 그대로 갚지는" 아니하신다(시 103:10). "동이 서에서 먼 것같이 우리의 죄과를 우리에게서 멀리" 옮기신다(시 103:12). 바울은 로마서에서 시편 32편 1-2절을 인용한다. "일을 아니할지라도 경건하지 아니한 자를 의롭다 하시는 이를 믿는 자에게는 그의 믿음을 의로 여기시나니 일한 것이 없이 하나님께 의로 여기심을 받는 사람의 복에 대하여 다윗이 말한 바 불법이 사함을 받고 죄가 가리어짐을 받는 사람들은 복이 있고 주께서 그 죄를 인정하지 아니하실 사람은 복이 있도다 함과 같으니라"(롬 4:5-8).[1] 그러므로 칭의는 우리의 과거와 현재와 미래의 모든 죄가 용서되었음을 뜻한다. 하나님은 우리의 죄책을 우리에게 부여하지 않으신다.

칭의는 그리스도의 의의 전가를 수반한다

칭의가 죄사함만을 뜻한다면 심각한 문제가 뒤따른다. 죄를 사함 받는 것이 중요하지만, 죄가 제거되기만 한다면 우리는 하나님의 은총을 입게 하는 적극적인 의를 지니지 못한 채로 여전히 하나님 앞에 공허하게 서 있을 것이다. 죄사함받은 우리가 중립적이고 공허하며 무기력한 상태로 어설프게 남아 있게 된다. 하나님 앞에서 무죄한 상태지만 아직 하나님 앞에서 의로운 건 아니다. 빚이 탕감되었지만 아직 아무런 자금도 우리에게 전달되지 않았다.² 더러운 옷이 제거되었으나, 벌거벗은 우리를 덮어줄 하나님 앞에 거룩히 서게 할 깨끗한 옷이 아직 없다.

우리에게 필요한 것은 적극적인 의며, 그 의는 완벽하고 무흠한 순종의 삶에서 나와야 한다. 그러나 우리에게는 그런 의가 없다. 달리 말해 우리에게 필요한 것은 이질적인 의다. 우리 것이 아니라 우리 것으로 간주되는 의다. 의롭다고 선언될 수 있는 유일한 방법은 그리스도의 완전하신 공로가 우리에게 전가되는 것이다. 칼빈이 설명하듯이, 칭의는 "죄가 제거됨"만이 아니라 "그리스도의 의가 전가됨"도 뜻한다.³ 이 위대한 교환 또는 이중의 전가 도표는 다음 페이지에 있다.

칭의는 죄의 비전가(non-imputation)일 뿐 아니라 의의 전가이기도 하다.⁴ 단지 죄가 사해지는 것으로는 충분하지 않다. 거룩하신 하나님 앞에서 의롭다고 선언되려면, 우리 것으로 인정되는 그리스도의 적극적인 공로가 필요하다.⁵

전가한다는 것은 어떤 사람의 것으로 간주함을 뜻한다. '의롭게 하다'처럼 '전가하다'도 법적 법정적 사법적 개념이다. 성경을 통해 아담의 죄가 그의 후손에게 전가되고(롬 5:12-21), 우리의 죄가 그리

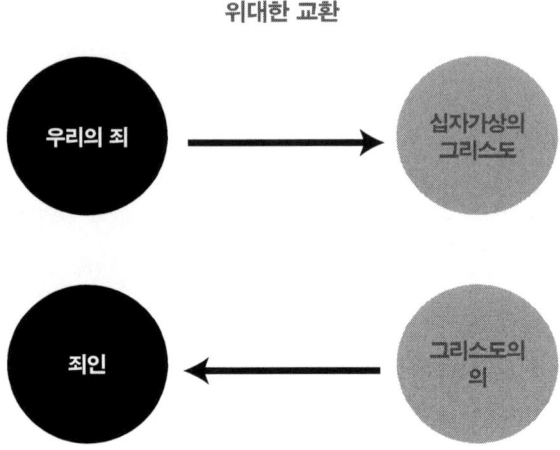

스도께 전가되며(고후 5:21), 그리스도의 의가 죄인에게 전가된다는(롬 3:21-26; 4:2-6; 5:19; 고후 5:21) 개념을 본다. 여기서 언급하는 전가 개념은 세 번째 것이다. 칭의는 그리스도의 의가 그를 믿는 자들의 것으로 인정됨을 수반한다. 완벽한 삶을 살며 대속의 죽음을 죽으심으로써 그리스도는 완벽한 의를 얻으셨고, 이 의가 하나님의 아들을 믿는 모든 이의 것으로 인정된다(롬 4:6; 참조, 창 15:6). 고린도후서 5장 21절에서 바울이 말하듯이, "하나님이 죄를 알지도 못하신 이를 우리를 대신하여 죄로 삼으신 것은 우리로 하여금 그 안에서 하나님의 의가 되게 하려 하심"이다.

다음 장에서 언급하듯이 전가는 구약성경과 신약성경 모두에서 확언되며, 그리스도인이 하늘 법정의 심판관 앞에 제대로 서기 위한 유일한 소망이다.

그리스도의 능동적인 순종과 수동적인 순종

전가가 칭의의 본질적인 요소라면, 그리스도의 순종도 칭의를 올바르게 이해하기 위해 꼭 필요한 것인가 하는 물음이 제기되어야 한다. 그리스도의 의는 그의 삶 전체를(즉 하나님의 율법에 완벽하게 순종하는 삶을) 포함하는가, 아니면 단지 십자가상에서 속죄제물로 자신을 드리신 대속 사역만을 포함하는가?

신학자들은 그리스도의 사역에서 구분할 수 있으나 분리할 수 없는 두 측면에 근거하여 이 물음에 대답해 왔다. 두 측면이란 그리스도의 능동적인 순종과 수동적인 순종이다. 능동적인 순종은 그리스도께서 지상 사역 동안에 하나님의 율법을 완벽하게 지키신 것을 가리킨다.[6] 수동적인 순종은 십자가상에서 절정에 달한 그리스도의 고난을 가리킨다. 이 순종을 통해 그는 우리의 죄에 대한 징벌(하나님의 진노)을 친히 담당하여 우리를 대속하셨다.[7] 그리스도의 사역이 신자의 것으로 인정되거나 신자에게 전가되려면, 그리스도의 의에 있어 두 측면이 필수적이다.

지금까지 그리스도의 수동적인 순종이 우리에게 전가됨을 명확히 살펴보았다. 그리스도는 우리를 대속하기 위해 죽으셨고, 우리에게 임할 하나님의 진노를 친히 담당하셨다. 바울이 말하는 것처럼, 하나님이 죄를 알지도 못하신 이를 "죄로 삼으신 것은" 우리를 위해서였다(고후 5:21). 따라서 그리스도의 수동적인 순종은 신자에게 전가된 의의 절대적인 부분이다. 그렇다면 그리스도의 능동적인 순종은 어떠한가? 이 또한 신자에게 전가된 의의 일부일까?

그렇다. 우리의 죄책이 제거되고 죄에 대한 징벌이 취소되는 것이 필수적이지만 그것으로는 충분하지 않다. 의로운 상태로 하나님 앞에 서기 위해서는 의가 필요하다. 이 의는 완벽한 삶을 사신 그리스

도 안에서만 발견된다.[8]

구속사의 문맥에서, 그리스도는 두 번째이자 마지막 아담으로 오셨고 아담이 불순종했던 일에 순종하셨다.[9] 율법에 완벽하게 순종하셨고, 의롭다 하심을 받기 위해 우리에게 반드시 필요한 의를 우리 대신 이루셨다.[10] 로마서 5장 19절에서 바울은 "한 사람이 순종하지 아니함으로 많은 사람이 죄인 된 것같이 한 사람이 순종하심으로 많은 사람이 의인이 되리라"고 말한다. 우리가 죄인이 된 것은 아담의 불순종을 통해서였다. 그러나 완벽한 순종의 삶을 사신 그리스도로 인해, 아담의 후손인 우리는 이제 의로운 사람으로 간주된다. 더 이상 아담 안에서 유죄 상태에 있지 않으며, 그리스도 안에서 의롭다 하심을 받고 의롭다고 선언된다.

어떤 이들은 로마서 5장 19절을 십자가에 국한해야 하며 그리스도의 보다 넓은 순종에 적용해서는 안 된다고 반박할 것이다. 그러나 데이비드 반드루넨은 왜 그런 제한이 너무 편협한 것이며, 그리스도의 순종 전체를 배제해서는 안 되는지 통찰력 있게 설명한다.

반대자들의 해석은 받아들이기 힘든 것이다. 십자가 고난이 그리스도의 하나의 행동이었을까? 사실상 그리스도의 십자가 고난은 단일한 행동이기보다는 일련의 행동이었다. 이 구절에서 수동적인 순종의 전가를 가르친다는 입장을 취하기 원한다면, 그 사람은 그리스도의 능동적인 순종이 단일한 행동이 아니듯 수동적인 순종도 단일한 행동이 아님을 인정해야 한다. 그리스도는 삶 전반에 걸쳐 고난을 당하며 순종을 배우고서 완벽한 대제사장이 되셨기 때문이다(참조, 히 2:10,17-18; 5:7-10). 로마서 5장 19절에서 그리스도의 수동적인 순종의 전반적인 측면 (또는 십자가 고난이라는 구체적인 측면)을 파악하기가 힘들지 않듯이, 능동적인 순종을 파악하기도 힘들지 않다. 바울이 단일한 별도의 사건을 언급하지 않고 그리스도의 의로운 행동들이 하나임을 강조한 데는 분명히 어떤 이유가 있을 것이다.[11]

계속해서 반드루넨은 "그 하나의 행동을 그리스도의 순종 전체로 '꽉 찬 단일체'로 보아야 한다"고 하는 존 머레이의 의견을 따르는 것이 훨씬 더 그럴듯한 이유를, 로마서 5장을 통해 문맥적으로 설명한다.[12] 특히 결론이 논의하고자 하는 내용과 관련된다. 5장 19절을 "그리스도의 지상 사역 생애 전체에 걸친 그리고 율법의 모든 면을 완성하신 사실을 포함하는 순종 과정의 절정으로서의 십자가"를 묘사하는 것으로 보는 것이 최선이다.[13] 이 결론은 복음서 기사들의 초점이나 진행에 부합한다. 예를 들면, 누가복음에서 십자가는 "예수님의 긴 순종 과정의 최종 목표"다(눅 9:51, 참조. 사 50:7).[14] 바울도 이 점을 분명히 밝힌다. "사람의 모양으로 나타나사 자기를 낮추시고 죽기까지 복종하셨으니 곧 십자가에 죽으심이라"(빌 2:8). "그리스도께서 사람으로 존재하기 시작하셨을 때 그의 순종이 시작되었으며, 그의 죽음은 순종의 극적 완성에 해당했다."[15] 또 빌립보서 2장 9-11절에서, 바울은 그리스도가 높임을 받은 것이 그 순종에 의존한 것으로 설명한다. 그리스도께서 다시 사셔서 정복하는 왕으로 높여질 수 있는 이유가 바로 순종 때문이라는 것이다.[16]

따라서 우리가 지녀야 하는 의는 율법에 기초한 자신의 것이 아니라 "오직 그리스도를 믿음으로 말미암은 것이니 곧 믿음으로 하나님께로부터 난" 의다(빌 3:9). '우리의 의'가 되신 분은 바로 그리스도시며(고전 1:30), 이 사실에 기초하여 하나님 앞에 의로운 사람으로 서 있다. 그리스도가 "모든 의"를 이루셔야 했던 것은 자신을 위해서가 아니라 우리를 위해서였다(마 3:15). 따라서 그리스도는 "영원한 구원의 근원"(히 5:9)이 되기 위해 "율법 아래에"(갈 4:4-5) 나고 "받으신 고난으로 순종함을" 배워야 했다(히 5:8). 우리가 "은혜의 보좌 앞에 담대히" 나아갈 수 있도록, 그분은 "우리와 똑같이 시험을" 받되 죄는 없으셔야 했다(히 4:15). 바울은 우리에게 필요한 의의 유형을 분명히 밝힌다. "이제는 율법 외에 하나님의 한 의가 나타났으니 율법과 선지자들에게 증거를 받은 것이라 곧 예수 그리스도를 믿음으로 말미암아 모든 믿는 자에게 미치는 하나님의 의니 차별이 없느니라"(롬 3:21-22).

능동적인 순종이나 수동적인 순종과 관련된 용어는 모든 신학적 표현이 그렇듯이 어느 정도 융통성 있게 이해되어야 한다. 그리스도의 십자가 고난마저도 능동적인 순종을 수반했다. 아버지의 뜻에 순종하셨기 때문이다(요 10:18). 예수님이 십자가로 나아가실 때 그리스도의 능동적인 순종은 중단된 것이 아니라 도리어 가장 큰 성취에 도달하고 있었다. 더욱이 우리는 그리스도의 순종의 일관성을 해치길 원하지 않는다. 그리스도의 사역의 능동적인 측면과 수동적인 측면을 분리할 순 없다. 두 측면은 그리스도의 사역을 두 갈래로 분리하는 것이 아니라 한 사역의 다른 두 가지 중요한 양상을 구분한다.[17] 두 측면은 그리스도의 의의 서로 연관되며 연합되지만 구분될 수 있는 측면에 대해 생각하도록 도와준다.

페스코는 그리스도의 순종의 두 측면이 에덴동산에서 아담이 지녔던 정체성과 평행을 이룬다는 점을 상기시킨다. 아담은 육체적인 의미에서만이 아니라 도덕적인 의미에서도 선하게 창조되었다. 그는 "죄가 없었을" 뿐 아니라 원래의 적극적인 의도 지녔다.[18] 하나님의 명령을 어겼던 불순종은 죄 용서를 통해서만이 아니라 이질적이며 완벽한 의의 전가를 통해서도 수습되어야 한다. 그러므로 그리스도께서 죄 값을 지불하셔야 했으며 율법에 순종하고 그것을 성취하셔야 했다(마 3:15; 5:17-18; 눅 2:21-22; 갈 4:4-5). 벌코프가 말하듯이, "칭의의 근거는 칭의를 통해 죄인에게 전가되는, 예수 그리스도의 완벽한 의 안에서만 발견할 수 있다."[19]

요약

그리스도의 의의 전가는 거룩하신 하나님 앞에서 신자가 올바로 서기 위해 절대적으로 필요한 것이다. 칭의는 죄사함만이 아니라 그리스도의 순종을 우리 것으로 간주함도 수반한다. 따라서 우리를 위해 고난당하신 그리스도의 수동적인 순종과 아울러 우리를 대신하여 율법을 완벽하게 지키신 그리스도의 능동적인 순종도 필요로 한다.

더 깊은 묵상을 위한 물음

1 전가한다는 것의 성경적인 의미는 무엇인가?
2 죄사함만으로 충분한가 아니면 더 많은 것, 즉 그리스도의 의가 우리에게 필요한가? 그 이유는 무엇인가?
3 하나님 앞에서 우리를 의롭게 하는 의는 왜 이질적인 의인가?
4 그리스도의 능동적인 순종과 수동적인 순종 간의 구분이 전가 교리를 이해하도록 어떻게 도움을 주는가?
5 당신의 죄악을 돌아볼 때, 그리스도의 사역을 통해 큰 위안과 확신을 얻는가?

물음 24 / 그리스도의 의가 신자들에게 전가되는가? (1)

그리스도인들은 용서의 필요성에 많은 관심을 집중한다. 옳은 일이다. 성경은 예수님이 죽으신 것은 우리 죄를 사하기 위함이라고 분명히 밝힌다. 그러나 이것이 전부라고 말한다면, 나머지 이야기를 못한 셈이다. 하나님이 우리를 의롭다고 선언하시려면, 우리는 이질적인 의가 필요하다. 바로 예수 그리스도의 완벽하신 의다. 그리스도의 적극적인 공로를 우리 것으로 간주할 때만, 하나님이 진정으로 우리를 의롭다고 선언하실 수 있다.

성경에서 전가 개념이 첫째 아담 및 둘째 아담과 어떻게 결부되는지 생각해 보자. 물음 2에서 아담의 죄책이 우리에게 전가됨을 성경에서 어떻게 가르치는지 보았다. 은혜롭게도 하나님은 우리의 죄책을 그리스도께 전가시키신다. 그리스도께서 십자가상에서 우리의 죗값을 지불하셨다(고후 5:21). 죄책이 그리스도께 전가됨에 따라, 그리스도를 믿는 믿음에 근거하여 그의 의가 우리에게 전가된다(참조, 고전 1:30; 빌 3:9).¹ 하나님이 우리를 보실 때, 믿음을 통해 은혜로 우리에게 주어지는 그리스도의 의를 보신다. 우리가 하나님께 얻는 의는 이질적인 의다. 자신이 타고나거나 공적으로 쌓은 의를 통해서가 아니라 예수 그리스도를 통해 얻는 하나님의 의를 통해 하나님 앞에서 의롭다 함을 받는다(롬 3:21-22).²

아래와 같이 우리의 구원을 위해 삼중의 전가가 작용한다.

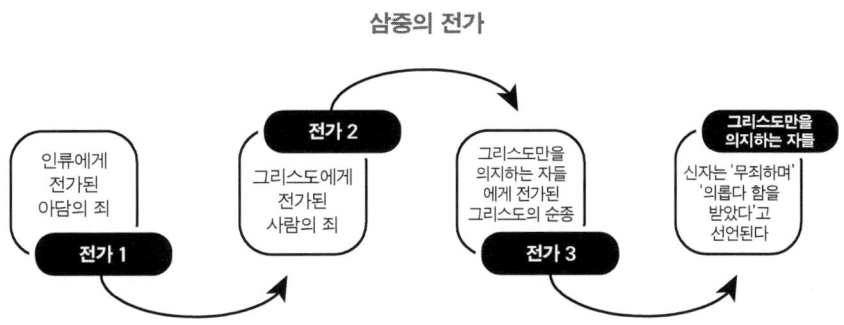

분별력 있는 독자는 '주입'이 아니라 '전가'라는 말을 사용함에 주목할 것이다. 도덕적 조직 속에 의를 주입하는 것이 아니라 의로운 신분으로 인정하거나 간주하는 것이다. 이로 인해 우리는 새로운 법적 신분과 정체성을 갖는다. 신학자들은 이를 '변화시키는 의'와 대조되는 '법정적 의'라고 지칭한다. 이러한 구분을 염두에 두고, 이 교리를 성경이 어떻게 뒷받침하는지 살펴보자.

구약성경에서 말하는 전가

전가 개념은 신약성경에서 새롭게 나오는 것이 아니다. 먼저 구약성경에 전가 개념이 나오는지를 알아봄으로써 시작하는 편이 유익하다. 전가와 관련된 표현과 이미지를 사용하는 구약성경의 모든 구절을 여기서 탐구할 수는 없다. 다만 전가 교리를 뒷받침하는 네 가지 본문에 초점을 맞추고자 한다. 각 본문이 그리스도의 의의 전가를 직접적으로 언급하지는 않는다. 그런 언급이 나오는 신약성경 본문에 대해서는 다음 장에서 다룰 것이다. 여기서는 전가 개념 자체가 구약성경에도 나오며, 그 개념이 하나님께서 백성의 죄를 다루시는(그들을 의롭다 하시는) 핵심적인 방식임을 보여주는 데 초점을 맞춘다.

속죄일(레 16장)

구약의 이스라엘은 큰 문제에 직면했다. 비록 하나님과 언약 관계에 있었지만, 그들은 언약 파기자들이었다. 더 자세히 말하면, 언약 파기자로서 그들은 하나님의 언약을 범했고 거룩하신 하나님 앞에 범법자로 서 있었다. 하나님이 거룩하시므로 이것은 중요한 문제다. 하나님은 죄를 용납하지 않으시며 죄인은 그분의 거룩하신 진노 아래 있다.

아론의 아들인 나답과 아비후는 이 사실을 호되게 겪었다. 레위기 10장에서 그들은 "여호와께서 명령하지 아니하신 다른 불을 담아 여호와 앞에" 분향했다. 그 결과 "불이 여호와 앞에서 나와 그들을 삼키매 그들이 여호와 앞에서" 죽었다(10:2). 그때 모세는 아론에게 "이는 여호와의 말씀이라 이르시기를 나는 나를 가까이하는 자 중에서 내 거룩함을 나타내겠고 온 백성 앞에서 내 영광을 나타내리라 하셨느니라"고 말했다(10:3).

레위기 16장 서두에서 아론의 두 아들이 다시 언급된다. 그들이 죽은 후에 여호와께서 성소에 들어가는 법을 아론에게 지시하기 위해 모세에게 말씀하셨다. 아론 자신이 죽음을 당하지 않으려면 지켜야 할 사항을 여호와께서 알려주신 것이다(16:1-2). 아론도 죄인이고 이스라엘 백성도 죄인이었으므로, 하나님의 임재를 상징하는 지성소에 아론이 들어가기 위해서는 무엇인가 시행되어야 했다.

아론은 수송아지를 속죄제물로 삼고 숫양을 번제물로 삼고서 성소에 들어가도록 지시받았다. 아론은 거룩한 옷을 입어야 했고, 그 옷을 입기 전 몸을 씻어야 했다. 그다음 숫염소 두 마리를 이스라엘 자손 회중에게서 취해야 했다. 숫염소 두 마리는 속죄제물이고 숫양 한 마리는 번제물이었다(16:3-5).

이 제사는 백성을 위한 것임과 아울러 아론 자신을 위한 것이기도 했다. 백성과 마찬가지로 그도 죄악되어 속죄가 필요했기 때문이다. 먼저 아론은 자기를 위한 속죄제의 수송아지를 드리되 자기와 집안을 위하여 속죄했다(16:6). 이제 아론은 대제사장으로서 백성을 위해 제사드릴 준비를 갖추었다. 하나님은 아론더러 두 염소를 가져다가 회막 문 여호와 앞에 둘 것을 명하셨다(16:7). 왜 두 마리였을까? 한 염소는 속죄제로 드려졌고, 다른 하나는 산 채로 두었다. 이 염소는 속죄용으로 광야로 보내졌다(16:10). 염소를 광야로 보내기 전에 행했던 일이 의미심장하다. 산 염소를 여호와 앞에 두고 아론은 염소의 머리에 안수한다. 안수와 함께 아론은 "이스라엘 자손의 모든 불의와 그 범한 모든 죄를" 아뢴다(16:21). 죄를 고백한 후 염소를 광야로 보낸다. 그렇게 함으로써 염소는 "그들의 모든 불의를" 지고 광야로 들어간다(16:22). 이 상징적인 행동을 통해, 백성에 대한 징벌이 진영 밖의 광야에서 죽는 속죄염소에게 옮겨졌다.[3]

여기서 전가와 관련한 장엄한 그림을 본다. 이스라엘 백성이 하나님과 더불어 올바른 관계에 있으려면 그들의 죄 문제가 해결되어야 했다. 은혜롭게도 하나님은 해결을 위한 방법을 제시해 주셨다. 하나님이 백성의 죄를 염소에게 전가하셨고, 염소는 그들의 죄를 지고 광야로 보내졌다. 그래서 이스라엘이 죄책을 면제받고 정결해졌다. 염소는 대속물, 곧 백성의 죄를 대신 담당하는 역할을 했다. 그러나 백성의 죄를 염소에게 자비롭게 전가하신 분은 바로 하나님이었으며, 백성의 제사장적 중보자로서 아론이 염소에게 안수한 것은 그 사실을 상징하는 행동이었다. 백성의 죄가 대속물에게 영원히 전가되어 그 죄로 인한 처벌을 받지 않을 수 있었다.

레위기 16장은 속죄일에 대해 설명한다. 대제사장이 1년에 한 차례 지성소에 들어가는 날이었다. 그러나 히브리서는 "황소와 염소의 피가 능히 죄를 없이하지" 못한다고 말한다(히 10:4). 따라서 속죄일이 중요했지만 이스라엘은 더 큰 속죄일을, 자꾸 반복되지 않고 영 단번에 죄를 없애줄 속죄일을 갈망했다. 레위기 16장의 속죄일은 모형으로서, 위대한 대제사장으로서 그리스도가 하나님의 백성을 위해 드리실 속죄를 내다보는 것이었다. 히브리서 9장은 이와 관련하여, 그리스도께서 대제사장으로 나타나서 (손으로 짓지 아니한) 장막에 들어가셨음을 설명한다. 그는 대제사장으로서 "염소와 송아지의 피로 하지 아니하고 오직 자기의 피로 영원한 속죄를 이루사 단번에 성소에" 들어가셨다(9:12). 히브리서 기자는 계속해서 설명한다. "염소와 황소의 피와 및 암송아지의 재를 부정한 자에게 뿌려 그 육체를 정결하게 하여 거룩하게 하거든 하물며 영원하신 성령으로 말미암아 흠 없는 자기를 하나님께 드린 그리스도의 피가 어찌 너희 양심을 죽은 행실에서 깨끗하게 하고 살아 계신 하나님을 섬기게 하지 못하겠느냐"(9:13-14).

히브리서 9장 25-28절에서는 그리스도의 속죄와 속죄일을 다

채롭게 비교한다. 그리스도는 "참 것의 그림자인 손으로 만든 성소"에 들어가지 아니하셨다. 그분은 "하늘에 들어가사 이제 우리를 위하여 하나님 앞에" 나타나셨다(9:24). 이런 의미에서, 그리스도는 백성을 대표하여 거룩하신 하나님의 임재 처소인 지성소에 들어간 아론과 같다. 그러나 아론이나 아론 이후의 다른 모든 제사장들과 달리, 예수님은 반복적으로 그리할 필요가 없었다. 하나님의 아들로서 단 한 번 그렇게 하심으로써 영원한 속죄를 이룰 수 있었다(9:26). 충격적인 사실은, 아론이 짐승을 제물로 드린 반면 그리스도는 자신을 속죄제물로 드렸다는 것이다. 그리스도는 "자기를 단번에 제물로 드려 죄를 없이하시려고 세상 끝에" 나타나셨다(9:26; 참조, 10:12,14). 그리스도는 "많은 사람의 죄를 담당하시려고 단번에 드리신 바" 되었다(9:28). 속죄일 때처럼, 하나님은 백성의 죄를 그리스도께 전가하셨다. 아론이 백성의 죄를 염소에게 옮기기 위해 안수했던 것처럼, 우리의 죄가 그리스도께 옮겨졌다. 고린도후서 5장 21절에서 바울이 말하듯이, "하나님이 죄를 알지도 못하신 이를 우리를 대신하여 죄로 삼으신 것은 우리로 하여금 그 안에서 하나님의 의가 되게 하려 하심"이다.

(죄를) 없앤다는 것이 핵심 개념이다. 레위기 16장에서 성경이 전가 개념을 강력히 뒷받침함을 본다. 속죄일에 일어난 일은 우리의 죄가 십자가상의 그리스도께 전가됨을 예표했다. 전가는 위대한 교환이다. 우리의 죄책이 그리스도께 전가되고, 그리스도의 의가 우리에게 전가된다. 레위기 16장은 이 교환의 절반인 앞면에 해당하는 사실을 강화해 준다.

고난당하는 종 (사 53장)

전가에 대한 가장 심오하며 인상적인 본문은 이사야 53장이다. 레위기 16장처럼 이사야 53장도 대속과 전가라는 주제를 다루되 징벌 개념에 초점을 맞춘다.

이사야 53장은 고난당하는 종을 언급한다. 그는 "고운 모양도 없고 풍채도 없은즉 우리가 보기에 흠모할 만한 아름다운 것이" 없었다. 그는 "멸시를 받아 사람들에게 버림받았으며 간고를 많이" 겪었기 때문에 "슬픔의 사람"이라 불린다(53:2-4). 그러나 이 슬픔의 사람은 고난을 위해서가 아니라 다른 사람들을 위해 고난당한다. 그는 다른 사람의 곤경과 죄악을 대신 감당한다. "그는 실로 우리의 질고를 지고 우리의 슬픔을 당하였거늘 우리는 생각하기를 그는 징벌을 받아 하나님께 맞으며 고난을 당한다 하였노라"고 이사야는 말한다. 그가 하나님께 맞으신 것은 우리 죄에 대한 징벌을 대신 당한 것이다. 이 고난당하는 종이 "찔림은 우리의 허물 때문이요 그가 상함은 우리의 죄악 때문"이다. "여호와께서는 우리 모두의 죄악을 그에게" 담당시키셨다(53:4-6). 10절은 그를 상하게 하는 것이 여호와의 뜻이라고 말함과 동시에, 그의 영혼을 "속건제물"로 드렸다고도 말한다. 여기에도 전가 개념이 나온다. 신약성경에서 우리는 이 고난당하는 종이 예수 그리스도임을 안다(행 8:30-35; 벧전 2:22-25). 그러나 이미 이사야 53장에서 고난당하는 종이 우리의 허물과 죄악을 자신에게 전가했음을 배운다. 전가된 허물로 인해 그는 철저한 징벌을 당한다. 이 종이 우리를 위해 하나님의 손에 상했다고 이사야가 말할 수 있는 것도 바로 이 때문이다.

아울러 고난당하는 종은 우리의 신분을 새롭게 한다. 의로운 종은 많은 사람을 의롭게 한다(53:11). '의롭게 하며'는 하나님 앞에서 우리의 법적 신분이 어떠한지를 가리키는 표현이다. 그리스도 예수 안에 있는 자들이 더 이상 정죄당하지 않는 주된 이유가 바로 이것이다(롬 8:1). 여기서 전가라고 하는 동전의 양면을 본다. 한 면에서는 우리의 죄악이 그리스도께 전가된다(사 53:4-10). 또 다른 면에서는 의의 전가가 죄인에게 거저 주어진다. 그래서 죄인은 더 이상 하나님 보시기에 죄악되지 않고 의롭다.

정결한 옷(슥 3장; 참조, 사 61:10)

지금까지 전가의 앞면, 즉 그리스도께 우리의 죄가 전가됨을 살펴보았다. 이제는 위대한 교환의 나머지 절반인 뒷면으로 눈을 돌린다. 우리에게 의가 전가된다는 사실이다. 이사야 53장 11절에서 이미 암시되었다("나의 의로운 종이 자기 지식으로 많은 사람을 의롭게 하며"). 이로써 전가의 의미가 온전히 드러난다.

전가에 대한 가장 아름다운 이미지가 스가랴 3장에서 발견된다. 이 환상에서는 대제사장 여호수아에게 옷을 갈아입힌다. 대제사장 여호수아는 하늘 법정에서 하나님의 백성을 대표하여 재판관이신 하나님 앞에 서 있다. 그 옆에는 사탄도 서 있다. 여호수아의 오른편에 선 사탄은 여호수아를 고발하며 그의 죄악을 드러내려고 애쓰는 기소자 역할을 한다. 사탄은 여호수아를 고발하기 쉽다. 여호수아가 더러운 옷을 입고 있기 때문이다. 여기서 더럽다는 것은 여호수아의 옷이 역겨운 냄새가 나는 배설물로 덮여 있었음을 뜻한다.

여호수아가 선 곳을 생각해 보라. 그곳은 하나님의 법정이다! 이보다 더 열악한 상황은 있을 수 없다. 여호수아는 거룩하신 재판관 앞에 더러운 모습으로 서 있다. 그러나 사탄이 고소하는 말을 내뱉기 전에, 하나님이 사탄을 질책하며 여호수아를 가리켜 "불에서 꺼낸 그슬린 나무"라고 말씀하신다(3:2). 이어서 하나님은 천사에게 명하여 여호수아의 더러운 옷을 벗기게 하신다. 옷을 벗기는 것은 여호수아의 죄악을 제거함을 뜻한다. "내가 네 죄악을 제거하여 버렸으니"라고 여호와께서 말씀하신다. 여호와는 여호수아의 더러운 옷(죄악)을 제거하고 옷을 다시 입히신다. 아름다운(정결한) 옷이다(3:4). 여호수아에게 전가된 것은 재판관이신 하나님 앞에서 제대로 설 수 있는 신분이다.

재판관이 친히 여호수아에게 옷을 입히신다는 사실에 주목하라. 여호수아만이 아니라 하나님의 백성 전부에게 옷이 입혀진다. 여호수아는 여호와 앞에서 그들을 대표하기 때문이다. 그들은 천상의 법정에서 더 이상 정죄당하지 않는다(사탄의 입이 닫혔다!). 여호수아는 의롭다 함을 받았고, 하나님이 친히 주신 의로 옷 입었다. 성경의 나머지 줄거리와 연결시킬 때, 스가랴 3장에서 다가올 위대한 교환(복음을 통한 교환)의 그림자를 본다. 그리스도의 삶과 죽음과 부활에 근거하여, 죄인의 더러운 옷이 제거되고 죄사함이 뒤따르며 그리스도의 의로 옷 입는다. 이것은 천상의 재판관이 인정하는 옷이다. 이사야서로 돌아가서, 우리도 "그가 구원의 옷을 내게 입히시며 공의의 겉옷을 내게 더하신다"고 말하며 여호와를 기뻐할 수 있다(사 61:10).

요약

전가 개념은 구약성경에서 낯선 것이 아니다. 우리의 죄가 대속제물에게 전가되고, 의가 죄인들에게 전가된다는 두 가지 개념이 모두 구약성경에 나온다. 속죄일(레 16장), 고난당하는 종(사 53장), 여호수아의 옷(슥 3장)은 신약성경에 언급되는 그리스도의 의의 전가가 구약성경에 뿌리를 둔 개념임을 알려준다.

더 깊은 묵상을 위한 물음

1 레위기 16장에 나오는 속죄의 과정에서 죄의 전가를 상징하는 단계는 무엇인가?
2 그리스도가 대제사장 아론과 같거나 다른 점은 어떤 면에서인가? 레위기 16장을 히브리서 9장 25-28절과 비교하라.
3 우리의 죄가 고난당하는 종에게 전가됨을 나타내기 위해 이사야 53장에서 사용하는 표현은 무엇인가?
4 스가랴 3장에서 여호수아를 향한 사탄의 고발이 좌절된 이유는 무엇인가?
5 '아름다운 옷'이라는 이미지(슥 3:4)는 그리스도의 의의 전가와 어떻게 평행을 이루는가?

물음
25 / 그리스도의 의가
신자들에게 전가되는가? (2)

종교개혁자 마틴 루터는 로마서 1장에서 "하나님의 의"라는 문구를 접했을 때 압도당했으며 모든 소망을 잃었다. 하나님의 의라는 완벽한 수준에 도달할 수 없음을 알았기 때문이다.[1] 루터는 그러한 의가 사람 안에 있는 모든 불경건과 불의에 대한 하나님의 진노로서 계시될 것이라 생각했다. 그러나 바울이 말하는 하나님의 의가 불경건한 자들을 징벌하시는 하나님의 징벌적 공의만을 가리키지 않음을 갑자기 깨달았을 때, 복음에 대한 루터의 이해는 완전히 바뀌었다.[2] 바울은 하나님으로부터 오는 의도 언급한다. 이 의는 정죄된 죄인들에게 하나님이 은혜롭게 거저 베푸시는 의로운 신분이다. 달리 말해, 바울은 죄인들이 믿음으로 얻는 구원 얻게 하는 의를 염두에 두고 있다. 루터는 이 의가 이질적인 의임을 깨달았다. 죄인 안에서 나오는 의(변화시키는, 주입된 의)가 아니라 믿음을 통해 죄인의 것으로 전가되는 예수 그리스도의 완벽하고 무흠한 의(즉, 법정적인 의)다.[3] 루터는 무거운 양심의 부담을 덜게 되었다. 하나님 앞에 올바로 서게 하는 것은 자신의 선행이 아니라(선행으로는 완벽하게 거룩하신 하나님 앞에 서기에 충분한 의를 결코 얻을 수 없었다) 오직 믿음을 통해 얻는 그리스도의 의임을 깨달았기 때문이다. 이 장에서는 전가 교리에 관심을 집중하기 위해 구약성경에서 신약성경으로 눈을 돌리고자 한다. 루터가 그랬듯이, 그리스도의 의가 믿는 자들에게 전가되어 그들로 하여금 하나님 앞에서 법적으로 올바른 신분을 얻게 함을 발견할 것이다.

믿음을 통해 얻는 하나님의 의(롬 3:21-26)

로마서 3장 21절은 의의 전가를 뒷받침하는 가장 중요한 본문이다. 아무도 의롭지 않음을 그리고 어떤 사람도 율법의 행위로 의롭다 함을 얻지 못함을 확언한 후에, 바울은 "이제는 율법 외에 하나님의 한 의가 나타났으니 율법과 선지자들에게 증거를 받은 것이라 곧 예수 그리스도를 믿음으로 말미암아 모든 믿는 자에게 미치는 하나님의 의니 차별이 없느니라"고 쓴다. '하나님의 의'라는 표현을 통해 바울이 뜻하고자 한 것은 무엇일까?[4]

로마서 3장 21절에서, 바울은 하나님으로부터 오는 의를 염두에 둔다. 구원받기 위해 오직 예수님만 의지하는 죄인에게 값 없이 주어지는 의다(참조, 빌 3:9; 롬 5:17). 바울은 율법을 지키지 못한 불경건한 자를 심판하며 징벌하시는 하나님의 의를 묘사하고 있지 않다(참조, 롬 1-2장). 죄인으로 하여금 율법의 행위를 통해 본질적으로 의로워지게 하는, 변화시키는 의(로마 가톨릭에서처럼)[5]를 묘사하는 것도 아니다. 그보다는 율법과는 별도로 계시된, 하나님으로부터 오는 의를 말하고 있다. 이것은 단지 그리스도를 믿는 믿음으로 얻는 의며

(롬 3:22), 불경건한 죄인더러 법적으로(법정적으로) 의롭다고 선언되게 한다. 바울이 로마서 1장 17절에서 언급하고 로마서 10장 1-6절에서 다시 언급하는 의가 바로 이것으로, 하나님으로부터 오는 선물인 의다. 이제 대답해야 하는 물음은 "하나님이 로마서 3장 21절에서 주시는 이 의는 정확히 어떤 것인가?"다.

답은 로마서 3장 24-25절에 나온다. 바울은 설명하기를, 모두 죄를 범하여 하나님의 영광에 이르지 못했으며 "그리스도 예수 안에 있는 속량으로 말미암아 하나님의 은혜로 값 없이 의롭다 하심을 얻은 자 되었느니라 이 예수를 하나님이 그의 피로써 믿음으로 말미암는 화목제물로 세우셨으니"라고 한다. 칭의의 근거는 그리스도의 십자가다. 하나님이 당신의 아들을 내어주심으로써 구속을 완수하셨다. 그 아들은 자신의 피로써 화목제물이 되었다. '속량'(*아폴루트로세오스*)이라는 말은 속전을 지불하고 종을 되사서 그에게 자유를 준다는 개념을 담고 있다.[6] 바울이 전하고자 하는 요점은, 예수 그리스도를 통해 하나님이 그분 자신을 위해 사람들을 값으로 사셨다는 것이다. 그가 우리를 사셨고, 그 값은 하나님의 아들의 피였다.[7]

둘째, 화목제물에 해당하는 헬라어 *힐라스테리온*은 중요한 단어다. 이 단어가 속죄(죄사함, 죄씻음)를 가리키는지 아니면 화목(하나님의 진노를 만족시킴)을 가리키는지에 대해 논란이 있어왔다.[8] C. H. 도드는 속죄를 가리킨다고 주장했으며, 심판이란 단지 죄의 자연스러운 결과라고 믿었다.[9] 그런가 하면, 심판을 죄에 대한 하나님의 진노의 표현으로 보는 이도 있다. 로저 니콜과 레온 모리스는 구약성경과 신약성경 모두에 근거하여 이 관점을 설득력 있게 제시하며, 특히 로마서 3장 25-26절 같은 본문이 결국 화목에 대한 내용이라고 주장한다.[10]

단어 자체만이 아니라 문맥으로 판단할 때도, 바울은 자신을 대속제물로 드리신 그리스도를 통해 우리의 죄에 대한 하나님의 거룩하신 진노가 진정되었고 죄책이 제거되었음을 가르친다(참조, 롬 3:25; 히 2:17; 요일 2:2; 4:10). 예전에 하나님은 전에 지은 우리의 죄를 묵과하고 그 죄에 대한 징벌을 보류하셨는데, 이로 인해 그의 공의에 하자가 생길 수 있었다. 그러나 하나님의 공의는 십자가에서 만족되었다. 우리를 위한 크신 사랑에서 하나님은 독생자를 보내 대신 속죄제물로서 피 흘리게 하셨고, 이로써 우리에게 임할 하나님의 진노가 만족되었다. 요한일서 4장 10절이 가르치듯이, "사랑은 여기 있으니 우리가 하나님을 사랑한 것이 아니요 하나님이 우리를 사랑하사 우리 죄를 속하기 위하여 *화목제물로* 그 아들을" 보내셨다(기울임체에 유의하라). 십자가에서 긍휼과 공의가 서로 입 맞춘다. 하나님은 자신이 공의로우심을 보이셨으며(죄에 대한 징벌을 온전히 받아들이신 그리스도로 인해 하나님의 공의가 만족되었기 때문이다), "예수 믿는 자"를 의롭다 하셨다(롬 3:26). 그리스도의 의가 법적으로 신자의 것으로 간주되고, 신자로 하여금 하나님과 올바른 관계에 서게 하는 것은 바로 속죄에 근거해서다.

의로 여겨짐(롬 4:2-6)

전가 교리를 강력히 뒷받침하는 두 번째 본문은 로마서 4장 2-6절이다. 바울은 아브라함의 예를 든다.

> 만일 아브라함이 행위로써 의롭다 하심을 받았으면 자랑할 것이 있으려니와 하나님 앞에서는 없느니라 성경이 무엇을 말하느냐 아브라함

이 하나님을 믿으매 그것이 그에게 의로 여겨진 바 되었느니라 일하는 자에게는 그 삯이 은혜로 여겨지지 아니하고 보수로 여겨지거니와 일을 아니할지라도 경건하지 아니한 자를 의롭다 하시는 이를 믿는 자에게는 그의 믿음을 의로 여기시나니 일한 것이 없이 하나님께 의로 여기심을 받는 사람의 복에 대하여 다윗이 말한 바

'여겨진' 혹은 '인정된'(예, credited-NASB)이라는 단어를 바울이 어떻게 사용하는지 주목하라. 이 단어는 전가 개념을 가장 명확히 보여 준다.[11] 바울의 표현은 칭의가 법정적인 문제임을, 그래서 인정과 전가를 수반함을 다시 한 번 상기시킨다.[12] 그러면 죄인의 것으로 여겨지는 것이 정확히 무엇인가? 어떤 이들은 믿음 자체가 의라고 주장해 왔다. 이는 "그의 믿음을 의로 여기시나니"라는 구절에 근거한 견해다. 그러나 이 견해는 몇 가지 이유에서 잘못되었다.

첫째, 바울이 언급하는 칭의의 의는 인간의 믿음에 근거하는 것이 아니라 그리스도의 화목 사역에 근거한 것이다.[13] 비커스가 설명하듯이, "여기서 말하는 의는 믿음으로 이루어진 것이 아니라 믿음의 대상 안에서 발견되는 것이다. 바울은 칭의가 믿음 때문이라고 말하는 것이 아니라 믿음에 의한 것이라고 말한다. 믿음은 우리로 하여금 믿음의 대상이며 의의 기초이신 그리스도를 통해 하나님과의 올바른 관계에 들어가게 하는 방편이다."[14] 바울의 몇몇 본문이 보여주듯이(예, 롬 3:25-26; 5:1-2; 9:30), 믿음은 우리로 하여금 의롭다 함을 얻게 하는 도구적 방편이다. 칭의의 기초나 근거가 아니다. 믿음이 의로 '간주된다'는 바울의 확언에서 이 점은 명백하다. 그 확언에서 믿음은 실제적인 의 자체로 간주되거나 인정되는 것이 아니라, 본질적으로는 의가 아닌 그 무엇으로 언급된다.[15]

둘째, 바울은 행위와 믿음을, 율법의 행위에 기초한 의와 오직 예수님만을 의지함으로써 얻는 의를 대조한다. 믿음 자체를 우리의 의로 삼는다면 믿음을 행위로 바꾸는 셈이며, 이는 바울이 대조하고 있는 내용과는 무관하다. 믿음이 의미심장한 것은 그 대상인 하나님 때문이다. 비커스의 설명이 유용하다. "믿음은 우리를 하나님의 의에 연합시키는 것이다. 따라서 아브라함의 믿음이 의로 간주되었다고 말할 때, 바울은 하나님을 믿는 믿음이 의로 간주되었음을 특별히 의미한다."[16]

믿음은 행위의 새 언약판이 아니다. 믿음은 불경건한 자로 하여금 오직 믿음을 통해 의로운 신분으로 간주되게 하는 방편이다.[17] 더 구체적으로 바울에 따르면, 예수 그리스도가 우리의 의며 우리는 그분께 연합되었다(고전 1:30; 참조, 고후 5:2). 우리의 죄가 십자가상에서 그리스도의 것으로 돌려진 반면, 그의 의는 믿음으로 우리 것으로 돌려진다. 그러므로 우리가 그의 의를 얻는 것은 그리스도와의 연합을 통해서다. 바울이 빌립보서 3장 9절에서 설명하듯이, 그리스도 안에 있는 자들이 지니는 의는 자신의 것(율법으로 말미암는 것)이 아니라 "오직 그리스도를 믿음으로 말미암은 것이니 곧 믿음으로 하나님께로부터 난 의"다.

무상의 선물인 의(롬 5:19)

로마서 3, 4장과는 다른 방향으로 강조점이 바뀌지만, 로마서 5장 17-19절에서도 바울은 전가에 대한 좋은 소식을 전한다.[18] "한 사람의 범죄로 말미암아 사망이 그 한 사람을 통하여 왕 노릇 하였은즉 더욱 은혜와 의의 선물을 넘치게 받는 자들은 한 분 예수 그리스도를 통하여 생명 안에서 왕 노릇 하리로다 그런즉 한 범죄로 많은 사람이 정죄에 이른 것같이 한 의로운 행위로 말미암아 많은 사람이 의롭다 하심을 받아 생명에 이르렀느니라 한 사람이 순종하지 아니함으로 많은 사람이 죄인 된 것같이 한 사람이 순종하심으로 많은 사람이 의인이 되리라." 바울에 따르면, 우리에게 전가되거나 우리 것으로 인정되는 의는 우리 자신의 것이 아니다. 하나님으로부터 오는 의, 즉 예수 그리스도의 의를 거저 받은 것이다.[19]

19절의 "되리라"에 해당하는 헬라어는 바울의 논리를 더욱 분명하게 만든다. 보통 이 단어는 어떤 물건이나 사람이 차지하거나 지명(임명)되는 위치와(또는) 신분을 가리키는 데 사용된다.[20] 신약성경 기자들이 이 단어를 '전가하다'라는 뜻의 헬라어와 동의어로 사용하지는 않지만, 여기에 전가 개념이 없는 것은 아니다. 비커스는 5장 18-19절에서 말하는 "하나님 앞에서 지니는 법적 신분이 다른 어떤 이의 행동에 근거하는 것임을" 설명한다. 달리 말해, 사람들이 "아담과 결부되면 범죄한 자로 간주되고, 그리스도와 결부되면 의롭다고 여겨지는 데 필요한 모든 것을 실현한 자로 인정된다. 우리에게 정해지는 신분은, 우리가 아담 안에서 죄를 범한 것으로 간주되며 그리스도 안에서 순종한 것으로 간주된다는 사실 때문이다."[21] 그러므로 "되리라"는 말이 '전가하다'와 동의어는 아니더라도 둘을 분리해서는 안 된다.

"되리라"(*카타스타데손타이*)와 "의인이"(*디카이오이*)를 짝지어 생각할 때 로마서 5장 19절에서 전가의 의미가 더 강화된다. "*디카이오이*는 의로운 행동이나 성품을 뜻하지만, 바울이 이 단어를 어떤 위치로 지정되거나 어떤 위치에 놓임을 가리키는 *카타스타데손타이*와 짝지을 때, *디카이오이*의 초점은 행동이나 성품에 맞춰지는 것이 아니라 하나님 앞에서의 위치에 맞춰진다." 비커스는 "우리는 그리스도의 순종에 근거하여 행동이 의롭다고 인정되는 자의 위치를 지니게 된다"고 결론짓는다.[22] 이 의는 우리에게서 나오는 것이 아니라 우리가 행한 그 어떤 것과도 상관없이 주어진다. 그리스도의 순종에 대한 완벽한 기록이 믿는 우리의 것으로 주어진다. 여기서도 언약적 구조를 무시할 수 없다. 행위언약에서 아담의 불의한 신분이 우리의 정죄를 초래했지만, 새 언약에서는 그리스도의 의로운 신분이 우리의 칭의를 초래했다. 이것이 로마서 5장에서 바울이 전하려는 핵심 내용이다.

우리는 하나님의 의가 될 수 있다(고후 5:21)

마지막 바울 본문인 고린도후서 5장 21절에서는 "하나님이 죄를 알지도 못하신 이를 우리를 대신하여 죄로 삼으신 것은 우리로 하여금 그 안에서 하나님의 의가 되게 하려 하심이라"고 말한다. 이 짧은 문장에서 바울은 위대한 교환의 본질을 갈파한다. 우리의 죄가 그리스도께 전가된다. 그리스도의 의가 우리 것으로 인정된다. 이는 실제로 일어나는 변화가 아니다. 그리스도께서 실제로 죄나 죄인이 되시지는 않는다. 그리되는 것은 그의 무죄성에 위배된다(요일 3:5). 칭의와 전가는 불경건한 자의 도덕적 변화를 가리키지 않는다(그렇게 보는 것은 칭의와 성화를 혼동하는 것이다). 바울은 법정적 처리를 언급한다. 그리스도는 죄인을 대신해 죄인으로 인정되어 징벌을 당하셨다. 대조적으로 죄인은 의인으로 인정되며 그리스도의 의로운 신분을 얻는다. 존 칼빈은 왜 바울이 전가를 염두에 두는지 설명한다.

어떻게 우리가 그리스도께서 죄인이 되신 것처럼 하나님 앞에서 의로워질 수 있을까? 그가 우리 이름으로 죄인이 되신 것은 자신의 범죄 때문이 아니라 우리의 범죄 때문이다. 그는 모든 결함에서 자유롭지만 우리로 인해 징벌을 당하셨다. 마찬가지로 이제 우리는 그분 안에서 의로운데, 이는 우리가 자신의 행위로 하나님의 심판을 만족시켰기 때문이 아니라 믿음으로 얻는 그리스도의 의와 관련하여 심판을 받기 때문이다.[23]

이보다 좋은 설명을 찾기는 힘들다. 바울은 고린도후서 본문에서 이중의 전가를 언급한다. 우리의 유죄 신분이 그리스도의 것으로 간주되었고, 그의 의로우신 신분이 우리 것으로 간주되었다.[24] 영광스러운 교환이 이루어졌다. 우리의 죄가 그분의 의와 교환되었다.[25]

믿음을 통해 하나님으로부터 얻는 의 (빌 3:9)

전가를 가장 분명히 드러내는 본문 중 하나는 빌립보서 3장 9절이다. "히브리인 중의 히브리인"임을 입증하는 여러 증거와 바리새인으로서 큰 열심으로 율법을 지켰던 사례를 나열한 후 바울은 말한다. "그러나 무엇이든지 내게 유익하던 것을 내가 그리스도를 위하여 다 해로 여길뿐더러 … 내가 그를 위하여 모든 것을 잃어버리고 배설물로 여김은 그리스도를 얻고 그 안에서 발견되려 함이니 내가 가진 의는 율법에서 난 것이 아니요 오직 그리스도를 믿음으로 말미암은 것이니 곧 믿음으로 하나님께로부터 난 의라"(3:7-9).[26]

여기서 바울은 하나님의 심판하시는 의(롬 1:18-3:20)가 아닌 하나님의 구원하시는 의를 가리킨다. '하나님의 의'를 가리키지 않고 '하나님으로부터 오는 의'를 가리킨다. 이 의는 불경건한 자들에게 선물로 주어진다. 그것은 바울 안에 있는 의, 율법 행위에서 비롯되는 의

(참조, 롬 10:1-6)가 아니다. 아무도 율법 행위로 의로워질 수 없기 때문이다(롬 3:20). 그것은 외부적이며 바울에게 이질적인 의, 아무리 큰 열심을 쏟더라도 습득할 수 없는 의다. 오직 예수님을 믿는 믿음으로만 주어진다(참조, 롬 10:6). 이 의가 하나님의 선물이라면, 그것은 오직 믿음에 달린 것이다.

요약

신약성경은 그리스도의 의가 믿는 자들에게 전가되거나 그들의 것으로 인정됨을 가르친다. 신자가 하나님 앞에 올바로 설 수 있는 것은, 자신의 의에 근거해서가 아니라 그의 것으로 인정되는 이질적인 의에 근거해서다.

더 깊은 묵상을 위한 물음

1. 신약성경 본문 중에서 전가 교리를 가장 강력히 뒷받침하는 것은 무엇인가?
2. 이질적인 의(그리스도의 의)가 당신의 것으로 인정됨을 알 때, 하나님 앞에서 올바로 설 수 있다는 확신이 더욱 강해지는가?
3. 자신의 의에 근거하여 하나님 앞에 선다면, 과연 당신이 어떠한 확신을 가질 수 있겠는가?
4. 전가 교리는 그리스도께서 누구인지에 대한 그리고 그가 당신을 위해 행하신 일이 무엇인지에 대한 인식을 어떻게 변화시키는가?
5. 전가 교리가 거부될 경우 뒤따를 부정적인 결과는 무엇일까?

물음 26 / 칭의는 오직 하나님의 은혜로, 오직 믿음으로 주어지는가?

"죄인이 오직 믿음으로 의롭다 함을 받는다고 말하는 사람이 있다면 … 그는 저주를 받을지어다."

로마 교회는 모호한 입장을 취하지 않았다. 트렌트공의회에 따르면, 칭의는 믿음으로만 얻는 것이 아니다. 그러나 바울은 전혀 다르게 말한다. 의롭다 함을 받기 위해서는 믿음과 함께 선행이 필요함을 로마 교회가 확언하는 반면, 바울은 "그러므로 사람이 의롭다 하심을 얻는 것은 율법의 행위에 있지 않고 믿음으로 되는 줄 우리가 인정하노라"고 말한다(롬 3:28). 따라서 프로테스탄트 종교개혁자들이 종교개혁의 원칙(즉, 오직 믿음, 솔라 피데)을 확언한 것은 놀라운 일이 아니다. 이 장의 목표도 그들처럼 칭의가 오직 은혜로 오직 믿음으로 말미암는 것임을 밝히는 것이다.

믿음: 도구적 원인

먼저 몇 가지 신학적 사실을 살펴볼 필요가 있다. 앞에서 그리스도의 의의 전가에 대해 논의했으며, 그렇게 함으로써 그리스도의 수동적인 의 또는 순종과 능동적인 의를 분리하지는 않았지만 구분했다(물음 24-25를 보라). 그리고 그리스도의 능동적인 순종과 수동적인 순종이 모두 칭의의 근거라고 결론지었다(롬 3:24; 5:9,19; 8:1; 10:4; 고전 1:30; 6:11; 고후 5:21; 빌 3:9). 솔루스 크리스투스(오직 그리스도)는 칭의가 오직 그리스도의 구속 사역에 근거함을 뜻한다. 칭의는 부분적으로는 그리스도의 사역에 그리고 우리 자신의 행위에 근거하는 것이 아니다. 우리를 대신하여 그리스도께서 행하신 일에 전적으로 근거한다. 따라서 그리스도께서 우리를 대신하며 대표하는 머리이심을 믿는 것이 매우 중요하다. 우리는 자신의 의를 조금이라도 주장하며 하나님의 보좌 앞에 서는 것이 아니다. 그리스도의 의만을 내세울 뿐이다. 우리가 새롭고 의로운 신분을 얻는 이유는 그의 의가 우리에게 전가되기 때문이다.

그리스도의 순종(능동적인 순종과 수동적인 순종 둘 다)이 우리가 하나님 앞에 바로 설 수 있는 근거라면, 믿음은 칭의의 근거나 기초일 수 없다. 믿음을 칭의의 근거나 기초로 보는 것은 구원 사역의 충분성을 훼손하는 시각이다. 따라서 믿음이라는 표현을 어떻게 사용할지 주의해야 한다. 누군가 "당신은 무슨 근거로 하나님 앞에 올바로 서는가?" 하고 물을 때, "내 믿음에 근거해서"라고 대답하는 것은 정확하지 않다. "오직 나를 위한 그리스도의 사역에 근거해서"라고 대답해야 하며, 이어서 "오직 그분을 믿는 믿음을 통해서"라고 덧붙일 수 있다. 믿음은 우리가 의롭다 함을 받는 근거가 아니라 도구다.[1] 혹은 신학적 표현으로는, 믿음은 칭의의 '도구적 원인'이다(롬 3:28,30;

갈 2:16; 3:8).²

믿음의 도구적 특성을 염두에 둘 때, 핵심적인 문제는 칭의가 오직 믿음만을 통해서인가 하는 것이다. 이에 대한 성경적인 답은 "그렇다"이다. 이 사실은 칭의의 근거가 아닌 도구 역할을 하는 믿음 개념을 더 강화해 준다.

율법의 행위로가 아님(롬 3:21-31)

바울은 로마서 3장을 시작하면서 인간의 전적 타락을 강조한다(3:9-18; 참조, 엡 2:1-3). 죄인이 율법 아래 있고 모든 사람이 하나님 앞에 책임을 져야 한다고 바울은 말한다. 그러면 죄인이 의롭다 함을 받는 것이 율법의 행위를 통해서일까? 전혀 그렇지 않다. "그러므로 율법의 행위로 그의 앞에 의롭다 하심을 얻을 육체가 없나니 율법으로는 죄를 깨달음이니라"(롬 3:20). 율법은 우리를 의롭게 하는 것이 아니라 그것을 지키지 못한 죄성을 드러낸다. 율법은 정죄 상태를 계시하며, 거룩하신 하나님 앞에서 율법 준수자가 아니라 율법 파기자인 모습을 드러낸다. 율법의 행위로는 어떤 사람도 의롭다 함을 받지 못할 것이다. 의로운 사람은 단 한 명도 없기 때문이다(롬 3:10). 선을 행하는 사람도 전혀 없다(롬 3:12).

그러나 로마서 3장에는 나쁜 소식만이 아니라 좋은 소식도 있다. "율법 외에 하나님의 한 의가 나타났으니 율법과 선지자들에게 증거를 받은 것"이라고 바울은 말한다(3:21). 이어서 바울은 더 구체적으로 밝힌다. "곧 예수 그리스도를 믿음으로 말미암아 모든 믿는 자에게 미치는 하나님의 의니 차별이 없느니라"(롬 3:22).³ 우리가 범죄하여 하나님의 영광에 이르지 못했지만, 하나님의 선물인 은혜로 의롭다 함을 받으며, 이 일은 그리스도 예수 안에 있는 구속을 통해 일어난다. 칭의가 오직 은혜로 말미암는다는 점에 주목하라. 칭의는 사람이 획득하거나 공로를 쌓아서 얻는 것이 아니다. 그것은 선물인데, 단지 믿음으로 얻는 선물이다. 더욱이 이 선물은 하나님이 자신의 아들을 화목제물로 내어주셨기 때문에 가능해졌다(롬 3:25).[4] 물론 우리를 위한 그리스도의 속죄 사역과 그리스도는 믿음으로 받아들여져야 한다. 하나님은 자신이 의로울 뿐 아니라 예수 믿는 자들을 의롭게 하는 분임을 보여주셨다(롬 3:26). 강조점은 우리의 행위에 있지 않고 믿음에 놓여 있다. 죄인이 하나님 앞에서 의롭게 되는 것은 믿음을 통해서다.

다음 절에서 바울은 오직 은혜로 오직 믿음을 통해 칭의를 얻는다는 사실을 재차 강조한다. 어떤 죄인도 하나님 앞에서 자랑할 수 없는 것은, 칭의가 믿음으로 얻는 선물이기 때문이다. 달리 말해, 자랑이 배제된다(롬 3:27). 혹자는 이렇게 물을 수도 있다. 어떤 근거에서 자랑이 배제되는가? 행위의 율법에 의해 배제되는가? "오직 믿음의 법으로니라 그러므로 사람이 의롭다 하심을 얻는 것은 율법의 행위에 있지 않고 믿음으로 되는 줄 우리가 인정하노라"(롬 3:27-28). 바울은 이보다 더 직설적일 수 없었다. 칭의는 율법의 행위로 얻는 것이 아니다. 오직 믿음으로 얻는 것이다. 칭의가 율법의 행위로 얻는 것이라면, 사람은 자랑할 근거를 지닌다. 자신의 선행이나 공적이 칭의에 어떤 역할을 한다면 설령 미미한 역할일지라도 그는 자랑할 근거를 지닌다. 그러나 바울은 자랑이 절대적으로 배제된다고 말한다. 사람을 하나님 앞에 올바로 서게 할 수 있는 행위는 전혀 없기 때문이다.[5] 죄인이 하나님 앞에 의롭다고 선언되는 것은 순전히 자신의 피로 화목제물로 드려진 그리스도 때문이다. 그리고 죄인이 의롭다 함을 받는 것은 그리스도를 믿고 그의 십자가 대속 사역을 받아들이며 거기에 의지함을 통해서다.

아브라함의 믿음(창 15:6; 롬 4:3-5)

칭의에 선행이 철저히 배제됨을 분명히 밝히는 것은 로마서 3장 21-31절만이 아니다. 로마서 4장도 아브라함의 예를 들어 그렇게 말한다. 아브라함이 행위로 의롭다 하심을 받았는가? 만일 그렇다면 자랑할 것이 그에게 있다고 바울은 말한다. 그러나 아브라함에 대해 성경은 실제로 무엇이라고 말하는가? "아브라함이 하나님을 믿으매 그것이 그에게 의로 여겨진 바 되었느니라"고 말한다(롬 4:3).

창세기 15장의 문맥에서, 하나님은 아브라함에게 나타나 그와 더불어 언약을 맺으시며 상속자를 주겠다고 약속하신다. 이 상속자를 통해 하나님이 아브라함을 큰 민족으로 만들 것이며, 그의 후손을 하늘의 별처럼 많아지게 하실 것이다. 아브라함이 하나님을 믿었는가? 성경은 말한다. "아브람이 여호와를 믿으니 여호와께서 이를 그의 의로 여기시고"(창 15:6). 이 사건을 돌아보면서 바울이 제기하는 핵심 물음은 이렇다. 아브라함이 의롭다고 간주된 것은 그의 행위 때문인가, 아니면 믿음으로인가? 아브라함이 하나님께 의롭다고 간주된 것은 행위 때문이 아니라 하나님의 약속을 믿었기 때문이다.[6] 바울은 다음과 같이 결론짓는다.

일을 아니할지라도 경건하지 아니한 자를 의롭다 하시는 이를 믿는 자에게는 그의 믿음을 의로 여기시나니 일한 것이 없이 하나님께 의로 여기심을 받는 사람의 복에 대하여 다윗이 말한 바 불법이 사함을 받고 죄가 가리어짐을 받는 사람들은 복이 있고 주께서 그 죄를 인정하지 아니하실 사람은 복이 있도다 함과 같으니라 _롬 4:5-8; 시 32:1-2 인용

바울은 아브라함만이 아니라 다윗의 예도 제시한다. 시편 32편 1-2절에서, 다윗도 하나님이 불경건한 자들을 행위와는 무관하게 의롭다 하심을 증언한다.

또 바울은 반대 입장을 예상한다. 아브라함이 하나님 앞에 의로웠던 것은 할례를 행함으로써 순종했기 때문이라는 것이다. 이에 대해 바울은 할례 전에 아브라함의 믿음이 의로 간주되었음을 밝힘으로써 반박한다(롬 4:10).[7] "그가 할례의 표를 받은 것은 무할례 시에 믿음으로 된 의를 인친 것이니 이는 무할례자로서 믿는 모든 자의 조상이 되어 그들도 의로 여기심을 얻게 하려 하심이라"(롬 4:11). 그 결과 아브라함은 할례받고 선조 아브라함의 믿음으로 행하는 자들만이 아니라 할례받지 않은 자들까지 포함한 모든 믿는 자의 조상이 되었다(롬 4:11-12).

바울은 아브라함으로부터 새 언약 안에 있는 자들에게로 시야를 옮긴다. 자신의 믿음이 의로 간주된 아브라함처럼, 우리도 행위가 아닌 믿음을 통해 의롭다고 간주된다. 바울이 설명하듯, "그에게 의로 여겨졌다 기록된 것은 아브라함만 위한 것이 아니요 의로 여기심을 받을 우리도 위함"이다. 어떻게 그럴까? 바울은 이렇게 설명한다. "곧 예수 우리 주를 죽은 자 가운데서 살리신 이를 믿는 자니라 예수는 우리가 범죄한 것 때문에 내줌이 되고 또한 우리를 의롭다 하시기 위하여 살아나셨느니라"(롬 4:24-25). 그리고 "우리가 믿음으로 의롭다 하심을 받았으니 우리 주 예수 그리스도로 말미암아 하나님과 화평을 누리자"고 결론짓는다(롬 5:1).

그리스도를 믿는 믿음으로 의롭게 됨(갈 2:16; 3:11; 5:4)

바울은 오직 믿음으로 얻는 칭의를 갈라디아서에서 재차 강조한다. 2장에서 바울은 베드로를 대면하여 책망했다고 말한다(갈 2:11). 베드로가 이방인 신자들과 함께 식사하다가 야고보가 보낸 사람들이 오자 그 자리를 피했기 때문이다. 그들은 할례파에 속한 자였다. 할례파는 할례와 특별한 날과 음식에 관한 모세 율법의 예식을 따를 것을 요구하는 그룹이었다. 그들은 유대인 그리스도인이 이방인 그리스도인과 식사를 따로 함으로써 음식 규례를 지켜야 한다고 주장했을 것이다.[8] 베드로는 이방인 신자들과 친교를 나누었음에도 그 유대인들을 두려워하여 자리를 피했다. 그 결과 그곳에 있던 이방인 신자들은 자신이 이류 그리스도인인 것 같은 느낌을 받았다. 할례(갈 2:3; 5:2-12; 6:12-15), 식사 규례(갈 2:12-14), 휴일과 절기에 대한 규례(갈 4:10) 같은 유대인의 의식법을 따르지 않으면 교회에서 낮은 등급의 멤버로 간주된다고 느낀 것이다.

바울의 질책에서 드러나듯이, 베드로의 행동은 이신칭의의 복음에 정면으로 위배된다. 이방인 신자를 그런 식으로 대우함으로써, 베드로는 하나님 앞에서 올바로 서려면 유대인처럼 살아야 한다는 입장을 표현한 셈이다. 바울이 갈라디아서 2장 4절에서 설명하듯이, 그런 입장은 예속 상태로 되돌아가게 한다. 바울은 그런 유혹을 경계했다. 이와 같은 입장은 "복음의 진리"(갈 2:5)를 파괴하는 것이었다. 바울은 "그들이 복음의 진리를 따라 바르게 행하지" 않았음을 알았다. 그래서 모든 사람 앞에서 "네가 유대인으로서 이방인을 따르고 유대인답게 살지 아니하면서 어찌하여 억지로 이방인을 유대인답게 살게 하려느냐"며 베드로를 질책했다(갈 2:14).

이어서 바울은 이신칭의 교리를 언급한다. "우리는 본래 유대인이요 이방 죄인이 아니로되 사람이 의롭게 되는 것은 율법의 행위로 말미암음이 아니요 오직 예수 그리스도를 믿음으로 말미암는 줄 알므로 우리도 그리스도 예수를 믿나니 이는 우리가 율법의 행위로써가 아니고 그리스도를 믿음으로써 의롭다 함을 얻으려 함이라 율법의 행위로써는 의롭다 함을 얻을 육체가 없느니라"(갈 2:15-16). 칭의는 행위가 아니라 예수 그리스도를 믿는 믿음을 통해 얻는 것임을 분명히 확언한 후, 바울은 어리석은 갈라디아 사람들을 책망하면서 "너희가 성령을 받은 것이 율법의 행위로냐 혹은 듣고 믿음으로냐"라고 묻는다(갈 3:2). "너희가 이같이 어리석으냐 성령으로 시작하였다가 이제는 육체로 마치겠느냐 너희가 이같이 많은 괴로움을 헛되이 받았느냐 과연 헛되냐 너희에게 성령을 주시고 너희 가운데서 능력을 행하시는 이의 일이 율법의 행위에서냐 혹은 듣고 믿음에서냐 아브라함이 하나님을 믿으매 그것을 그에게 의로 정하셨다 함과 같으니라"(갈 3:3-6).

바울은 율법의 행위에 의존하는 자들이 하나님 앞에서 의롭다 함을 얻지 못하고 저주받음을 설명한다. 신명기 27장 26절에서 말하듯이 갈라디아서 3장에서는 말한다. "누구든지 율법 책에 기록된 대로 모든 일을 항상 행하지 아니하는 자는 저주 아래에 있는 자라"(갈 3:10). 바울이 갈라디아서 3장 11-12절에서 분명히 밝히듯이, 율법에 기록된 모든 내용을 완벽하게 지킬 수 있는 사람은 아무도 없다. 의로운 사람이 없고 선을 행하는 사람이 없기 때문이다. 이어서 바울은 결론을 내린다. "하나님 앞에서 아무도 율법으로 말미암아 의롭게 되지 못할 것이 분명하니 이는 의인은 믿음으로 살리라 하였음이라 율법은 믿음에서 난 것이 아니니 율법을 행하는 자는 그 가운데서 살리라 하였느니라"(갈 3:11-12; 합 2:4와 레 18:5에서 인용). 그럼에도 불구하고 그리스도는 율법의 저주에서 우리를 구속하셨고, 우리를 위해 저주가 됨으로써 그리하셨다(갈 3:13). 죄인이 의롭게 되는 것은 율법의 행위를 통해서가 아니라 예수 그리스도를 믿는 믿음을 통해서다.[9] 아브라함의 복이 이방인에게까지 미치는 것은 "그리스도 예수 안에서"다. 이 이방인들은 약속된 성령을 믿음으로 받는 자들이다. 아브라함의 참된 자녀는 예수님을 믿는 자들이다.

그 은혜에 의하여 믿음으로 말미암아 구원을 받음(엡 2:8-9)

이신칭의를 뒷받침하는 세 번째 본문은 에베소서 2장 8-9절이다. 로마서 3-4장과 흡사하게, 바울은 인간의 전적 타락을 묘사하면서 에베소서 2장을 시작한다. 모든 인류가 죄와 허물로 죽어 있고 본성상 진노의 자녀다. 죄인이 자신의 행위로 의로워질 수 있는 방법은 전혀 없다. 율법을 지키지 않고(사실 지킬 수가 없다. 롬 8:7-8) 자신의 죄악된 욕구대로 행하기 때문이다. 따라서 하나님의 은혜가 절대적으로 필요하다. 부분적으로가 아니라 전반적으로 필요하다.

그는 허물과 죄로 죽었던 너희를 살리셨도다 그때에 너희는 그 가운데서 행하여 … 긍휼이 풍성하신 하나님이 우리를 사랑하신 그 큰 사랑을 인하여 허물로 죽은 우리를 그리스도와 함께 살리셨고 (너희는 은혜로 구원을 받은 것이라) 또 함께 일으키사 그리스도 예수 안에서 함께 하늘에 앉히시니 그리스도 예수 안에서 우리에게 자비하심으로써 그 은혜의 지극히 풍성함을 오는 여러 세대에 나타내려 하심이라 너희는 그 은혜에 의하여 믿음으로 말미암아 구원을 받았으니 이것은 너희에게서 난 것이 아니요 하나님의 선물이라 행위에서 난 것이 아니니 이는 누구

든지 자랑하지 못하게 함이라 _엡 2:1-2,4-9

구원의 은혜로운 특성을 에베소서 2장처럼 명확히 드러내는 본문은 거의 없다. 구원은 행위로 말미암지 않는다고 바울은 말한다. 우리는 선한 일을 위해 지음받았지만(엡 2:10), 이 선한 일은 하나님 앞에 올바로 서기 위한 근거가 아니다. 오히려 그것은 거듭나서 하나님 앞에 의롭다고 선언됨에 따른 열매와 결과다.

더욱이 바울은 구원이 오직 믿음을 통해 은혜로 주어지는 것임을 분명히 밝힌다.[10] 하나님은 우리가 받아 마땅한 심판과 정죄에서 우리를 구원하시되, 아들을 보내고(요 3:16; 딤전 1:15; 요일 3:5; 4:10,14; 5:11-12) 우리를 그리스도와 함께 살림으로써(엡 2:5) 그리하셨다. 이것은 우리 자신이 하는 일이 아니며 "행위에서 난 것이 아니니 이는 누구든지 자랑하지 못하게 함"이다(엡 2:8-9). 우리는 믿음을 통해 은혜로 구원받았다(엡 2:8). 구원은 하나님으로부터 주어진 선물이다.[11] 바울은 한 번 더 분명히 밝힌다. 우리는 자신의 행위가 아니라 예수 그리스도를 믿는 믿음을 통해 은혜로 구원받는다.

믿음으로 얻는 하나님의 의(빌 3:8-9)

칭의가 조금도 행위로 말미암지 않고 오직 믿음으로 말미암는다는 사실은 빌립보서 3장 8-9절에서 다시 분명해진다.

또한 모든 것을 해로 여김은 내 주 그리스도 예수를 아는 지식이 가장 고상하기 때문이라 내가 그를 위하여 모든 것을 잃어버리고 배설물로 여김은 그리스도를 얻고 그 안에서 발견되려 함이니 내가 가진 의는

율법에서 난 것이 아니요 오직 그리스도를 믿음으로 말미암은 것이니 곧 믿음으로 하나님께로부터 난 의라

물음 24-25에서 보았듯이, 칭의는 그리스도의 의의 전가를 포함한다. 예수님의 의가 믿는 자들의 것으로 인정되거나 간주된다. 그러므로 신자가 하나님 앞에 올바로 서는 것은 자신의 의에 부분적으로라도 근거해서가 아니라 이질적인 의, 곧 예수 그리스도의 의에 근거해서다. 바울이 확언하듯이, 우리의 재판관이며 우리를 지으신 하나님 앞에서 법적으로 올바로 서게 하는 것은 자신의 의나 율법 준수를 통한 의가 아니다. 무상의 선물로 하나님이 주시는 의다. 이 의를 얻는 것은 공로를 쌓거나 선한 일을 행해서가 아니라 단지 하나님의 아들을 믿음으로써다. 바울이 말하듯이, "하나님께로부터 난 의"는 "그리스도를 믿음으로 말미암은 것"이다. 여기서도 죄인이 하나님 앞에서 의롭게 되는 것은 오직 믿음을 통해서다.[12]

요약

성경에 따르면, 칭의는 믿음과 행위를 통해서가 아니라 오직 은혜로 오직 믿음을 통해서 얻는 것이다. 우리를 하나님 앞에 법적으로 올바로 서게 하는 의는 율법 준수를 통한 자신의 의가 아니라 하나님이 주시는 의다. 그것은 우리의 공로로 인한 의가 아니라 단지 예수님을 믿는 믿음을 통해서 얻는다.

더 깊은 묵상을 위한 물음

1 로마서 3장 21-31절에서, 바울은 율법의 행위를 어떻게 보는가? 그 관점은 칭의 교리를 어떻게 이해하게 하는가?

2 창세기 15장을 읽어보라. 아브라함 이야기에서 이신칭의를 뒷받침하는 핵심 사건은 무엇인가?

3 갈라디아서에 비추어볼 때, 베드로의 행동은 이방인들이 믿음으로 받아들였던 복음과 어떻게 상충되는가?

4 빌립보서 3장 8-9절에서 바울은 어떤 종류의 의를 지녔다고 주장하는가?

5 오직 은혜로 오직 믿음을 통해 칭의를 얻는다는 사실이 우리로 하여금 자랑하지 않고 겸손하게 하는 이유는 무엇인가?

물음
27 / 하나님의 자녀로
입양된다는 것(양자 됨)은
무엇을 뜻하는가?

성경에서 믿는 자들이 하나님의 자녀가 된다는 것은 무슨 뜻인가? 성경에서 하나님의 자녀로 입양된다는 것은 무엇을 뜻하는가? 가장 기본적인 의미에서, 하나님이 우리를 자녀(가족의 구성원)로 삼으실 때 입양이 이루어진다. 예전에 우리는 하나님의 대적이었으나, 이제는 그분의 아들과 딸, 상속자가 되었다(롬 8:17; 약 2:5). 예전에는 우리가 아비인 마귀에게 속했으나(요 8:44), 이제는 새아버지를 얻었다. 아버지께서 그리스도 예수를 통해 우리를 가족으로 입양하셨다. 예전에는 외부인이었지만, 이제는 하나님나라의 시민이며 하나님의 가족 구성원이다(엡 2:18-19).

성경에서 말하는 입양(양자 됨)

입양 교리는 신약성경의 복음서와 서신서에 걸쳐 두루 발견된다.[1] 성경에서 우리의 입양을 묘사하는 가장 중요한 구절 중 하나는 갈라디아서 4장 1-7절일 것이다. 바울은 예전에 우리가 죄와 세상에 예속되었음을 묘사한다. 그러나 "때가 차매 하나님이 그 아들을 보내사 여자에게서 나게 하시고 율법 아래에 나게 하신 것은 율법 아래에 있는 자들을 속량하시고 우리로 아들의 명분을 얻게 하려 하심"이다. 이제 자녀인 자들에게 어떤 축복이 임하는가? "너희가 아들이므로 하나님이 그 아들의 영을 우리 마음 가운데 보내사 아빠 아버지라 부르게 하셨느니라 그러므로 네가 이 후로는 종이 아니요 아들이니 아들이면 하나님으로 말미암아 유업을 받을 자니라"고 바울은 대답한다. 그리스도께서 율법으로부터 우리를 구속하셨고 하나님의 자녀로 삼으셨다. 이제 자녀로서 우리는 그리스도의 영을 받았고 상속자로서 정체성을 지녔다. 물론 그리스도 자신이 "만유의 상속자"지만(히 1:2; 참조, 눅 20:14), "그리스도 안에" 있는 자로서 우리 역시 그의 큰 유업을 공유한다. 그의 "유업은 공익재단 같은 것이며, 따라서 그리스도 안에 있는 자들은 그와 함께 모든 것을 공유한다"고 호턴은 말한다.[2] 이 때문에 하나님은 우리를 형제들이라 부르기를 부끄러워하지 않으신다. 이제 우리가 그분의 가족에 속하며, 맏형은 그리스도시기 때문이다(히 2:17-18).

바울은 로마서 8장 14-17절에서 유사한 내용을 언급한다.

> 무릇 하나님의 영으로 인도함을 받는 사람은 곧 하나님의 아들이라 너희는 다시 무서워하는 종의 영을 받지 아니하고 양자의 영을 받았으므로 우리가 아빠 아버지라고 부르짖느니라 성령이 친히 우리의 영과 더불어 우리가 하나님의 자녀인 것을 증언하시나니 자녀이면 또한 상속자 곧 하나님의 상속자요 그리스도와 함께한 상속자니 우리가 그와 함께 영광을 받기 위하여 고난도 함께 받아야 할 것이니라

바울에 따르면, 입양된 자들은 성령을 받으며 하나님을 아버지로 모신다. 우리가 하나님의 자녀라면 그분의 아들이신 그리스도 예수와 함께 공동 상속자이기도 하다. 그래서 우리를 위해 마련하신 모든 유익을 얻는다. 우리가 상속자라는 바울의 주장에서 무척이나 놀라운 것은, 우리가 이 구원의 유익을 누리는 상속자일 뿐 아니라 하나님 자신의 상속자라는 사실이다. 바울이 말하듯이, 하나님의 자녀로서 우리는 "하나님의 상속자"다.[3] 더욱이 "그리스도와 함께한 상속자"이기도 하다. 갈라디아서 3장 29절에서 바울이 말하듯이, 우리가 "그리스도의 것"이면 우리는 "아브라함의 자손이요 약속대로 유업을 이을 자"다.

또 성령의 역할을 간과하지 말아야 한다. 갈라디아서 4장 1-7절과 로마서 8장 14-17절 모두에서, 보내심 받은 분은 성령이다. 성령은 "양자의 영"으로 불리며, 성령을 통해 우리는 "아빠 아버지"라고 부르짖는다. 성령이 우리 영과 더불어 우리가 하나님의 자녀임을 증언한다고 바울은 말한다. 따라서 성령은 하나님의 자녀에게 확신을 줌에 있어 핵심적인 역할을 한다. 그러나 성령이 신비적이며 주관적으로 "너는 하나님의 아들이다'라고 속삭이거나 성경 너머의" 새로운 계시를 주는 것은 아니다. 성령의 사역은 "혁신적이기보다는 반복적"이라고 버크는 말한다.[4] 성령은 그리스도께서 이미 행하신 일을, 그리고 그 일에 근거하여 그리스도 안에서 우리가 누구인지를 상기시키신다. "하나님의 영이 마음속에 임하셔서 우리가 하나님의 양자임을 알게 하신다. 그리하시는 이유는, 의심이 들 때 우리가 하나님 앞에 서 있다는 지식이 중요하기 때문이다."[5]

다른 많은 신약성경 구절에서도 같은 말을 한다. 요한복음 서두에서는 그리스도께서 자기 백성에게 오셨으나 그들이 거부했다고 말한다. 그러나 "영접하는 자 곧 그 이름을 믿는 자들에게는 하나님의 자녀가 되는 권세를 주셨으니 이는 혈통으로나 육정으로나 사람의 뜻으로 나지 아니하고 오직 하나님께로부터 난 자들"이다(요 1:12-13). 사람이 그리스도를 믿음으로써 하나님의 자녀로 입양된다. 그리스도를 믿지 않는 자들은 "진노의 자녀"(엡 2:3), "불순종의 아들들"(엡 2:2; 5:6), 마귀의 자식으로(요 8:42-44) 남아 있다.

입양은 유대인만이 아니라 이방인을 위한 것이기도 하다. 아브라함의 참 후손은 혈육의 후손이 아니라 약속의 후손이다(롬 9:7-8; 갈 4:28,31; 엡 3:6; 벧전 3:6). 바울에 따르면, 옛 언약 안에서 "율법 아래에 매인 바 되고 계시될 믿음의 때까지" 갇혔다. 바울은 "율법이 우리를 그리스도께로 인도하는 초등교사가 되어 우리로 하여금 믿음으로 말미암아 의롭다 함을 얻게 하려 함"이라고 결론짓는다(갈 3:23-24). 이제는 믿음이 이르렀고, 우리는 더 이상 초등교사 아래 있지 않고 믿음으로 말미암아 그리스도 예수 안에서 하나님의 아들이 되었다(갈 3:25-26). 아들 됨(입양)은 하나님의 아들 예수 그리스도를 믿음으로써 통한다. 따라서 요한은 신자를 아버지의 사랑을 받아 "하나님의 자녀라 일컬음을" 받는 자들이라 묘사한다(요일 3:1-2; 참조, 롬 8:23; 히 2:11-13).

입양: 이미 그러나 아직

입양은 예수 그리스도를 믿은 결과인데, 성경에서 우리의 입양을 과거와 현재와 미래로도 말한다는 점에 주목해야 한다. 첫째, 입양은 그리스도를 믿음으로 고백할 때 이루어지는 것임과 아울러 하나님이 창세전에 예정하신 것이기도 하다. 에베소서 1장 4-6절에서 바울이 설명하듯이, "우리로 사랑 안에서 그 앞에 거룩하고 흠이 없게 하시려고 그 기쁘신 뜻대로 우리를 예정하사 예수 그리스도로 말미암아 자기의 아들들이 되게 하셨으니 이는 그가 사랑하시는 자 안에서 우리에게 거저 주시는 바 그의 은혜의 영광을 찬송하게 하려는 것이라." 달리 말해서, 입양의 기원은 하나님의 예정이다.[6] 하나님의 택하심의 무조건적인 특성에 비추어볼 때(물음 10-11을 보라), 입양은 오직 하나님의 은혜 덕분임이 분명하다. 선택은 물론 입양에 있어서도 인간의 공로가 배제된다. 오직 은혜(*솔라 그라티아*)로 입양된다고 말하는 것이 적절하다. 입양은 구원의 다른 측면들처럼 하나님의 무상의 은혜에 따른 선물이다. 선택에서처럼, 입양에 있어서도 인간의 자랑이 배제된다.[7] 우리 자신과 자신이 행한 일에 대한 자만심은 입양과 어울리지 않는다. 올바른 반응은 겸손이며, 가족의 일원으로 삼아 주신 아버지께 감사하는 것이다.[8]

또 하나님의 예정이 얼마나 따뜻하며 관계중심적인지 보게 된다. 하나님은 우리를 아들로 택하셨다. 가족의 일원으로 예정하셨다. 통속적인 견해와는 반대로, 예정은 냉담하거나 치사하거나 박정하거나 마구잡이 식의 결정이 아니라 하나님의 가족적인 사랑과 불가분적으로 연결된다. 에베소서 1장 4-6절에서 바울이 알려주듯이, 예정은 "사랑 안에서" 된 것이며, 이는 우리를 자녀로 입양하기로 선택하신 하나님 아버지의 사랑이 얼마나 자애로운지를 부각시킨다.[9] 우리 안에는 사랑받을 만한 것이 전혀 없고(우리의 성품이나 행적에는, 패커가 말하듯이 하나님의 이름과 결부될 만한 것이 전혀 없다), 하나님의 가족에 포함될 자격이 전혀 없음에도, 하나님이 구원의 사랑을 베푸신 것은 얼마나 놀라운가.[10]

둘째, 하나님이 택하신 자들을 입양하기로 예정하셨고, 적절한 때에 그 입양이 그리스도를 믿는 믿음 안에서 현실이 되지만, 성경은 우리의 예정을 미래적 실재로도 말한다. 로마서 8장 23절에서 바울이 말하듯이, "그뿐 아니라 또한 우리 곧 성령의 처음 익은 열매를 받은 우리까지도 속으로 탄식하여 양자 될 것 곧 우리 몸의 속량을" 기다린다(참조, 갈 5:5). 바울은 미래에 이루어질 몸의 부활을 입양과 연결한다. 이미 하나님의 자녀로 입양되었지만, 우리는 그리스도의 재림을 그리고 우리의 입양을 최종적으로 완성시킬 몸의 부활을 간절히 기다린다(빌 3:21). "그리스도인으로서 하나님의 자녀로 입양되었지만, 부활의 날을 맞이하기 전까지는 우리의 입양이 완성되지 않을 것이다."[11]

입양은 영원한 과거에 계획되었고 현재 현실화 되지만 미래의 영광을 기다린다. "따라서 입양에 대한 성경신학은 영원부터의 아버지의 사랑과 과거의 예속 상태로부터의 구속과 현재의 신분과 삶의 방식 그리고 기대되는 미래의 영광을 포함한다."[12]

입양의 기초

지금까지 입양의 기원이 창세전에 택하신 하나님의 선택에 있음(엡 1:3-6)을 살펴보았다. 입양의 기초 또는 근거는 그리스도의 사역이다. 에베소서 1장 3-6절에서, 바울은 하나님이 사랑 안에서 우리를 "예수 그리스도로 말미암아 자기의 아들들이 되게" 예정하셨다고 말한다. 갈라디아서 4장 5절에서도 같은 말을 한다. 비록 우리가 세상에 예속되어 있지만, "때가 차매" 하나님이 아들을 보내셔서 "율법 아래에 나게 하신 것은 율법 아래에 있는 자들을 속량하시고 우리로 아들의 명분을 얻게 하려 하심"이다. 우리가 더 이상 종이 아니라 아들이며 상속자인 것은 그리스도께서 율법 아래 있는 우리를 구속하셨기 때문이다(갈 4:6-7). 두 본문은 칭의와 마찬가지로 입양의 기초가 그리스도의 사역 안에서 발견됨을 알려준다.[13] 따라서 입양은 자연히 깊은 기독론적 특성을 담고 있다.[14] 입양은 그리스도의 사역에 근거하며, 물음 8-9에서 말하듯이 그리스도와의 연합과 밀접하게 연결된다. 그리스도와의 연합과 입양은 "상호보완적이다."[15]

구원의 서정상의 입양

입양에 관한 특정 구절을 읽을 때 입양과 중생(신생, 물음 15-17을 보라)을 동의어로 여길 위험이 있다. 두 개념은 긴밀히 연결되지만 실제로는 여러 이유에서 구분된다. 첫째, 중생이나 신생이 본성적인 변화인 데(즉, 우리는 새로운 피조물이 된다) 반해, 입양은 칭의와 마찬가지로 사법적 행위다.[16] 존 머레이가 분명히 밝히듯이, 입양은 "우리 속에서 새로운 본성이나 성품이 생기는 것이 아니라 새로운 신분이나 입지를 부여받는 것"이다. 입양은 "관계에 대한 것이며, 그 관계를 인식하며 함양할 수 있게 하는 태도나 성향에 대한 것이 아니다."[17] 중생에 있어서는 성령이 우리의 본성이나 기질을 새롭게 하신다. 입양에 있어서는 아버지께서 그의 자녀가 되는 권리와 특권을 새롭게 부여하신다. 더욱이 중생이나 신생이라는 말 자체가 입양과는 다른 의미를 나타낸다. 이 차이는 인간 사회에서 가족의 출생과 입양의 의미를 생각할 때 분명해진다. 전자는 엄마가 자신의 몸으로 자녀를 낳는, 즉 자연적인 출산인 반면 후자는 자녀가 혈통적인 자손은 아니지만 출생을 통해서가 아니라 법적 과정을 통해 가족의 일원이 된다.

더욱이 신약성경에서 입양은 신생과 직결되기보다는 구원 얻게 하는 믿음과 직결된다. 요한복음 서두에는 이런 내용이 나온다. "영접하는 자 곧 그 이름을 믿는 자들에게는 하나님의 자녀가 되는 권세를 주셨으니 이는 혈통으로나 육정으로나 사람의 뜻으로 나지 아니하고 오직 하나님께로부터 난 자들이니라"(요 1:12-13). 요한은 입양과 신생을 모두 언급하지만 서로 교환될 수 있는 것으로 말하지 않는다. 이들은 서로 구분된다.[18] 입양("하나님의 자녀가 되는 권리")은 믿음과 연관된다. 모든 믿는 자들은 하나님의 자녀가 되는 권리를 얻는다. 사람들이 믿고 하나님의 자녀가 되는 것은 이미 그들이 하나님에게서 태어났기 때문이며, 이는 사람의 뜻이 아니라 하나님의 뜻으로 된 일이다. 먼저 우리가 거듭나고(중생), 믿음(회심과 칭의)이 뒤따르며, 그 후에 입양이 이루어진다.[19] 예를 들면, 바울은 갈라디아 사람들에게 이렇게 말한다. "믿음이 오기 전에 우리는 율법 아래에 매인 바 되고 계시될 믿음의 때까지 갇혔느니라 이같이 율법이 우리를 그리스도께로 인도하는 초등교사가 되어 우리로 하여금 믿음으로 말미암아 의롭다 함을 얻게 하려 함이라 믿음이 온 후로는 우리가 초등교사 아래에 있지 아니하도다 너희가 다 믿음으로 말미암아 그리스도 예수 안에서 하나님의 아들이 되었으니"(갈 3:23-26). 믿음으로 의롭다 함을 받으므로 더 이상 율법에 종노릇하지 않고 그리스도 예수 안에서 하나님의 자녀다. 하나님께 입양되는 것은 믿음을 통해서며 믿음의 결과다. 그러므로 입양은 구원의 서정에 있어 회심의 결과다.[20]

그렇다면 칭의와 입양은 어떤 관계가 있을까? 둘은 긴밀히 연결된다. 사람이 하나님께 입양되는 것은 믿음을 통해서기 때문이다. 긴밀히 연결되지만 서로 구분된다는 점도 인식해야 한다. 중생을 통해 우리는 새로운 영적 생명을 얻으며, 칭의를 통해 그리스도 안에서 새 신분을 지닌 자로서 하나님 앞에 무죄한 것으로 선언된다. 죄가 사해졌고, 이제 우리는 거룩하신 하나님 앞에서 올바른 법적 신분을 얻었다. 그러나 입양을 통해 구원은 한 걸음 더 크게 내딛는다. 새로운 신분(칭의)을 지닌 새로운 피조물(중생)이지만, 입양을 통해 아버지와 더불어 새로운 관계를 맺고 그의 자녀로서 그리스도 예수 안에 있는 모든 신령한 복을 받아 누린다.[21]

그렇다면 죄인의 입양이란 칭의의 열매이며 칭의에 따른 자연적인 결과라고 말하는 것이 정확하다.[22] 윌리엄 아메스가 언급하듯이, "입양은 그 특성상 칭의에서 발견되는 화목을 필요로 하며 또한 그것을 전제로 한다. … 입양의 첫 번째 열매는 그리스도인의 자유이며, 이 자유를 통해 모든 신자는 율법과 세상의 속박에서 벗어난다."[23] 그러한 자유는 엄청난 특권을 수반한다. 구주의 의로 옷 입은 우리는 이제 왕의 자녀로서 구속함받은 모임에 참여한다. "그리스도 안에서 우리의 누더기 옷이 왕의 관복으로 바뀌었고, 우리는 아브라함, 이삭, 야곱과 함께 같은 식탁에 앉는다"며 호턴은 기뻐한다.[24] 의롭게 된 우리는 혼인 잔치에 합류한다. 왕이 친히 마련한 혼인 예복을 우리에게 입히셨기 때문이다(마 22:1-13; 참조, 사 61:10-11). 마치 탕자의 아버지처럼, 하나님 아버지도 우리가 미처 신앙을 고백하기도 전에 달려 나와서 제일 좋은 옷으로 입히시고 살찐 송아지를 잡아서 축하 잔치를 열어주신다(눅 15:22-23).[25] 법적으로 입양된 사람처럼, 이제 우리는 자녀로서 아버지 나라의 부요함을 즐긴다. 가장 큰 보배는 그분을 아는 것이다.

이렇게 결론지을 수 있다. 입양의 법적 근거는 칭의다(성화와 영화의 법적 근거도 마찬가지다). 입양 자체는 특성상 법적이면서 또한 관계적이다. 법적인 것은 관계적인 것의 근거다. 호턴은 이 점을 이렇게 설명한다. 입양은 "자신의 부모를 성공적으로 본받도록 자녀에게 주어진 목표가 아니며, 가족적인 특성이나 유전자를 주입한 결과도 아니다. 입양은 법적 신분상의 변화이며, 이 변화가 자녀의 정체성과 성품과 행동에 점차적으로 반영된다. 법정에서 법적 신분과 유업이 불변적으로 확보됨에 따라, 자녀는 유복한 미래를 안전하게 보장받는다."[26]

입양된 자녀로서 얻는 유익은 무엇인가?

하나님의 자녀로 입양되어 얻는 유익은 무엇일까? 많은 것이 있지만 열 가지만 생각해 보자.[27]

1. 이제 기도를 통해 아버지께 직접 나아갈 수 있다(마 6:9).
2. 하나님의 자녀로서 하나님을 아버지로 삼는다. 예전에는 하나님이 우리의 재판관이었지만, 믿음을 통해 은혜로 의롭게 되고 하나님의 가족으로 입양되었으므로 더는 심판에 처해 있지 않고 그분의 자녀다. 그러므로 아버지인 하나님과 사랑의 관계 속으로 들어간다. 이제 우리는 종이 아니라 자녀다(갈 4:7).
3. 하나님이 우리에게 성령을 주셨고, 성령은 우리가 하나님의 자녀임을 확신하게 하신다(롬 8:14-16). 더욱이 성령은 우리를 위로하며 그리스도인의 삶을 살 수 있는 힘을 주신다(눅 11:13).
4. 아버지는 우리에게 필요한 것을 살피신다(마 6:32).
5. 아버지께서 우리를 입양하셨기에 많은 좋은 선물을 부어주신다(마 7:11).

6. 자녀로서, 그리스도와 함께하는 공동 상속자로서(롬 8:17; 히 2:11-13), 우리는 영원하고 쇠하지 않고 썩지 않고 시들지 않는 하늘에 보관된 유업을 갖는다(벧전 1:4; 참조, 계 2:26-27; 3:21; 히 1:14).[28]

7. 입양된 자녀로서, 아버지께 나아가 우리 죄를 용서해 주실 것을 간구할 수 있으며(마 6:9-12), 아버지와의 관계가 회복될 것을 확신할 수 있다(요일 1:9; 3:19-22).

8. 하나님의 자녀로 입양된 자는 성령의 인도와 안내와 지시를 받는다(롬 8:14).

9. 하나님의 자녀로서, 더는 불신자로서 징벌받지 않고 거룩한 길로 행하는 우리의 모습을 보기 원하시는 아버지의 사랑의 징계를 받는다(히 12:5-10; 참조, 엡 5:1; 빌 2:15; 벧전 1:14-16; 요일 3:10).

10. 하나님의 자녀로 입양된 자는 그리스도의 고난은 물론 그의 영광도 공유할 것이다.

결론적으로 죄인이 얻을 수 있는 특권 중 하나님의 자녀로 선언되는 것보다 더 큰 것이 무엇이겠는가? 확실히 입양은 우리가 가장 큰 영예를 얻었음을 상기시킨다. 아담의 후손인 죄인임에도, 그리스도께서 행하신 일 덕분에 이제는 하나님의 자녀로서 영생을 포함한 하나님의 모든 약속을 유업으로 받았기 때문이다.

요약

우리가 전에는 하나님의 원수였지만 이제 그분의 자녀이자 상속자이고 가족의 구성원이며 가족으로 입양되었고, 또 우리를 위해 그리스도께서 값을 지불하고 사신 모든 유익을 얻는다고 성경은 말한다. 입양에는 '이미/그러나 아직'의 측면이 있다. 입양이 창세전에 예정되었고 성령의 능력으로 시간과 공간 속에서 열매를 맺지만, 궁극적인 성취와 완성은 우리 몸의 구속 때에 이루어질 것이다. 입양을 중생이나 칭의와 혼동해서는 안 되며, 중요한 면에서 둘과 구분해야 한다. 입양은 구원의 서정상 회심에 뒤따른다.

더 깊은 묵상을 위한 물음

1 입양 개념은 중생, 칭의, 성화와 어떻게 다른가?
2 하나님의 자녀로 입양된다는 것은 무엇을 뜻하는가? 그런 개념을 뒷받침하는 성경구절은 어디에 있는가?
3 하나님의 자녀로 입양됨으로써 얻는 유익은 무엇인가? 이것이 왜 의미심장한지 설명해 보라.
4 우리가 이미 하나님의 자녀로 입양되었다면, 무슨 의미에서 성경은 입양을 미래의 실재로도 언급하는가?
5 입양 이미지를 떠올릴 때, 당신을 하나님의 자녀로서 가족의 일원이 되게 하신 하나님께 대한 감사의 마음이 새로워지는가?

"구원은 여호와께 속하였나이다"
_욘 2:9

5부

성화, 성도의 견인 그리고 영화

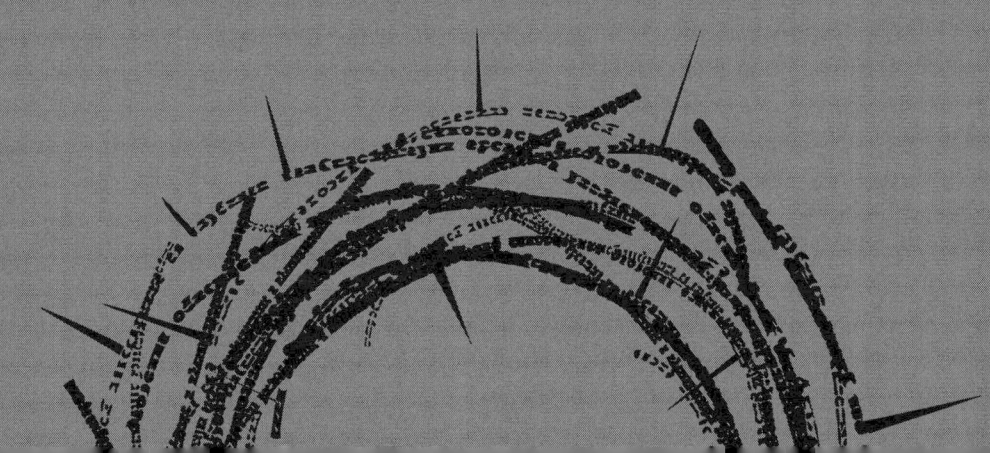

40 Questions
About
salvation

물음 28 / 확정적 성화와 점진적 성화의 차이는 무엇인가?

거룩이란 무엇인가? 성경에서 거듭 거룩하다고 하는(수 24:19; 시 99:5,9; 사 54:5; 렘 51:5; 계 4:8; 20:6) 하나님을 생각함으로써 거룩이 무엇인지 알 수 있다. 거룩하다는 묘사는 하나님께만 붙여진다(삼상 2:2). 다른 누군가가 하나님을 거룩하게 하지 못하며, 마치 예전에는 거룩하지 않으셨던 것처럼 거룩해지시는 것도 아니다. 하나님은 원래부터 거룩하시다.

이 말에는 두 가지 진리가 담겨 있다. 첫째, 하나님은 다른 모든 것과 구별되며, 영광 중에 초월해 계신다(사 6:1-5).[1] 창조주와 피조물 간의 구별이 있다. 하나님은 피조물 위에 계시며 피조물과 구별되신다. 둘째, 하나님은 완벽하게 순수하시며(윤리적 거룩성; 참조, 시 77:13; 사 5:16), 오염되고 부패하며 허물진 죄인들과는 현저히 대조되신다. 따라서 우리가 거룩해지려면 하나님의 개입이 있어야 한다. 하나님은 두 가지 방법으로 이 일을 행하신다. 우리를 거룩하게 구별하시며, 우리를 거룩해지게 하신다.[2]

두 가지 방법이란 확정적 성화와 점진적 성화를 말한다. 피터슨은 거룩을 정의하면서 이 두 가지 면을 시사한다. "거룩은 삶의 모든 영역에서 거룩하신 분의 성품을 드러내기 위해, 그분과의 관계를 위해 구별됨을 뜻한다."[3] 하나님은 "그리스도의 구속 사역을 통해 우리에게 주시는 거룩한 신분이 하나님의 성품과 뜻을 반영하는 삶으로 표현되기를 바라신다."[4]

확정적 성화와 점진적 성화

그리스도인들이 성화를 말할 때, 전형적으로 그들은 점차적으로 거룩해지는 평생의 과정을 염두에 둔다. 그러나 이 내적 갱신에 너무 성급하게 초점을 맞춰서는 안 된다. 마이클 호턴이 설명하듯, "은혜 안에서 거룩하게 쓰임받고 성장하는 것에 대해 말하기 전에, 먼저 성화가 우리를 세상에서 구별해내는 하나님의 행위임을 알아야 한다."[5] 호턴의 관점이 중요하다. 우리의 삶은 단지 좋은 사람이 되기 위해 개조되어야 하는 것이 아니다. 내적인 개조와 갱신은 구주 안에서 이미 우리에게 주어진 정체성에 부합하기 위한 것이다.[6] 이미 그리스도 안에 있는 자로서, 이제 우리는 그리스도처럼 되어가고 있다. 그러므로 우리가 하는 일은 신분에 부합해 가는 것이다. 신학적으로 표현하자면, 점진적 성화는 그리스도인으로서 삶이 시작될 때, 하나님이 행하신 명확하고 분명하며 즉각적인 행위인 확정적 성화를 기반으로 한다. 거룩한 존재로 이미 선언되었기 때문에, 이제 거룩한 방식으로 살아야 한다.[7] 우리는 구별되기 위해 거룩해진 것이 아니라, 하나님에 의해 거룩하게 구별되었고 그래서 거룩한 방식으로 살 수 있다. 피터슨이 말하듯이, "신자들은 하나님의 영광을 위해 헌신되고 거룩한 삶을 살도록 하나님께 확정적으로 성별되었다."[8] 패커가 설명하듯이, "성화에 대해 말할 때 보통 염두에 두는 인격적 변화의 기저에는 성별된 신분의 거룩이 있다."[9]

이 순서와 구별은 성경 전반에서 발견된다. 호턴은 "히브리어와 헬라어 모두에서, '거룩하게 하다'로 번역되는 동사의 어근은 '자르다'라는 뜻"이라고 설명한다. "하나님의 거룩하게 하시는 행위는 그분 자신의 용도를 위해 사람이나 장소나 물건을 보통의 상태에서 따로 분리해내는 것이다."[10] 확정적 성화로 말하자면, 우리는 그리스도의 희생과 그가 흘리신 새 언약의 피로 말미암아 구별되었다(히 10:29). 히브리서 기자가 말하듯이, "예수 그리스도의 몸을 단번에 드리심으로 말미암아 우리가 거룩함을" 얻었다(히 10:10). 구주께서 "자기 피로써 백성을 거룩하게 하려고 성문 밖에서 고난을" 받으셨다(히 13:12). 그리스도께서 "교회를 사랑하시고 그 교회를 위하여 자신을 주심"으로써 교회를 "거룩하게" 하셨다고[*하기아세*] 바울이 에베소 사람들에게 편지할 때도(엡 5:25-26) 유사한 내용을 염두에 두었다.

그리스도의 희생의 결과로, 우리를 사로잡은 죄와 사망의 지배력이 깨뜨려졌다. 더는 죄가 예수 믿는 자를 지배하지 않는다. "그러므로 이제 그리스도 예수 안에 있는 자에게는 결코 정죄함이 없나니"(롬 8:1). 이제는 새 주인을 섬기기 위해 "성도"(롬 1:7)로, "그리스도 예수 안에서 거룩"해진 자들(고전 1:2)로 구별되었다.[11] 죄의 지배에서 벗어나, 우리는 부활하신 왕의 지배에 속한다. 더는 죄의 지배를 받지 않지만, 새로운 지배의 최종적인 성취는 여전히 미래의 사실이다. 새로운 정체성은 이 덧없고 사악한 세상과는 무관하지만, 우리는 여전히 이 세상에서 살아간다.[12] 성화에는 '이미/그러나 아직'의 긴장이 있다. 우리는 확정적으로 성화되었지만, 점진적으로 성화되는 과정에 있다. 그리스도의 십자가로 죄의 지배가 깨뜨려졌지만 여전히 세상에서 살아가며, 우리 속에 존재하며 지속되는 죄의 영향이 근절되는 것은 주의 재림 때다. 전쟁은 승리로 끝났고 하나님의 성도로서 새로운 시민권을 얻었지만, 죄에 대항하는 전투는 최종적 갱신과 영화의 때까지 우리 속에서 계속 진행된다.[13] 우리는 성도지만(확정적 성화), 정결해지는 과정이 필수적이다(점진적 성화). 거룩은 하나님의 선물이자 하나님의 명령이다(롬 12:1; 고후 7:1; 엡 1:4; 2:10; 5:25-26; 벧전 1:15-16; 살전 4:3,7; 5:23).[14]

성경은 성화의 이 같은 양면을 보여준다. 고린도전서 서두에서 바울은 "고린도에 있는 하나님의 교회 곧 그리스도 예수 안에서 거룩"해진 자들이라며 수취인을 밝힌다(1:2; 참조, 1:30).[15] 이 서신의 뒷부분에서 불의한 자들이 하나님나라를 유업으로 받지 못함을 강력히 확언한 후에, 바울은 "너희 중에 이와 같은 자들이 있더니 주 예수 그리스도의 이름과 우리 하나님의 성령 안에서 씻음과 거룩함과 의롭다 하심을 받았느니라"고 말한다(6:11). 두 구절 모두에서 바울이 즉각적이며 단번에 일어난 과거의 한 사건, 즉 성화를 가리키는 표현을 사용함을 문법을 통해 알 수 있다(참조, 행 20:32; 26:18).[16] 반면 사도 바울은 성령의 전인 몸을 더럽히는 성적 부도덕에서 벗어날 것을 고린도인들에게 여러 차례 당부한다(고전 6:12-20). 이는 점진적 성화의 필요성을 시사한다("그런즉 너희 몸으로 하나님께 영광을 돌리라," 6:20). 아마 바울은 더 많은 열매를 맺게 하기 위해, 아버지께서 그리스도(포도나무) 안에 있는 모든 가지를 가지치기한다고 하신 예수님의 말씀(요 15:2)을 염두에 두었을 것이다. 이어서 예수님은 "너희는 내가 일러준 말로 이미 깨끗하여졌으니"라고 말씀하셨다(15:3).

확정적 성화는 신약성경 기자들에게 핵심 개념임이 분명하다. 그 개념이 분명하게 언급되든 아니면 대개 본문의 문법을 통해 조용히 암시되든, 확정적 성화는 신약성경의 도처에서 발견된다(행 20:32; 26:18; 롬 15:16; 고전 1:2,30; 6:11; 엡 5:25-27; 살전 4:7; 살후 2:13-15; 히 10:10,14; 벧전 1:2). *Possessed by God: A New Testament Theology of Sanctification and Holiness*(하나님께 붙들림: 성화와 거룩에 대한 신약신학)이라는 책에서, 신약학자 데이비드 피터슨은 신약성경 기자들이 헬라어 동사 '하기아제인'(거룩하게 하다)을 사용한 것이 항상 "윤리적 진전 과정을 가리키기" 위함은 아님을 설명한다. 오히려 그들은 "하나님이 그들을 자신의 소유와 거룩한 백성의 구성원으로 삼으신 사실"을 강조한다. "하나님이 그들을 돌이켜 믿음과 사랑 안에서 그에게로 이끄셨다"는 사실을 강조한다.[17]

성화와 관련한 인내와 진전이 확정적 성화에 근거한다면(우리는 그렇게 믿는다), 그 사실은 그리스도인의 삶을 어떻게 살아야 하는지를 의미심장하게 암시한다고 피터슨은 통찰력 있게 설명한다.

하나님은 성화된 사실을 우리의 삶을 통해 표현할 것을 요구하시지만, 우리가 하나님 앞에 올바로 설 수 있는 것은 그분의 기대에 부응하는 삶을 사는 정도에 달린 것이 아니다. 오직 그분의 은혜에 달려 있다. 유혹에 짓눌리고 실패를 자각하고서 엎드러진 자들은 그리스도 안에서 행하시는 하나님의 확정적인 성화 사역을 상기해야 한다. 이 사역을 통해 하나님은 우리를 거룩한 백성으로 확고히 세우셨다. 이 사실에 근거하여, 그들은 소망 중에 나아가며 그리스도의 희생으로 인한 유익을 다시금 믿음으로 붙들어야 한다. 높임받으신 주님께 담대히 나아갈 때, 우리는 항상 긍휼을 입으며 "때를 따라 돕는 은혜를" 발견할 수 있다(히 4:16).[18]

성화의 특성

지금까지 확정적 성화에 관심을 기울였다. 점진적 성화에 대해서는 어떻게 이해해야 할까? 영어 단어 sanctify는 '거룩하게 하다'라는 뜻이다.[19] 점진적 성화에 적용해 보면, 거룩해진다는 것은 의식적으로 죄에서 분리되고 구별되어 하나님과 하나님나라를 위해 바쳐진다는 뜻을 내포한다(요 17:17; 롬 6:19,22; 고후 7:1; 살전 4:3,4,7-8; 딤후 2:21).[20] 그것은 성령에 의해 거룩하게 되는(성화되는) 일평생의 과정이며, 성령은 죄의 부패성에서부터 우리를 구원하시고 참되고 완전한 하나님의 형상으로, 구주 예수 그리스도의 형상으로 우리의 성품을 새롭게 변화시키신다.[21] 점진적 성화를 이렇게 정의할 수 있다. "그것은 의롭다 함을 받은 죄인을 죄의 오염에서 구원하고 성품 전체를 하나님의 형상으로 새롭게 하며, 또한 그로 하여금 선한 일을 행할 수 있게 하는 성령의 은혜롭고 지속적인 작용이다."[22] 이 성령의 사역은, 중생과는 달리 우리의 적극적인 참여를 수반한다. 하나님을 기쁘시게 하며 영화롭게 하는 방식으로 살기 위해 매일 죄에 대해 죽는다. 이 일평생의 과정에서 목표는 하나님의 완벽한 형상이신 구주 예수 그리스도의 형상으로 변화되는 것이다. 성화는 하나님이 우리를 거룩하게 하시는 것이다.[23]

추가적인 설명이 필요하다. 성화나 거룩을 언급할 때 단지 도덕적 개선이나 올바름만을 염두에 두지는 않는다. "사람이 도덕적으로 크게 개선되었음을 자랑하지만 성화에 대해서는 전혀 모를 수도 있다"고 벌코프는 경고한다.[24] 거룩과 성화에 대한 성경적인 개념은 훨씬 더 많은 것을 담고 있다. 도덕적 개선도 염두에 두지만, 항상 "하나님과 관련되고, 하나님을 위하며, 또한 하나님을 섬기는 일과 연관된다."[25]

이어지는 다음 장에서 성화 교리를 고찰하겠지만, 여기서는 우리 안에서 작용하는 하나님의 성화 사역의 특성에 해당하는 몇 가지 요소를 앞의 정의에 근거하여 살펴보고자 한다.[26]

첫째, 성화는 성령의 사역이며, 따라서 우리 안에서 행하시는 하나님의 은혜롭고 초자연적인 사역이다. 표면상으로는 성화가 우리의 일인 것 같지만, 물음 30에서 보듯이 성화는 하나님의 사역이다. 우리의 노력이 수반되는 건 분명하다. 죄를 죽이고 하나님을 위해 살아야 한다. 그러나 그렇게 할 수 있는 것은 하나님이 우리 안에서 일하시기 때문이다(갈 5:22; 엡 3:16; 골 1:11; 살전 5:23; 히 13:20-21). 성령이 죄의 부패성에서 우리를 구원하시며, 우리의 성품을 하나님의 형상으로 새롭게 하기 위해 우리 안에서 그리고 우리를 통해 일하신다. 성화는 하나님의 은혜로 인한 것이다. 우리가 일하는 것은 하나님이 우리 안에서 은혜롭고 강력하게 일하시기 때문이다.

둘째, 성화는 옛 사람을 벗고 부단히 또 정규적으로 죄를 죽이는 일을 수반한다. 성화는 죄악된 욕구를 죽이고(롬 6:5-14; 골 3:1-4,7-10), 본성의 부패성과 오염을 죽이며 제거하는 일을 수반한다(갈 5:24). 이는 그리스도인으로서 죄의 유혹에 저항할 뿐 아니라 죄악된 성향을 감지할 때, 그것을 적극적으로 억제하며 성령의 도우심으로 경건한 성향과 습관을 함양함도 뜻한다. 성령을 강조하는 것이 핵심이다. 이것은 자신의 힘으로 하는 그 무엇이 아니다. 존 오웬이 말했듯이, "다른 모든 금욕 방법은 헛되고, 다른 모든 도움은 무익하다. 성화는 오직 성령으로 이루어져야 한다. 사도 바울이 로마서 9장 30-32절에서 암시하듯이, 사람들은 늘 그랬듯 다른 원칙과 다른 방편으로 이 일을 시도할 수도 있다. 그러나 바울은, '그것은 성령의 사역이다. 오직 그분을 통해서만 이루어질 수 있고, 다른 어떤 힘으로

도 되지 않는다'고 말한다."²⁷

셋째, 성화는 새 사람을 입고 하나님 말씀에 순응하여 그리스도의 형상으로 새로워짐을 수반한다. 옛 사람을 제거하는 것으로는 충분하지 않다. 새 사람을 입고 선한 일을 행해야 한다(엡 4:17-24,25-32; 골 3:12-17). 절제와 마찬가지로 영적 활력도 성령의 사역에 따른 것이며, 이를 통해 더욱 구주를 닮아간다.

넷째, 성화는 일평생의 과정이다. 물음 33에서 설명하듯, 성경은 신자가 이 세상에서 완전한 성화 상태에 도달한다고 가르치지 않는다. 성경 곳곳에서는 그리스도인이 이 세상에서 무죄 상태에 도달했거나 도달할 것이라고 말하지 않는다(빌 3:14-15; 약 3:2; 요일 1:8,10). 거룩해지는 것은 점진적인 과정이며, 영화에 이르러서야 완성될 일이다.

성경은 그리스도인이 이 세상에서 전투에 참여하고 있으며(갈 5:16-17), 거룩해지는 과정이 즉각적이기보다는 점진적이라고 말한다(롬 12:2; 엡 4:11-16; 벧전 2:2; 벧후 3:18). 중생이 새로 태어남이고 영화가 완벽하게 성숙해지는 상태라면, 성화는 성장이라 불리는 중간 단계에 해당한다.²⁸ 영화에 이르기 전까지는 언제나 더 성장할 부분이 있다. 그리스도인이 완벽한 신분을 가졌지만(칭의), 도덕적 성품에 있어서는 마지막 날에(영화) 이르기 전까지는 여전히 불완전하다(성화).

네 가지를 염두에 두고서, 청교도인 존 오웬의 말을 인용함으로써 마무리 짓고자 한다. 그는 신자의 성화를 통찰한 사람 중 가장 유명할 것이다. "성화는 신자의 영혼에 작용하시는 하나님의 영의 직접적인 사역이며, 오염과 더러운 죄로부터 그들의 성품을 정결케 하고, 그 속에 하나님의 형상을 새롭게 하며, 그래서 예수 그리스도의 삶과 죽으심 덕분에 영적이며 습관적인 은혜의 원칙을 통해, 새 언약의 취지와 조건에 따라 그들로 하여금 하나님께 복종할 수 있게 한다."[29]

요약

확정적 성화는 하나님이 우리를 거룩하게 구별하시는 때인 신앙생활의 시초에 일어난다. 거룩하게 변하는 것은 신분상의 거룩에 근거해서다. 반면 점진적 성화는 성령께서 하나님의 은혜를 통해 우리의 성품을 하나님의 형상으로 새롭게 하심으로써, 부패성이나 죄의 오염에서 구원하시는 행위다. 이 성령의 사역은 중생과 달리, 하나님을 기쁘시게 하며 영화롭게 하는 삶을 위해 매일 죄에 대해 죽는 우리의 능동적인 참여를 수반한다. 일평생 진행되는 이 과정의 목표는 하나님의 완벽한 형상이신 구주 예수 그리스도의 형상에까지 이르는 것이다. 성화는 하나님이 우리를 거룩하게 하시는 것이다.

더 깊은 묵상을 위한 물음

1 확정적 성화와 점진적 성화의 주요 차이점은 무엇인가?
2 거룩으로의 내적 변화가 우리의 신분적 거룩과 분리되면 안 되는 이유는 무엇인가?
3 점진적 성화의 핵심 요소는 무엇인가?
4 성화의 초점을 하나님께 맞출 때, 성화를 단지 자신의 도덕적 개선으로 여기려는 생각을 어떻게 방지하게 되는가?
5 성화가 은혜로 말미암는다고 말할 수 있는가?

물음
29 / 칭의와 성화의 차이는 무엇인가?

    물음 2-3에서 원죄가 죄책과 부패성 또는 오염으로 이루어져 있음을 배웠다. 이 구분은 칭의와 성화 간의 차이를 이해하는 데 핵심이 된다. 칭의가 죄책을 다루는 반면 성화는 부패성을 다룬다.

    죄책은 하나님 앞에서의 법적 신분과 관련된다. 아담의 후손과 능동적인 율법 파기자로서, 우리는 영원한 정죄의 징벌을 받아 마땅하다. 그러나 하나님은 풍성한 은혜로 죄책을 그리스도께 전가하여 징벌을 대신 담당하게 하셨다. 오직 그리스도를 믿는 믿음에 근거하여 그리스도의 완벽한 의(순종)가 우리 것으로 전가되었다. 그래서 하나님은 우리가 죄 없고 의롭다고 선언하셨다. 바울도 감격적인 어조로 "그러므로 이제 그리스도 예수 안에 있는 자에게는 결코 정죄함이 없나니"라고(롬 8:1) 말할 수 있었다.[1]

    부패성이나 오염에 대해서는 어떠한가? 그것이 어떻게 제거될까? J. I. 패커에 따르면, 성경은 우리의 죄책이 사함받아야 할 뿐 아니라 우리의 더러움도 정결해져야 한다고 말한다.[2] 아담의 후손으로서 우리는 그의 부패한 본성을 물려받는다. 설상가상으로 죄를 지을 때마다 오염된 본성에 따라 행동한다. 성화를 고려할 때 주안점이 바로 이것이다. 중생 때 불이 붙어 평생토록 지속되는 성화는 성품이 새로워지고 변화되는 과정이다. 칭의가 단번에 이루어지는 법적 선언인 반면, 성화는 지속적이고 점진적이며 일평생 진행되는 과정이다. 이 과정을 통해 성령이 죄의 오염을 제거하고 구주의 형상으로 우리를 변화시키신다(엡 4:20-24).[3] 성화의 목표는 하나님 여호와께서 거룩하신 것처럼 우리도 거룩해지는 것이다(레 19:2). 그리스도를 믿는 믿음과 성령의 능력으로 죄에서 돌이키고 하나님께 순종할 때마다 그 목표에 다가간다.

이 차이를 염두에 두고서 다음 도표를 살펴보자.[4]

칭의와 성화의 핵심적인 차이점

칭의	성화
죄책을 제거한다	죄의 오염을 제거한다
하나님의 법정에서, 죄인의 외부에서 이루어진다	내면에서 이루어지며, 전인을 점차적으로 변화시킨다
의롭다고 선언되며, 죄악의 기록이 사해지고, 그리스도의 의가 죄인에게 전가된다	의롭게 되며, 죄를 극복하고, 거룩으로 나아가는 활력을 얻는다
하나님 자녀의 권리를 회복하고 영생을 얻는다	그리스도 안에서 신자를 새롭게 하여 하나님의 형상을 닮아가게 한다
(지속적인 결과와 유익이 따르지만) 즉각적이며 완료된 단번의 행동이다	일평생의 점진적인 과정이며 영화를 통해서만 완료된다
신자는 단지 그리스도와 그의 유익을 받아들이며 거기에 의존한다	신자는 일하되 다만 그의 안에서 하나님이 일하시므로 일한다
모든 신자는 같은 신분을 지닌다	신자는 거룩의 성숙도에 있어 다르다[5]

이 같은 대조사항을 고려하여 양자를 적절히 구분해야 한다. 칭의는 그리스도인의 삶과 성화의 기초(기점)일 수 있지만, 성화의 목표(도달점)일 수는 없다.[6]

이중의 은혜와 그리스도와의 연합: 구원의 서정상의 성화

칭의와 성화 간의 구분을 염두에 둘 때, 구원의 서정(오르도 살루티스)에서 성화를 어디에 두어야 할까? 구원의 황금사슬에서 성화는 칭의 뒤에 위치한다. 이것은 의도적인 배치다.

칭의가 성화의 기초이며 그 반대는 될 수 없다. 법적인 것이 변화되는 것의 근거가 되며, 직설법적인 내용이 명령법적인 내용의 근거가 된다(롬 6:12-14를 보라). 항상 성화가 그 원인인 칭의에서 비롯된다. 칭의가 성화에서 비롯되는 것이 아니다. 존 칼빈이 말했듯이, "믿음으로 얻는 칭의는 의의 행위의 시작과 기초와 원인과 증거와 바탕이다."[7] 그리스도 안에서 올바로 서는 것(칭의)은 우리의 행위를 유발하는 믿음의 근거이자 동기이기도 하다. 마이클 호턴이 말하듯, "로마 가톨릭에서는 의롭다 하시는 하나님의 판결이 우리의 신실한 협력에 대한 장래의 보상이라고 주장하지만, 복음주의적 신앙은 이 판결이 우리의 신실한 반응을 유발하는 현재적 선물이라고 가르친다. 우리는 미래를 확보하기 위해서가 아니라 확보된 현재로 인해 사역한다."[8]

칭의와 성화의 순서가 바뀌면 엄청난 문제가 생길 것이다.[9] 죄와 자신의 불완전한 본성과 싸워야 하므로, 신자는 하나님과의 올바른 관계에 서 있는 것인지 결코 확신하지 못할 것이다. 이 경우에 그가 올바로 서는 것은 오직 그리스도의 사역에 달린 것이 아니라 자신의

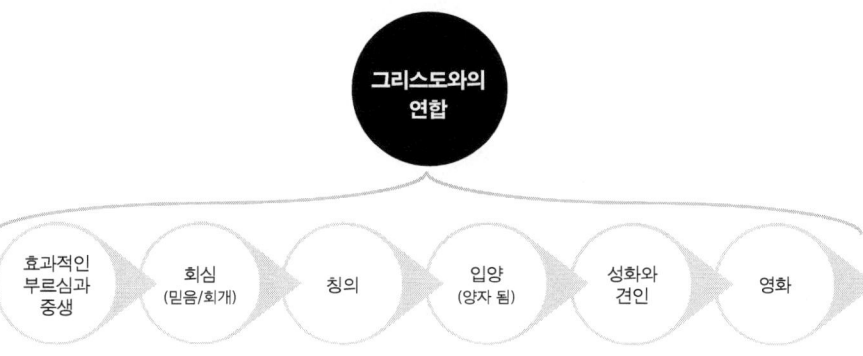

행위에 달려 있다.

따라서 칭의와 성화를 주의 깊게 구분해야 하며, 칭의를 성화의 원인과 기초로 보아야 한다.[10] 그러나 이 둘을 서로 분리할 수는 없다. 불가분적으로 연결되어 있기 때문이다. 그리스도와의 연합으로 이중의 은혜(칼빈이 사용한 표현)가 탄생하며, 그래서 우리는 그리스도의 의를 통해 하나님과 화목할(이제 정죄하는 재판관이기보다는 은혜로운 아버지이심) 뿐 아니라, 그리스도의 영으로 거룩해져서 더욱 경건하고 거룩하고 흠이 없고 순수해지는 매일의 삶을 살아간다.[11] 칼빈은 "그리스도께서 어떤 사람을 의롭게 하실 때는 반드시 거룩하게도 하신다. 두 가지 유익은 영원히 분리될 수 없도록 결합되어 있다"[12]고 말한다.

그리스도와의 연합에서 비롯되는 이중의 은혜는 그리스도의 언약적 사역이 갖는 이중의 특성에 부합한다. 로마서 5장에서 바울은 그리스도를 둘째 아담이라 지칭한다. 첫째 아담이 머리로서 행위 언약 준수에 실패함에 따라 죄책과 부패성이 후손에게 전가된 반면, 둘째

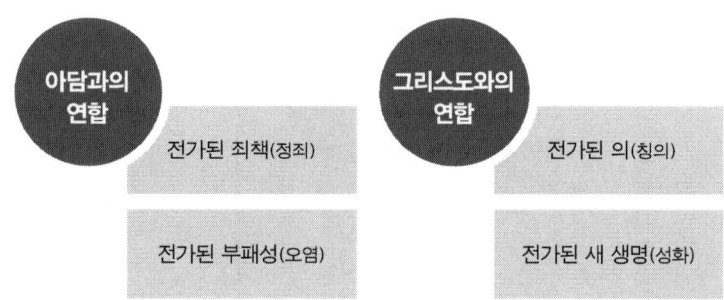

아담은 새 언약에 순종하고 대속의 죽음을 당함으로써 그를 믿는 자에게 새 생명과 의가 전가된다. "그리스도 안에서 우리는 칭의와 새 생명을 얻는데, 그 의는 우리에게 전가된 이질적인 의며 그 생명은 우리에게 전가된 그리스도 자신의 부활 생명이다." 또 호턴은 "하나님과의 화평을 보장하는 것은 부분적인 성화가 아니라 오직 완벽한 칭의"(롬 5:1)라고 말한다.[13]

거룩으로 향하는 길의 양편에 있는 두 도랑: 율법주의와 율법폐기론

균형이 중요하다. 한편으로는 칭의와 성화를 혼동하는 로마 가톨릭의 오류를 피해야 한다(로마 가톨릭에서는 오직 은혜와 오직 믿음이라는 주장에 대해 절충적인 입장을 보이며, 성화 속에 칭의가 포함된 것으로 본다). 또 한편으로는 성화를 칭의와 분리하지 않도록 주의해야 한다. 그렇게 분리할 경우, 칭의는 하나님의 은혜로 인한 것으로 이해되지만 성화는 인간 노력의 산물이 된다.[14] 칭의는 은혜와 관련되지만 성화는 행위와 관련될 뿐이다. 성화는 우리의 능동적인 참여와 노력과 선행을 수반한다는 점에서 칭의와 다르다. 칭의는 이를 수반하지 않는다. 그러나 성화도 하나님의 은혜로 인한 것이다. 더 엄밀히 말하자면, 성화를 이루어 가는 것은 하나님이 우리 안에서 또한 우리를 통해 일하시기 때문이다. 결국 거룩에 이르는 것은 하나님의 은혜를 통해서다. 바울이 갈라디아 사람들에게 엄하게 상기시켜야 했던 것이 바로 이 원칙이다(갈 3:3).

이 균형을 잘 유지할 때, 성화 교리는 길 양편에 있는 율법주의와 율법폐기론이라는 두 도랑에 빠지지 않을 것이다. 호턴에 따르면, 이 둘은 하나님을 우리의 충성을 받을 자격이 없는 우주적인 폭군으로 여기도록 설득하려 한다.[15] 이들을 하나씩 살펴보자. 율법주의자는 성화 과정에서 하나님의 은혜를 빼버린다. 그는 누가복음 18장에서 자신의 의를 과시하며 기도하는 바리새인과 같다. "하나님이여 나는 다른 사람들 곧 토색, 불의, 간음을 하는 자들과 같지 아니하고 이 세리와도 같지 아니함을 감사하나이다 나는 이레에 두 번씩 금식하고 또 소득의 십일조를 드리나이다"(18:11-12).

율법주의적인 그리스도인은 오직 은혜로 오직 믿음을 통해 그리스도께 연합된 자로서 그리스도를 본받는 삶을 살지 못한다. 호턴에 따르면, 그리스도의 구원 사역의 실재에 근거하여 살아가기보다는 도덕적인 노력으로 그리스도의 본보기에 맞춰 살아가려 한다.[16] 그는 여전히 율법 아래 있는 것처럼 행동한다. 또 율법 자체가 의롭게 하며 거룩하게 하는 힘을 가지고 있는 것 같은 그릇된 생각을 하게 된다. 그러나 누가복음 18장의 바리새인처럼, 율법주의자는 자신의 위선에 눈이 먼다. 다른 모든 사람이 볼 수 있는 것을 보지 못한다. 그는 스스로 의롭다. 그는 율법을 완벽하게 지키지 못한다. 또 칭의를 위해서는 물론이고 성화를 위해서도 하나님의 은혜에 전적으로 완전히 의존하지는 않는다고 생각한다. 확실히 율법은 그리스도인의 삶에서 둘도 없는 역할을 하지만, 율법주의자는 율법의 역할만이 아니라 그 능력도 왜곡한다. 이것이 영광으로 나아가는 길의 한 편에 있는 도랑이다. 성경이 말하듯 성화마저 은혜로 이루어짐을 상기함으로써 그 도랑을 피할 수 있다.

율법폐기론자는 자신이 더 이상 율법 아래 있지 않고 은혜 아래 있으므로 하나님의 명령과는 관계가 없다고 생각한다. 이제 율법이 마음에 기록되어 있다는 것을 잊었다(렘 31:33; 히 10:16). 우리는 더 이상 율법의 정죄를 당하지 않는다. 그리스도의 완벽한 순종이 우리 것으로 전가되었기 때문이다. 그리스도를 믿는 믿음으로, 죄 없고 의로운 자로서 하나님 앞에 서 있다. 에베소서 2장 8-9절에서 바울은 이르기를, "너희는 그 은혜에 의하여 믿음으로 말미암아 구원을 받았으니 이것은 너희에게서 난 것이 아니요 하나님의 선물이라 행위에서 난 것이 아니니 이는 누구든지 자랑하지 못하게 함이라"고 한다. 그러나 율법폐기론자는 이어지는 바울의 생각을 파악하지 못한다. 다음 절에서 바울은 "우리는 그가 만드신 바라 그리스도 예수 안에서 선한 일을 위하여 지으심을 받은 자니 이 일은 하나님이 전에 예비하사 우리로 그 가운데서 행하게 하려 하심이니라"고 덧붙인다(2:10). 오직 은혜로 오직 믿음을 통해 구원받지만, 그 은혜와 믿음은 항상 선한 일로 이어진다. 그러므로 그리스도인의 거룩한 삶에는 하나님의 명령에 대한 순종이 절대적으로 필요하다. 선택적인 것이 아니라 필수적이다. 복음과 이신칭의의 직설법은, 뒤따르는 성화의 명령법을 배제하는 것이 아니라 그것의 수원(fountain head)이다. 하나님의 명령에 대한 순종은 더 이상 하나님 앞에 법적으로 올바로 서게 하는 기초가 아니라, 의롭게 하는 믿음의 자연적이며 필수적인 열매다. 우리의 새 마음이 하나님 사랑과 이웃 사랑이라는 가장 큰 두 계명을 지킴으로써 열매를 맺는다(마 22:37-40).[17]

사도 바울은 로마서 6장에서 율법주의와 율법폐기론을 모두 경계한다. 그는 우리가 그리스도의 죽으심과 부활에 연합되었다는 위대한 소식을 설명하면서 6장을 시작한다(6:4-5). "우리의 옛 사람이 예수와 함께 십자가에 못 박힌 것은 죄의 몸이 죽어 다시는 우리가 죄에게 종노릇 하지 아니하려 함"이라고 그는 말한다(6:6). 그러나 중요한 것은 그리스도의 죽으심만이 아니다. 그의 부활도 중요하다. "만일 우리가 그리스도와 함께 죽었으면 또한 그와 함께 살 줄을 믿노니 이는 그리스도께서 죽은 자 가운데서 살아나셨으매 다시 죽지 아니하시고 사망이 다시 그를 주장하지 못할 줄을 앎이로라"(6:8-9). 죽음이 더 이상 그리스도를 지배하지 못한다면, 그리스도께 연합된 자도 죽음의 지배에서 벗어나 있다. 혹은 바울이 설명하듯이, "그가 죽으심은 죄에 대하여 단번에 죽으심이요 그가 살아 계심은 하나님께 대하여 살아 계심이니 이와 같이 너희도 너희 자신을 죄에 대하여는 죽은 자요 그리스도 예수 안에서 하나님께 대하여는 살아 있는 자로 여길지어다"(6:10-11).

이 구절에서 복음의 직설법을 본다.[18] 우리는 그리스도와 함께 죽었고 그리스도와 함께 살아났다. 그 사실에 기초하여 바울은 명령법을 제시할 수 있다. "그러므로 너희는 죄가 너희 죽을 몸을 지배하지 못하게 하여 몸의 사욕에 순종하지 말고 또한 너희 지체를 불의의 무기로 죄에게 내주지 말고 오직 너희 자신을 죽은 자 가운데서 다시 살아난 자같이 하나님께 드리며 너희 지체를 의의 무기로 하나님께 드리라 죄가 너희를 주장하지 못하리니 이는 너희가 법 아래에 있지 아니하고 은혜 아래에 있음이라"(6:12-14). 이 말씀은 진지한 현실 진단이자 정체성 진단이기도 하다. 우리가 그리스도 안에 있으면, 새 정체성이 새로운 삶의 방식을 요구한다. 이제 더 이상 아담 안에 있지 않고 그리스도 안에 있으므로, 죄가 새 언약의 머리이신 그리스도 예수를 지배하지 못하듯 우리도 지배하지 못한다. 따라서 더 이상 죄가 우리의 주인이 아니다.

로마서 6장에는 복음의 직설법과 거룩한 삶의 명령법이 두루 수놓아져 있다. 여기서 그리스도 안에 있는 우리의 정체성(예수님과의 연합)이 바울의 명령을 위한 기초임을 발견한다. 바울이 그리스도의 방식에 따라 살 것을 명하는 것은 우리가 그리스도와 함께 죽고 함께 살아났기 때문이다. "실천적인 거룩은 이미 하나님이 십자가에서 사형선고를 내리신 것을 우리의 삶 속에서 실제로 '죽이는 것'(억제)을 수반하며, 또한 우리에게 주어진 새 생명을 내주하시는 그리스도를 통해 살아냄(소생 또는 열망)을 수반한다."[19] 율법주의와 율법폐기론은 바울의 메시지를 손상한다. 율법주의의 결함은, 율법 아래 있지 않고 은혜 아래 있는 자로서 그리스도 안에서 갖는 새 신분을 무시하기 때문이다(롬 6:14). 율법폐기론이 지나친 견해인 이유는, "법 아래 있지 않고 은혜 아래에" 있다는 말씀을 듣고서 하나님의 명령에 순종하는 것을 시대에 뒤떨어진 일로 간주하기 때문이다. 율법폐기론자들 중에는 죄가 허용될 수 있다고까지 말하는 이도 있다. 바울은 이 같은 움직임을 예상하고서, "그런즉 어찌하리요 우리가 법 아래에 있지 아니하고 은혜 아래에 있으니 죄를 지으리요 그럴 수 없느니라"고 반박한다(6:15). 이어서 우리가 죄의 종이거나 의의 종임을 설명한다. 죄에 순종하면 죄의 종이며 죄가 우리를 죽음으로 이끈다(6:16).

그러나 우리는 더 이상 죄의 종이 아니다. 죄에서 벗어났다. 그것은 순종을 위한 자유다. 역설적이게도 참된 자유는 복종을 수반하지만, 그것은 의에 대한 복종이다(6:17-18). "십자가에 달리고 부활하신 주 예수께 속한 자들은 더 이상 죄의 종으로서 무기력하게 살아갈 필요가 없다"[20]고 피터슨은 말한다. 바울은 율법폐기론을 위한 여지를 남기지 않는다. 새 정체성과 새 주인을 고려할 때 우리의 임무는 분명하다. "전에 너희가 너희 지체를 부정과 불법에 내주어 불법에 이른 것같이 이제는 너희 지체를 의에게 종으로 내주어 거룩함에 이르라"(6:19). "그러나 이제는 너희가 죄로부터 해방되고 하나님께 종이 되어 거룩함에 이르는 열매를 맺었으니 그 마지막은 영생이라"고 바울은 결론짓는다(6:22).

로마서 6장에서는 복음을 적절히 이해해야만 길의 양편에 있는 도랑을 피할 수 있음을 분명히 알려준다. 호턴은 설명한다. "율법폐기론자는 복음을 너무 편협하게 본다. 마치 복음이 화재보험인 것처럼 생각하고, 그리스도와의 연합에 따르는 의무를 망각한다. 반면 율법주의자는 복음을 율법으로 전환시킨다."[21] 바울은 두 오류에 굴복하기를 거부한다. 그는 복음으로 되돌리며, 십자가에 달리고 다시 사신 그리스도와의 연합을 상기시킴으로써, 의로운 법적 신분과 지속적이며 도덕적인 갱신이 어떻게 연관되는지 적절히 이해하게 한다.

요약

칭의는 우리의 죄책을 제거한다. 성화는 우리의 오염을 제거한다. 칭의는 신분과 관련한 법정적 법적 선언이다. 성화는 성품에 일어나는 도덕적 변화와 갱신이다. 칭의는 하나님의 법정에서, 죄인의 외부에서 일어난다. 성화는 내부에서 일어나며 점진적으로 전인을 변화시킨다. 칭의는 우리가 의롭다고 선언되며, 죄악이 용서되고, 그리스도의 의가 우리 것으로 전가됨을 뜻한다. 성화는 우리가 죄를 억제하고 거룩을 북돋움으로써 의로워짐을 뜻한다. 칭의는 하나님의 자녀로서의 권리를 회복시킨다. 성화는 그리스도 안에서 하나님의 형상에 부합하도록 우리를 새롭게 한다. 칭의는 즉각적이다. 성화는 점진적이다. 칭의에서 우리는 그리스도를 의지한다. 성화에서 우리가 노력하는 것은 오직 하나님이 우리 안에서 일하시기 때문이다. 칭의에서는 모든 사람이 같은 신분을 지닌다. 성화에서는 각자의 성숙 정도가 다르다.

더 깊은 묵상을 위한 물음

1 칭의와 성화의 주된 차이점은 무엇인가?
2 칭의와 성화를 혼동함으로써 야기될 수 있는 부정적인 결과는 무엇인가?
3 구원의 서정에서 칭의의 위치는 어디며, 그 이유는 무엇인가?
4 성화 과정에서 우리는 누구의 형상을 목표로 삼는가? 이 사실은 우리 안에서 일하시는 성령의 사역에 대한 생각을 어떻게 변화시키는가?
5 그리스도인의 삶에서 율법주의와 율법폐기론의 위험성을 몇 가지 말해 보라.

물음 30 / 성화는 누가 하는 일인가?

성화는 누가 하는 일인가? 이 물음에 답하는 것은 생각보다 어렵다. 한편으로 성화는 우리가 하는 일인 것 같다. 다른 사람에 대한 선행도 우리가 하는 일이다. 거기서 그친다면, 성화는 노력으로 실행되는 우리 자신의 일처럼 보일 것이다. 그러나 그것은 전부가 아니다. 물론 우리가 하나님이 명하신 일에 매진하는 것은 능동적이다. 그렇지만 성경은 성화가 하나님의 사역이라고 말한다. 비록 성화가 우리의 노력을 수반하나, 그것을 주도하는 분은 하나님이다.

이러한 신비로 인해 성화를 묘사할 때 매우 조심해야 한다. 어떤 이들은 성화를 하나님과 그리스도인 간의 협력이라고 묘사할 것이다. 협력이라는 단어는 성화에 있어 하나님과 우리 양편 모두가 일한다는 점을 강조하기 위해 사용된다. 그러나 이 용어에는 위험성이 있다. 성화가 마치 하나님의 몫과 우리의 몫으로 양분되는 파이와 같다는 인상을 줄 수 있다. 하나님은 하나님의 일을 하시고 우리는 우리의 일을 한다는 식이다. 또 이 용어는 양측의 일이 동일하다는 인상을 주고, 성화 과정에서 하나님께 의존한다는 개념을 배제하며, 성화를 초자연적인 일로 인식하지 못하게 할 수 있다.

이와 같은 접근법은 더 엄밀하고 세심해야 한다. 성화가 하나님과 우리 양측을 수반하지만, 성경은 하나님이 주도적임을 강조한다. 성화 과정에서 우리가 노력을 하지만, 우리는 하나님께 절대적으로 의존한다. 하나님이 우리 안에서 우리를 통해 일하지 않으시면, 우리의 가장 큰 노력도 무산되고 만다. 존 머레이가 이에 대해 잘 설명해준다. "우리가 성령께 철저히 의존되어 있음을 깨닫는 것이 너무나 중요하다. 물론 성화 과정에서 최대한 노력해야 함을 잊지 말아야 한다. 그러나 자신의 결단력이나 목적에 의존해서는 안 된다. 우리가 약할 때가 곧 강한 때다. 은혜로 구원을 받았듯이 또한 은혜로 구원을 이루어 나간다."[1] 그러므로 엄밀히 말해서, 우리가 일하는 것은 하나님이 우리 안에서 일하시기 때문이다.

삼위일체 하나님의 은혜로 말미암는 성화

성경 전반에 걸쳐 성화가 우리 안에서 그리고 우리를 통해서 실행되지만 언제나 하나님의 능력으로 그의 뜻에 따라 실행되는 하나님의 사역임을 본다. 읽기에 고통스러운 내용이긴 하나, 히브리서 12장은 때로는 아버지의 징계를 겪지만 이 징계가 우리를 해치기 위함이 아니라 돕기 위함임을 알려준다. 히브리서 12장 10절에서 기자는 혈육의 아버지를 예로 든다. "그들은 잠시 자기의 뜻대로 우리를 징계하였거니와 오직 하나님은 우리의 유익을 위하여 그의 거룩하심에 참여하게 하시느니라." 기자가 자녀의 유익을 위해 징계가 필요하다고 말함과 아울러, 하나님의 자녀로서 그의 거룩하심에 참여하기 위해 징계를 당한다고도 말하는 것에 주목하라. 징계는 거룩을 위한 방편이다. 천부("모든 영의 아버지", 12:9)께서는 우리를 거룩하게 하려고 징계하신다. 분명히 히브리서 12장 10절에서는 성화와 성화의 방편을 하나님 덕분으로 돌린다.

성부만이 아니라 성자도 성화를 주도하신다. 디도서 2장 11-14절은 하나님과 사람 양편이 성화에 관여함을 잘 보여준다.

"모든 사람에게 구원을 주시는 하나님의 은혜가 나타나 우리를 양육하시되 경건하지 않은 것과 이 세상 정욕을 다 버리고 신중함과 의로움과 경건함으로 이 세상에 살고 복스러운 소망과 우리의 크신 하나님 구주 예수 그리스도의 영광이 나타나심을 기다리게 하셨으니 그가 우리를 대신하여 자신을 주심은 모든 불법에서 우리를 속량하시고 우리를 깨끗하게 하사 선한 일을 열심히 하는 자기 백성이 되게 하려 하심이라"

바울은 그리스도인이 다음처럼 하는 사람이라고 가르친다.

- 경건하지 않은 것을 버린다.
- 세상 정욕을 버린다.
- 현세에서 신중함과 의로움과 경건함으로 산다.
- 복스러운 소망과 크신 하나님과 구주 예수 그리스도의 영광이 나타나심을 기다린다.

성화와 관련하여 사람의 책임은 회피될 수 없고 변화를 위해 꼭 필요하다. 그러나 바울은 위의 목록을 나열하기 직전에 이 모든 일을 하도록 양육하시는 하나님의 은혜를 언급한다. 그리고 구주 예수 그리스도께서 "우리를 대신하여 자신을 주심은 모든 불법에서 우리를 속량하시고 우리를 깨끗하게 하사 선한 일을 열심히 하는 자기 백성이 되게 하려 하심"(딛 2:14)이라고 설명한다. 예수님의 사명의 일부는 우리를 거룩하게 하고, 경건한 삶을 위해 열심을 내도록 하시는 것이다. 예수님은 자신의 피로 사신 바 된 그의 백성인 우리가 그분의 성품을 반영하기를 바라신다.[2]

성부와 성자께서 성화를 주도하심을 살펴보았지만, 성령도 배제되지 않으신다. 삼위일체 중에서 우리 가운데 거하는 분은 성령이므로(고전 6:19) 우리의 성화는, 확정적 성화든 점진적 성화든(물음 28을 보라) 대개 성령의 사역 덕분이다. 이 점에 대해서는 나중에 다시 다룰 것이다. 예컨대 로마서 15장 16절에서 바울은 "이방인을 위하여 그리스도 예수의 일꾼이 되어 하나님의 복음의 제사장 직분을 하게 하사 이방인을 제물로 드리는 것이 성령 안에서 거룩하게 되어 받으실 만하게" 하시려고 하나님이 그를 보내셨음을 설명한다. 데살로니가후서 2장 13절에서는 "하나님이 처음부터 너희를 택하사 성령의 거룩하게 하심과 진리를 믿음으로 구원을 받게 하심"으로 인해 넘치도록 감사를 표한다. 사도 베드로도 매우 유사한 말을 한다. 첫 서신의 서두에서 그는 수신자들을 가리켜, "하나님 아버지의 미리 아심을 따라 성령이 거룩하게 하심으로 순종함과 예수 그리스도의 피 뿌림을 얻기 위하여 택하심을 받은 자들"(벧전 1:2)이라 지칭한다.

삼위일체의 위격을 구체적으로 명시하지 않고 단지 성화를 이루시는 하나님에 대해 언급하는 구절도 있다. 데살로니가전서 끝부분에 나오는 바울의 기도가 그런 경우다. "평강의 하나님이 친히 너희를 온전히 거룩하게 하시고 또 너희의 온 영과 혼과 몸이 우리 주 예수 그리스도께서 강림하실 때에 흠 없게 보전되기를 원하노라 너희를 부르시는 이는 미쁘시니 그가 또한 이루시리라"(5:23-24).

이 구절과 다른 여러 구절은 성화가 자신의 힘이나 스스로 행하는 것이 아님을 보여준다. 성화는 하나님의 선물이며, 그의 힘 안에서 또한 그의 능력으로 이루어지는 것이다.[3]

거룩을 위한 노력

지금까지 살펴본 바와 같이, 삼위일체 하나님께서 우리를 거룩하게 하기 위해 일하고 계심이 분명하다. 신비스럽긴 하지만, 이 과정에서 우리는 수동적이지 않고 능동적이다. 성경은 우리의 행동을 당부한다. 이에 대해서는 물음 36-37에서 더 자세히 다루겠지만, 여기서는 하나님이 어떻게 행동을 명하시는지에 주목할 필요가 있다.

로마서 12장 1-2절에서 바울은 "너희 몸을 하나님이 기뻐하시는 거룩한 산 제물로 드리라 이는 너희가 드릴 영적 예배니라"고 당부한다. 이어서 실행에 옮길 일을 명한다. "너희는 이 세대를 본받지 말고 오직 마음을 새롭게 함으로 변화를 받아 하나님의 선하시고 기뻐하시고 온전하신 뜻이 무엇인지 분별하도록 하라." 확실히 바울은 하나님이 성화를 이루신다는 사실이 우리가 손을 놓고 느슨하게 물러서 있음을 뜻한다고 생각하지는 않았다. 오히려 바울은 모든 신자들에게 행동할 것을 당부한다.

- 몸을 드리라.
- 이 세대를 본받지 말라.
- 변화를 받으라.

- 하나님의 뜻이 무엇인지 분별하라.

하나님은 그리스도인에게 책임을 지우시고, 특정한 방식으로 행동하고 살며 생각할 것을 명하신다. 따라서 다른 문맥에서이긴 하지만, 바울은 "그런즉 사랑하는 자들아 이 약속을 가진 우리는 하나님을 두려워하는 가운데서 거룩함을 온전히 이루어 육과 영의 온갖 더러운 것에서 자신을 깨끗하게 하자"(고후 7:1)고 말할 수 있었다. 거룩은 점진적으로 이루어 가는 것이며, 우리가 완성해야 하는 그 무엇이다.[4]

히브리서 기자도 같은 이야기를 하며, 그리스도인들더러 열정적으로 거듭하여 거룩을 추구하라고 지시한다. 서로 화평함을 따를 것을 명하며, 거룩함 없이는 아무도 주를 보지 못하므로 거룩함을 따를 것도 명한다. '따르다'(디오케테)라는 말은 수동성과는 정반대의 의미로, 거룩함을 추구한다는 뜻이다. 한 번 거룩을 추구하여 승리의 삶에 이르는 것이 아니다. 일평생 지속되는 능동적이며 지속적인 추구다.

하나님이 일하시기 때문에 우리가 일한다

앞에서 성화는 능동적인 참여와 노력을 요구하지만, 주도하는 분은 하나님이라는 두 가지 성경적인 진리를 살펴보았다. 이 관계를 묘사하며 두 진리 간의 균형을 보존하는 가장 정확한 방법은, 하나님이 일하시기 때문에 우리가 일한다는 것이다. 성화의 과정에서 우리의 노력이 중요하고 필수적인 반면, 이 일에서 우리가 하나님의 힘과 은혜와 능력에 전적으로 의존되어 있음을 잊지 말아야 한다. 이에 관해

베르까우어가 잘 설명한다. "성화의 과정은 자신의 노력으로 구원을 이루어 냄을 결코 뜻하지 않는다. 반대로 하나님의 은혜에 의지하여 자신의 구원을 이루어 나감을 뜻한다."⁵

이중의 특성은 빌립보 사람들을 향한 바울의 당부에 잘 표현된다. "항상 복종하여 두렵고 떨림으로 너희 구원을 이루라 *너희 안에서 행하시는 이는 하나님이시니* 자기의 기쁘신 뜻을 위하여 너희에게 소원을 두고 행하게 하시나니"(빌 2:12-13, 기울임체에 유의하라). 하나님이 주도하신다. 그는 우리 안에서 행하시는 분이다. 우리의 삶 속에서 그의 뜻을 이루신다. 이 사실을 근거로 우리는 거룩을 추구한다. 회케마가 통찰력 있게 설명하듯이, "우리가 열심히 일할수록 하나님이 우리 안에서 일하심을 더욱 확신할 수 있다."⁶

내주하시는 성령

우리 안에서 일하며 우리를 거룩하게 하는 분이 하나님이심이 분명하므로, 이 거룩하게 하시는 사역이 가능한 것은 성령이 내주하기 때문임을 인식하는 것이 중요하다. 복음서 전반에 걸쳐 예수님은 성령을, 그리스도인으로 하여금 삼위일체 하나님과의 친교를 누리게 하는 선물이라고 언급하신다(마 12:28; 28:19-20; 막 13:11; 눅 11:13; 12:12; 24:49; 요 3:5-8; 14:26; 20:22).⁷ 그러면 성령이 어떤 방식으로 선물이 될까? 여러 가지 방식으로다. 가장 기본적으로, 성령은 내주하시는 임재를 통해 우리에게 선물로 주어진다. 신약성경에 따르면, 모든 새 언약 신자 안에 성령이 영구적으로 내주하신다.⁸ 더 구어체적으로 표현하면, 성령께서 우리 안에 거주하신다.⁹ 패커는 성령의 사역은 "그리스도의 임재를 신자들에게 중재하는 것, 즉 그리스도께서 구주와 주와 하나님으로서 그들과 함께하심을 알려주는 것"이라고 설명한다.[10] 이것이 "성령의 사역의 본질"이다.[11] 성령의 내주하심의 의미를 이해하기 위해, 구속사에서 성령의 사역에 초점을 맞추어 보자.

시초에 에덴동산이 하나님의 임재를 특징으로 하는 성전의 모형으로 계획되었다. 동산을 거니시는 여호와의 음성을 아담은 들을 수 있었다.[12] 제사장 같은 인물로서, 아담은 성전을 감독할 책임이 있었다(창 2:8-15). 이 거룩한 곳에 사탄이 들어왔을 때 아담은 책임을 감당하지 못했다. 서글프게도 하나님의 에덴성전을 지키지 못함으로써 그는 쫓겨났고 하나님의 임재에서도 멀어졌다.

그럼에도 하나님은 이스라엘과의 언약 관계 속으로 은혜롭게 들어가셨다. 그렇게 함으로써 독특한 방식으로 백성과 함께하셨다. 성막(나중에는 성전)이 하나님의 임재 처소였다. 하나님은 자신을 위해 이스라엘을 구속하고 거룩하게 구별하셨다. 그러나 구약시대에 성령은 특정한 지도자들에게 특정한 임무를 위해서만 임하셨다(출 31:3; 35:31; 민 11:16-17; 27:18; 삿 14:6; 시 51:11; 겔 2:2; 3:24). 더욱이 지성소에는 속죄일에 대제사장만 들어갈 수 있었으며(레위기 16장을 보라), 그때도 백성의 죄와 자신의 죄를 위해 적절한 희생제사를 드린 후 지성소에 들어가야 했다. 그래서 모세는 더 크고 영구적이며 보편적인 성령 임재가 있을 날을 보기를 갈망했다. "여호와께서 그의 영을 그의 모든 백성에게 주사 다 선지자가 되게 하시기를 원하노라"(민 11:29).[13]

또 에스겔 37장 26-28절에 수록된 하나님의 약속에서 이 바람은 예언 형태를 띤다. "내가 그들과 화평의 언약을 세워서 영원한 언약이 되게 하고 또 그들을 견고하고 번성하게 하며 내 성소를 그 가운데에 세워서 영원히 이르게 하리니 내 처소가 그들 가운데에 있을 것이며 나는 그들의 하나님이 되고 그들은 내 백성이 되리라 내 성소가 영원토록 그들 가운데에 있으리니 내가 이스라엘을 거룩하게 하는 여호와인 줄을 열국이 알리라" 요엘서에는 더 구체적인 내용이 나온다. 성령이 하나님의 백성에게 부어질 것이다(욜 2:28-29). 예레미야서에서는 '새 언약'이 뚜렷이 언급된다. 무엇이 그토록 새로울까? 이 새 언약에서 하나님은 그의 법을 마음에 기록하실 것이다(렘 31:33). "그들이 다시는 각기 이웃과 형제를 가리켜 이르기를 너는 여호와를 알라 하지 아니하리니 이는 작은 자로부터 큰 자까지 다 나를 알기 때문이라 내가 그들의 악행을 사하고 다시는 그 죄를 기억하지 아니하리라 여호와의 말씀이니라"(렘 31:34). 옛 언약과는 달리, 새 언약에서는 성령께서 온 이스라엘이 참 이스라엘이게 하실 것이다. 하나님의 모든 백성 안에 성령이 영구적으로 내주하실 것이다.

예레미야 31장에 나오는 하나님의 약속을 계속 읽으면, 하나님이 백성의 불법을 용서하시고 그들의 죄를 더 이상 기억하지 않으실 거라는 사실에 주목하게 된다(31:36). 그렇게 되기 위해서는 더 나은 언약은 물론이고 더 나은 희생제물과 중보자도 요구된다. 그리스도가 바로 더 나은 희생제물과(히 9-10장) 더 나은 중보자시며(히 7장), 자신의 피로써 더 나은 언약을 맺으신다(히 8장). 그는 세상 죄를 위해 죽임당한 아그누스 데이(하나님의 어린양)시다(요 1:29). 성육신하신 하나님으로서, 예수님은 임마누엘(하나님이 우리와 함께하심)이라 불리신다. 하나님의 언약 백성을 죄에서 구원하기 위해(마 1:21) 그들 가운데 거하셨기 때문이다(마 1:23). 요한은 예수님을 가리켜 하나님과 함께 계셨으며 우리와도 함께 계시는 말씀이라 묘사한다. "말씀이 육신이 되어 우리 가운데 거하시매"(요 1:14상). 예수님은 자신을 가리켜 하나님의 새 성전이라 하신다(마 26:61). 그리스도의 삶과 죽음과 부활을 통해, 이제 우리는 그의 의로 옷 입은 자들로서 하나님의 임재 속으로 담대히 들어갈 수 있다(고후 5:21; 참조, 슥 3장).

더욱이 그리스도께서 아버지의 우편으로 올라가 우리를 위해 중재하실 뿐 아니라(롬 8:34), 아버지와 아들이 성령을 보내어 영원토록 우리 안에 내주하게 하셨다(롬 8:9,11; 고전 3:16; 6:19; 엡 2:22; 딤후 1:14). 이 때문에 성경은 새 언약의 신자들을 성령의 전이라고 지칭할 수 있다. "너희는 너희가 하나님의 성전인 것과 하나님의 성령이 너희 안에 계시는 것을 알지 못하느냐"(고전 3:16). 하나님의 거룩한 성전을 죄로 더럽힌다면 그 얼마나 심각한 일이겠는가? "누구든지 하나님의 성전을 더럽히면 하나님이 그 사람을 멸하시리라 하나님의 성전은 거룩하니 너희도 그러하니라"(3:17; 참조, 6:19).

바울에 따르면, 성령의 내주와 성화는 직접적으로 연관된다. 우리가 무엇인지(하나님의 성전) 그리고 누가 우리 안에 내주하시는지(성령)에 근거하여, 우리는 거룩을 추구하며 부패와 더러움에 빠지지 않도록 하나님의 성전을 지킨다. 그러므로 패커는 이르기를, 성령의 내주로 인해 "예수님과 더불어 개인적인 친교를 나누고, 성품이 예수님 닮은 모습으로 변해가며, 그리스도를 통해 사랑받고 구속함받아 아버지의 가족으로 입양된다"고 한다(참조, 롬 8:17).[14]

또 성령의 내주는 성령 충만으로 이어져야 한다. 중생과 회심 때 성령께서 모든 신자 가운데 내주하시지만(성령이 내주하지 않으시면 우리는 그리스도께 속해 있지 않다. 롬 8:9), 성경은 '충만'이라는 뚜렷이 구분되는 또 다른 개념을 소개한다. 그것은 그리스도인들이 추구해야 하는 것이다.[15] 예컨대, 바울은 "술 취하지 말라 이는 방탕한 것이니 오직 성령으로 충만함을 받으라"고(엡 5:18) 에베소 사람들에게 명한다. 하나님의 뜻을 무시하고 죄의 유혹에 넘어가서 성령을 근심하게 하며 성령을 소멸한다면, 바울의 명령을 무시하는 셈이다(엡 4:30; 살전 5:19). 그리스도인은 이 명령을 분명히 들어야 한다. 우리는 성령으로 행하고 성령으로 살아가며 성령과 보조를 맞춰야 한다(갈 5:16,25). 그렇게 함으로써 육신의 일을 하지 않고 성령의 열매를 맺을 것이다(갈 5:16-23; 참조, 골 3:12-17).

현재 경험하는 하나님의 임재는 장래에 경험할 것의 맛보기일 뿐이다. 언젠가는 하나님의 임재를 예전과는 전혀 다르게 경험할 것이다. 요한계시록에 따르면 새 하늘과 새 땅, 거룩한 성 새 예루살렘에서(계 21:1-2), 하나님이 영원토록 그의 백성과 함께 거하실 것이다. "보라 하나님의 장막이 사람들과 함께 있으매 하나님이 그들과 함께 계시리니 그들은 하나님의 백성이 되고 하나님은 친히 그들과 함께 계셔서"(계 21:3). 하나님이 백성과 함께 거하신다는 것은 더 이상 고통의 눈물과 사망이 없을 것임을 뜻한다. 예전 것은 지나갈 것이기 때문이다(21:4). 왕이신 예수님으로 인해 만물이 새로워질 것이다(21:5).

그날에는 많은 기쁨이 있겠지만, 가장 큰 기쁨은 하나님의 임재를 누림일 것이다. 평생에 걸쳐 다윗은 하나님의 임재가 궁극적인 목표임을 깨달았다. "내가 여호와께 바라는 한 가지 일 그것을 구하리니 곧 내가 내 평생에 여호와의 집에 살면서 여호와의 아름다움을 바라보며 그의 성전에서 사모하는 그것이라"(시 27:4; 참조, 23:6).[16] 그러나 새 하늘과 새 땅의 이편에서도, 현재 우리는 하나님의 임재를 경험한다. 성령이 우리를 위하심과 아울러 우리 안에 계시기도 하기 때문이다. 그러므로 성령은 마지막 날에 있을 더 위대한 임재의 보증이시다.

결론적으로 성화의 길은 혼자 가는 여정이 아니다. 성령은 성부와 성자의 선물이며, 우리 안에 내주하고 죄에 대항하도록 도와 지속적이고 점진적으로 그리스도의 형상으로 변해가게 하신다.

성령, 교회, 그리고 은혜의 방편

성화가 혼자서 걸어가는 길이 아니라면, 성령께서 우리를 그리스도의 형상에 맞춰가기 위한 방편을 사용하실 것을 우리는 기대할 것이다. 구원을 생각할 때 빠져들 수 있는 위험 중 하나는 지역 교회의 역할을 잊는 것이다. 기독교란 단지 나에 대한 그리고 예수님과의 개인적인 관계에 대한 문제일 뿐이라고 생각하는 경우가 무척이나 많다.

그러나 나 홀로 그리스도인은 전혀 성경적인 모습이 아니다. 하나님은 신자 혼자서 성화의 길을 걷게 하기 위해 의롭게 하신 것이 아니며, 신자에게 필요하다고 생각할 때만 교회를 신자와 연관시키려 하신 것도 아니다. 교회는 영적 성장에 있어 핵심적인 역할을 한다. 그리스도를 닮는 일에 성장하려면, 우리가 그리스도 몸의 일부여야 한다고 성경은 말한다. 신실한 그리스도인이란 그리스도의 신부(롬 7:1-4; 고전 6:15-17; 고후 11:2-3; 엡 5:22-32)이자, 그리스도의 몸(롬 12:4-5; 고전 6:15-16; 10:16-17; 11:29; 12:12-27; 엡 1:22-23; 2:14-16; 4:4,11-16; 5:23,29-30; 골 1:18,24; 3:15)인 교회의 멤버라는 것이다. 그리스도를 따른다고 하면서 그의 몸이자 신부인 교회에 속하지 않는다는 것은 어불성설이다(롬 12:5; 고전 12:12-27). 그리스도께 연합된다는 것은 그의 몸이자 신부인 교회에 연합되는 것이다.[17] 히브리서 10장 19-25절 같은 구절에서 분명히 알려주듯이, 교회라는 토양에서 성화가 자란다.

교회라는 배경 안에서 성령은 설교된 말씀과 성례(세례와 성찬식)로 가시화된 말씀을 활용하여 우리와 예수님의 연합을 공고히 하시며, 우리를 예수님의 형상에 더욱 일치시키신다.[18] 신학적으로 표현하자면, 이것은 그의 택하신 자들을 거룩하게 하기 위해 사용하시는 은혜의 방편이다. 마이클 호턴은 말한다. "믿음은 우리 속에서 만들어낼 수 있는 것이 아니라 성령의 선물이다. 지각할 수 있고 평범하며 이 세상에 있는 방편을 통해 성령께서 우리에게 주시는 선물이다. 그 방편이란 그리스도의 이름으로 행하는 다른 사람의 설교, 물, 떡, 포도주 등이다. 이보다 더 평범한 것이 무엇이겠는가? 그러나 하나님이 성별하시므로 이것은 구원의 방편이 된다."[19] 호턴의 관점은 프로테스탄트 종교개혁에 뿌리를 둔다. 종교개혁의 특징을 드러내는 교리적 진술인 하이델베르크 교리문답은 "… 그 참된 믿음은 어디서 비롯되는가?"라고 묻는다. 답은 이러하다. "거룩한 복음의 설교를 통해 성령께서 그것[믿음]을 우리 마음속에 일으키시고, 성례[즉, 은혜의 방편]를 통해 견고하게 하신다"(65문). 그리스도인이 주 예수 그리스도 안에서 성숙해지려면, 그리스도의 몸이 함께 모일 때 강단에서 선포되고 세례와 성찬식을 통해 가시화되는 말씀이 매우 중요하다.

요약

성경에서 하나님은 그의 자녀에게 거룩함을 추구할 것을 명하신다. 이는 성화가 죄를 죽이고 거룩을 추구하려는 능동적이며 지속적인 노력을 수반함을 시사한다. 그러나 우리가 거룩을 추구하며 그리스도의 형상으로 변화되기를 추구하는 것은 전적으로 성령의 능력에 달린 일이다. 성령이 우리 안에서 우리를 통해 일하지 않으시면, 아무리 노력해도 소용이 없다. 달리 말해, 성화는 성령의 사역이다. 성령은 은혜로 인한 것이다. 우리가 성령을 기쁘시게 하는 것은 그가 우리 안에서 일하시기 때문이다.

더 깊은 묵상을 위한 물음

1 성화는 우리의 일인가 아니면 하나님의 일인가? 그 이유는 무엇인가?
2 성화가 하나님의 은혜로 인한 것이라고 말하는 것은 어떤 의미에서인가?
3 디도서 2장 11-14절을 공부해 보라. 사도 바울은 성화를 어떻게 이해하는가?
4 히브리서 12장 10절을 읽어보라. 징계가 거룩에 이르게 하는 방편이라는 사실에 놀라움을 느끼는가?
5 성령의 내주하시는 임재가 어떻게 당신이 하나님의 영광을 위해 살며 죄에 대항하여 싸우게 하는가?

물음
31 / 어떻게 죄에 대해 죽는가?

    영국의 위대한 청교도이자 성화에 대한 작가 중 한 명인 존 오웬은 "죄를 죽이지 않으면 죄가 당신을 죽일 것"[1]이라는 심오한 말을 했다. 죄를 죽인다는 말은 다소 심각하게 들린다. 그러나 죄는 심각한 것이다. 죄는 영적인 생명을 죽이는 치명적인 것이다. 그래서 오웬은 죄가 우리를 죽일 것이라고 정확히 표현한다. 죄가 하는 일이 바로 그것이다. 죄는 우리를 영적으로 파괴한다(물음 1을 보라). 그리스도인의 삶에서 죄 자체보다 더 큰 위협이 있겠는가?

    개인적인 경험을 통해서도 이 사실을 알 수 있다. 주님과의 튼튼한 관계 속에서 거룩하며 구별된 삶을 살아가다가도, 죄에 굴복하고 순간적인 유혹에 넘어간다. 그리스도인이 죄를 자각하는 데는 긴 시간이 걸리지 않는다. 이는 내주하시는 성령 덕분이다. 우리는 선하고 자애로우신 천부께 거역했음을 알며, 그것이 그분과의 관계를 파괴하기 때문에 그것을 미워한다. 마치 아버지가 금하는 일을 행한 반역적인 자녀와 같다. 불충함은 무척이나 해롭다. 죄를 짓는 순간 우리 자신에게 가장 좋은 것이 무엇인지 아시는 분을 의지하지 않았기 때문이다. 우리는 가장 좋은 것이 무엇인지 스스로 안다고 생각하며 자신의 길로 행했다. 눈물로 회개하고 그리스도를 통해 거저 베푸시는 용서를 구하며 천부께 달려가기 전까지는, 자연히 죄책이 당신을 무겁게 짓누른다(요일 1:9).

죽임

죄의 추함과 고통스러움과 황폐케 함은, 특히 죄를 매우 가볍게 여기는 세상에서, 우리가 죄에 지지 않도록 죄와 싸워야 함을 상기시킨다. 이 싸움은 옛 청교도식으로 표현하자면 죽임이라 불린다. 죽이는 것은 자기 부인과 자기 절제를 통해 죄를 억제하는 것이다. 가인과 아벨 이야기가 보여주듯이, 죄가 문 앞에 웅크리고 있다. 하나님의 은혜로 그것을 다스려야 한다(창 4:7). 그리스도인의 삶에서, 죽임 과정은 육신의 죄악된 욕구를 거부하고 유혹에 저항하기 위해 자제함으로써 죄를 억제함을 뜻한다(약 1:14). 성경적인 표현을 빌면, 죽임은 이 세상에 대해 죽을 뿐 아니라 옛 사람을 벗어버리고 육신의 죄악된 욕구를 죽임을 뜻한다. 혹은 로마서 8장 13절에서 바울이 말하듯이, 우리가 "육신대로 살면 반드시 죽을 것이로되 영으로써 몸의 행실을 죽이면" 살 것이다(롬 8:13).

죽임은 제안이 아니라 성경 전반에 걸쳐 나오는 명령이다. 로마서 6장에서 바울은 우리가 그리스도의 죽음 안에서 그와 연합되었고, 언젠가 부활 안에서 그와 연합할 것이라고 설명한다(롬 6:5). 그 사실에 기초하여, "우리의 옛 사람이 예수와 함께 십자가에 못 박힌 것은 죄의 몸이 죽어 다시는 우리가 죄에게 종노릇 하지 아니하려 함"임을 안다(6:6). 바울은 "죽은 자가 죄에서 벗어나 의롭다 하심을 얻었음"을 강력히 결론짓는다(6:7). 그리고 그리스도와 함께 죽은 자들은 또한 그와 함께 살 것을 계속해서 설명한다. 그리스도는 살아나셨고 결코 다시 죽지 않으실 것이다. 사망이 다시 그를 주장하지 못할 것이다. "그가 죽으심은 죄에 대하여 단번에 죽으심이요 그가 살아계심은 하나님께 대하여 살아계심"이기 때문이다(6:9-10). 믿음으로 그리스도와 연합된 자인 그리스도인의 삶에서, 이 모든 사실은 무엇을 뜻하는가? "너희도 너희 자신을 죄에 대하여는 죽은 자요 그리스도 예수 안에서 하나님께 대하여는 살아 있는 자로 여길지어다"라고 바울은 말한다(6:11).

바울은 로마의 그리스도인들이 옛 사람으로 돌아가려는 유혹을 받을 것을 알고 있었기 때문에, 그들의 옛 정체성과 새 정체성을 상기시키는 듯하다. 그러나 그들이 죄에 대해 죽었고 옛 사람이 그리스도와 함께 십자가에 못 박혔다면, 그 옛 사람으로 돌아가서 다시금 죄에 예속되는 것은 그리스도 안에 있는 새 정체성에 상반된다. 이는 모든 그리스도인이 직면하는 유혹이다. 비록 죄의 지배가 깨뜨려졌지만 영향력은 여전히 이 세상에 존재하기 때문이다. 영화에 도달하기 전까지는 유혹이 사라지지 않을 것이다. 물음 22에서 보았듯이, 칭의를 통한 하나님의 은혜로운 판결로 죄가 우리를 법적으로 주장하거나 정죄하지 못한다. 그러나 영화 때까지 죄악된 본성의 잔재가 계속 남아 있고, 우리는 그것에 대항하여 싸워야 한다.

따라서 바울이 로마의 그리스도인들에게 다음처럼 명한 것도 이해가 된다. "그러므로 너희는 죄가 너희 죽을 몸을 지배하지 못하게 하여 몸의 사욕에 순종하지 말고 또한 너희 지체를 불의의 무기로 죄에게 내주지 말고 오직 너희 자신을 죽은 자 가운데서 다시 살아난 자같이 하나님께 드리며 너희 지체를 의의 무기로 하나님께 드리라 죄가 너희를 주장하지 못하리니 이는 너희가 법 아래에 있지 아니하고 은혜 아래에 있음이라"(6:12-14). 바울은 우리가 죄와 율법의 지배 아래 있던 사람으로서가 아니라 은혜로 인해 사망에서 생명으로 옮겨진 자로서 살기를 기대한다.

골로새서 3장에 나오는 바울의 명령은 로마서 6장과 유사하다. 다시금 그리스도 안에서 그들이 어떤 존재인지 상기시키며 시작한다. 신자는 그리스도와 함께 다시 살리심을 받았기 때문에 위의 것을 찾아야 한다(골 3:1). 마음이 위의 것에 고정되어야 한다(3:2).[2] 달리 말해서, 그리스도 안에 있는 당신이 누구인지 잊지 말라. "이는 너희가 죽었고 너희 생명이 그리스도와 함께 하나님 안에 감추어졌음이라" (3:3).[3] 아울러 장래의 사실도 잊지 말라. "우리 생명이신 그리스도께서 나타나실 그 때에 너희도 그와 함께 영광 중에 나타나리라"(3:4).

이미 바울이 암시했지만(3:1-2), 그리스도 안에 있는 새로운 신분에 비추어 죄를 어떻게 처리해야 할까? 바울은 매우 직설적이다. 죄를 죽이라고 한다. 여기 제시된 목록이 전부는 아니지만, 바울은 죄악을 구체적으로 나열한다. "그러므로 땅에 있는 지체를 죽이라 곧 음란과 부정과 사욕과 악한 정욕과 탐심이니 탐심은 우상 숭배니라" (3:5). 또 바울은 이 죄를 하나님이 어떻게 생각하시는지 에둘러 말하지 않는다. "이것들로 말미암아 하나님의 진노가 임하느니라"(3:6; 참조, 습 1:14-15).

바울의 죽임 명령은 정체성과 관련이 있다. 죄를 극복할 수 있는 것은 우리가 그리스도와 함께 죽었기 때문이다(골 2:20; 3:3). 바울은 그들이 누구인지 거듭 상기시킨다. "너희도 전에 그 가운데 살 때에는 그 가운데서 행하였으나"(3:7). 이 죄는 우리가 그리스도와 함께 죽고 다시 살아나기 전에 특징적으로 드러내곤 했던 모습이다. 그러나 이제 죄악이 더 이상 자신을 특징짓는 것이어서는 안 된다. 그것이 다시 삶에 끼어들 때 그것을 죽여야 한다. 바울이 말하듯, "이제는 너희가 이 모든 것을 벗어버리라 곧 분함과 노여움과 악의와 비방과 너희 입의 부끄러운 말이라 너희가 서로 거짓말을 하지 말라 옛 사람과 그 행위를 벗어버리고 새 사람을 입었으니 이는 자기를 창조하신 이의 형상을 따라 지식에까지 새롭게 하심을 입은 자니라"(3:8-10).

바울이 논점을 피력하기 위해 옷을 입거나 벗는 이미지를 어떻게 사용하는지 주목하라(3:9,10,12). 이 모든 죄악은 옛 사람의 특징이었다. 그러나 우리는 "옛 사람과 그 행위를" 벗어버렸다.[4] 옛 사람을 벗어버렸으므로 옛 사람은 더 이상 우리의 정체성이 아니다. 그러므로 옛 사람의 죄악이 다시 튀어나와 발판을 마련하려 할 때마다 단호하게 부서뜨려야 한다. 혹은 그것을 죽여야 한다(3:5 "죽이라"). 바울은 폭력적인 표현을 사용한다. 죽임은 전쟁이다. 죄의 위협이 어떤 것인지 안다면(자신의 옛 사람을 돌이켜볼 때 죄의 위협을 반드시 알아야 한다), 죄를 죽여야 한다. 그렇게 하지 않으면 마치 야수가 먹이를 삼키듯 사탄이 우리를 삼킬 것이다(베드로전서 5장 8절을 보라).

주의하지 않으면 이 능동적인 습관과 죽임의 전쟁을 간과할 수 있다.[5] 경계를 늦추거나 나태해지거나 혹은 서서히 죄의 유혹에 걸려들 수 있다. 마치 교묘히 침투하여, 어느 날 아침 잠에서 깼으나 침상에서 일어날 수 없게 만드는 질병과 같을 수 있다. 이런 일이 일어나고 있음을 알려주는 몇 가지 징후가 있다.[6]

1. 죄가 거듭 모습을 드러내지만 습관적으로 허용하고 눈이 멀게

되며, 또한 그것을 죽이지 못한다.
2. 죄가 문제라고 인식하기를 거부함에 따라, 모든 증거가 확실함에도 죄를 죄로 인정하지 않는다.
3. 죄와 경건 중에서 택할 때 줄곧 죄를 선택한다.
4. 죄를 거부할 때도, (하나님을 사랑하며 경외해서라기보다는) 죄의 외적이며 부정적인 결과의 위협 때문에만 그렇게 한다.[7]
5. 죄에 대해 하나님이 징계하시지 않는 것 같다고 생각하기 때문에 죄에 대항하여 싸우지 않는다.[8]
6. 하나님의 징계를 이미 받았다고 생각하기 때문에 죄를 전적으로 허용한다.

더 많은 징후를 나열할 수 있지만, 죄를 죽이지 못하고 성령을 근심하게 하는 일을(엡 4:30)[9] 습관적으로 반복하고 있음을 보여주기에는 이것만으로도 충분하다. 그런 사람은 매우 심각한 위협에 직면한다. 죄의 위험을 보지 못하고 심지어는 죄악된 행동을 의도적으로 정당화할 수 있기 때문이다. 그는 위의 것을 찾지 않으며, 땅의 것과 대조되는 위의 것에 생각을 고정하지 않는다. "그리스도와 함께 다시 살리심을 받은" 사람으로, 혹은 "죽었고" 자신의 "생명이 그리스도와 함께 하나님 안에" 감추어진 사람으로 살아가지 않는다(골 3:1-3).

죄에 병든 영혼을 위한 치료법

죽임은 힘든 일이다. 때로는 불가능하게 느껴질 수도 있다. 이 장을 마감하면서, 죽임이 혼자서 하는 일이 아님을 명심해야 한다. 우리 안에서 일하시는 분은 하나님이므로, 결국 하나님이 죄와 마귀를 물리치실 것이다. 우리가 이 사실을 아는 것은, 비록 죄에 대항하는 싸움이 최종적으로 끝날 때를 기다리지만, 현재적으로도 그리스도께서 십자가와 부활을 통해 죄를 정복하심에 따라 죄가 더 이상 우리를 주관하지 못함을 확신하기 때문이다. 존 오웬의 당부가 고무적이다. "죄를 죽이기 위해 그리스도를 굳건히 믿으라. 그의 피는 죄로 병든 영혼을 위한 가장 위대한 치료법이다. 이렇게 살아라. 그리하면 당신은 정복자로서 죽을 것이다."[10]

요약

성화는 전쟁이다. 그리스도인은 죄에 대항하여 싸운다. 그가 죄를 죽이지 않으면 죄가 그를 죽인다. 죽임은 그리스도인으로서 매일 거룩을 추구하는 삶의 일부다. 그것은 우리의 옛 사람을 죽이고 그리스도 안에서 새로운 정체성인 새 사람으로 살아가는 것을 수반한다.

더 깊은 묵상을 위한 물음

1 죽임을 어떻게 설명하겠는가?
2 왜 죽임이 성화를 위해 필수적일까?
3 골로새서 3장을 보라. 바울이 죽임을 얼마나 심각히 여기는가?
4 골로새서 3장에서, 죽임을 묘사하기 위해 바울이 사용하는 일상적인 이미지는 무엇인가?
5 로마서 6장을 보라. 죄를 죽이지 못하면 그리스도 안에 있는 새 정체성이 어떻게 훼손되는가?

물음
32 / 어떻게 그리스도를
닮은 모습으로 자라가는가?

죽임이 벗는 행위라면, 살아남은 입는 행위다. 죽임을 통해 죄를 죽이고 모든 죄악된 욕구를 벗는다. 살아남을 통해 의를 입고, 생각과 행동을 하나님의 말씀에 맞춤으로써, 더욱 그리스도의 형상을 닮은 모습으로 새로워지고 거룩해진다.

살아남

살아남이 과소평가되어서는 안 된다. 이것은 매우 중요하다. 죄에 대항하며 부패한 마음을 철저히 비우는 것만으로는 충분하지 않다. 또 심령을 성령의 귀한 축복으로 채워 경건을 실천해야 한다. 훔치는 것을 예로 들어보자. 훔치지 않는 것도 중요하지만, 더 나아가서 관대한 습관을 들여 남의 것을 가로채지 않고 도리어 베풀어야 한다 (엡 4:28-29). 삭개오는 그리스도인의 삶을 시작하면서부터 죽임과 더불어 살아났다. 예전에는 악명 높은 세리장이었으나(눅 19:2), 예수님을 만났을 때 자기 소유의 절반을 가난한 자들에게 주고, 누구를 속여 빼앗은 것에 대해서는 네 배나 갚았다(19:8). 그의 행동을 보며 마음을 아시고서, 예수님은 그날 삭개오의 집에 구원이 임했다고 결론지으셨다(19:9). 핵심인즉, 진정한 죽임은 자연히 살아남으로 이어진다는 것이다. 이들은 같은 동전의 양면이다.

살아남을 더 잘 이해하기 위해 골로새서 3장으로 돌아가자. 바울의 생각은 옛 사람을 벗고 죄에 대해 죽는다는 개념에서 끝나지 않고, 살아남에 대한 개념으로 이어진다. 골로새서 3장 9-10절에서는 우리가 "옛 사람과 그 행위를 벗어버리고 새 사람을 입었으니 이는 자기를 창조하신 이의 형상을 따라 지식에까지 새롭게 하심을 입은 자"라고 말한다. 앞에서 언급했듯이, 옛 사람을 벗고 새 사람을 입는 것은 이미 일어난 일이다. 바울은 이 새 사람이 새로워지고 있다고 말하는데("새롭게 하심을 입은"에 해당하는 헬라어 *아바카이누메논*은 현재 시제다), 이는 변화가 지속적이며 평생에 걸친 과정임을 시사한다.

새로워짐이 실제로는 어떻게 드러날까? 옷 비유를 다시 사용하여, 바울은 "… 옷 입으라"고 명한다(골 3:12).

> 그러므로 너희는 하나님이 택하사 거룩하고 사랑받는 자처럼 긍휼과 자비와 겸손과 온유와 오래 참음을 옷 입고 누가 누구에게 불만이 있거든 서로 용납하여 피차 용서하되 주께서 너희를 용서하신 것같이 너희도 그리하고 이 모든 것 위에 사랑을 더하라 이는 온전하게 매는 띠니라 그리스도의 평강이 너희 마음을 주장하게 하라 너희는 평강을 위하여 한 몸으로 부르심을 받았나니 너희는 또한 감사하는 자가 되라 그리스도의 말씀이 너희 속에 풍성히 거하여 모든 지혜로 피차 가르치며 권면하고 시와 찬송과 신령한 노래를 부르며 감사하는 마음으로 하

나님을 찬양하고 또 무엇을 하든지 말에나 일에나 다 주 예수의 이름으로 하고 그를 힘입어 하나님 아버지께 감사하라 _골 3:12-17

그리스도인의 삶을 이보다 잘 묘사하긴 힘들 것이다. 아래 도표에 신자가 '죽이고' '벗어야' 하는 것과 '입어야' 하는 것이 매우 잘 대조되어 있다.

골로새서 3장 5-17절[1]

죽이라/벗으라	입으라
음란, 부정, 사욕, 악한 정욕, 탐심(3:5)	긍휼, 자비, 겸손, 온유, 오래 참음, 용서 (3:12-13)
분함, 노여움, 악의, 비방, 부끄러운 말 (3:8)	사랑(3:14)
거짓말(3:9)	그리스도의 평강(3:15)
	그리스도의 말씀이 우리 속에 거하여 우리가 모든 지혜로 피차 가르치며 권면함 (3:16)
	하나님께 감사함으로 시와 찬송과 신령한 노래를 부름(3:16)
	모든 일을 예수님의 이름으로 하고 하나님 아버지께 감사함(3:17)

살아남을 강조하는 두 번째 본문은 에베소서 4장 17-24절에 나온다. 바울은 성화를 설명하기 위해 '옛 사람'과 '새 사람'이라는 표현을 사용한다.

"그러므로 내가 이것을 말하며 주 안에서 증언하노니 이제부터 너희는 이방인이 그 마음의 허망한 것으로 행함같이 행하지 말라 그들의 총명이 어두워지고 그들 가운데 있는 무지함과 그들의 마음이 굳어짐으로 말미암아 하나님의 생명에서 떠나 있도다 그들이 감각 없는 자가 되어 자신을 방탕에 방임하여 모든 더러운 것을 욕심으로 행하되 오직 너희는 그리스도를 그같이 배우지 아니하였느니라 진리가 예수 안에 있는 것같이 너희가 참으로 그에게서 듣고 또한 그 안에서 가르침을 받았을진대 너희는 유혹의 욕심을 따라 썩어져 가는 구습을 따르는 옛 사람을 벗어버리고 오직 너희의 심령이 새롭게 되어 하나님을 따라 의와 진리의 거룩함으로 지으심을 받은 새 사람을 입으라"_엡 4:17-24

바울은 옛 사람으로 돌아가지 말 것을 에베소 그리스도인들에게 경고한다(그들 중의 일부가 돌아갔던 것이 분명하다!). 옛 사람은 세상의 모든 죄악으로 특징지어진다. 그리스도와 연합된 그리스도인은 그러한 어둠과 불순함 속에 살아서는 안 되며, 참된 의와 거룩함 안에서 행해야 한다. 그들은 '옛 사람을 벗고' '새 사람을 입은' 사람들이다. 다음 도표는 바울이 옛 사람과 새 사람을 뚜렷이 대조한 내용이다.

에베소서 4장 17-24절

옛 사람	새 사람
허망한 마음	심령이 새롭게 됨
총명이 어두워짐	하나님을 따라 의와 진리의 거룩함으로 지으심을 받음
하나님의 생명에서 떠나 있음	
무지	
완악한 마음	

방탕	
감각 없음	
더러운 욕심	
유혹의 욕심을 따라 부패함	

바울에게 있어 새 사람을 입는 것은 추상적인 문제가 아니었음을 명심해야 한다. 그것은 매우 실제적인 의미를 지닌다. 바로 이어지는 구절에서(4:25-32) 바울은 '벗고' '입는' 것이 어떤 것인지에 대한 매우 실제적인 예를 제시한다. 다음 도표를 보라.

에베소서 4장 25-32절에서 벗음과 입음

벗으라	입으라
거짓	참된 것을 말함
분	화평/화해[2] (해가 지도록 분을 품지 않음)
도둑질	정직하게 일함(결과: 관대하게 나누어줌/베품)
더러운 말	덕을 세우는 말(듣는 자들에게 은혜를 끼치는 말)
악독, 노함, 분냄, 떠드는 것, 비방, 악의	친절, 불쌍히 여김, 서로 용서함

앞에서 삭개오 사례를 언급했는데, 여기서는 바울도 그 문제를 정확히 다룬다. 우리는 도둑질(기만을 수반함)하지 않고 정직하게 일하여 다른 사람에게 베풀 수 있어야 한다. 거짓말과 관련하여 바울은 거짓을 벗어버리고 참된 말을 입으며, 더러운 말을 벗어버리고 덕을 세우는 말을 입을 것을 당부한다. 우리는 한 몸으로 서로 연합된 형

제자매들이다. 바울은 살아남이 교회에서 함께하는 삶과 많은 관련이 있다고 믿는 것이 분명하다. 새 사람을 입게 되면 서로 대하는 방식에 실제적인 영향을 미친다.

요컨대 죽임과 살아남은 성화에 있어 핵심이다. 옛 사람을 벗는 것으로는 충분하지 않다. 새 사람을 입어야 한다.

그리스도의 형상으로 새로워짐

살아남에 대한 논의를 마무리지으면서, 이 논의 목표를 잊지 말아야 한다. 바로 그리스도의 형상으로 새로워지는 것이다. 물음 8에서 언급했듯이, 구원의 서정(오르도 살루티스)의 각 측면은 그리스도와의 연합에서 비롯된다. 성화의 경우도 마찬가지다(엡 4:15; 고전 1:30). 성화의 패턴은 그리스도를 닮는 방향으로 새로워지는 것이다.[3] 살아남은 그리스도를 닮아가는 결과로 이어진다.

예수님이 하나님의 참되고 완벽한 형상임을 기억하라(요 14:8-9; 고후 4:4; 골 1:15; 히 1:3). 그리스도 안에 있는 자로서, 우리는 성령의 능력으로 점점 더 그리스도를 닮아간다. 죄가 우리 안에 있는 하나님의 형상을 끔찍하게 왜곡했다. 그러나 십자가와 빈 무덤 덕분에 그리고 성령의 내주하시는 임재 덕분에 그 형상이 회복되고 있다. 이 과정은 중생 때 시작되고(물음 15를 보라) 그리스도인의 삶 전반에 걸쳐 계속된다. 언젠가 우리가 영화롭게 될 때, 그 형상은 온전히 새로워질 것이다.

그때까지는 성령께서 계속 우리 위에 그리고 우리 안에 역사하셔서 그 형상을 새롭게 하신다. 매우 실제적으로 우리는 점점 더 예수님을 닮아가고 있다. 바울은 이것이 하나님의 택하심의 열매라고까지 말한다. "하나님이 미리 아신 자들을 또한 그 아들의 형상을 본받게 하기 위하여 미리 정하셨으니 이는 그로 많은 형제 중에서 맏아들이 되게 하려 하심이니라"(롬 8:29). 그리스도의 형상을 본받게 하는 것은 하나님의 영원한 계획이었으며, 우리를 택하신 목적이다.[4]

더욱이 비록 이 실재가 영화에 이르기 전까지는 완성되지 않겠지만, 지금 그리스도인들이 그리스도의 영광을 반영함에 따라 그 미래가 불완전하게나마 현재화 된다. 바울은 고린도 사람들에게 "우리가 다 수건을 벗은 얼굴로 거울을 보는 것같이 주의 영광을 보매 그와 같은 형상으로 변화하여 영광에서 영광에 이르니"라고 말할 수 있었다. 바울은 이것이 "주의 영으로" 말미암았다고 결론짓는다(고후 3:18). 이 변화가 최종 단계에 이를 날이 올 것이며, 그날에 새 하늘과 새 땅에는 하나님의 은혜로 그의 아들의 형상으로 변화된 하나님의 택함받은 아들과 딸로 가득할 것이다.

요약

죽임이 벗는 행위라면 살아남은 입는 행위다. 죽임을 통해 우리는 죄를 죽이고 모든 죄악된 욕구를 벗는다. 살아남을 통해 의를 입고, 생각과 행동을 하나님의 말씀에 맞춤으로써 더욱 그리스도의 형상을 닮은 모습으로 새로워지고 거룩해진다.

더 깊은 묵상을 위한 물음

1 살아남이란 무엇인가? 또 왜 죽임만으로는 충분하지 않은가?
2 골로새서 3장을 읽어보라. 바울은 무엇을 벗고 무엇을 입어야

한다고 말하는가?
3 에베소서 4장을 읽어보라. 옛 사람과 새 사람이 어떻게 비교되는가? 이 내용 중에서 당신에게 해당하는 특성은 무엇인가?
4 에베소서 4장 25-32절에 수록된 구체적인 죄악 중에서 당신이 '벗거나' '입을' 필요가 있는 것은 무엇인가?
5 살아남은 그리스도의 형상으로 새로워짐과 어떤 관계인가?

물음 33 / 이 세상에서 완벽에 도달할 수 있을까?

교회사에서 어떤 이들은 그리스도인이 이 세상에서 완벽에 이를 수 있다고 믿었다.[1] 예를 들어, 18세기의 위대한 설교가 존 웨슬리는 『그리스도인의 완전』(*A Plain Account of Christian Perfection*, 감신대출판부)[2] 이라는 책으로 널리 알려졌다. 이것은 그리스도인이 완전한 성화의 상태에 도달할 수 있다는 견해를 피력한다. 현대의 웨슬리파 신학자인 멜빈 디터는 완전한 성화를 이렇게 정의한다. "완전한 성화는 성결케 하시는 하나님 은혜의 개인적이고 명확한 작용이며, 이를 통해 신자 내면의 전쟁은 그치고 그 마음이 반역에서 온전히 벗어나 하나님과 다른 사람을 전심으로 사랑하게 된다." 그것은 "죄에 대해 철저히 죽고 하나님의 형상으로 온전히 새로워지는 것이다."[3] 즉각적인 경험이라고 언급되는 완전한 성화는 인간 죄성의 완전한 소멸을 수반한다. 웨슬리의 말을 인용하면, 그것은 "모든 내적인 죄가 제거됨"을 뜻한다.[4]

그러나 완벽주의에 대한 이 같은 확언에는 종종 단서가 달린다.

예컨대 웨슬리는 죄를 "알려진 율법을 자발적으로 범하는 것"이라 정의했다. 그는 "알려지든 알려져 있지 않든, 하나님의 율법을 본의 아니게 범한 것"에 대해서는 말하고 있지 않다.[5] 웨슬리는 본의 아닌 범죄를 죄라고 부르지 않는다. 완전한 성화는 본의 아니게 범한 생각이나 행동을 포함하지 않으며, 단지 알려진 명령을 의식적 자발적으로 범하는 것만을 포함한다. 어떤 것이 죄가 되려면 그것이 죄임을 우리가 인식해야 한다는 것이다.[6] 잘못인 줄 모르고 그릇된 일을 행하면 자발적인 죄로 간주되지 않으며, 그 사람은 완전한 성화의 상태를 유지할 수 있다. 이러한 단서를 염두에 두고서, 웨슬리파 사람들은 자신의 견해를 묘사하기 위해 "무죄한 완전" 같은 문구 사용하기를 주저하지 않는다.[7]

그러나 웨슬리 전통의 밖에 있는 이들은 완전한 성화 교리가 성경과 상충된다고 믿기 때문에 그것을 거부해 왔다. 이번 장에서 논하겠지만, 성경은 사람이 영화 이전까지는 완전에 도달하지 못한다고 가르친다. 자발적인 죄만을 고려하더라도 마찬가지다. 그리스도인이 더 이상 죄의 지배 아래 있지 않지만, 그럼에도 죄에 대항하는 싸움은 죽을 때까지 지속된다. 그 싸움에서 이기기도 하고 지기도 한다. 성화는 결코 완전한 것이 아니라 점진적인 과정이다.

완전한 성화를 뒷받침하는 논거

완전한 성화를 뒷받침하는 몇 가지 논거가 있다.[8] 먼저 (위에서 정의한 대로) 완전에 도달한 것으로 믿어지는 성경 인물이 논거로 제시된다. 노아, 욥, 사가랴, 엘리사벳, 나다나엘, 바울 서신에 나오는 많은 "온전한" 사람들이(고전 2:6; 빌 3:15) 그들이다.[9] 요한일서도 특별히 논거로 제시된다.[10] 3장 9절은 "하나님께로부터 난 자마다 죄를 짓지 아니하나니 이는 하나님의 씨가 그의 속에 거함이요 그도 범죄하지 못하는 것은 하나님께로부터 났음이라"고 말한다. 5장 18절은 "하나님께로부터 난 자는 다 범죄하지 아니하는 줄을 우리가 아노라 하나님께로부터 나신 자가 그를 지키시매 악한 자가 그를 만지지도 못하느니라"고 말한다. 완전한 성화가 실제적이며 도달 가능한 상태임을 주장하는 이들은 이 구절을 전거로 삼는다.

또 바울은 데살로니가전서 5장 23-24절에서 하나님이 친히 "너희를 온전히 거룩하게" 하시기를, "너희의 온 영과 혼과 몸이 우리 주 예수 그리스도께서 강림하실 때에 흠 없게 보전되기를" 기도한다. 그런 다음에 "너희를 부르시는 이는 미쁘시니 그가 또한 이루시리라"고 결론짓는다. 하나님께서 그리스도인들을 죽기 전에 이 세상에서 완전히 거룩하게 하신다고 생각하지 않았다면, 바울이 왜 이런 식으로 기도했겠는가? 분명 바울은 자신의 기도가 응답될 것을 기대한다.[11] 성경은 완전함을 위해 기도할 것을 당부할 뿐 아니라 완전할 것을 명하기도 한다. 마태복음 5장 48절에서 예수님은 "그러므로 하늘에 계신 너희 아버지의 온전하심과 같이 너희도 온전하라"고 말씀하신다. 신자들이 완전함에 이르지 못한다면 왜 예수님과 사도들이 그런 명령을 했을까?

완전한 성화의 문제점

이 논거에도 불구하고, 앤서니 회케마는 그것이 설득력이 없는 이유를 몇 가지 제시한다. 먼저 예로 든 인물들이 완전한 성화 상태에 도달했다고 말할 수 없다.[12] 욥이나 노아 같은 사람들은 모범적일 수는 있지만 완전한 성화와는 거리가 멀었다. 욥은 자신을 경멸했고, 자신의 죄를 회개했다. 노아는 의인이라는 찬사를 들을 만했지만, 대홍수 이후 오래 지나지 않아 술에 취해 추한 모습을 보였다(창 9장). 또 고린도전서 2장 6절에서 바울이 "온전"하다고 한 것을 완전함을 가리키는 표현으로 보는 것은 지나친 해석이다. 여기서 온전함이란 배워야 할 것이 많은 새 그리스도인에 비해 영적으로 순종적이며 지혜로운 신자를 가리키는 표현이다. 문맥상 이 표현은 자발적인 범죄를 저지르지 않음을 가리키지 않는다. 전혀 그렇지 않다.

빌립보서 3장 15절의 문맥도 완전한 성화를 논박한다. 12절에서 바울은 완전함에 도달하지 않았음을 분명히 밝힌다. "내가 이미 얻었다 함도 아니요 온전히 이루었다 함도 아니라 오직 내가 그리스도 예수께 잡힌 바 된 그것을 잡으려고 달려가노라." 사도 바울이 자신이 완전한 상태에 이르렀다고 생각하지 않았다면, 그 상태에 도달한 사람이 아무도 없다고 말하는 것이 옳다. 바울은 "푯대를 향하여 그리스도 예수 안에서 하나님이 위에서 부르신 부름의 상을 위하여" 달려간다고 말한다(빌 3:14). 따라서 온전하다는 것은 완전에 도달하지 못했으며, 여전히 목표를 향해 매진함을 뜻한다. 가장 경건한 사람들마저 죄에 대항하는 지속적인 싸움을 인식하고 있었다고 보는 것이 성경 인물들에 대한 더 나은 관점이다. 그들은 천상에 들어가기 전까지는 완전한 상태에 이르지 못할 것을 알고서, 회개의 필요성을 부단히 인식하고 더 진전된 성화를 도모했다. 완벽한 순종의 상태에서 사신 분은 예수님뿐이라는 사실에 그들 모두 동의했다.

그렇다면 요한일서 3장 9절이나 5장 18절 같은 본문은 어떠한가? 이 구절을 완전함과 연관시키는 것은 실수다. 진정으로 거듭난 사람은 죄 속에서 살아가지 않음을 요한은 말한다. 혹은 회케마가 말하듯이, 그들은 "완전히 자포자기 상태로 계속 죄를 범하거나 즐기지"[13] 않는다. 이것이 전체 서신의 문맥에 적합한 뜻이다. 더욱이 이 구절이 완전한 성화를 가르친다면, 요한 스스로 모순에 빠진다. 서신 서두에서 "만일 우리가 죄가 없다고 말하면 스스로 속이고 또 진리가 우리 속에 있지 아니할 것이요 … 만일 우리가 범죄하지 아니하였다 하면 하나님을 거짓말하는 이로 만드는 것이니 또한 그의 말씀이 우리 속에 있지 아니하니라"고(요일 1:8,10) 분명하게 말하기 때문이다.

면밀히 살펴보면, 완전함에 대한 기도와 명령도 완전한 성화의 전거로 입증되지 않는다. 데살로니가전서 5장 23절에서 "평강의 하나님이 친히 너희를 온전히 거룩하게 하시고"라고 말할 때, 바울이 성화의 완성을 위해 기도하는 것은 사실이다. 그러나 이것은 교리적 확언이 아니라 기도다. 어떤 사람의 생애의 한 시점에 그런 완전한 성화가 이루어질 것을 바울이 말한다고 보는 것은 지나친 생각이다. 오히려 바울은 그리스도의 재림 때 절정에 달하고, 신자의 전 생애에 걸쳐 진행될 하나님의 사역을 요약한다.

더구나 문맥이 그런 생각을 배제한다. 구절의 나머지 부분이, 바울이 그리스도의 재림 때를 염두에 두고 있음을 알려주기 때문이다. 바울은 그리스도인들이 "우리 주 예수 그리스도께서 강림하실 때에 흠 없게 보전되기를" 기도한다. 바울은 회심 이후의 어느 시점에 경험되는 제2의 축복에 대해 말하지 않는다. 다만 그리스도인들이 타협하지 않고 신실함을 유지해, 주님의 재림 때까지 거룩하고 굳건한 모습을 이어가기를 기도한다. 그리스도인의 확신은 이 세상에서 완전한 성화 상태에 도달한다는 사실에 근거하는 것이 아니라, 택하신 자들을 그리스도의 재림 때까지 보존하는 하나님의 신실하심에 근거한다. 이 때문에 바울은 "너희를 부르시는 이는 미쁘시니 그가 또한 이루시리라"(살전 5:24)고 말할 수 있다. 그렇다. 완전한 성화가 이루어질 것이다. 그러나 그리스도께서 영광 중에 다시 오실 때 그리될 것이다. 그것은 이미 얻은 것이 아니라, 앞으로 우리에게 주어질 것으로 알고 소망하며 바라는 것이다. 바울이 바라보는 것은 이미 손에 잡힌 그 무엇이 아니라 장차 올 세상이다.[14]

성화에 대한 오해와 죄에 대항하는 지속적인 싸움

완전한 성화 개념에는 신학적 문제점도 있다. 앤서니 회케마는 고려해야 할 몇 가지 사항을 지적한다.[15]

첫째, 완전한 성화는 죄에 대한 부적절한 정의를 가정한다. 앞에서 보았듯이, 웨슬리파는 알려진 율법을 의도적으로 범하는 것만을 죄로 간주한다. 사람이 하나님의 율법을 범하더라도 모르고 하면 완전한 성화는 훼손되지 않는다. 그러나 물음 1에서 보았듯이, 사람이 죄를 인식하든 인식하지 않든 죄는 죄다. 부작위의 죄든 작위의 죄든, 하나님의 거룩한 율법을 범하는 모든 것은 죄로 간주된다. 분노나 탐욕이나 정욕 등을 인식하지 못했다고 해서 죄책을 면할 수는 없다. 사실 성화의 과정은 사람이 자신의 죄를 자각하지 않음을 가정하는 듯하다. 이 점이 중요하다. 성령은 예전에는 죄악으로 간주하지 않았을 수도 있는 잘못을 점점 더 자각하게 하신다. 성령이 우리의 눈을 여심에 따라, 자신의 마음이 얼마나 철저히 정결해져야 하는지를 보게 된다. 하나님은 무지를 결코 용납하지 않으신다. 죄는 죄며, 우리가 그것을 알든 모르든 하나님은 그것을 분명히 아신다.

둘째, 완전한 성화는 완전의 기준을 낮춘다. 완전한 성화는 알면서 의도적으로 죄를 범하지 말 것만을 요구한다. 자신도 모른 채 범하는 죄는 완전한 성화 상태를 훼손하지 않는다. 웨슬리는 이렇게 말한다. "사람이 이 세상에서 도달할 수 있는 가장 높은 완전은 무지와 잘못과 수많은 다른 연약함을 배제하지 않으며(용납함을 뜻함-역주)[16], 하나님의 율법을 자신도 모르게 어기는 범죄도 배제하지 않는다."[17]

이것이 완전에 대한 성경적 기준일까? 그렇지 않다. 성경에서 웨슬리파적 의미의 완전 개념은 보이지 않는다. 성경은 완전의 기준을 결코 낮추려 하지 않는다. 성경은 웨슬리파와는 달리 불완전한 완전으로 만족하지 않는다.[18] 완전은 완전을 뜻하며, 따라서 이 세상에 머무는 한 마지막 영화 이전에는 그런 완전을 경험하지 못할 것이다.

셋째, 성화가 점진적인 일이므로 죄에 대항하는 지속적이며 의식적인 싸움이 언제나 남아 있음을 성경은 가르친다. 지속적이고 점진적이며 완료되지 않은 성화를 여러모로 입증하는 성경구절을 보라.

- 그리스도인은 자신의 육신과 더불어 지속적으로 싸운다(갈 5:16-17).
- 그리스도인은 모든 더러운 것에서부터 자신을 깨끗이 해야 한다(고후 7:1).
- 유혹은 여전히 존재하며, 그리스도인에게 실제적인 위협이다(롬 7:7; 약 1:14; 벧전 2:11; 요일 2:16).
- 성경은 성화 과정이 그리스도인의 삶의 특정한 시점에 완료되는 것이 아니라 점진적임을 확언한다(롬 12:2; 엡 4:11-16; 벧전 2:2; 벧후 3:18).
- 그 어떤 그리스도인도 죄가 없다고 주장하지 못한다(왕상 8:46; 시 130:3; 잠 20:9; 약 3:2; 요일 1:8).
- 심지어 특출한 그리스도인들마저 자신이 여전히 죄인의 괴수

로서(딤전 1:15) 회개와 죄사함이 필요함을 토로한다(욥 42:6; 시 32:5; 130:3-4; 사 6:5; 64:6; 단 9:15-16; 미 7:18-19; 요일 1:9).

- 예수님은 죄 고백이 그를 따르는 자들에게 있어 일상생활의 일부로 여기신다(마 6:12).

- 그리스도인은 언제나 성화에서 '이미/그러나 아직'의 긴장 속에서 살아가며, 더는 육신에 예속되지 않지만(롬 8:9) 여전히 육신의 소욕에 대항하여 싸워야 한다(갈 5:16-17). 육신을 십자가에 못 박았고(갈 5:24), 죄에 대해서는 죽었지만(롬 6:2,11), 여전히 몸의 행실을 죽일 필요가 있다(롬 8:13). 세상에 대해 십자가에 못 박혔지만(갈 6:14), 이 세상에 부합하지 않도록 저항해야 한다(롬 12:2). 누룩 없는 자지만, 묵은 누룩을 내버리라는 당부를 받는다(고전 5:7).[19]

- 그리스도인은 이미 완전한 상태에 이르렀다고 생각하기보다 계속 거룩을 추구해야 한다(고후 7:1; 빌 3:13-14; 히 12:14; 벧전 1:16).

두 계층 기독교의 위험

이 장을 마무리하면서, 실천적 목회적인 언급이 꼭 필요하다. 웨슬리파 견해의 특징인 성결에 대한 큰 열심에 찬사를 표할 수 있지만, 완전에 대한 그들의 가르침이 교회 사역에 해로울 수 있음을 인정해야 한다. 완전한 성화 교리는 완전한 이들과 그렇지 않은 이들 두 유형의 그리스도인으로 구분하는 결과를 초래한다. 다른 이보다 훨씬 우월한 일부 그리스도인을 지닌 두 계층의 기독교가 되게 만드는 것이다.

어떤 이들의 개인적인 경험을 통해 입증되듯이, 이 교리는 완전한 성화라는 제2의 축복을 지니지 않은 사람들로 하여금 심각한 낙심과 좌절에 빠지게 할 수 있다. 더 높은 단계에 도달한 것으로 보이는 사람들과 달리, 아무리 노력해도 여전히 자신의 삶 속에서 죄를 발견하기 때문이다.

그리스도인의 삶은 지금 여기서 완전함에 도달하는 삶이 아님을 이해하는 것이 중요하다. 지금 여기서 완전함에 도달할 수 있다는 생각은, 그리스도인의 삶을 죄에 대항하는 지속적인 싸움으로 묘사하는 성경 내용을 망각하는 것이다(롬 7:20-23; 히 12:1; 요일 1:8). J. I. 패커는 다음과 같이 가르치는 복음전도자들에게 경고한다. "일단 그리스도인이 되면, 우리 안에 있는 하나님의 능력이 성격의 결함을 곧바로 몰아내고 삶 전체를 평탄한 항해로 만들 것이다." 또 패커는 말한다. 한편으로, "회심 때 이런저런 연약함에서부터 갑자기 구원받는 놀라운 일을 하나님이 행하시는 경우도 있다." 그러나 "모든 그리스도인의 삶은 세상과 육신과 마귀의 압력과 유혹에 맞서 부단히 싸우는 것이다." 달리 말해서 우리는 싸우는 중이다(마 26:41; 롬 7:20; 갈 5:17; 히 12:3-4). 패커의 결론에 따르면, 그것은 "그리스도를(즉, 그분의 지혜와 헌신과 사랑과 의를) 닮기 위해 격렬히 끝없이 지속되는" 전투다.[20]

결론은 성화란 영화 때까지 항상 점진적이며 완료되지 않는다는 것이다. 승리는 보장되어 있지만(이에 대해서는 다음 두 장에서 살펴볼 것이다) 영화의 이편에서 그 싸움은 계속되며, 하나님의 군사로서 우리는 죄와 사탄에 대항하기 위해 검을 들어야 한다. 그리스도께서 우리를 본향으로 이끄시고, 마침내 우리가 전투 무기를 버릴 때까지 전투는 끝나지 않는다.

요약

성화는 영화 전까지 항상 점진적이며 완료되지 않는다. 성경은 그리스도인이 죄에 대항하여 싸워야 하고, 그 싸움은 영화 전까지 완료되지 않음을 가르친다. 회심에 뒤이어 신자가 완전한 성화 상태에 도달하게 하는 제2의 축복을 경험할 것을 성경은 결코 가르치지 않는다. 성화는 점진적이므로 죄에 대항하는 지속적이며 의식적인 투쟁이 항상 남아 있다.

더 깊은 묵상을 위한 물음

1 완전한 성화를 지지하거나 반박하는 가장 의미심장한 논거는 무엇인가?
2 완전한 성화 개념은 죄에 대한 정의를 어떻게 달라지게 하는가?
3 완전한 성화는 완전에 대한 정의를 어떻게 달라지게 하는가?
4 갈라디아서 5장 16-17절을 읽어보라. 죄에 대항하는 지속적인 싸움을 성경은 어떻게 묘사하는가?
5 교회에서 완전주의 가르침이 야기할 수 있는 실제적인 함정은 무엇인가?

물음 34 / 구원을 잃을 수 있는가? (1)

　진정으로 거듭나고, 성령을 통해 회심하며, 하나님의 은혜로 의롭다 하심을 받은 죄인이, 구원을 잃고서 영원한 지옥 형벌을 당할 수 있을까?[1] 이보다 더 정곡을 찌르는 물음은 거의 없을 것이다. 이 물음은 교리적일 뿐 아니라 목회적인 것이기도 하다. 어떻게 대답하느냐에 따라 그리스도인으로서 삶을 사는 방식이 달라지기 때문이다. 올바른 대답은 무엇일까? 이 장에서 하나님이 예정하고 거듭나게 하고 회심시키며 의롭게 하신 이들 모두를 그가 거룩하게 하며 거룩하게 하실 것임을 배울 것이다. 요컨대 하나님은 진정으로 그리스도를 믿는 사람 그 누구도 결코 구원을 잃지 않게 하실 것이다. 하나님께서 그리스도에게 연합시킨 자들은 끝까지 그리스도와 연합되어 있을 것이다.[2]

　이 기본적인 진리가 그리스도인들이 엄청난 곤경과 실패를 경험할 수 있다고 하는 실제적인 사실을 가볍게 여기는 건 아니다. 사탄과 세상은 그리스도인을 시험할 것이며, 때로는 자기 속에 남아 있는 부패성 때문에 그리스도인이 죄를 범할 것이다. 웨스트민스터 신앙고백에서 말하듯이, 때로는 그리스도인이 그를 보존해 주는 "방편을 무시하고 심각한 죄에 빠져들어 한동안 하나님의 진노를 유발하며" 심지어 성령을 근심하게 할 것이다(17.3). 그 결과 예전에는 그토록 실제적이며 가깝게 느껴지던 하나님의 은혜와 위로가 무척이나 멀게 느껴질 것이다. 마음이 완악해지고 양심도 둔감해진다. 하나님이 사랑의 징계를 행하실 수도 있다. 그럼에도 그리스도인은 여전히 하나님의 자녀로 남아 있다. 범죄와 징계의 시기가 매우 고통스럽지만, 그 와중에도 하나님은 자녀를 보존하시며, 그래서 마침내 그들은 "은혜의 상태"에서 떨어져 나가지 않고 "끝까지 견인하여 영원한 구원에 이를 것이다"(17.1).

언약 약속을 지키는 전능하신 하나님의 신실성

구원의 안전함과 관련하여 첫 번째로 이해해야 할 것은, 그 안전함이 무엇보다도 하나님에 대한 교리에 근거한다는 사실이다. 하나님이 그의 약속을 돌이키지 않으시고 또한 누구나 그 무엇도 그의 사랑하는 아들의 나라로부터 우리를 끊지 못하게 하시는 이유는, 하나님이 진실하고 신실하며 전능하고 또한 불변하시기 때문이다. 핵심은 이것이다. 영원한 생명은 최종적으로 우리의 의지력과 힘과 노력에 달린 것이 아니라 하나님께 달려 있다. 웨스트민스터 신앙고백은 그 점을 잘 말해 준다. "성도들의 궁극적인 견인은 자신의 자유의지에 의존하는 것이 아니라, 하나님 아버지의 값 없고 변치 않는 사랑에서 흘러나오는 예정의 불변성에 달린 것이다. 또 예수 그리스도의 공효와 중보, 성령의 내주하심, 그들 안에 있는 하나님의 씨, 은혜 언약의 특성에 달린 것이니, 이 모든 것에서 견인의 확실성과 무오성이 비롯된다"(17.2). 우리의 영원한 안전은 하나님의 성품과 능력에 의존한다. 이들 각각을 살펴보자.

첫째, 하나님의 성품이 성도의 보존을 보증한다. 하나님이 구원에 대한 언약 약속을 철회하지 않으실 것을 우리가 어떻게 아는가? 이 물음은 하나님의 성품과 관련이 있다. 특히 하나님의 말씀이 진실한지의 여부, 하나님이 당신의 약속에 신실하실 것인지의 여부와 관련이 있다.[3] 하나님이 생각을 바꾸지 않으실 것을 우리가 어떻게 아는가? 이 물음 역시 하나님의 성품, 특히 성경의 하나님이 불변하신지의 여부와 관련이 있다.

성경은 우리를 안심시킨다. 성경에 따르면, 하나님은 참되신 하나님이고(시 96:5; 97:7; 115:4-8; 사 44:9-10; 요 14:6; 살전 1:9), 진리의 기초시며(요 17:17), 따라서 하나님의 말씀은 진실할(시 12:6; 히 6:18) 뿐 아니라 다음 사항에 있어 불변하시다.

1. 하나님의 본성: 하나님은 원래 상태보다 결코 더 지혜로워지거나 거룩해지거나 자애로워지거나 강해지거나 영원해지거나 전능해지지 않으실 것이다(출 3:14; 시 102:25-27; 말 3:6; 히 13:8; 약 1:17).
2. 하나님의 성품: 하나님은 윤리적 도덕적으로 더 나아지거나 나빠지지 않으신다(말 3:6; 약 1:17).
3. 하나님의 목적(뜻): 하나님은 주권적이시며 그의 영원한 목적은 철회될 수 없다(욥 23:13; 시 33:11; 잠 19:21; 사 14:24; 46:8-11; 마 13:35; 25:34; 엡 1:4,11; 3:9,11; 딤후 2:19; 벧전 1:20; 계 13:8).
4. 하나님의 약속: 하나님은 자신이 한 약속과 말을 어기지 않으신

다(민 23:19; 삼상 15:29; 말 3:6; 롬 8:28; 엡 1:11; 딤후 2:13; 히 6:17).[4]

여기서 3번과 4번에 특히 주목해야 한다. 아래에서 보겠지만 하나님의 목적과 약속들 중 하나는, 거듭나서 그리스도께로 회심한 사람 그 누구도 하나님이 잃어버리지 않으신다는 것이기 때문이다.

둘째, 하나님의 능력이 성도의 보존을 보증한다. 하나님이 진실하고 신실하시지만 그분의 말씀대로 이루어지게 할 능력을 충분히 갖지 못하셨다고 가정해 보자. 하나님께 세상의 모든 지혜가 있지만 계획을 실행할 힘이 없다고 가정하는 것이다. 이 가정에서는, 하나님이 얼마나 진실하거나 신실하거나 지혜로우신가 하는 점은 중요하지 않을 것이다. 자신의 뜻을 실현할 수 없기 때문이다.

감사하게도 이것은 성경의 하나님에 대한 사실이 아니다. 하나님은 모든 지혜를 소유하셨을 뿐 아니라(시 104:24; 롬 16:27) 전능하시기도 하다(창 18:14; 욥 42:1-2; 시 24:8; 사 14:24,27; 40:12; 46:10; 55:11; 렘 32:17-19; 단 4:35; 막 10:27; 눅 1:37; 계 4:8; 11:17). 하나님은 자신의 약속에 신실하고 참되며, 백성의 구원을 위해 약속을 실행함에 있어 주권적이기도 하시다(롬 1:16; 고후 1:22-24; 엡 3:20-21).

택하신 자들을 잃지 않을 것을 보증하시는 하나님을(이는 성경적으로 뒷받침되는 사항이다) 확실히 신뢰할 수 있는 것은, 약속하신 바(즉, 언약 백성을 최종적으로 구속하신다는 약속)를 성취하심에 있어, 전능하고 주권적이며 참되고 진실하고 신실하고 지혜로우심을 그의 성품이 보여주기 때문이다.

선택, 그리스도, 견인

최종적 견인과 영화를 뒷받침해 주는 것은 하나님에 대한 교리만이 아니다. 루이스 벌코프가 말하듯이, 구원의 다른 많은 측면도 그러하다.[5]

첫째, 영원 중에 행하신 하나님의 무조건적 선택이, 택하신 자들 중 아무도 잃어버린 바 되지 않을 것을 보증한다. 물음 10-11에서 보았듯이, 선택은 단지 하나님의 택하심을 받은 자들의 구원을 가능하게만 한 것이 아니다. 최종적 구원을 보장한다. 하나님의 택하심을 받은 자들은 택함받은 상태를 상실할 수 없다.

둘째, 구속 언약이 신자의 최종적 구원을 확고하게 한다. 이 언약에서 하나님은 특정한 사람들을 위해 죽게 하려고 아들을 보내신다. 구속 언약을 성취함으로써, 그 아들은 택함받은 사람을 자신의 상급으로 받으신다. 벌코프가 설명하듯이 "구속 언약에서 하나님은 그의 아들의 순종과 고난에 대한 상급으로서 그의 백성을 아들에게 주셨다. 이 상급은 영원부터 정해졌고 사람의 불확실한 신실성에 의존한 것이 아니다. 하나님은 약속을 어기지 않으시며, 따라서 그리스도 안에 있는(그의 상급이 되는) 사람들은 그에게서 분리될 수 없다(롬 8:38,39). 언약 안에서 생명의 교류에 들어간 자들은 거기서 벗어날 수 없다."[6]

셋째, 그리스도의 중보가 하나님의 택하심을 받은 자들의 구원을 보증한다. 구속 언약을 성취함에 있어, 그리스도는 죄에 대한 징벌을 대신 당하셨으며 사흘 만에 살아나시고 아버지의 우편에 앉아 우리를 위해 아버지께 중보하신다. 아들의 중보가 항상 효과적임을 성경을 통해 알 수 있다. 히브리서 기자는 예수님이 자신의 제사장직을 영구적으로 지니시기 때문에 "자기를 힘입어 하나님께 나아가는 자들을 온전히 구원하실 수 있으니 이는 그가 항상 살아계셔서 그들을 위하여 간구하심이라"고(히 7:25) 말한다.

넷째, 성령은 그가 그리스도께 연합시킨 자들을 버리지 않으실 것이다. 효과적인 부르심과 중생을 통해 신자는 그리스도께 연합되었다(물음 8-9를 보라). 성령께서 이 연합 사역을 미완료 상태로 남겨둘 거라는 언급이 성경에는 전혀 없다. 오히려 그리스도인으로서의 삶을 시작할 때 그리스도께 연합된 자들이 그리스도를 대면할 때까지 보존될 것을 성경 도처에서 밝힌다. 그리스도와의 연합이라는 결속이 깨지지 않는 것은 우리를 끝까지 붙드시는 성령의 신실하심과 전능하심 때문이다. 우리를 부르고 거듭나게 하며 의롭다 하신 성령은 성화 사역에서 실패하지 않으신다. 회심 때 성령은 신자 앞에 영생을 두신다(요 3:36; 5:24; 6:54). 성령은 신자로 하여금 그 생명을 온전히 얻게 하는 일에 결코 실패하지 않으실 것이다.

복음서의 뒷받침

구원의 안전함이 그리스도의 중보 사역과 그 사역을 효과적으로 적용하는 성령의 사역 그리고 하나님 성품 자체에 근거한다는 점을 앞에서 살펴보았다. 그렇다면 하나님이 그의 자녀를 포기하거나 버리거나 잃어버리지 않을 것을 약속하는 성경구절은 어디에 있을까? 복음서와 서신서에서 볼 수 있다.

누가복음 22장 31-32절에서 예수님은 영적 전투의 이면을, 즉 시몬(베드로)을 멸하려는 사탄의 시도를 보여주신다. "시몬아, 시몬아, 보라 사탄이 너희를 밀 까부르듯 하려고 요구하였으나 그러나 내가 너를 위하여 네 믿음이 떨어지지 않기를 기도하였노니 너는 돌이킨

후에 네 형제를 굳게 하라." 사탄이 하나님의 자녀를 건드리려면 허락을 받아야 한다는 점에 주목하라. 하나님은 성도에게 일어날 수 있는 일과 일어날 수 없는 일을 온전히 컨트롤하신다(참조, 욥 1장). 밀 까부르듯 한다는 것은 베드로가 예수님을 부인할 것을 가리킨다(눅 22:33-34; 참조, 22:54-62). 사탄은 이 심각한 시험으로 베드로의 믿음을 파괴하려고 한다. 그러나 예수님은 베드로의 믿음이 떨어지지 않도록 기도했다고 말씀하신다. 예수님은 자신의 기도가 효력을 발휘할 것을 아신다. 돌이킨(에피스트레프사스, "다시 돌이킨") 후에 동료 제자들을 굳게 하라는 말씀은, 베드로가 회복될 것을 당연시하셨기 때문이다.

그러므로 베드로의 믿음이 "떨어지지 않기를"(메 에클리페) 기도하셨다는 것은 철저히, 최종적으로 또는 완전히 실패하지 않도록 기도하셨음을 뜻한다. 그렇다. 베드로는 세 차례에 걸쳐 예수님을 모른다고 부인함으로써 처음에는 사탄의 시험에 넘어갔다. 그러나 더 큰 시험이 있다. 예수님을 따르거나 믿는 것을 완전히 포기할 것인지에 대한 시험이었다. 회개를 통해 입증되듯이, 베드로는 이 시험에 넘어가지 않는다. 물론 그처럼 회개하고 예수께로 돌이키는 것은 궁극적으로 하나님의 은혜다. 또 누가복음 22장을 통해 그것이 예수님의 기도 효력 덕분임을 볼 수 있다.

하나님의 자녀로서 우리는 예수님이 우리를 위해서도 그리하심을 확신할 수 있다. 비록 시험에 넘어갈 수도 있지만, 예수님이 중보자와 중재자로서 우리를 위해 기도하시므로 최종적으로 넘어지지 않고 돌이켜 회복될 것이다. 히브리서 7장 25절이 분명히 알려주듯이, 예수님은 영원한 제사장이시므로 "자기를 힘입어 하나님께 나아가는 자들을 온전히 구원하실 수 있으니 이는 그가 항상 살아계셔서 그들을 위하여 간구"하시기 때문이다.

누가복음 22장에서 알려주는 예수님의 기도 효력은 요한복음에서 더욱 분명해진다. 예수님이 친히 말씀하신 다음과 같은 약속을 보라.

> 하나님이 세상을 이처럼 사랑하사 독생자를 주셨으니 이는 그를 믿는 자마다 멸망하지 않고 영생을 얻게 하려 하심이라 _요 3:16

> 예수께서 대답하여 이르시되 이 물을 마시는 자마다 다시 목마르려니와 내가 주는 물을 마시는 자는 영원히 목마르지 아니하리니 내가 주는 물은 그 속에서 영생하도록 솟아나는 샘물이 되리라 _요 4:13-14

> 내가 진실로 진실로 너희에게 이르노니 내 말을 듣고 또 나 보내신 이를 믿는 자는 영생을 얻었고 심판에 이르지 아니하나니 사망에서 생명으로 옮겼느니라 _요 5:24; 참조, 요일 5:11-13

> 나[예수님]는 하늘에서 내려온 살아 있는 떡이니 사람이 이 떡을 먹으면 영생하리라 내가 줄 떡은 곧 세상의 생명을 위한 내 살이니라 하시니라 _요 6:51

> 나는 부활이요 생명이니 나를 믿는 자는 죽어도 살겠고 무릇 살아서 나를 믿는 자는 영원히 죽지 아니하리니 _요 11:25-26

이 약속을 찬찬히 살펴보면, 그리스도를 믿는 자에게 영생이 최종적으로 보장됨을 알 수 있다. 신생과 회심이 그리스도와의 되돌릴 수 없는 연합, 그의 나라, 그리고 오직 그분한테서 받을 수 있는 영원한 생명을 초래하는 것은 물론이고 정죄에서 영원히 벗어나게도 한다는 점을, 예수님은 여러 차례 약속하신다. 죽음에서 생명으로의 전환은 결코 되돌릴 수 없는 것이다.

물음 13-14에서 보았듯이, 요한복음 6장은 효과적인 부르심을 강력히 뒷받침하는 구절이다. 그러나 요한복음 6장에서 예수님은 그 처음의 부르심에 대해 말씀하심과 아울러 신자의 영원한 안전에 대해서도 말씀하신다. 예수님은 "아버지께서 내게 주시는 자는 다 내게로 올 것이요 내게 오는 자는 내가 결코 내쫓지 아니하리라"고 말씀하신다(6:37). 예수님은 택하심받은 자들이 자신에게로 인도될 것을 보증하시며, 그들이 자신에게 나아올 때 결코 내쫓지 않을 것이라고도 약속하신다. 그런 다음 예수님은 아버지의 뜻을 행하기 위해 오셨음을, "내게 주신 자 중에 내가 하나도 잃어버리지 아니하고 마지막 날에 다시 살리는" 것이 아버지의 뜻임을 설명하신다. 예수님은 매우 간명하게 말씀하신다. 아버지의 뜻을 이룰 것이며, 아버지의 뜻은 아버지께서 맡기신 자들 중 하나도 잃어버리지 않는 것이다. "잃어버리지"는 정죄됨을 염두에 두신 표현으로서 영생과 반대된다.

이어지는 말씀에서 예수님은 재차 확언하신다. "내 아버지의 뜻은 아들을 보고 믿는 자마다 영생을 얻는 이것이니 마지막 날에 내가 이를 다시 살리리라 하시니라"(6:40). 말 그대로 영생이란 영원한 것이다. 어떤 사람이 영원한 생명을 받았다가 믿음 결여 등으로 그 영생이 영원하지 않은 것이었음을 나중에 알게 되는 것이 아니다. 영생은 말 그대로다. 여기서 예수님은 어떤 사람이 아들을 믿었으면 그가 영생을 지닌 것이라고 약속하신다. 또 그 사람에게 무덤에서의 부활도 약속하신다. 신자에게 영원한 안전을 보증하는 것으로서 부활보다 더 강력한 것은 없었다. 예수님이 그렇게 보증하실 수 있는 것은 자신이 부활이요 생명이며, 그 부활을 통해 자신이 장래의 위대한 추수의 첫 열매임을 입증하시기 때문이다(고전 15장).

예수님은 신자의 안전과 관련하여 요한복음에서 분명하고 간명하게 말씀하시는데, 요한복음 10장 27-29절에서는 훨씬 더 그리하신다. "내 양은 내 음성을 들으며 나는 그들을 알며 그들은 나를 따르느니라 내가 그들에게 영생을 주노니 영원히 멸망하지 아니할 것이요 또 그들을 내 손에서 빼앗을 자가 없느니라 그들을 주신 내 아버지는 만물보다 크시매 아무도 아버지 손에서 빼앗을 수 없느니라." 그리스도인이 자신의 구원을 잃을 수 있다고 말하는 건 이 구절의 전체적인 의미를 약화시키는 것이다. 이 구절은 신자가 아들과 아버지의 손에 안전하게 보존됨을 확언한다. 여기서 가르치는 내용에 주목하라.

- 그리스도인은 그리스도께로부터 영생을 얻는다.
- 그리스도인은 결코 멸망하지 않을 것이다.
- 그 누구도 그리스도의 손에서 그리스도인을 빼앗지 못한다.
- 아버지께서 그리스도인을 당신의 아들에게 맡겨서 안전히 지키게 하셨다.
- 아들이 그리스도인을 안전하게 붙들고 계신다면 아버지도 그리하신다. 그리스도인을 아들에게 맡긴 분이 바로 아버지이기 때문이다.

따라서 "신자의 안전은 그리스도를 붙드는 그들의 손에 달린 것이 아니라 그들을 붙드시는 그리스도의 손에 달린 것"[7]이라고 결론지어야 한다.

요약

하나님의 자녀를 단 한 명도 잃지 않을 것이라고 예수님이 친히 약속하며 보증하신다. 거듭나서 그리스도께로 회심한 자들은 믿음에서 이탈하지 않을 것이다. 그들이 안전하게 보호되는 것은, 언약 약속을 반드시 지키시는 전능하신 하나님의 신실성 덕분이다.

더 깊은 묵상을 위한 물음

1. 신자의 영원한 안전을 이해함에 있어 중요한 역할을 하는 하나님의 속성과 그 이유는 무엇인가?
2. 읽고 있는 성경 내용 중에서, 하나님이 구원에 관한 언약 약속에 신실한 분임을 깨닫게 하는 본문은 무엇인가?
3. 누가복음 22장 31-32절을 읽어보라. 예수님이 베드로의 안전을 보증하신 말씀은 무엇인가?
4. 요한복음 6장 37-40절을 공부하라. 신자의 최종적 구원을 위해 예수님은 어떤 역할을 하시는가?
5. 요한복음 10장 27-29절은 구원의 확신을 어떻게 강화하는가?

물음
35 / 구원을 잃을 수 있는가?(2)

앞에서 예수님이 하나님의 자녀를 단 한 명도 잃지 않을 것을 친히 약속하며 보증하심을 보았다. 거듭나서 그리스도께로 회심한 사람들은 믿음에서 이탈하지 않을 것이다. 이 주제와 관련한 예수님의 가르침은 여러 면에서 구약성경의 가르침을 반영한다. 예를 들어, 시편 37편에서 다윗은 "여호와께서 정의를 사랑하시고 그의 성도를 버리지 아니하심이로다 그들은 영원히 보호를 받으나 악인의 자손은 끊어지리로다"라고 말한다(37:28). 그렇다면 예수님의 사도들도 성도의 보존에 대해 가르치는가? 이번 장에서는 바로 이 물음에 답할 것이다.[1]

바울의 황금사슬

바울의 로마서부터 시작하는 편이 좋을 것이다. 물음 14에서 로마서 8장 28-29절이 어떻게 효과적인 부르심을 언급하는지 보았다.

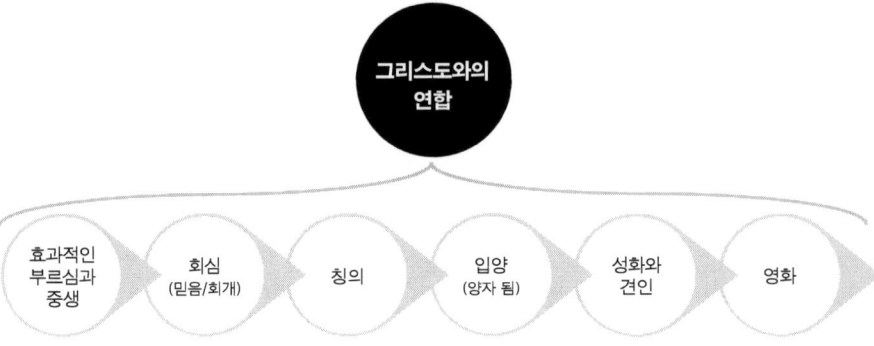

본문을 끝까지 읽어보면, 택하신 자들을 지키시는 하나님에 대해서도 확언한다는 사실을 알 수 있다. 바울은 예정 교리를 확언함으로써 시작한(8:29) 후, 하나님이 예정하신 자들을 또한 부르셨다고 말한다(8:30). 거기서 그치지 않는다. 거기서 그쳤다면, 예정과 부르심을 받은 사람이 그 특권을 잃을 수 있는지에 의문을 가질 수 있다. 그러나 바울은 계속해서 황금사슬을 연결해 나간다. 예정되고 부르심받은 자들을 하나님이 의롭다 하시며, 의롭다 하신 자들을 또한 영화롭게 하신다(8:30). 이 순서에서 바울은 이탈의 여지를 남기지 않는 듯하다. 즉, 바울은 예정과 부르심과 의롭다 하심을 받은 자들이 영화롭게 되지 않을 수 없음을 확언한다. 그렇다. 이 순서에서 한 단계 돌이킬 수 없이 다음 단계로 이어진다.

예수님의 사랑

이에 대해 의심이 남아 있다면, 그 모든 의심은 로마서 8장 38-39

절을 통해 제거된다. 구원의 황금사슬에 바로 이어서, 바울은 그리스도의 사랑에서 우리를 끊을 수 있는 것이 있는지 묻는다(8:35). 바울이 얼마나 확신에 찬 대답을 하는지에 주목하라.

> 그런즉 이 일에 대하여 우리가 무슨 말 하리요 만일 하나님이 우리를 위하시면 누가 우리를 대적하리요 자기 아들을 아끼지 아니하시고 우리 모든 사람을 위하여 내주신 이가 어찌 그 아들과 함께 모든 것을 우리에게 주시지 아니하겠느냐 누가 능히 하나님께서 택하신 자들을 고발하리요 의롭다 하신 이는 하나님이시니 누가 정죄하리요 죽으실 뿐 아니라 다시 살아나신 이는 그리스도 예수시니 그는 하나님 우편에 계신 자요 우리를 위하여 간구하시는 자시니라 누가 우리를 그리스도의 사랑에서 끊으리요 환난이나 곤고나 박해나 기근이나 적신이나 위험이나 칼이랴 … 그러나 이 모든 일에 우리를 사랑하시는 이로 말미암아 우리가 넉넉히 이기느니라 내가 확신하노니 사망이나 생명이나 천사들이나 권세자들이나 현재 일이나 장래 일이나 능력이나 높음이나 깊음이나 다른 어떤 피조물이라도 우리를 우리 주 그리스도 예수 안에 있는 하나님의 사랑에서 끊을 수 없으리라 _롬 8:31-35,37-39

바울은 강조해서 말한다. 온 세상의 그 무엇도 예수님의 사랑에서 우리를 분리시킬 수 없다. 절대적으로 그럴 수 없다. 바울이 그렇게 말하는 근거에 주목해 보라. 그것은 하나님이 당신의 아들을 내어주셨기 때문이다. 그 무엇도 그 누구도 구주의 사랑에서 우리를 끊을 수 없음을 확신할 수 있는 것은, 그리스도께서 우리를 위해 죽고 다시 사셨으며 지금 우리를 위해 중보하고 계시기 때문이다. 바울의 모든 기록 중 로마서 8장 31-39절은 신자의 영원한 안전을 확언하는 가장 강력한 본문일 것이다.

바울은 다른 데서도 그 점을 확언한다. 예컨대, 고린도전서 서두를 보라. 고린도 신자들은 엉망이었다. 그들은 교회 안에서의 분열(고전 1:10-17; 3:1-23), 성적 부도덕(5:1-12; 6:12-20), 상호간의 법정 소송(6:1-11) 등 온갖 죄악과 씨름했다. 그러나 바울은 이 고린도인들을 "그리스도 예수 안에서 거룩하여지고 성도라 부르심을 받은 자들"로 지칭하면서 서신을 시작한다(1:2). 이어서 그리스도의 증거가 그들 중에 견고하게 되었다고 말한다(1:6). 그런 다음 매우 중요한 말을 한다. 고린도 신자들이 우리 주 예수 그리스도의 나타나심을 기다리고 있으며, 이 그리스도께서 그들을 "우리 주 예수 그리스도의 날에 책망할 것이 없는 자로 끝까지 견고하게" 하실 분이라고 바울은 말한다(1:8). 그리고 "너희를 불러 그의 아들 예수 그리스도 우리 주와 더불어 교제하게 하시는 하나님은 미쁘시도다"라고 강력히 결론짓는다(1:9).

분명 고린도 신자들에게는 많은 문제가 있었지만, 바울은 하나님이 그들을 이탈하지 않게 하실 것을 확신시킨다. 주 예수님이 고린도 신자들을 끝까지 보존하실 것이며, 심판의 날에 하나님 앞에 흠 없게 설 것이라고 말한다. 고린도 신자들이 믿음 안에서 보존된다는 것은 매우 중요한 사실이지만(이에 대해서는 다음 장에서 강조할 것이다), 그들의 궁극적 소망과 확신은 자신 안에서 발견되는 것이 아니라 그들을 보존하는 하나님의 능력 안에서 발견된다. 더욱이 이 확신은 하나님의 성품 자체에 근거한다. 하나님은 미쁘시다(1:9). 고린도 신자들을 "불러 그의 아들 예수 그리스도 우리 주와 더불어 교제하게 하시는" 하나님이(1:9) 그들을 끝까지 신실하게 보존하실 것이다.

유업의 보증: 성령

고린도 교인들에게 보내는 두 번째 편지에서 바울은 안전을 재차 강조하지만, 이번에는 성령을 언급한다. 하나님이 "우리에게 인치시고 보증으로 우리 마음에 성령을 주셨느니라"고 바울은 말한다(고후 1:22). 에베소서에서 바울은 더 자세히 설명한다. "모든 일을 그의 뜻의 결정대로 일하시는 이의 계획을 따라 우리가 예정을 입어 그 안에서 기업이 되었으니 이는 우리가 그리스도 안에서 전부터 바라던 그의 영광의 찬송이 되게 하려 하심이라 그 안에서 너희도 진리의 말씀 곧 너희의 구원의 복음을 듣고 그 안에서 또한 믿어 약속의 성령으로 인치심을 받았으니"(엡 1:11-13).

"예정"과 "기업"이라는 표현에 유의하라. 하나님은 특정한 죄인을 구원하기 위해 예정하셨고(엡 1:4,11) 따라서 택하심을 받은 자들은 "기업"(1:11), 곧 영원한 기업(즉, 영생)을 소유한다. 바울은 하나님의 예정이 시간과 공간 속에서 어떻게 실행되었는지 설명한다. 에베소 사람들이 복음을 들었을 때, 그들은 "약속의 성령으로 인치심을" 받았다(1:13). 바울의 설명에 따르면, 성령은 에베소 신자들이 약속된 유업을 언젠가는 받게 될 것에 대한 "보증"이시다(1:14). 의견이 분분하지만, 이 인치심은 그리스도인들이 기업을 얻을 수 있도록 성령이 그들을 보존하신다는 뜻을 담고 있다(고후 1:22; 엡 4:30; 벧전 1:5; 계 7:2-3이 뒷받침하는 해석이다).[2] 하나님이 신자들에게 "인치시고 보증으로" 그들의 마음에 "성령을" 주셨다고 말하는 고린도후서 1장 22절 말씀도 그런 의미다.

고린도후서와 에베소서에서 '보증'이라는 표현이 핵심이다. 그것은 마치 계약금과 같다. 계약금이 집이나 자동차 매입을 확실하게 해 줌을 생각해 보라. 보증은 신자가 하나님의 영원한 나라에 들어감을 보장하는 계약금이다. 물론 이 땅에서 살아가는 신자는 아직 그 기업을 획득하지는 못했다. 그렇지만 그것을 획득할 것이라는 사실이 보장된다. 그것이 보장됨을 알 수 있는 이유는 하나님이 우리에게 성령을 주셨기 때문이다. 우리가 성령을 받았고 성령의 인치심을 받았다는 사실은 우리가 이 기업을 얻을 것을 입증해 준다. 성령이 바로 우리의 보증이시다! 바울은 하나님의 성령을 근심하게 하지 말라고 에베소 신자들에게 당부하면서 "그 안에서 너희가 구원의 날까지 인치심을 받았느니라"고 말한다(4:30).[3] 각 구절에는 기업, 인치심, 보증이라는 표현이 나온다. 이는 택하신 자들을 하나님이 보존하심을 강력히 확언하며, 택하신 자들에 대한 하나님의 소유권을 강조한다.

이루심과 건져내심

빌립보서를 시작하면서 바울은 빌립보 신자들이 "복음을 위한 일에 참여"하고 있음에 감사를 표한다(빌 1:5). 그런 다음 하나님께 대한 확신을 피력한다. "너희 안에서 착한 일을 시작하신 이가 그리스도 예수의 날까지 이루실 줄을 우리는 확신하노라"(1:6). 빌립보 신자들 안에서 구원 사역을 시작하신 하나님이 그것을 완료하실 것을 바울은 믿어 의심치 않는다. 따라서 빌립보 신자들은 하나님이 그들을 버리지 않고 처음에 시작한 일을 반드시 이루실 것을 확신할 수 있다.

신자의 확신이 어디에 근거하는지 주목하라. 바울은 빌립보 신자들이 확고히 서기를 기대하지만(1:27), 궁극적으로 그들의 확신은 하나님이 이 선한 일을 이루실 것이라는 보증에 근거한다. 예수님이 다시 오시는 날(2:16) 신자는 약속된 기업을 받을 것이다.

디모데후서에서도 바울은 유사한 확신을 피력한다. "주께서 나를 모든 악한 일에서 건져내시고 또 그의 천국에 들어가도록 구원하시리니 그에게 영광이 세세무궁토록 있을지어다"(4:18). 바울은 자신이 믿음 때문에 죽음에 처해질 것을 알고 있었음이 분명하다. 그는 육체적인 죽음에서의 구원을 간구하지 않는다. 그리스도를 위해 기꺼이 죽어야 함을 알고 있는 바울은 또 다른 유형의 구원, 즉 죄에서 구원을 간구한다.

죄는 위험하며 구원을 위협한다. 그러나 바울은 주님이 모든 악한 행실에서 그를 구해 주실 것을 확신한다. 그러한 구원이 영원한 안전, 곧 하나님나라에 이르게 할 것을 전혀 의심치 않는다.

썩지 않는 유업

하나님에 대한 담대한 확신을 피력한 사람은 바울만이 아니다. 베드로도 그러하다. 베드로전서 1장 3-5절을 보라.

> 우리 주 예수 그리스도의 아버지 하나님을 찬송하리로다 그의 많으신 긍휼대로 예수 그리스도를 죽은 자 가운데서 부활하게 하심으로 말미암아 우리를 거듭나게 하사 산 소망이 있게 하시며 썩지 않고 더럽지 않고 쇠하지 아니하는 유업을 잇게 하시나니 곧 너희를 위하여 하늘에 간직하신 것이라 너희는 말세에 나타내기로 예비하신 구원을 얻기 위하여 믿음으로 말미암아 하나님의 능력으로 보호하심을 받았느니라

썩지 않고 더럽지 않고 쇠하지 아니하며 하늘에 간직된 것, 이것이 바로 그리스도인에게 속한 유업의 유형이다. 구원을 잃을 수 있다

고 말하는 것은 이 유업이 썩지 않고 더럽지 않고 쇠하지 아니함을 부인하는 것이다. 유업이 하늘에 간직되었다는 언급도 의미심장하다. 이는 유업이 안전하고 보장되며 하나님에게서 온 것임을 뜻한다. 그 무엇도 그 누구도 파괴할 수 없다.

유업의 유형이 어떠한지(썩지 않고 더럽지 않고 쇠하지 아니함)와 그것이 어디에 간직되어 있는지(하늘에)는 물론이고, 신자와 관련하여 하나님이 무슨 일을 하시는지도 중요하다. 베드로는 이르기를, 그리스도인은 말세에 나타내기로 예비하신 구원을 얻기 위하여 믿음으로 말미암아 하나님의 능력으로 보호하심을 받았다(프루루메누스)고 한다(벧전 1:5). 달리 말해서, 그리스도인의 유업이 안전하게 보존될 뿐 아니라 그리스도인 자신도 안전하게 보존된다.[4] 그리스도인이 수동적이라는 뜻이 아니다. 본문은 이 보호가 "믿음으로 말미암아" 이루어진다고 말한다. 이는 하나님이 친히 크신 능력으로 자녀들을 보호하심을 뜻한다. 우리를 영원히 지켜주는 것으로서 하나님의 능력보다 더 확실한 보증이 있겠는가?

하나님의 보호와 그리스도인의 확신

택하신 자들을 안전하게 지키신다는 하나님의 주권적인 약속이 그리스도인에게 주는 여러 가지 유익 중 하나는 확신과 관련된 것이다. 그리스도인이 병들어 죽음에 가까워지든, 죄를 이기지 못하여 낙심해 있든, 혹은 세상에서 핍박의 위협에 직면하여 무서워하든, 구원에서 이탈될 것에 대한 두려움을 실제로 느낄 수 있다. 이런 순간에 한때 누렸던 확신을 되찾으려고 발버둥 칠 수도 있다. 심지어 자신이 천성(존 번연의 『천로역정』에 나오는 표현)에 이를 것인지에 대해 염려

하기 시작할 수도 있다.

택하신 자를 지키시는 하나님의 보호는 곤경과 불안의 때에 큰 위안과 소망이다. 삶의 풍파가 위협할 때 예수님의 말씀은 따뜻한 위안과 확신을 준다. "내가 그들에게 영생을 주노니 영원히 멸망하지 아니할 것이요 또 그들을 내 손에서 빼앗을 자가 없느니라"(요 10:28). 확신을 주는 이 말씀은 영혼의 안전이 궁극적으로 우리에게 달린 것이 아니라 그리스도께 달린 것임을 상기시킨다. 무덤에서 살아나고 죄와 죽음을 물리치신 구주께서 가장 심각한 폭풍우 속에서도 우리를 끝내 구원하실 것을 확신할 수 있다. "참으로 든든한 기초"(How Firm a Foundation, 1781)라는 귀한 찬송이 이 장의 메시지를 잘 요약한다.

두려워 말라, 내가 너와 함께 있으니, 당황하지 말라.
나는 네 하나님이며 여전히 너를 도울 것이다.
이는 내가 너를 강하게 하고 너를 도우며 너로 서게 할 것이며,
내 의롭고 전능한 손으로 너를 붙들 것이기 때문이다.

내가 너를 불러 깊은 물을 지나게 할 때,
슬픔의 강이 넘쳐나지 않을 것이다.
이는 내가 너와 함께하여 곤경을 축복으로 변화시키고,
깊은 고뇌에 빠진 너를 성결하게 할 것이기 때문이다.

불 같은 시련을 지나면서 네가 기만당할 때,
충족한 내 은혜가 네게 공급될 것이다.
불길이 너를 해치지 않을 것이며, 내 계획은

네 찌꺼기를 태우고 네 금을 정련하는 것이다.
예수께 기대어 쉼을 얻은 영혼을
나는 결코 그의 대적들에게 넘기지 않을 것이다.
그 영혼을 모든 지옥이 뒤흔들려 애를 써도
나는 결코, 결코, 결코 버리지 않을 것이다!

요약

사도 바울에 따르면, 그 무엇도 우리를 그리스도의 사랑에서 끊을 수 없다. 하나님은 우리 유업의 보증이신, 그분의 약속하신 성령으로 우리를 인치셨다. 하나님의 사역은 이미 시작되었고, 그 일을 완료하실 것이다. 베드로도 이 유업이 썩지 않는 것임을, 그리고 하나님의 능력으로 우리가 얻을 장래의 구원이 보존되어 있음을 강조한다. 그러므로 하나님의 보호는 그리스도인에게, 특히 곤경의 때에 큰 위안이 된다.

더 깊은 묵상을 위한 물음

1 택하신 자들을 지키시는 하나님의 보호를 가장 강력히 뒷받침하는 서신서 구절과 그 이유는 무엇인가?
2 교회에서 발견되는 죄로 낙심할 때, 심각한 문제를 지녔던 고린도교회를 보존하신다는 하나님의 약속에서 소망을 얻는가?
3 에베소서 1장 1-14절과 고린도후서 1장 11-13, 22절을 읽어 보라. 우리를 기다리는 유업을 보증하시는 분은 누구인가?
4 베드로전서 1장 3-5절을 공부하라. 이 구절은 하나님의 보호에

대한 교리를 어떻게 뒷받침하는가?

5 확신 문제로 씨름하고 있는가? 하나님의 보호에 대한 말씀은 영적 확신에 어떤 영향을 미치는가?

물음
36 / 믿음에 있어 견인은 필수인가?(1)

앞에서 하나님이 효과적으로 부르시고 거듭나시게 하며 의롭다 하신 자들을 마지막 영화 때까지 확실하게 보존하신다는 사실을 여러 구절을 통해 살펴보았다. 또 아버지께서 택하신 자들을 잃지 않으시며, 또한 잃지 않으실 것임을(우리의 영원한 유업이 안전함을) 아는 것이 우리에게 큰 위안이 됨을 배웠다.

그러나 이 사실에 근거해, 그리스도인의 삶에서 인내할 필요가 없다고 생각해서는 안 된다. 우리는 우리의 영원한 유업이 그리스도 안에서 안전하므로 자신이 원하는 대로 죄를 지으며 느슨하게 살아가도 된다고 생각하는 유혹을 받을 수 있다. 그러나 성경은 인내할 것을 당부한다. 성경은 약속된 영원한 유업을 받으려면 인내가 필수불가결하다고 말한다.[1]

이는 하나님의 주권과 인간의 책임이 병행됨을 상기시킨다. 그렇다. 하나님은 주권적이시다. 하나님의 주권은 포괄적이고 세심하며 훼손될 수 없다. 누구도 하나님의 뜻을 철회하지 못한다. 사탄도 우리를 붙드시는 하나님의 손을 놓게 하거나 하나님의 구원 계획을 중단시킬 수 없다. 그러나 동시에 하나님은 이 목표를 이루기 위해(우리를 최종적인 영화로 이끌기 위해) 방편을 사용하신다(물음 38-39에서 하나님이 '경고'라는 방편을 사용하심을 언급할 것이다). 하나님은 크신 지혜로 우리로 하여금 성화의 과정과 진행을 거치게 하신다. 이는 매우 귀한 특권이다!

따라서 견인은 중요하다. 이것 없이는 칭의와 영화를 잇는 줄이 끊어진다. 견인 없이는 성화가 불완전하며 불가능하다. 또 견인을 떠나서는 천상에 이르지 못할 것이다. 견인은 하나님이 이 세상에서부터 하나님나라로 우리를 이끄시는 경로다. 따라서 인내하라는 당부가 성경에 많이 나오는 것은 놀라운 일이 아니다. 인내 없이는 하나님나라를 유업으로 얻지 못하기 때문이다.

이 장에서는 성경이 견인에 대해 어떻게 말하는지, 특히 새 그리스도인에게 믿음의 인내를 어떻게 거듭 당부하는지 살필 것이다.

믿음에 머물러 있으라: 사도행전

인내를 당부하는 대표적인 내용이 사도행전에 나온다. 복음이 전해진 후 많은 사람이 회개하고 믿었다. 그들은 인내할 것을 당부받았다. 직면할 핍박에 비추어 특히 인내가 필요했다.

사도행전 11장 19절에 따르면, 핍박이 닥쳤을 때 많은 신자들이 안디옥까지 두루 흩어졌다. 핍박이 정반대의 결과를 초래하여, 그들이 흩어졌을 때 복음이 확산되었다. 안디옥에서 예수님을 전한 결과 많은 사람들이 믿고 주께로 돌이켰다(행 11:20-21). 예루살렘에 있는 교회가 그 소식을 듣고 바나바를 안디옥으로 보내 큰 수확을 직접 확인하게 했다(11:22). 안디옥에 도착한 바나바는 하나님의 은혜를 보고 기뻐했다(11:23). 그때 바나바가 한 일이 무엇인가? "놀랍습니다! 여러분은 모두 영원히 안전합니다. 모든 것이 끝났어요. 나는 돌아가겠습니다."라고 말했는가? 전혀 그렇지 않다. 그는 "굳건한 마음으로 주와 함께 머물러 있으라[프로스메네인]"고 권했다[파레칼레이](11:23).

바나바는 새 그리스도인들에게 인내할 것을 권했다. 한번 일어난 핍박은 다시 일어날 수 있다. 그러면 새 신자들이 시험에 들어 그리스도를 버리고 배교의 길로 접어들 수도 있다. 바나바는 예수님께 신실하게 머물러 있기를 독려하며 심지어 명령한다. 한편으로 바나바는 그들이 오직 하나님의 은혜로 회심했음을 알고 있었다. 본문은 그가 하나님의 은혜를 보았다고 말한다(11:23상). 그러나 거기서 멈추지 않고 새로 발견한 믿음 안에서 인내할 것을 권했다. 하나님의 은혜는 새 회심자들이 인내할 수 있는 근거이자 기초였다.[2]

사도행전 13장에서도 유사한 내용을 본다. 비시디아 안디옥으로 간 바울과 바나바는 예수님에 대한 복음을 나눌 기회를 얻었다. 사도행전 13장 42절에 따르면, 믿는 사람들이 생겼던 것 같다. 그때 바울과 바나바는 "항상 하나님의 은혜 가운데 있으라[프로스메네인]"고 권했다[에페이손](13:43). 개역개정 성경에서 '권하다'라는 뜻으로 번역된 헬라어가 사도행전 11장 23절에서는 *파레칼레이*고 13장 43절에서는 *에페이손*이다. 슈라이너의 설명에 따르면, 두 단어 모두 "새 신자들에게 경계해야 할 것을 요구하는 ⋯ 진지한 권면"[3]을 나타낸다. 더욱이 사도행전 13장 43절은 11장 23절에 나오는 것과 같은 단어를 사용한다. 신자들은 하나님의 은혜 가운데 '있어야'(프로스메네인) 한다. 요점은 11장 23절에서와 같다. 신자들은 인내하며 정진하고 지속하며 신실하게 남아 있어야 한다. 물론 이것은 하나님의 은혜를 통해서만 가능하다. 바울과 바나바는 새 회심자들에게 "하나님의 은혜 가운데" 있을 것을 권한다(13:43). 이는 견인이 '행위를 통한 의'의 위장된 형태가 아니라, 오직 하나님의 도우심에 의지함으로써만 달성될 수 있는 것임을 상기시킨다.[4]

견인에 대한 주제는 사도행전 전반에 걸쳐 이어진다. 사도행전 14장에 따르면, 바울은 루스드라에서 돌에 맞아 쓰러진 채 시외로 끌려나가 내쳐진다. 회복된 바울은 바나바와 함께 더베로 갔다. 거기서 복음을 전했을 때 많은 사람이 믿었다. 그런 다음 루스드라와 이고니온과 안디옥으로 돌아간다. 그렇게 한 이유가 관심을 끈다. 이 지역으로 돌아가서 "제자들의 마음을 굳게 하여 이 믿음에 머물러 있으라[엠메네인] 권하고 또 우리가 하나님의 나라에 들어가려면 많은 환난을 겪어야 할 것이라"고 했다(14:22). 곤경이 닥칠 때 그리스도인은 믿음을 포기하는 위기에 직면한다. 믿음을 버리면 눈앞의 위기에서 벗어나겠지만 영생을 유업으로 받지 못할 것이다. 그들은 계속 견지해야 한다. 그럴 때만 하나님나라에 들어갈 것이다.

아무도 흔들리지 않도록(살전 3:1-5)

사도행전에 나오는 곤경이 바울 서신에서도 보인다. 데살로니가 전서에서 바울은 데살로니가 신자들을 가리켜 그리스도 앞에서 자랑할 면류관이라고 한다(2:19). 그는 새로 설립된 데살로니가교회가 조만간 힘든 시기에 직면할 것을 우려하고 있던 것이 분명하다. 그리스도인이 된다는 것은 시련에서 벗어남을 뜻하지 않는다. 데살로니가 신자들은 많은 시련에 직면해야 했고, 그것은 바울이 그들과 함께 있을 때 경고했던 바다(살전 3:4). 디모데를 보낸 것도 바로 이 때문이다. "너희를 굳건하게 하고 너희 믿음에 대하여 위로함으로 아무도 이 여러 환난 중에 흔들리지 않게 하려 함이라"(살전 3:2-3). 계속해서 바울은 그들의 믿음에 대해 알기를 몹시 원했던 이유를 설명한다. "이는 혹 시험하는 자가 너희를 시험하여 우리 수고를 헛되게 할까 함이니"(3:5). 바울은 데살로니가 사람들이 핍박에 직면하여 믿음을 포기할까봐 우려했다. 사탄이 얼마나 사악한지(살전 2:18) 그리고 어떻게 사탄이 데살로니가 신자들을 예수님에게서 더 안일한 길로 돌이키게 할 것인지 알고 있었다. 이런 일이 일어나면, 개척했던 교회가 사라지고 바울의 수고가 허망해질 것이었다.

바울이 보기에, 회심이 중요하지만 회심하는 것만으로는 충분하지 않다. 데살로니가 교인들과 우리는 회심 때 믿음을 붙들 뿐 아니라 영화 때까지 그 믿음을 유지해야 한다. 그렇게 하면, 우리 믿음이 거짓이 아니고 진짜임이 분명해질 것이다.[5]

견인과 그리스도인의 사역

목회적 측면에서 볼 때, 데살로니가 본문은 모든 신자가 숙지해야 할 중요한 말씀이다. 바울이 새로 회심한 데살로니가인들에게 관심을 기울였듯이, 우리도 처음 예수님을 믿는 자에게 관심을 기울여야 한다. 회심은 감격적이며, 우리가 그 감격을 가라앉히려 해서는 안 된다. 동시에 회심 후 오래 지나지 않아, 경험이 더 많은 그리스도인으로서 새신자들과 함께하며 다가올 시련에 대해(시련이 닥칠 때 그들이 예수님을 버리려는 시험에 빠질 수 있음을) 그들에게 경계시켜야 한다. 우리도 사도 바울처럼, 믿음을 계속 유지하되 하나님의 은혜 가운데서 그리하도록 당부해야 한다.

요약

우리의 영원한 유업이 그리스도 안에서 안전하므로, 자신이 원하는 대로 죄를 지으며 느슨하게 살아도 된다는 유혹을 받을 수 있다. 그러나 성경은 인내할 것을 당부한다. 성경은 약속된 영원한 유업을 받으려면 인내가 필수불가결하다고 말한다. 견인 없이는 칭의와 영화를 잇는 줄이 끊어진다. 견인 없는 성화는 불완전하며 불가능하다. 또 견인을 떠나서는 천상에 이르지 못할 것이다. 견인은 하나님이 이 세상에서부터 하나님나라로 우리를 이끄시는 경로다. 인내하라는 당부가 성경에 많이 나오는 것은 놀라운 일이 아니다. 인내 없이는 하나님나라를 유업으로 얻지 못할 것이다.

더 깊은 묵상을 위한 물음

1 기독교를 포기하려는 시험을 당한 적이 있는가? 계속 그리스도를 따르게 해준 것은 무엇인가?
2 교회에서 어려움에 처한 신자에게 계속 인내하도록 도울 수 있는 방법은 무엇인가?
3 교인들에게 인내할 것을 부단히 권했던 바울의 권면에 비추어, 목사는 그런 책무에 최우선순위를 두어야 할까?
4 인내하라는 많은 권면은 그리스도인으로서의 선한 행실을 도외시하는 경향을 어떻게 반박하는가?
5 새신자가 믿음을 버리도록 유혹받는 것에는 어떤 것이 있는가?

물음
37 / 믿음에 있어 견인은 필수인가?(2)

성경은 새로 회심한 신자들에게 믿음 안에서 인내하도록 권면하는 것이 얼마나 중요한지 가르쳐준다. 대개 새신자는 복음으로 핍박을 받거나 그리스도를 버리고 세상 쾌락으로 돌아가게 하려는 유혹을 아직 받지 않은 상태일 것이다. 그러나 회심 후 그런 유혹에 직면하는 것은 시간문제다. 삶의 시련이 닥칠 때 회심에 따른 감격이 가라앉을 것이다. 새 회심자가 경주를 끝까지 다하기 위해서는, 곤경이 닥쳐도 끝까지 인내하며 믿음 안에서 계속 나아가도록 교회 안의 신자들을 통해 격려와 권면을 받아야 한다.

인내를 당부하는 권면이 새신자들에게만 해당한다고 생각하는 것은 잘못이다. 경험 많은 그리스도인도 거듭 들을 필요가 있다. 사탄은 사람을 가리지 않으며, 믿음이 가장 성숙해 보이는 사람도 과녁으로 삼는다. 그리스도인은 한순간도 방심할 수 없다.[1] 방심하는 순간 사탄이 덤벼든다. 사탄은 덤벼들어 우리를 삼킬 적절한 순간을 기다리면서, 키 큰 수풀 속에 조용히 숨어 있는 사자와 같다(벧전 5:8).

이 이미지를 염두에 두고서, 경험 많은 그리스도인도 믿음 안에서 인내하도록 성경에서 어떻게 당부하는지 살펴볼 것이다.

생명의 말씀을 붙들라(빌 2:16)

빌립보서에서 바울은 구원에 대해, 과거와 현재와 미래의 구원에 대해 많은 것을 언급한다. 빌립보서 2장 후반부에서는 현재에 초점을 맞춘다. 바울은 "두렵고 떨림으로 너희 구원을 이루라 너희 안에서 행하시는 이는 하나님이시니 자기의 기쁘신 뜻을 위하여 너희에게 소원을 두고 행하게 하시나니"라고 빌립보인들에게 지시한다(2:12-13). 널리 알려진 구절이지만, 이 장의 목적과 관련되는 내용은 바로 다음에 이어지는 구절이다.

> 모든 일을 원망과 시비가 없이 하라 이는 너희가 흠이 없고 순전하여 어그러지고 거스르는 세대 가운데서 하나님의 흠 없는 자녀로 세상에서 그들 가운데 빛들로 나타내며 생명의 말씀을 밝혀 나의 달음질이 헛되지 아니하고 수고도 헛되지 아니함으로 그리스도의 날에 내가 자랑할 것이 있게 하려 함이라 _빌 2:14-16

바울은 그리스도인이 흠 없고 순전함을 추구해야 한다고 생각한다. 이는 쉬운 일이 아니다. 그리스도인은 뒤틀리고 왜곡된 세상 가운데서 살아가기 때문이다. 그러나 그리스도인은 '생명의 말씀을 붙듦으로써'(2:16, 개역개정 성경은 "생명의 말씀을 밝혀"로 번역함-역주) 그리한다. 어떤 이들은 헬라어 분사형 *에펙손테스*를 복음전도적인 의미[그리스도인들이 생명의 말씀을 세상에 '펼친다'는 (즉, 선포한다는) 의미]

로 번역하며 해석한다. 그러나 이 단어를 보존을 가리키는 말('단단히 붙든다'는 뜻)[2]로 번역하며 해석하는 것이 더 좋다. 이는 바울이 빌립보인들에게(그리고 모든 그리스도인에게) 단단히 붙들 것을, 즉 순종하며 신실할 것을 명하고 있음을 뜻한다. 단단히 붙든다는 것은 하나님의 말씀을 불순종하고 위반하며 멸시하는 세대 가운데서 그 말씀에 순종함을 뜻한다. 그리하지 않으면, 바울의 수고가 허망해질 것이다. 물론 바울은 자신을 인내의 본보기로 제시한다(빌 3:17). 그는 완벽하지 않지만(3:12) "그리스도 예수 안에서 하나님이 위에서 부르신 부름의 상을 위하여" 계속 매진한다(3:14). 언젠가 상을 얻으려면 인내가 필수라고 바울이 이해했음이 분명하다.

하나님의 은혜를 받으라(히 12:15)

인내를 확언하는 가장 강력한 구절인 히브리서 12장에서, 기자는 경주자 이미지를 사용한다. "모든 무거운 것과 얽매이기 쉬운 죄를(경주자를 느려지게 하며 끝까지 경주하지 못하게 하는 모든 것을) 벗어" 버릴 것을 신자들에게 지시함으로써 12장은 시작된다. 죄가 하는 일이 바로 그런 것이다. 마치 무거운 것이 경주자를 방해하듯 그리스도인을 방해한다(참조, 고전 9:24-27; 딤후 4:7-8). 그리스도인은 하나님이 그의 앞에 두신 경주를 운동선수처럼 인내로 경주해야 한다(히 12:1). 인내에 대한 이미지로서 이보다 좋은 것을 생각하긴 힘들다. 견딤은 인내의 본질적 의미다. 참지 못하는 주자는 멀리까지 달리지 못할 것이다. 운동선수가 훈련하는 것도 바로 이 때문이다. 지칠 때 어떻게 견딜지, 경기 중 힘든 상황에서 어떻게 견딜지를 자신의 몸에 훈련시킨다. 그리스도인도 마찬가지다. 그리스도인의 삶이 경주와 같다면,

그리고 실격당하지 않고 결승선에 도달하려면 견뎌야 한다.

그러나 바울은 우리의 인내를 분발시키는 것으로 끝내지 않는다. 우리는 예수님을 바라보아야 한다. 예수님은 "믿음의 주요 또 온전하게 하시는 분"이며, "그 앞에 있는 기쁨을 위하여 십자가를 참으사 부끄러움을 개의치" 아니하셨다(12:2). 우리는 "피곤하여 낙심하지 않기 위하여 죄인들이 이같이 자기에게 거역한 일을 참으신 이를" 생각해야 한다(12:3).

히브리서 12장 15절은 경고의 메시지다. 기자는 "하나님의 은혜에 이르지 못하는 자가 없도록" 주의할 것을 매우 진지하게 당부한다. 여기서 기자가 경계하는 실패는 무엇일까? 그것은 단지 그리스도인의 삶에 결실이 없음을 가리키는 것이 아니다. 기자는 배도를 염두에 둔다.

스포츠 이미지로 되돌아가보자. 인내하며 달리지 않는 주자는 경기를 끝내지 못한다. 계속해서 기자는 하나님의 은혜를 얻지 못한 사람의 예로 에서를 언급한다(12:16-17). 여기서의 맥락은 최종적 구원이거나 최종적 파멸이다.[3] 요점은 이것이다. 최종 구원에 이르려면 인내가 필수다. 그리스도인이 결승선을 통과하여 상을 얻으려면 믿음이 지속되어야 한다.

더 나아가기 전에 히브리서 12장에서는, 거룩한 삶이 인내의 비결이라는 사실을 파악하는 것이 중요하다. 1세기의 그리스도인들에게는 외부의 핍박이 큰 시험거리였지만(히 12:3), 또 다른 시험거리는 죄의 유혹이었다. 그리스도를 저버리도록 유도하는 죄의 유혹 말이다. 그리스도인이 싸우는 싸움은 자신의 죄성에 대항하는 싸움이다. 자세히 들여다보면, 히브리서 12장 4절에서 말하는 내용이 바로 이것이다. "*너희가 죄와 싸우되* 아직 피흘리기까지는 대항하지 아니하고"(기울임체에 유의하라). 이어서 기자는 하나님의 자애로운 징계를, 특히 하나님이 자녀인 우리의 유익을 위하여 그의 거룩하심에 참여하게 하려고 징계하심을 설명한다(12:10). 징계가 당시에는 고통스럽지만, "후에 그로 말미암아 연단 받은 자들은 의와 평강의 열매를" 맺는다(12:11).

믿음을 굳건하게 하라(벧전 5:8-12)

베드로전서 5장 서두에서 사탄을 사자에 비유한다. 사도 베드로는 많은 고난과 호된 시련 가운데서 인내할 것을 당부하기 위해 이 이미지를 사용한다(벧전 3:8-22; 4:12-19). 베드로는 그리스도인들에게 근신하며 깰 것을 당부한다. 이유가 무엇일까? 대적 마귀가 그들을 노리기 때문이다. 마귀는 "우는" 사자처럼 "두루 다니며" "삼킬" 자를 찾고 있다(5:8). 우는 자가 두루 다니고 있는데, 그리스도인은 어떻게 해야 할까? "너희는 믿음을 굳건하게 하여 그를 대적하라 이는 세상에 있는 너희 형제들도 동일한 고난을 당하는 줄을 앎이라"(5:9). 이어서 베드로는 엄청난 확신과 소망을 제시한다. "모든 은혜의 하나님 곧 그리스도 안에서 너희를 부르사 자기의 영원한 영광에 들어가게 하신 이가 잠깐 고난을 당한 너희를 친히 온전하게 하시며 굳건하게 하시며 강하게 하시며 터를 견고하게 하시리라"(5:10). 달리 말해서, 신자의 견인은 확실한 약속, 즉 고난 뒤에는 하나님의 위로와 능력이 함께하실 거라는 약속에 근거한다.

베드로가 서신을 어떻게 결론짓는지 주목하라. 베드로는 서신을 쓴 이유를 말한다. "내가 신실한 형제로 아는 실루아노로 말미암아 너희에게 간단히 써서 권하고 이것이 하나님의 참된 은혜임을 증언하노니 너희는 이 은혜에 굳게 서라"(5:12). 시험이 닥칠 때 베드로의 독자들은 하나님의 은혜 안에서 굳게 서야 한다. 마귀가 배도의 길로 몰아넣으려고 울부짖지만 신자들은 믿음 안에 굳게 서서(5:9,12), 그들을 회복시키며 강하게 할 것을 약속하신 하나님을 계속 신뢰해야 한다(5:10).

하나님의 사랑 안에서 자신을 지켜라(유 1:21)

짧막한 유다서로 마무리하고자 한다. 유다는 하나님께 부르심을 받고 "예수 그리스도를 위하여 지키심을 받은" 이들에게(유 1:1, 영원한 안전을 강조하고 있음에 주목하라) 편지하면서, 마지막 때에 "자기의 경건하지 않은 정욕대로 행하며 조롱하는 자들"이 있을 것이며(1:18) 그들이 교회 안에서 생길 것(1:3-4,19)을 상기시킨다. 그들은 분파적이고 "육에 속한 자며 성령이 없는 자"들이다(1:19). 교회 안의 참된 신자들에게 심각한 위협이 된다. 유다는 그들과는 대조적으로 독자들이 믿음과 기도로 자신을 세울 것을 당부한다(1:20). 그리고 "하나님의 사랑 안에서 자신을 지키며 영생에 이르도록 우리 주 예수 그리스도의 긍휼을 기다리라"고 명한다(1:21). 사람들을 거짓된 교리와 부도덕으로 이끄는 교인과 교회지도자들을 경계시키면서, 유다는 이렇게 말하는 셈이다. "그렇게 하지 말라. 성경적인 교리를 내팽개치는 길로 가지 말라. 죄악되고 이교적인 행위로 인도하는 그들을 따르지 말라. 하나님의 사랑 안에서 너희를 지켜라." 유다에게 이것은 결코 가벼운 문제가 아니다. 선택은 둘 중 하나다. 거짓 교사들을 따라 지옥으로 갈 것인가, 아니면 계속 하나님을 따름으로써 영생을 얻을 것인가.[4] 이보다 더 중대한 일은 없다.

유다의 송영(doxology)을 간과해서는 안 된다. 유다가 말한 모든 내용이 여기에 요약되어 있기 때문이다. "능히 너희를 보호하사 거침이 없게 하시고 너희로 그 영광 앞에 흠이 없이 기쁨으로 서게 하실 이 곧 우리 구주 홀로 하나이신 하나님께 우리 주 예수 그리스도로 말미암아 영광과 위엄과 권력과 권세가 영원 전부터 이제와 영원토록 있을지어다 아멘"(1:24-25). 그리스도인으로서 인내해야 하지만, 유다는 우리가 자신의 힘으로 인내하는 것이 아님을 상기시킨다. 우리를 보호하사 거침이 없게 하시는 하나님을 의지함으로써 인내한다. 흠 없게 지켜주시는 하나님을 의지한다.

요약

인내하라는 당부는 새신자들뿐 아니라 경험 많은 그리스도인도 들어야 한다. 바울과 베드로와 히브리서 기자와 유다는 그리스도인들에게 자신의 구원을 위해 훈련하고, 하나님의 은혜를 받고, 믿음 안에서 굳건히 서며, 하나님의 사랑 안에서 자신을 지킬 것을 명한다. 아울러 우리가 인내해야 하지만, 하나님의 은혜에 의지하여 그리함을 잊어서는 안 된다. 넘어지지 않도록 지켜주시는 분이 바로 하나님이기 때문이다.

더 깊은 묵상을 위한 물음

1 그리스도인이 된 지 얼마나 되었는가? 뒤를 돌아볼 때, 이 장에서 언급된 성경구절이 인내에 도움을 주었던 순간이 있는가?
2 영생을 얻기 위해 인내가 필수라면, 우리는 죄의 유혹을 어느

정도나 심각하게 여겨야 하는가?

3 유다서 1장 24-25절을 읽어보라. 인내에 하나님의 은혜가 어떤 역할을 하는가?

4 어떤 면에서 인내가 경주에 비유되는가?

5 당신의 교회를 살펴볼 때, 다른 그리스도인들이 인내의 필수성을 잘 이해하고 있다고 생각하는가?

물음 38

경고 구절은 견인에 어떤 역할을 하는가? (1)

물음 34-35에서 매우 위안이 되는 진리를 배웠다. 하나님이 그의 자녀를 하나도 잃어버리지 않으신다는 진리다.[1] 혹은 바울의 표현에 따르면, 하나님은 당신이 예정하고 부르고 의롭다 하신 자들을 영화롭게 하실 것이다(롬 8:30). 예수님도 이르시기를, 누구도 예수님의 손에서(요 10:28) 또는 아버지의 손에서(10:29) 우리를 빼앗지 못한다고 하셨다. 그러나 물음 36-37에서 보았듯이, 의롭다 하심을 받은 하나님의 자녀가 영화에 이르기까지 가는 길은 인내의 길이다. 반드시 견디며 매진해야 한다. 그렇지 않으면 마지막 날에 천국에 들어가지 못할 것이다(행 11:23; 13:43; 14:22-23; 고후 6:1; 살전 3:1-5; 벧전 5:12; 유 1:21; 히 12:15).

영원한 안전과 견인이라는 한 쌍의 진리는 매우 성경적인 것이지만 미묘한 긴장 관계에 있다. 성경에 나오는 엄한 경고 구절들, 인내하지 않으면 영원한 파멸을 당한다는 경고 구절을 대할 때 긴장은 더욱 고조된다. 교회사에서 이 경고는 다양하게 해석되어 왔지만, 이번 장과 다음 장에서 이 경고들을 다음 두 가지로 해석하는 것이 가장 성경적임을 주장할 것이다.

첫째로, 이러한 경고는 영생을 보장받은 하나님의 택하심받은 자들, 즉 진짜 그리스도인에게 주어진 것이다. 둘째로, 이는 그리스도인이 믿음 안에서 인내하도록 하나님이 정하신 방편이다.[2] 경고는 신자를 영원한 파멸에 빠지지 않도록 지켜주는 방편의 역할을 한다. 이러한 경고는 후향적(그리스도인이 아닌 것으로 입증된 자들을 뒤돌아보는 것-역주)이지 않고 전향적(그리스도를 버릴 경우에 어떤 운명에 처해질 것인지를 내다보는 것-역주)이다. 달리 말해서, 이 경고의 목적은 예수님에게서 끊어지지 않도록 신자를 지키는 것이다.

두 예화를 생각해 보라. 남부 캘리포니아에 살 때, 집으로 가려면 차를 몰고 꼬불꼬불한 길을 지나야 했다. 길의 한편은 까마득한 벼랑이어서 너무 급하게 차를 몰다가는 추락하기 쉬운 무시무시한 길이었다. 이 길이 가까워질 때마다 커다란 글씨로 "서행하세요. 전방 낭떠러지"라고 쓴 크고 노란 표지판이 보였다. 표지판을 보자마자 발이 브레이크로 옮겨졌다. 성경의 경고는 크고 노란 표지판 같은 역할을 한다. "이 길을 가면 너는 죽을 것이다!"라고 하나님이 경고하신다. 이 경고는 마치 노란 표지판처럼 영적 죽음에서 우리를 지키는 하나님의 방편이다.

혹은 아름답지만 깊은 협곡을 여행하고 있다고 상상해 보라.[3] 갑자기 여행가이드가 당신을 멈추게 하며 매우 심각한 표정을 짓고 이렇게 말한다. "조심해서 나를 따라오세요. 코너를 돌면 매우 깊은 절벽이 있어요. 미끄러져서 떨어지면 산산조각이 나요." 어떤 반응을 보이겠는가? 먼저 경고해 준 것에 감사를 표하고, 한 걸음 내디딜 때마다 주의하며 정확히 그의 지시를 따른다. 이 진지한 경고가 어떤 역할을 하는가? 죽음으로부터 지켜주는 방편 역할을 한다. 이 점을 언어-행동 이론으로 설명할 수도 있을 것이다. 경고 형태의 말은 단순한 말이 아니다. 그것은 반응과 원하는 효과를 만들어낸다. 우리의 말이 그러하다면, 하나님의 말씀은 훨씬 더 그러할 것이다. 경고의 말씀은 견인의 길을 가도록 지켜주며, 건전한 두려움과 조심하는 마음을 심어준다.[4]

견인이나 경고와 관련하여 성경을 바탕으로 지금까지 살펴본 내용을 요약하면 다음과 같다.

1. 하나님의 택하심받은 자들은 그분의 주권적 돌보심과 보호 덕분에 영원히 안전하다(물음 34-35).
2. 하나님의 택하심받은 자들이 영생에 들어가려면 믿음 안에서 인내해야 한다(물음 36-37).
3. 하나님은 택하신 자들을 믿음 안에서 배도하지 않도록 보존하기 위한 방편으로 경고를 사용하신다(물음 38-39).

이번 장과 다음 장에서 세 번째 사항에 대해 더 자세히 살펴보면서, 다음 사실을 발견할 것이다.

1. 경고는 진짜 신자에게 주어진다.
2. 경고는 그리스도를 떠날 경우 신자에게 어떤 일이 일어날지 충고한다.
3. 경고는 영원한 안전 교리와 상충하는 것이 아니라, 그리스도인을 영원히 안전하게 지키기 위한 방편이다.

예수님의 경고

그리스도인들은 예수님을 온유하고 부드러운 분으로 묘사하는 경향이 있다. 복음서를 읽어보면 예수님의 다른 면을 접하게 된다. 예수님은 불신자뿐 아니라 예수님을 따르는 자에게도 때로는 매우 엄하게 말씀하신다.

마태복음 10장 32-33절에서, 예수님은 특히 제자들에게(10장 1,5절을 보라) "누구든지 사람 앞에서 나를 시인하면 나도 하늘에 계신 내 아버지 앞에서 그를 시인할 것이요 누구든지 사람 앞에서 나를 부인하면 나도 하늘에 계신 내 아버지 앞에서 그를 부인하리라"고 말씀하신다.[5] 이 구절의 문맥은 핍박에 대한 주제다. 마태복음 10장 16-25절에서 예수님은 핍박이 닥칠 것이며, 그것이 매우 모질 것임을(예, 자신의 형제를 죽음에 넘김) 명확히 제자들에게 말씀하셨다. "너희가 내 이름으로 말미암아 모든 사람에게 미움을 받을 것이나 끝까지 견디는 자는 구원을 얻을 것이라"(10:22).

핍박이 닥칠 때 제자들이 예수님을 부인하는 시험에 직면할 것을 예수님은 알고 계신다. 부인하는 자는 자신의 목숨을 부지할 것이다. 그러나 참된 신자는 죽음보다 하나님을 더 두려워하므로 핍박을 견딜 거라고 예수님은 말씀하신다(참조, 10:28). 이 시험이 닥칠 것을 알고 예수님은 경고하신다. 끝까지 인내하는 자만이 구원을 얻을 것이다(10:22). 예수님을 부인하는 자들은 하늘에 계신 아버지 앞에서 예수님에게 부인당할 것이다(10:33). 따라서 대가는 분명하다. 예수님의 제자는 자기 십자가를 지고 예수님을 따라야 하며, 목숨마저 기꺼이 잃을 각오를 해야 한다. 그리하지 않는 사람은 예수님을 따를 자격이 없다(10:38-39). 분명히 본문의 문맥은 영원한 생명과 영원한 파멸에 대한 내용이다.

유사한 내용을 담은 요한복음 15장을 보라. 포도나무 안에 거함과 관련한 유명한 구절이 나온다. 이 포도원 예화에서, 신자들은 포도나무이신 예수님 안에 거해야 하는 가지다(참조, 15:1). 가지는 확실히 신자를 가리킨다. 15장 2절에서 예수님이 그들을 가리켜 내 안에 있다고 말씀하시기 때문이다. 불신자에게는 해당하지 않는 표현이다. 예수님은 당신 안에 거하는 신자에 대해 어떻게 말씀하시는가?

1. 열매(즉, 선한 사역) 맺지 않는 가지를 아버지(포도원 농부, 15:1)께서 잘라버림으로써 나무가 더 많은 열매를 맺게 하신다(15:2).
2. 포도나무인 예수님 안에 가지가 거하지 않으면 열매를 맺지 못한다(15:4-5).
3. 가지가 예수님 안에 거하지 않으면 멸망할 것이다(15:6).

특히 세 번째가 중요하다. "사람이 내 안에 거하지 아니하면 가지처럼 밖에 버려져 마르나니 사람들이 그것을 모아다가 불에 던져 사르느니라"고 예수님이 경고하신다(15:6). 이를 상급에 대한 말씀으로 보는 것은 타당하지 않다. 예수님이 심판과 영원한 파멸에 대한 이미지(불, 사르느니라)를 사용하시기 때문이다. 서두의 "(만일) … 아니하면"이 암시하듯이 요한복음 15장 6절은 경고다. 사람이 예수님 안에 거하지 않으면 불에 살라질 것이라는 경고다.

사도들의 경고

사도들도 가르침을 그리스도인에게 적용했다. 베드로는 편지의 서두에서 "우리 하나님과 구주 예수 그리스도의 의를 힘입어 동일하게 보배로운 믿음을 우리와 함께 받은 자들"이라며 수신자를 밝힌다(벧후 1:1하). 이 표현은 베드로가 그리스도인 수신자를 염두에 두었음을 시사한다. 그렇지 않다면 "우리"라는 표현으로 자신을 포함하지 않았을 것이다.

> 그의 신기한 능력으로 생명과 경건에 속한 모든 것을 우리에게 주셨으니 이는 자기의 영광과 덕으로써 우리를 부르신 이를 앎으로 말미암음이라 이로써 그 보배롭고 지극히 큰 약속을 우리에게 주사 이 약속으로 말미암아 너희가 정욕 때문에 세상에서 썩어질 것을 피하여 신성한 성품에 참여하는 자가 되게 하려 하셨느니라 _벧후 1:3-4

베드로가 독자들을 하나님이 부르신 자들, 보배롭고 큰 약속을 주신 자들, 신성한 성품에 참여할 수 있는 자들이라 지칭한 것은 택하심받은 자들을 가리킨 것이 분명하다.

그러나 베드로가 그 신자들이 하나님의 약속을 받고 신성한 성품에 참예함을 확신한다고 해서 경고를 배제한 것은 아니다. 바로 다음 절에서 베드로는 이렇게 말한다. "그러므로 너희가 더욱 힘써 너희 믿음에 덕을, 덕에 지식을, 지식에 절제를, 절제에 인내를, 인내에 경건을, 경건에 형제 우애를, 형제 우애에 사랑을 더하라"(1:5-7). 이런 덕목을 강조한 이유가 무엇일까? 베드로는 다음과 같이 설명한다.

> 이런 것이 너희에게 있어 흡족한즉 너희로 우리 주 예수 그리스도를 알기에 게으르지 않고 열매 없는 자가 되지 않게 하려니와 이런 것이 없는 자는 맹인이라 멀리 보지 못하고 그의 옛 죄가 깨끗하게 된 것을 잊었느니라 그러므로 형제들아 더욱 힘써 너희 부르심과 택하심을 굳

게 하라 너희가 이것을 행한즉 언제든지 *실족하지 아니하리라* 이같이 하면 우리 주 곧 구주 예수 그리스도의 *영원한 나라에 들어감*을 넉넉히 너희에게 주시리라 _벧후 1:8-11(기울임체에 유의하라)

그리스도인의 삶의 덕목을 함양하는 동기로 이보다 더 큰 것은 없을 것이다.⁶ 이 덕목은 필수적인가? 절대적으로 그렇다. 베드로의 경고에 따르면, 이들이 없으면 신자가 게을러지고(열매가 없고), 멀리 보지 못하며(눈이 멀며) (그의 죄가 깨끗해진 것을) 잊어버릴 것이다. 아울러 자신을 부르심과 택하심을 굳게 하는 것이 반드시 필요하다. 그렇게 하면 언제든지 실족하지 않고 영원한 나라에 들어갈 것이기 때문이다. 반대로 그렇게 하지 않으면 실족하고 영원한 나라에 들어가지 못할 것이다. 하나님나라에 들어가려면 열매 맺는 일이 절대적으로 필요하다. 여기 사용된 표현도 영원한 생명과 영원한 파멸이라는 정반대되는 두 운명과 관련된 것이다. 각각의 운명으로 나아가는 길은 각기 특정한 특성을 지닌다. 어떤 길을 선택하느냐에 하나님나라 자체가 달려 있다.⁷

혹은 요한이서와 요한계시록을 생각해 보라. 요한이서부터 살펴보자. 요한은 수신자를 "택하심을 받은 부녀"라 지칭한다(요이 1:1). 요한은 그들의 자녀 중에 진리를 행하는 자가 있음을 기뻐하고(1:4), 순종을 통해 표현되는(1:6) 사랑을 당부한다. 그럼에도 그 교회는 도전에 직면해 있다. 예수 그리스도께서 육체로 오심을 부인하는 미혹하는 자들이 많다(1:7). 예수님의 인성을 부인하는 가현론이 실제적인 문제로 대두하여 사람들을 거짓 교리로 유도했다. 이에 요한은 경고한다. "너희는 스스로 삼가 우리가 일한 것을 잃지 말고 오직 온전한 상을 받으라"(1:8). 그리고 결론짓는다. "지나쳐 그리스도의 교훈 안에 거하지 아니하는 자는 다 하나님을 모시지 못하되 교훈 안에 거하는 그 사람은 아버지와 아들을 모시느니라"(1:9).

8절의 "온전한 상"을 영생을 넘어선 그 무엇, 즉 천국에서 얻을 특별한 축복을 가리키는 것으로 해석하려는 유혹을 받을 수도 있지만, 그런 독법은 문맥에 맞지 않다. 7절은 이단적인 기독론을 지닌 미혹하는 자들과 적그리스도를 언급한다. 요한은 그들을 따르는 자들이 천상에서 낮은 신분을 얻는 것이 아니라 영원한 파멸로 이끄는 이단에 빠지게 됨을 경고한다. 요한이 영원한 생명과 영원한 파멸을 염두에 둔다는 사실은 9절에서 더욱 분명해진다. 9절에서는 이단적인 기독론을 받아들이는 자들이 그리스도의 교훈 안에 거하지 않고 하나님을 모시지도 못한다고 말한다. 그리스도 안에 거하지 않는 것과(요한복음 15장 6절에서 보았듯이) 하나님을 모시지 못하는 것은 영원한 심판에 처하는 것이다. 따라서 7절과 9절의 문맥은 영원한 생명과 영원한 파멸 간의 대조와 관련된다. 닥칠 수 있는 위험을 고려할 때, 택하심을 받은 부녀가 저주스러운 이단에 빠지지 않도록 교회에 관심이 많은 요한이 엄중히 경고하려 했던 것은 충분히 이해할 만하다. 따라서 그는 일한 것을 잃지 않고 천국이라는 온전한 상을 받게 하기 위해 엄히 경고한다.

요한계시록을 통해서도 요한은(그리고 요한을 통해 그리스도께서) 신자들에게 경고한다(예, 계 2:5-7,11,17,26; 3:5,12,21). 그가 진짜 그리스도인을 염두에 두고 있다는 것은 요한계시록의 서두에서 "귀 있는 자는 성령이 교회들에게 하시는 말씀을 들을지어다"라고 거듭 말하는 데서 분명해진다(2:7,11,17,29; 3:6,13,22). 또 요한은 요한계시록의 독자인 교회들을 가리켜 "그의[예수님의] 피로" 죄에서 "해방"되고 "나라와 제사장"이 된 자들이라 부른다(1:5-6). 이 교회들은 '짐승들'(로마 제국을 가리키는 듯하다)의 핍박에 직면해 있다. 그래서 요한은 하나님께서 대적들을 심판하실 날이 다가오고 있음을 믿으며 굴복하지 말고 견딜 것을 독려하기 위해 요한계시록을 썼다.

요한계시록의 서두에서, 예수님은 하나님 말씀을 청종하지 않을 경우 어떤 일이 일어날지 교회들에게 경고하고자 하신다. 또 경청하며 순종할 경우 그들 앞에 생명이 기다리고 있음도 상기시키고자 하신다. 예를 들어, 예수님은 악한 자들을 용납하지 않고 자칭 사도라 하되 아닌 자들을 시험하여 그의 거짓된 것을 드러낸 에베소교회를 칭찬하신다(계 2:2). 참고 주님의 이름을 위하여 견디고 게으르지 아니한 그들을 칭찬하신다(2:3). 그럼에도 불구하고 한 가지를 지적하신다. "너의 처음 사랑을 버렸느니라"(2:4). 그래서 회개하고 예전처럼 행할 것을 명하신다(2:5). 그 후 경고로 이어진다. "만일 그리하지 아니하고 회개하지 아니하면 내가 네게 가서 네 촛대를 그 자리에서 옮기리라 … 이기는 그에게는 내가 하나님의 낙원에 있는 생명나무의 열매를 주어 먹게 하리라"(2:5,7). 에덴을 연상시키는 생명나무에 대한 언급은 영원한 생명을 떠올리게 한다(참조, 22:2,14,19).

서머나교회를 생각해 보라. 그 교회는 환난과 궁핍을 당하고 있지만, 실상은 하나님 앞에서 부요하다(계 2:9). 예수님은 마귀가 그들 가운데서 몇 사람을 옥에 던져 시험을 받게 할 것이라 경고하며, 그들이 충성하면 생명의 관을 얻게 될 것이라고 약속하신다(2:10). 이기는 자는 둘째 사망의 해를 받지 않을 것이다(2:11). 이는 최종적인 심판인 불못을 가리킨다(20:14; 참조, 20:6; 21:8). 여기에는 경고가 담겨 있다. 이기지 못하면 생명의 관을 받지 못할 것이다. 옥에 던져지는 것은(2:10) 불못에 던져지는 것에(20:15) 비하면 아무것도 아니다. 요점은 이것이다. 영원한 불이 아닌 영원한 생명을 얻으려면 인내가 절

대적으로 필요하다. 요한계시록에 나오는 경고는 핍박에 직면하여 승리하도록 교회를 돕는 역할을 한다.[8]

요약

성경에 나오는 경고는 영원한 생명을 보증받은 하나님의 택하심을 받은 자들, 즉 진짜 그리스도인에게 주어진 것이며, 또한 그리스도인이 믿음 안에서 인내하도록 하기 위해 하나님이 정하신 방편이다. 경고는 영원한 파멸로 떨어지지 않도록 신자를 지켜주는 방편의 역할을 한다. 이들은 후향적(그리스도인이 아닌 것으로 입증된 자들을 뒤돌아보는 것-역주)이지 않고 전향적(그리스도를 버릴 경우에 어떤 운명에 처해질 것인지를 내다보는 것-역주)이다. 이들의 목적은 예수님에게서 떨어지지 않도록 신자를 지키는 것이다.

더 깊은 묵상을 위한 물음

1 과거에 성경의 경고가 믿음을 버리지 않도록 어떻게 당신을 지켜주었는가?
2 경고가 어떻게 신자 안에 경건한 두려움을 조성하는가?
3 이 장에서 논의된 성경구절을 공부하라. 이것이 후향적이라고 생각하는가, 아니면 전향적이라고 생각하는가?
4 경고가 영원한 안전에 대한 교리와 상충하는가?
5 죄 가운데서 살아가는 그리스도인이 있다면, 그를 그리스도께로 돌이키기 위해 성경의 경고를 어떻게 사용할 수 있을까?

물음 39 / 경고 구절은 견인에 어떤 역할을 하는가?(2)

앞 장에서 성경에 나오는 경고가 영원한 생명을 보증받은, 하나님이 택하신 자들(즉, 진짜 그리스도인들)에게 주어진 것이며, 또한 그리스도인을 믿음 안에서 인내하게 하기 위해 하나님이 정하신 방편임을 주장했다. 아울러 요한복음과 요한계시록에 나오는 예수님의 경고를 통해서도 그 사실을 입증했다. 이 장에서는 경고 구절에 대한 이와 같은 해석을 계속 뒷받침하겠지만, 먼저 사도 바울에게 초점을 맞추고 히브리서에 수록된 유명한 경고를 살펴볼 것이다.

하나님의 인자하심과 준엄하심: 바울의 경고

로마서 11장에서 바울은 이방인 그리스도인들에게 엄중히 경고한다. 이들은 "감람나무"(하나님의 백성을 상징하는 표현)에 접붙임받았다. 이방인 가지들이 접붙임받은 반면, 유대인 가지들은 불신으로 인해 꺾였다(11:19-20). 그러나 이방인들이 교만해지지 않도록, 바울은 믿음 안에 굳게 서 있지 않으면(11:20) 하나님이 그들을 꺾으실 것을 상기시킨다. "하나님이 원 가지들도 아끼지 아니하셨은즉 너도 아끼지 아니하시리라"(11:21). 계속해서 바울은 "그러므로 하나님의 인자하심과 준엄하심을 보라 넘어지는 자들에게는 준엄하심이 있으니 너희가 만일 하나님의 인자하심에 머물러 있으면 그 인자가 너희에게 있으리라 그렇지 않으면 너도 찍히는 바 되리라"(11:22)고 말한다. 이방인들이 계속 믿음 안에 있으면 하나님의 인자하심을 누릴 것이다. 그렇게 하지 않으면 하나님의 준엄하심을 경험할 것이다. 준엄함이란 정확히 무엇일까? 바로 "찍히는" 것이다. 단지 상급을 잃는 것이 아니라 영원히 파멸당한다. 하나님의 백성에게서 그리고 하나님에게서 떨어져 나간다. 바울은 이 경고를 통해 단지 이방인들을 놀라게 하려는 것이 아니라, 경건한 겸손을 일깨워 그들이 계속 믿음 안에 있게 하고자 한다.

또 고린도전서 6장에서 바울은 경고를 견인의 방편으로 언급한다. 고린도인들은 분열(고전 1:10-17; 3:1-23)이나 성적 부도덕(5:1-13; 6:12-20) 같은 여러 가지 죄를 범하고 있었다. 그리고 서로 소송을 제기함으로써 세상 사람들의 빈축을 샀다(6:1-11). 대립을 교회 안에서 해결하기보다는 서로를 법정에 세움으로써 불신자 앞에서 추한 모습을 보였다. 바울은 이것을 허물이라고 말한다(6:7). "차라리 불의를 당하는 것이 낫지 아니하며 차라리 속는 것이 낫지 아니하냐 너희는 불의를 행하고 속이는구나 그는 너희 형제로다"(6:7-8). 바울은 단지 회초리로 고린도인 교인들의 손바닥을 때리는 정도에 그치는 것이 아니라, 하나님의 나라를 빼앗길 수 있음을 경고한다.[1] "불의한 자가 하나님의 나라를 유업으로 받지 못할 줄을 알지 못하느냐"(6:9상). 바울은 악(성적 부도덕, 탐욕, 욕설, 사기 등)을 행하는 자들이 하나님의 나라를 유업으로 받지 못할 것이라고 말한다(6:10). 이는 전향적인 경고며, 고린도 교인들의 정체성이 아니다. 바울이 상기시키듯이, 그들은 성령 안에서 "씻음과 거룩함과 의롭다 하심"을 받은 자들이다(6:11). 그러나 그들이 계속 이런 죄악에 빠져 있으면 영생을 얻지 못할 것이라고, 즉 하나님나라를 유업으로 받지 못할 것이라고 경고한다(갈 5:21; 엡 5:5). 여기서도 이 준엄한 경고는, 고린도인들의 마음에 두려움을 일깨워 그들이 영적으로 정신을 차리고 생활양식을 고치며 그리스도의 명령에 따라 삶으로써, 거듭나기 전의 삶으로 돌아가지 않고 믿음 안에서 인내하게 하기 위한 것이다.

바울은 칭의를 위해 율법 행위로 돌아가려는 유혹을 받고 있는 갈라디아 그리스도인들에게도 매우 엄하게 경고한다. 갈라디아서의 문맥이 알려주듯이, 그들은 할례를 칭의의 요건으로 삼으려는 유혹을 받았다.[2] 그들이 실제로 그렇게 하지는 않은 것 같다. 갈라디아서 5장 2절에서, 바울이 "너희가 만일 할례를 받으면"이라고 말했던 것도 바로 그 때문이다. 그러나 그들은 유혹을 받고 있었다. 그 소식을 들은 바울은 몹시 염려했다. 할례를 구원의 요건으로 받아들인다는 것은 율법 전체를 지켜야 구원받는다고 생각함을 뜻했다(5:3). 칭의를 위해 모세 율법으로 돌아가는 것이 얼마나 위험한지 바울은 잘 알고 있다. 율법의 요구는 완벽함이기 때문이다(3:10). 더욱이 죄악된 인간이 율법을 통해 칭의를 얻을 수 있다면, 혹은 율법을 통해 죄사함을 얻을 수 있다면, 그리스도의 죽음이 헛되었을 것이다(2:21; 5:2). 율법으로 되돌아가는 것은 구약 희생제사의 목적을 오해한 것이다. 그 제사는 최종 희생제물인 하나님의 어린양 그리스도를, 그리고 그를 믿는 이들에게 하나님이 베푸시는 구원의 선물을 예표한 것이다.

갈라디아 신자들을 제지하기 위해 바울은 강력히 경고한다. "너희가 만일 할례를 받으면 그리스도께서 너희에게 아무 유익이 없으리라"(5:2하). 그리고 결과를 분명히 밝힌다. "율법 안에서 의롭다 함을 얻으려 하는 너희는 그리스도에게서 끊어지고 은혜에서 떨어진 자로다"(5:4).

여기서 두 가지 사실에 주목해야 한다. 첫째, "그리스도에게서 끊어지고"와 "은혜에서 떨어진"이라는 말에서 분명히 드러나듯이, 바울은 영원한 심판과 정죄를 염두에 둔다. 율법을 통해 칭의를 추구하는 것은 자신을 그리스도와 영원한 생명에서 끊는 것이다. 둘째, 이 구절을 읽을 때 이미 일어난 일에 대한 내용으로 이해해서는 안 된다. 바울은 이 경고에서 전향적으로 말하고 있다.³ 이는 '만일 너희가 이렇게 하면 믿음에서 떨어질 것'이라고 말하는 것과 같다. 그 이유는 명백하다. 행위를 통한 칭의는 복음에 또한 그리스도를 통해 거저 주시는 하나님의 은혜에 절대적으로 정반대다(갈 1:4; 2:21; 3:1,13; 4:4-5; 5:11; 6:12-17).

끝으로, 경고 자체의 목적을 간과해서는 안 된다. 그 목적이란 갈라디아인들이 그리스도에게서 끊어지는 결과를 초래할 할례를 받지 못하게 하는 것이다. 그들을 영원한 파멸로부터 지켜야 했기 때문에 바울은 단호하게 말했다.⁴

히브리서에 나오는 경고

히브리서에는 많은 경고 구절이 있는데, 여기서 그것을 모두 언급할 수는 없다.⁵ 다만 다음 몇 가지 사항을 살펴보고자 한다.⁶

첫째, 이 경고는 그리스도인을 대상으로 한다. 히브리서 전반에 걸쳐 기자는, 마치 각각의 경고가 자신에게도 해당하는 것처럼 자신을 독자인 그리스도인과 동일시한다. 그는 흘러 떠내려가거나 정죄당하지 않도록 경고할 때 "우리"라는 표현을 거듭 사용한다(2:1; 3:12-4:13; 5:11-6:12; 10:26; 12:28). 떨어지지 말 것을 경고할 때는 "형제들"이라는 표현을 쓴다(3:12). 그리스도인인 기자는 다른 그리스도인에게 글을 쓰면서 영원한 파멸에 대한 경고에 자신을 포함시킨다.

그렇다면 히브리서 6장 4-6절은 어떻게 이해해야 할까? "한 번 빛을 받고 하늘의 은사를 맛보고 성령에 참여한 바 되고 하나님의 선한 말씀과 내세의 능력을 맛보고도 타락한 자들은 다시 새롭게 하여 회개하게 할 수 없나니." 어떻게 이 본문이 진짜 그리스도인에 대한 내용일 수 있을까? 여기 언급된 자들이 그리스도인일 수 없다고 생각하는 것도 이해할 만하다. 이들이 "타락한 자들"로 언급되기 때문이다. 그러나 본문 자체가 신자를 염두에 두고 있음을 보여준다. 신약성경에서 성령을 받는 것은 그리스도인 됨의 본질적 사항에 해당한다(행 15:7-11; 갈 3:1-5). 또 빛을 받고 하늘의 은사를 맛보는 것도 그리스도와의 피상적인 관계(마치 불신자가 단순한 관심을 보이는 것 같은)를 가리키는 것이 아니라, 이적적으로 눈이 열리고 하늘의 은사를 누리기 시작함을 가리킨다.

둘째, 이 경고 구절은 영원한 생명이나 영원한 죽음과 관련된 것이다. 예컨대 히브리서 1장 14절은 "구원 받을 상속자들"을 염두에 둔다. 아들과 관련한 계시에 비추어, 그리스도인은 흘러 떠내려가지 않도록 예수님에 대해 듣고 배운 것에 유념해야 한다(2:1). 모세 율법["천사들을 통하여 하신 말씀"(2:2)] 아래에 있던 자들이 율법을 범함으로 보응을 받았다면, 예수님을 통해 주어진 구원을 무시하는 자에게는 훨씬 더 큰 보응이 주어질 것을 기자는 경고한다(2:3). 결코 그 보응을 면하지 못할 것이다.

히브리서 3장에서 기자는, 광야에서 이스라엘이 마음을 완고하게 하여 하나님을 시험했던 사실을 상기시키기 위해 시편 95편 7-11절을 언급한다. 그 결과는 무엇인가? "내가 노하여 맹세한 바와 같이 그들은 내 안식에 들어오지 못하리라"(히 3:11; 참조, 3:18). 여기서 하나님의 진노에 대한 생생한 그림을 본다. 하나님의 안식에 들어가지 못하는 것은 그의 심판을 당하는 것이다.

히브리서 10장 26-27절도 무서운 경고를 담고 있다. 신자들이 짐짓 죄를 범할 경우 다시 속죄하는 제사가 없고, 오직 무서운 마음으로 심판을 기다리는 것과 대적하는 자를 태울 맹렬한 불만 있음을 기자는 경고한다. 대적자를 태우는 불은 지옥의 불이며, 거기서 하나님의 대적들은 영원히 그의 진노 아래 놓인다. 배도의 유혹을 받는 그리스도인은, 하나님의 아들을 발아래 짓밟고 언약의 피를 더럽히면 여호와의 보응을 당할 것을 명심해야 한다(10:29-30; 참조, 신 32:35-36; 시 5:4; 135:14). "살아계신 하나님의 손에 빠져 들어가는 것은" 무서운 일이다(10:31). 여기서 기자는 예수님을 분명하게 부인하는 사람, 배도를 염두에 두고서 그것을 경고한다.

히브리서의 다른 많은 구절도 같은 내용을 가르치며(4:3,5,11; 6:4, 6,7,8; 12:25), 믿음을 버리는 자를 기다리는 영원한 파멸을 강조한다.[7]

셋째, 그리스도인에게 주어진 이 경고는 특성상 전향적이며, 장래에 타락하지 않도록 신자를 지키기 위한 방편의 역할을 한다. 이와 관련하여 히브리서 6장이 특히 중요하다. 6장 6절에 나오는 "타락"에 대한 언급은 이미 일어난 일을 묘사하는(후향적인) 것이 아니다. 다시 말해서, 구원을 잃어버린 그리스도인들이나[8] 그리스도인처럼 보이지만 타락한 사실로 미루어 실상은 그리스도인이 아닌 자들을[9] 묘사하는 것이 아니다. 히브리서 6장 4-6절은 진짜 그리스도인에 대한 경고의 뜻을 담은 내용이지만, 그리스도를 부인할 경우에 어떻게 될 것인지를 말한다. 즉, 전향적이다. "어떤 이들은 여기서 분사형(파라페손타스)을 '독자들이 이미 타락했음'을 가리키는 것으로 이해한다." 그러나 슈라이너가 설명하듯이, 그런 독법은 "히브리서의 다른 권면과 조화를 이루지 않는다. 기자는 독자들이 타락했음을 질책하는 것이 아니라 타락하지 않도록 권면하기 때문이다."[10] 이 점은 11-12절에서 더 분명해진다. 기자는 이 그리스도인들이 "동일한 부지런함을 나타내어 끝까지 소망의 풍성함에 이르러 게으르지 아니하고 믿음과 오래 참음으로 말미암아 약속들을 기업으로 받는 자들을 본받는 자"가 되기를 바라는 마음을 피력한다. 4-6절에 나오는 경고는 신자가 마지막 날에 유업을 얻게 하기 위한 것이다.

히브리서 10장 26-31절도 이러한 관점을 입증해 준다. 하나님의 진노와 관련해 가장 생생한 경고가 바로 이 본문에 담겨 있다고 말해도 좋을 것이다(특히 10장 27절과 30절). 앞에서 보았듯이, "진리를 아는 지식을 받은 후"에 계속해서 짐짓 죄를 범하는(10:26) 그리스도인(참조, 10:29: "거룩하게" 된 자)에게 "심판"과 주님의 보응("원수 갚는 것"), "대적하는 자를 태울 맹렬한 불" 등의 경고가 주어진다(10:27-31). 이런 경고가 주어지는 이유는, 심판이 이미 임했기 때문이 아니라 하나님의 아들을 짓밟고 언약의 피를 더럽힐 경우에 심판이 임할 것이기 때문이다(10:29). 이 경고는 전향적이며, 그 목적은 거룩하게 된 자들이 믿음의 길로 계속 매진하게 하는 것이다. 따라서 기자는 견인에 대한 내용으로 히브리서 10장을 결론짓는다. "우리는 뒤로 물러가 멸망할 자가 아니요 오직 영혼을 구원함에 이르는 믿음을 가진 자니라"(10:39).

다른 많은 구절도 고찰할 수 있지만(2:1; 3:7-19; 4:11; 6:1), 요점은 분명하다. 경고는 택하신 자들을 믿음 안에서 계속 인내하게 하기 위해 하나님이 사용하시는 방편이다.

경고를 어떻게 이해할 것인가

성경에는 많은 경고가 있으나, 여기서 모두 논의하기에는 지면이 부족하다.[11] 경고는 불신자에게 또는 신자처럼 보이지만 실제로는 아닌 자에게 주어진 것이 아니다. 진짜 그리스도인에게 주어진 것이다. 더욱이 이 경고는 단지 하늘에서의 상급과 관련한 것이 아니라 영원한 생명이나 영원한 파멸과 관련한 것이며, 영원한 파멸을 강력히 경고하는 내용이다. 또 택하신 자들을 영원한 파멸에 떨어지지 않도록 지키기 위해 하나님이 사용하시는 방편이다.

세 가지 요점을 다시 정리함으로써 마무리하고자 한다.

1. 하나님의 택하심받은 자들은 하나님의 주권적인 보살핌과 보호 덕분에 안전하다(물음 34-35).
2. 하나님께 택하심받은 자들이 영원한 생명에 들어가려면 믿음 안에서 인내해야 한다(물음 36-37).
3. 하나님은 택하신 자들을 믿음 안에서 인내하도록 그리고 배도에 빠지지 않도록 지키기 위한 방편으로 경고를 사용하신다(물음 38-39).

셋 중 어느 하나도 양보될 수 없다. 그리스도인의 안전과 견인이라고 하는 건축물을 지탱하는 세 개의 기둥처럼, 이들은 모두 함께한다.[12]

요약

바울만이 아니라 히브리서 기자도 경고가 영원한 파멸에서부터 신자를 지키기 위한 방편임을 가르친다. 이 경고가 그리스도인에게 주어졌고, 영원한 생명이나 영원한 죽음과 관련된 것이며 또한 그 특성상 전향적이어서, 장래에 신자가 타락하지 않도록 지켜주는 방편으로서의 역할을 한다는 사실을 히브리서에서 재차 강조한다.

더 깊은 묵상을 위한 물음

1 로마서 11장 19-22절을 읽어보라. 어떻게 이 준엄한 경고가 경건한 겸손을 조성하는가?
2 히브리서 기자가 전하는 영원한 파멸에 대한 경고는 누구에 대한 것인가?
3 히브리서 10장 26-27절을 읽어보라. 여기서 기자가 염두에 둔 것은 상급 상실인가 아니면 영원한 생명의 상실인가?
4 어떻게 하면 오늘날의 교회가 히브리서에 나오는 이 경고를 더 진지하게 받아들일 수 있을까?
5 삶에서 직면하는 죄의 유혹을 생각할 때, 경각심을 가장 크게 불러일으키는 경고 구절은 무엇인가?

물음
40 / 영화란 무엇인가?

　죽음은 사람들이 언급하기 좋아하는 주제가 아니며, 그럴 만한 이유가 있다. 죽음만큼 추한 것이 없다. 죽음은 우리가 알고 사랑하는 모든 것으로부터 우리를 분리시킨다. 소중한 가족과 친구들, 아내와 딸과 아들에게서 우리를 떼어놓는다. 이들은 우리가 일평생 사랑하며 헌신했던 사람들이다.
　또 죽음이 추한 것은 우리 영혼을 몸에서 분리시키기 때문이다. 분명 이는 자연스러운 것이 아니라 부자연스럽고 고통스러운 분리다. 당연히 그래야 하는 것이 아니다. 처음에 하나님은 몸과 영혼을 따로 떨어지지 않고 결합된 것으로 지으셨다.
　더욱이 죽음은 그 자체가 끔찍한 것이다. 고통스럽고 많은 아픔과 고뇌를 가져다준다. 한때 활기차고 탄력 있고 젊음으로 가득했던 몸이 이제 활동을 멈추고 썩는다. 서글프게도 어떤 사회에서는 다가오는 죽음을 모든 이에게 상기시킨다는 이유로 노인을 도외시하고 무시한다. 대부분의 사람들은 병든 자와 죽어가는 사람 곁에 있고 싶어

하지 않는다. 자신의 거울을 보는 것 같기 때문이다.

요컨대 죽음은 무시무시하다. 가장 심각한 위기이자 최종적인 위기다. 죽음은 우리가 아는 모든 것을 끝장나게 한다.[1] 사람들이 죽음에 대해 말하고 싶어하지 않는 건 놀라운 일이 아니다.

죽음: 죄의 결과이자 죄의 저주

그러나 그리스도인으로서 우리는 죽음을 제대로 이해하며 받아들여야 한다. 성경 자체가 죽음에 대해 많이 언급한다. 성경은 죽음의 끔찍함을 인정한다. 그러나 이 세상의 철학과 달리, 성경은 왜 죽음이 존재하며 어디서 비롯되었는지 설명할 수 있다.

성경에 따르면, 죽음은 죄의 결과이자 죄의 저주다. 창세기 1-2장을 생각해 보라. 에덴동산의 삶이 좋았던 것은 죽음이 없고 생명만 있었기 때문이다. 그러나 아담과 하와가 죄를 범했을 때 모든 것이 변했다. 불순종의 결과가 죽음임을 하나님이 경고하셨음에도 그들은 귀 기울이지 않았다. 그들의 죄는 인류의 첫 죄였으며, 이 세상을 죽음의 손아귀에 붙들리게 한 죄였다. 아담의 죄에 따른 죄책과 부패성이 모든 인류에게 물려졌을 뿐 아니라, 아담의 죄로 인해 이후의 모든 사람도 육체적 죽음을 당하게 되었다. 죽음은 영적인 동시에 육체적이기도 하다. 성경이 거듭 상기시키듯 죄의 결과는 사망, 즉 영적 육체적 사망이다(예, 롬 3:23; 5:12-21).

그러므로 죽음은 단지 죄의 결과임과 아울러 죄의 저주이기도 하다. 그리스도인들은 죽음의 이 측면을 간과하는 경향이 있다. 마치 죽음이 하나님나라로 건너가는 통로일 뿐이며, 그런 의미에서 심지어 축복인 것처럼 말한다. 그러나 이는 죽음이 무엇인지를 모르는 말이다. 싱클레어 퍼거슨이 말하듯이, 죽음은 '분열' '하나님이 창조하신 연합을 깨뜨리는 것' '추하고 파괴적인 것' 그리고 '마지막 원수'다.[2] 이것을 은폐할 방법은 없다. 아담의 죄와 우리 죄의 결과는 죽음이다. 죽음은 누구와도 타협하지 않는다는 사실을 기억해야 한다.

하나님이 승리하신다: 그리스도의 부활과 우리의 부활

지금까지 죽음에 대해 살펴보았다. 그것은 실재하는 문제이자 위기이고 불가피하며 비극적이다. 죄의 결과이자 죄의 저주다. 그러므로 죽음은 우리의 원수며 또한 하나님의 원수다.

그러나 그 원수는 승리하지 못한다. 이것이 복음의 위대한 소식이다. 결국 죄와 사탄과 죽음은 승리하지 못한다. 하나님이 승리하신다! 하나님은 가장 놀라운 방식으로, 죽으심으로써 승리하신다. 그리스도께서 우리를 대신하셨고, 우리의 죄에 대한 대가, 즉 하나님의 진노를 십자가에서 지불하셨다. 그 결과 죄는 더 이상 우리를 지배하지 못한다. 우리의 빚이 십자가에서 지불되었다.

거기서 그치지 않는다. 그리스도께서는 죽으셨을 뿐 아니라 사흘 후에 살아나셨다. 고린도전서 15장에 나오는 바울의 가장 진지한 언급은 "그리스도께서 다시 살아나신 일이 없으면 너희의 믿음도 헛되고 너희가 여전히 죄 가운데 있을 것이요"일 것이다(15:17). 구원에 대한 이해를 그리스도의 죽음에 국한하는 경우가 매우 잦다. 로마서 3장 25-26절에서 바울이 말하듯이, 분명히 그리스도의 죽음은 칭의의 근거다. 죄인들이 하나님 보시기에 의롭다고 선언되는 것은 그리스도의 "한 의로운 행위"(롬 5:18), 즉 그의 피로 인한 "화목제물"(롬 3:25-26)을 통해서다. 그러나 그리스도의 속죄의 죽음만이 아니라 그의 부활도 우리를 구원한다. 로마서 4장 24-25절에서 바울은 이르기를, 우리가 아브라함처럼 의롭게 여겨지는 것은 "우리가 범죄한 것 때문에 내줌이 되고 또한 우리를 의롭다 하시기 위하여" 살아나신 주 예수님을 죽은 자 가운데서 살리신 분을 믿기 때문이다.

예수님을 죽은 자 가운데서 살림으로써, 하나님은 그리스도께서 우리를 대신하여 우리의 죄를 위해 십자가에서 지불하신 대가를 인정하며 만족함을 선언하셨다. 예수님이 죽은 자 가운데서 살아나심으로써 그리스도의 대속 죽으심이 그리스도 안에서 우리에게 적용되며(롬 6:6-11; 엡 2:6; 골 2:12; 3:1), 따라서 그 사실을 믿을 때 하나님의 은총을 얻는다. 그러므로 칭의는 그리스도의 부활에 따른 실제적인 결과다. "그리스도께서 다시 살아나신 일이 없으면 너희의 믿음도 헛되고 너희가 여전히 죄 가운데 있을 것"(고전 15:17)이라고 바울이 말하는 것도 놀랍지 않다. 우리가 여전히 죄 가운데 있으면, 구원에 대한 확신도 전혀 갖지 못할 것이다. 그렇다면 그리스도의 부활이 우리를 구원한다고 말해도 전혀 과언이 아니다.

그리스도의 부활은 영혼만 구원하는 것이 아니라 몸도 구원한다. 그리스도의 부활은 매우 실제적으로 다가온다. 그리스도께서 다시 살아나셨기 때문에, 관 속에 누운 사랑하는 이를 들여다보는 사람들에게 그것이 끝이 아니라고 말해 줄 수 있다. 사랑하는 사람이 그리스도를 믿었다면, 비록 그가 잠들더라도 그리스도 안에서 잠든 것이다(고전 15:18). 부활하신 그리스도와 연합되었으므로, 그들은 멸망하지 않고 영혼이 그리스도와 함께한다. 바울이 고린도 교인들에게 말하듯이, 그리스도의 부활은 장래에 거둘 큰 수확의 첫 열매다. 비록 첫 아담으로 인해 죽음이 왔지만, 둘째 아담 안에서 모든 사람이 삶을 얻을 것이다(15:22). 그렇다. 죽음이 실제로 닥치겠지만, 그것은

'패배한 적'이다.³ 비록 우리가 죽지만 언젠가는 살아나고 영혼이 몸과 다시 연합할 것이기 때문이다. 그때는 부활의 영광을 지닌 몸을 입을 것이다.

그리스도의 부활을 떠나서는 장래의 소망이 없다. 바울이 분명하게 말하듯이, 그리스도께서 다시 살아나지 않으셨다면 우리는 모든 사람 중에 가장 불쌍하다. 그리스도 안에 있는 우리의 소망이 이 세상을 넘어서지 못할 것이기 때문이다(고전 15:19). 그러나 그리스도께서 다시 살아나셨고, 우리는 "사망아 너의 승리가 어디 있느냐 사망아 네가 쏘는 것이 어디 있느냐"고 담대히 외칠 수 있다(고전 15:54-55).

영화란 무엇인가

이 위대한 소망에 비추어 "장차 이루어질 우리의 영화는 어떤 것일까?"라는 질문을 제기할 수 있다. 이는 대답하기 힘든 질문이다. 성경이 원하는 모든 내용을 상세히 알려주지는 않는다(예, 우리가 몇 살의 나이로 부활할 것인가? 서로 알아볼 것인가?).⁴ 그럼에도 성경이 침묵하는 것은 아니다. 사실 영화에 대해 많이 언급한다.⁵

첫째, 사후에 영화에 들어가기 전 천상에서 중간적인 상태가 있다. 신학자들은 이를 '중간 상태'라 지칭한다. 영화 자체는 아니지만 그 직전의 단계다. 마지막 숨을 거둘 때 우리의 존재가 중단되거나 육체의 부활 때까지 영혼이 잠드는 것이 아니다.⁶ 오히려 영혼은 여전히 의식을 지니고, 몸이 죽을 때 영혼은 하늘에서 주님과 함께 거한다. 성경은 우리가 죽을 때 곧바로 하나님 앞으로 가게 됨을 가르친다(눅 23:43; 빌 1:23; 참조, 요 14:2-3). 바울이 말하듯이, 몸을 떠나는 것은 주와 함께 있는 것이다(고후 5:8). 또 성경은 의인의 영이 온전하게 되는 것이 바로 이 상태라고 말한다(히 12:23). 바울은 온전한 상태를 갈망하면서, "세상을 떠나서 그리스도와 함께 있는 것이 훨씬 더 좋은 일"(빌 1:23)이라고 말한다. 그러나 우리가 주님께로 가더라도, 영혼이 몸과 분리되므로 온전한 구원은 여전히 미완인 채로 남아 있다. "이 썩을 것이 썩지 아니함을 입고 이 죽을 것이 죽지 아니함을" 입으며 "사망을 삼키고" 이길 날을 우리가 여전히 기다리므로(고전 15:54), 영화는 아직 이루어지지 않았다.

둘째, 하나님이 영혼을 부활한 몸과 결합시키실 때 천상에서 중간 상태는 끝날 것이다. 이제 영화 교리에 이르렀다. 이 일이 언제 일어날 것인가? 바울에 따르면, 우리는 마지막 나팔 소리에 모두 한순간에 변할 것이다. 이 나팔이 울릴 때 "죽은 자들이 썩지 아니할 것으로 다시 살아나고 우리도 변화"될 것이다(고전 15:52; 참조, 살전 4:16-17). 그날에 온전한 구원을 경험할 것이다. 그때에야 비로소 우리가 전인(whole person)으로서, 부활하신 구주의 형상과 같은 모습이 될 것이기 때문이다. 바울이 빌립보인들에게 말하듯이, "우리의 시민권은 하늘에 있는지라 거기로부터 구원하는 자 곧 주 예수 그리스도를 기다리노니 그는 만물을 자기에게 복종하게 하실 수 있는 자의 역사로 우리의 낮은 몸을 자기 영광의 몸의 형체와 같이 변하게" 하실 것이다(3:20-21). 그날에 그리스도와 온전히 연합될 것이다. 예정을 통해 약속된 것이 마침내 실현될 것이다. 그리스도의 죽음과 부활을 통해 이루신 일이 완성을 보게 될 것이다.[7]

부활한 몸이 어떨지에 대해서는 자세히 언급하지 않는다. 그리스도의 부활한 몸과 같을 수도 있다. 우리의 영화는 그리스도와 같아진다고 하는, 그의 형상을 입는 최종 목표를 수반하기 때문이다(고전

15:49). 그리스도께 연합된 자로서 어떤 면에서 그리스도의 부활하신 몸과 같은 몸을 받을 것이다. 성경은 예수님을 죽은 자 가운데서 살리신 것과 같은 능력이 우리의 죽을 몸도 살리실 거라고 증언한다(롬 6:8-10; 히 7:16; 롬 8:11). 부활한 몸은 멸해지지 않고 더 이상 질병과 죽음을 겪지 않을 것이다. 시험과 죄에 넘겨지지도 않을 것이다. 따라서 적어도 초자연적인 변화가 일어날 거라고 말할 수 있다. 바울이 빌립보인들에게 말하듯이, 우리의 시민권은 하늘에 있고 "거기로부터 구원하는 자 곧 주 예수 그리스도를 기다리노니 그는 만물을 자기에게 복종하게 하실 수 있는 자의 역사로 우리의 낮은 몸을 자기 영광의 몸의 형체와 같이 변하게" 하실 것이다(빌 3:20-21). "우리가 그리스도의 몸의 부활에 참예할 때에 비로소 하나님의 영화로운 아들이신 그의 형상과 진정으로 같아질 것"이라고 피터슨은 설명한다.[8]

이 변화는 연속성과 불연속성을 수반할 것이다. 장래에 부활할 몸은 현재의 몸과 비슷할 것이다(어느 정도나 비슷할지에 대해서는 알려진 바가 없지만). 이는 부활하신 예수님이 제자들에게 나타나셨을 때 제자들이 그를 알아본 것과 같다. 그러나 불연속적인 면도 있을 것이다. 부활한 몸이 단지 옛 사람의 몸을 다시 입은 형태일 거라고 생각하는 건 잘못이다. 빌립보서 3장 20-21절에 따르면, 실제적인 변화가 있을 것이다. 초자연적인 변화가 실제적으로 일어날 것이다(고전 15:51-54).[9] 그것은 더 이상 죽음의 몸이 아니라 생명의 몸일 것이다. 바울이 고린도인들에게 말하듯이 "썩을 것으로 심고 썩지 아니할 것으로 다시 살아나며 욕된 것으로 심고 영광스러운 것으로 다시 살아나며 약한 것으로 심고 강한 것으로 다시 살아나며 육의 몸으로 심고 신령한 몸으로" 다시 살아난다(고전 15:42-44). 자연적인 몸과 영적인 몸을 대조한 것은 육체적인 몸과 비육체적인(또는 비물질적인)

몸의 대조가 아니라, 일시적으로만 사는 몸과 성령의 권능의 임재로 인해 죽지 않을 몸의 대조다. 바울이 계속해서 설명하듯이(15:47-49), 우리의 자연적인 몸은 흙의 사람인 첫 아담과 결부되어 있지만, 부활한 불멸의 몸은 둘째 아담이자 하늘의 사람이신 주 예수 그리스도와 결부되어 있다.

'영화롭게 된다'는 표현의 본질적 의미는 주님과 같은 모습으로 변한다는 것이다. 성경은 이 장래의 몸과 관련된 소망을 묘사하기 위해 '영광'이라는 단어를 자주 사용한다. 예를 들어, 바울은 "우리 생명이신 그리스도께서 나타나실 그때에 너희도 그와 함께 영광 중에 나타나리라"(골 3:4)고 약속한다. 그리스도께서 초림 때는 겸비한 상태로 오셨지만, 재림 때는 영화의 상태로 오실 것이며, 우리도 그와 함께 그 영광을 공유할 것이다.[10] 현재 우리는 "복스러운 소망과 우리의 크신 하나님 구주 예수 그리스도의 영광이 나타나심을" 기다리면서(딛 2:13) 거룩을 추구한다. 그리스도와 함께 영광을 받기 위하여, 불가피하다면 그와 함께 고난도 받는다(롬 8:17).

셋째, 부활한 몸을 받은 사람들로서 우리는 하나님의 자녀라는 신분과 새 하늘과 새 땅이 완성된 상태를 누릴 것이다. 때로는 "하나님의 상속자요 그리스도와 함께한 상속자"(롬 8:17)로서 우리가 변화될 뿐 아니라 피조물 전체도 변화될 것임을(시 102:26; 히 1:11-12; 벧후 3:13; 계 21:1-8) 잊는다. 피조물 자체가 마치 출산 준비를 갖춘 산모처럼 이날을 고대한다(롬 8:19-21,23). 그날에는 산들과 언덕들이 노래하며 춤출 것이다(사 55:12-13). 피조물이 "썩어짐의 종노릇"(창세기 3장 이후로 이 상태임)에서 해방될 것이다(롬 8:21).

성경에서 새 창조는 "새 하늘과 새 땅"으로도 언급된다(사 65:17; 66:22; 계 21:1-3).[11] 마지막 심판이 완료될 때, 그리스도 안에 있는 자들은 새 하늘과 새 땅에서 하나님과 함께하는 기쁨과 특권을 누릴 것이다. 이 새로워지는 하늘과 땅(우주적 갱신, 벧후 3:12-13)은 하나님이 약속하신 바이며, "의가 있는 곳"이다(벧후 3:13; 참조, 계 21:27).[12] 그리스도인은 이 새 땅을 유업으로 받을 자들이다(마 5:5).

물론 새 창조와 관련하여 가장 중요한 것은, 그곳에 무엇이 있는지가 아니라 누가 계시는지다. 하나님이 계신다. 영원한 곳이 기쁨과 아름다움과 사랑의 세상인 이유는 우리가 하나님을 즐거워할 것이기 때문이다. 그의 영광이 "지극히 귀한 보석 같고 벽옥과 수정같이"(계 21:11) 맑고 밝게 비췰 것이다. 구약성경에 수록된 하나님의 약속을 반영하면서, 요한계시록 21장 3절은 새 피조세계에서 하나님의 장막이 사람들과 함께 있고 "그들은 하나님의 백성이 되고 하나님은 친히 그들과 함께" 계실 것이라고 말한다. 우리를 "보호하사 거침이 없게" 하시는 하나님이 "그 영광 앞에 흠이 없이 기쁨으로 서게 하실" 것이다(유 1:24). 하나님의 임재 안에 거할 때, "여호와의 아름다움을 바라볼" 것이며(시 27:4) "충만한 기쁨"과 "영원한 즐거움"을 경험할 것이다(시 16:11).

로마서 8장에서 바울이 말하듯이, 피조물이 탄식할 뿐 아니라 우리도 탄식하며 "양자 될 것 곧 우리 몸의 속량을" 기다린다(8:23). 물음 27에서 하나님의 자녀로 입양되는 것이 무엇을 뜻하는지 논의했다. 그러나 로마서 8장에서 자녀 됨의 또 다른 차원(미래의 차원)을 본다. 우리는 하나님이 그 아들의 형상을 본받게 하기 위하여 미리 정하신 자들이다. "이는 그로 많은 형제 중에서 맏아들이 되게 하려 하심"이다(롬 8:29). 이곳과 골로새서 1장 18절에서도 그리스도를 맏아들로 지칭한다. 그는 영원한 아들이신 점에서 맏아들이며, 육체 부활과 관련해서도 맏아들이시다(그는 육체 부활을 통해 영광 가운데로 들어가셨다).¹³ 따라서 우리의 자녀 됨은 불가분적으로 예수님께 근거하며 그를 본보기로 삼는 것이다. 우리는 자녀로서 최종적이며 종말론적인 입양을, 몸의 부활을 기다린다(롬 8:23). 그처럼 부활한 상태에서는 우리가 그리스도와 같을 것이다. 요한이 말하듯이, 우리는 "하나님의 자녀"이며, "그가 나타나시면 우리가 그와 같을 줄을 아는 것은 그의 참모습 그대로 볼 것이기 때문"이다(요일 3:2).¹⁴

그러면 우리는 어떻게 살며 어떻게 죽을 것인가

우리 앞에 영화가 기다리고 있음을 안다면 삶의 방식, 특히 죽음에 임하는 방식이 어떻게 달라져야 하겠는가? 앞에서는 언젠가 우리가 그리스도의 형상에 부합하는 모습으로 변할 것임을 강조하기 위해 요한일서 3장 2절을 인용했다. "그가 나타나시면 우리가 그와 같을 줄을 아는 것은 그의 참모습 그대로 볼 것이기 때문이니." 이어서 요한은 이 사실을 알 때 삶의 방식이 어떻게 변해야 하는지 설명한다. "주를 향하여 이 소망을 가진 자마다 그의 깨끗하심과 같이 자기를 깨끗하게 하느니라"(3:3). 분명 요한은 장차 그리스도와 같아질 거라는 이 위대한 소망으로 인해 우리가 구별되며 신실한 삶을 살아야 한다고 믿었다. 마지막 날에 그리스도와 같아질 것이라는 사실은 거룩한 삶을 살도록 고무시킨다.¹⁵

바울의 종말론도 현재를 돌아보게 한다. 언젠가 썩을 것이 썩지 않을 것을 입을 것이며, 그날에는 우리가 "사망을 삼키고" 이길 것이다(고전 15:54). 이 승리는 주 예수 그리스도를 통해 확보된다(15:57). 바울은 결론짓는다. "그러므로 내 사랑하는 형제들아 견실하며 흔들리지 말고 항상 주의 일에 더욱 힘쓰는 자들이 되라 이는 너희 수고가 주 안에서 헛되지 않은 줄 앎이라"(15:58). 요한처럼 바울도 우리가 주의 일을 할 때 장래의 소망을 통해 동기부여를 받아야 한다고 믿는다.

장래의 소망은 모든 것을 변화시킨다. 우리가 어떻게 살고 어떻게 죽을지를 변화시킨다. 그 무엇도 심지어 죽음마저도 주 예수 그리스도 안에 있는 하나님의 사랑에서 우리를 끊지 못한다는(롬 8:38) 사실을 알 때 "사망아 너의 승리가 어디 있느냐 … 네가 쏘는 것이 어디 있느냐"라며(고전 15:55) 담대히 외칠 수 있다. 장차 들어갈 그리스도의 임재의 영광에 마음을 고정시키고 살아가며(빌 1:23), 그 영광 가운데서 우리를 기다리는 무수한 축복을 생각한다(히 12:23). 이 세상은 지나가지만(마 6:19) 장차 올 세상은 영원하며(마 6:20; 고전 7:31) 기쁨으로 가득할 것임을(벧전 4:13) 알고 우리는 지금 여기서 살아간다.[16] 그래서 "아멘 주 예수여 오시옵소서"(계 22:20)라고 말한다. 욥처럼 기뻐하며 확신 있게 선언한다. "내가 알기에는 나의 대속자가 살아계시니 마침내 그가 땅 위에 서실 것이라 내 가죽이 벗김을 당한 뒤에도 내가 육체 밖에서 하나님을 보리라"(욥 19:25-26).

요약

그리스도인은 사후에 영화에 들어가기 전 천상에서 중간적인 상태로 들어간다. 거기서 하나님의 임재 안에 거한다. 천상에서의 중간 상태는, 하나님이 우리 영혼을 부활한 몸과 결합시키실 때 끝난다. 부활한 몸을 받은 자로서 우리는 완성된 자녀 됨과 새 하늘과 새 땅을 누릴 것이다.

더 깊은 묵상을 위한 물음

1 장차 이루어질 몸의 부활과 관련하여 그리스도의 부활이 그토록 중요한 이유는 무엇인가?
2 우리가 죽으면 영혼은 어떻게 될까?
3 부활할 몸에 대해 성경은 무엇을 말하는가?
4 고린도전서 15장 55절에 비추어, 우리가 사망에 대한 승리를 노래할 수 있는 이유는 무엇인가?
5 요한일서 3장 2절을 읽어보라. 우리를 기다리는 영광을 생각할 때 지금 여기서 살아가는 방식이 어떻게 변해야 할까?

약어

BDAG W. Bauer, F. W. Danker, W. F. Arndt, and F. W. Gingrich. *Greek-English Lexicon of the New Testament and Other Early Christian Literature*. 3rd ed. Chicago: University of Chicago Press, 2000.

BECNT Baker Exegetical Commentary on the New Testament

CNTC Calvin's New Testament Commentaries

EBC Expositor's Bible Commentary

EDT *Evangelical Dictionary of Theology*

ICC International Critical Commentary

ISBE *International Standard Bible Encyclopedia*

JSNT *Journal for the Study of the New Testament*

LCC Library of Christian Classics

NACSBT NAC Studies in Bible and Theology

NIB The New Interpreter's Bible

NICNT New International Commentary on the New Testament

NIGTC New International Greek Testament Commentary

NSBT New Studies in Biblical Theology

NTC New Testament Commentary

OTL Old Testament Library

PNTC Pillar New Testament Commentary

REDS Reformed Exegetical Doctrinal Studies

TDNT Theological Dictionary of the New Testament

TrinJ *Trinity Journal*

TNTC Tyndale New Testament Commentary

TynBul *Tyndale Bulletin*

WBC Word Biblical Commentary

WTJ *Westminster Theological Journal*

ZECNT Zondervan Exegetical Commentary on the New Testament

주

1부 죄, 구원의 필요성

물음 1 | 죄란 무엇인가?

1) Louis Berkhof, *Systematic Theology* (Edinburgh: Banner of Truth, 2003), p.233.

2) '범함'은 율법 위반이라는 뜻을 적절히 담은 또 하나의 단어다(민 14:41-42; 신 17:2; 26:13; 렘34:18; 단 9:11; 호 6:7; 8:1; 롬 2:23-27; 갈 3:19; 딤전 2:14; 히 2:2; 9:15).

3) Cornelius Plantinga Jr., *Not the Way It's Supposed to Be: A Breviary of Sin* (Grand Rapids: Eerdmans, 1995), p.13.

4) 이 점에 대한 더 상세한 내용은 John Owen, *Overcoming Sin and Temptation* (Wheaton, IL: Crossway, 2015)을 보라.

5) "기본적인 가정은 우리가 나쁜 행동을 함으로써 나쁜 사람이 되며, 선한 행동을 함으로써 이를 바로잡을 수 있다는 것이다. 그러나 성경은 죄를 타락한 마음의 깊은 곳에 위치한 것으로 보며, 무엇보다도 죄가 특정한 행동을 낳는 전반적인 상태로 본다."[Michael Horton, *Pilgrim Theology: Core Doctrines for Christian Disciples* (Grand Rapids: Zondervan, 2011), p.151].

6) David Smith, *With Willful Intent: A Theology of Sin* (Eugene, OR: Wipf and Stock, 1994), p.317.

7) 우상숭배는 어떤 사물이나 사람, 특히 자신을 하나님 대신 숭배하거나 높이는 것이다. 요컨대 우상숭배는 창조주 대신에 피조물을 섬기는 것이다(참조, 창 11:4-9; 출 20:3; 신 5:7; 시 115:4-8; 사 40:18-20; 렘 10:1-5; 막 12:30; 롬 1:22-25).

8) 우상숭배에 대한 폭넓은 연구를 위해서는 G. K. Beale, *We Become What We Worship: A Biblical Theology of Idolatry* (Downers Grove, IL: InterVarsity Press, 2008)를 보라.

9) Smith, *With Willful Intent*, p.317.

10) *A Theology for the Church*, Daniel L. Akin 편저 (Nashville: B&H Academic, 2007), p.348에 수록된 R. Stanton Norman의 "Human Sinfulness."

11) 교만과 이기심과 우상숭배와 반역, 이들은 모두 밀접하게 연관된다. Norman, "Human Sinfulness," pp.351-353.

12) John Calvin, *Institutes of the Christian Religion*, John T. McNeil 편저, Ford Lewis Battles 역, LCC, vols.20-21 (Philadelphia: Westminster, 1960), 2.1.4.

13) Gerald B. Stanton, "Pride," *Baker's Dictionary of Theology* (Grand Rapids: Baker, 1973), p.419; Donald K. McKim, "Pride," *Westminster Dictionary of Theological Terms* (Louisville: Westminster John Knox, 1996), p.220.

14) Smith, *With Willful Intent*, pp.155-334; Norman, "Human Sinfulness," pp.339-351.

15) 사람의 "본성은 영구적인 우상 제조소다."(Calvin, *Institutes* 1.11.8).

16) Smith, *With Willful Intent*, p.316.

물음 2 | 우리는 아담의 죄로 인한 죄책과 부패성을 물려받는가?(1)

1) 예, Karl Barth(1886-1968), Emil Brunner(1889-1966), Rudolf Bultmann(1884-1976), Reinhold Niebuhr(1892-1971).

2) 원죄는 아담의 첫 범죄를 가리키지 않는다. 그보다는 아담에게서 물려받는 모든 인류의 죄책과 부패성을 가리킨다. Anthony A. Hoekema, *Created in God's Image* (Grand Rapids: Eerdmans, 1986), p.143.

3) Charles Hodge, "Imputation," *ISBE* (Grand Rapids: Eerdmans, 1982), 2:812; *EDT*, Walter A. Elwell 편저 (Grand Rapids: Baker, 1984), pp.554-555에 수록된 R. K. Johnston, "Imputation."

4) Hoekema, *Created in God's Image*, pp.149-150.

5) 예, Pelagius(350년경), Albert Barnes(1798-1870), C. K. Barrett(1917-2011), Emil Brunner(1889-1966), Rudolf Bultmann(1884-1976). 가톨릭 신자인 Daryl Domning과 Monika Hellwig도 포함되는데, 이들의 견해는 아담의 역사성을 부인하는 데 근거한다.

6) 예, Josué De La Place(또는 Josua Placaeus, 1596-1655), Samuel Hopkins, Timothy Dwight, Nathan Emmons, Henry Boynton Smith(1815-1877).

7) Louis Berkhof, *Systematic Theology* (Edinburgh: Banner of Truth, 2003), p.243.

8) 예, Tertullian(약 160-220년경), Augustine(354-430), John Calvin(1509-1564), William G. T. Shedd(1820-1894), James H. Thornwell(1812-1862), Augustus H. Strong(1836-1921).

9) 예, Francis Turretin(1623-1687), 웨스트민스터신앙고백(1647), 사보이선언(1658), 제2차 런던신앙고백(1689), Charles Hodge(1797-1878), Herman Bavinck(1854-1921), J. Gresham Machen(1881-1937), John Murray(1898-1975), Louis Berkhof(1873-1957).

10) 상세한 비평에 대해서는 Hoekema, *Created in God's Image*, pp.156-167; Berkhof, *Systematic Theology*, pp.241-243을 보라.

11) Hoekema, *Created in God's Image*, p.157. 벌코프는 다른 문제를 예리하게 들추어낸다. "(1) 아담의 후손이 타고나는 부패성은 이미 아담의 죄에 따른 결과이며, 따라서 그것은 아담의 후손이 아담의 죄책을 지니는 근거로 간주될 수 없다. (2) 이 견해는 아담의 죄책과 부패성이 그의 모든 후손에게 전이됨에 대한 객관적인 근거를 제시하지 않는다. 그것에 대한 객관적인 법적 근거가 있어야 한다. (3) 만일 이 이론이 일관성이 있으려면, 모든 예전 세대의 죄가 다음 세대에 간접적으로 전가된다고 가르쳐야 한다. 그들의 공동 부패성이 세대를 거듭하면서 모두 전해지기 때문이다. (4) 또 이 이론은 죄가 되지 않는 도덕적 부패성, 곧 징벌에 처해지게 하지 않는 부패성이 있을 수 있음을 가정하게 된다. (5) 끝으로 아담의 후손에게 현존하는 타고난 부패성이 아담의 후손에게 그의 죄책이 전가됨을 설명할 수 있는 법적 근거로 간주될 수 있다면, 간접적인 전가 개념이 굳이 필요하지 않다"(*Systematic Theology*, p.243).

12) 이 사항을 상세히 다룬 책으로는 J. V. Fesko, *Death in Adam, Life in Christ: The Doctrine of Imputation*, REDS (Fearn, Ross-shire, Scotland: Mentor, 2016)를 보라.

13) 벌코프는 언급할 필요가 있는 몇 가지 다른 비평을 덧붙인다. "(1) 사람들의 영혼을 아담 안에 있었던 보편적인 영적 실재를 개인화한 것으로 제시함으로써, 이 견해는 영혼의 실재가 물질적인 특성을 지닌 것임을 암시하는 것 같으며, 따라서 불가피하게 우리를 일종의 물질주의로 몰아가는 듯하다 … (3) 이 견해는 왜 아담의 후손이 아담의 첫 번째 죄에 대해서만 책임이 있고 나중에 지은 죄에 대해서나 아담 이후의 모든 선조의 죄에 대해서는 책임이 없는지를 설명하지 않는다. (4) 이 견해는 왜 그리스도께서 아담 안에서 범하게 되는 실제적인 죄에 대한 책임을 지지 않으시는지를 설명하지 않는다. 예수님은 같은 인간 본성을, 아담 안에서 실제로

죄를 범한 성품을 분명히 공유하셨다."(*Systematic Theology*, pp.241-242).

14) Fesko, *Death in Adam, Life in Christ*, p.211.

15) 창조 언약은 다른 고대 근동 조약과의 유사점을 보여준다. 그 조약들은 창세기 1-3장에 나오는 언약 사실을 뒷받침한다. Peter J. Gentry와 Stephen J. Wellum, *God's Kingdom through God's Covenants: A Concise Biblical Theology* (Wheaton, IL: Crossway, 2015), PP.47-56.

16) "사람과 맺으신 첫 언약은 행위 언약이었고(갈 3:12), 그 언약 안에서 온전하고 개인적인 순종을 조건으로(창 2:17; 갈 3:10) 아담에게(그리고 그 안에서 그의 후손에게) 생명이 약속되었다(롬 5:12-20; 10:5)." [*Reformed Confessions of the Sixteenth Century and Seventeenth Centuries in English Translation, Vol.4*, 1600-1693, James T. Dennison Jr. 편저 (Grand Rapids: Reformation Heritage, 2014), 7.2에 수록된 "웨스트민스터신앙고백(1646/1647)"].

17) Geerhardus Vos, *Reformed Dogmatics*, 5 vols, Richard B. Gaffin, Jr. 편저 (Bellingham, WA: Lexham Press, 2012-2015), 4:138. 참조, Fesko, *Imputation*, pp.242-258.

18) 복음의 베르붐 엑스테르눔(*verbum externum*, 외적인 말씀)과 베르붐 인테르눔(*verbum internum*, 내적인 말씀) 간의 비교에 대해서는 Horton, *Pilgrim Theology*, p.133을 보라.

19) 하나님께서 아담이 지은 죄의 죄책을 전가시키셨음을 말할 때, 나는 *레아투스 쿨파*(*reatus culpa*, 죄에 대한 책임)와 *레아투스 포에내*(*reatus poenae*, 죄에 대한 징벌)를 모두 염두에 둔다. 달리 말해서, 전가는 죄책만이 아니라 죄책과 징벌 둘 다 포함한다. John Calvin, *Institutes of the Christian Religion*, John T. McNeil 편저, Ford Lewis Battles 역, LCC, vols.20-21 (Philadelphia: Westminster, 1960), 2.1.8; Zacharias Ursinus, *The Commentary of Dr. Zacharias Ursinus on the Heidelberg Catechism*, G. W. Williard 역 (1852; Phillipsburg, NJ: P&R, n. d.), p.40; 같은 책, *Corpus Doctrinae Christiane* (Hanoviae: Jonas Rosae, 1651), p.43; Francis Turretin, *Institutes of Elenctic Theology*, 3vols, James T. Dennison Jr. 편저, George Musgrave Giger 역 (Phillipsburg, NJ: P&R Publishing, 1992-1997), 1:640-658.

20) Berkhof, *Systematic Theology*, p.242.

물음 3 | 우리는 아담의 죄로 인한 죄책과 부패성을 물려받는가?(2)

1) 정죄를 언급하는 로마서 5장 18-19절에서 분명해지듯이, 여기서 죽음은 물리적

인 것과 영적인 것을 모두 가리킨다[Thomas R. Schreiner, *Romans*, BECNT (Grand Rapids: Baker, 1998), p.272].

2) John Murray, *The Epistle to the Romans*, NICNT (Grand Rapids: Eerdmans, 1968), p.182.

3) *에프 호 판테스 헤마르톤*(ἐφ' ᾧ πάντες ἥμαρτον). 이 문구를 '그 안에서 모두 죄를 범했다'로 번역하는 것은 정확하지 않다. 그보다는 '모두 죄를 범했기 때문에'가 옳다. 어거스틴(354-430)은 12절을 아담 '안에서' 우리 모두가 죄를 범했다는 뜻으로 번역하는 실수를 범했다. 그의 해석은 라틴어 문구인 *in quo omnes peccaverunt*에 근거한 것이다. 그러나 헬라어 *에프 호*(ἐφ' ᾧ)는 '…에 근거하여'로 번역된다. 그럼에도 슈라이너가 말하듯이, 어거스틴의 문법적 실수를 지적한다고 해서 그의 견해를 반박하거나 '그의 본문 주해를 무효화하는' 건 아니다. "많은 주해가들은 모든 사람이 아담 안에서 죄를 범했기 때문에 죽음이 모든 사람에게 확산되었다는 뜻으로 로마서 5장 12절을 이해한다. 그들은 그런 해석을 로마서 5장 12절의 전치사구로부터 도출하지 않는다. 그들의 주장에 따르면, 로마서 5장 13-14절에 나오는 삽입구적인 설명이 그런 해석을 강요한다."[Thomas R. Schreiner, *Paul, Apostle of God's Glory in Christ: A Pauline Theology* (Downers Grove, IL: InterVarsity Press, 2006), p.146; 참조, Douglas Moo, *The Epistle to the Romans*, NICNT (Grand Rapids: Eerdmans, 1996), pp.321-322].

4) Schreiner, Romans, p.289.

5) J. V. Fesko, *Death in Adam, Life in Christ: The Doctrine of Imputation*, REDS (Fearn, Ross-shire, Scotland: Mentor, 2016), p.209.

6) 따라서 "율법이 없었을 때에는 죄를 죄로 여기지 아니하였느니라"는 내용과 율법 이전 시대 사람들의 죄는 '아담의 범죄와 같은 죄'가 아니며 '아담은 오실 자의 모형'이라는 내용은, 아담 이후 사람들의 죄가 아담의 죄와 같지 않음을 뜻한다. 아담 이후의 사람들은 모든 인류의 머리로서 예표론적 기능을 하는 대표자라는 특유의 역할을 하지 않았다.

7) 이 물음은 *Adam, the Fall, and Original Sin: Theological, Biblical, and Scientific Perspectives*, Hans Madueme과 Michael Reeves 편저 (Grand Rapids: Baker Academic, 2014), pp.271-288에 실린 Thomas R. Schreiner, "Original Sin and Original Death: Romans 5:12-19"에서 제기되었다. 슈라이너는 다른 결론을 제시한다.

8) 어떤 이들은 로마서 5장 12-14절에 대한 그런 해석을 거부하지만, 그럼에도 불구하고 전가된 죄책을 로마서 5장 15-19절에서 확인한다고는 생각한다. 예컨대 Schreiner, "Original Sin and Original Death," pp.272-281을 보라.

9) Murray, *The Epistle to the Romans*, p.196.

10) Schreiner, "Original Sin and Original Death: Romans 5:12-19," p.283.

11) 같은 책.

12) 같은 책, pp.285-286.

13) Murray, *Romans*, p.205; Richard C. Gamble, *God's Mighty Acts in the Old Testament*, *The Whole Counsel of God*, vol.1 (Phillipsburg, NJ: P&R, 2009), p.210.

14) Francis Turretin, *Institutes of Elenctic Theology*, 3vols., James T. Dennison Jr. 편저, George Musgrave Giger 역 (Phillipsburg, NJ: P&R Publishing, 1992-1997), 1:618. 핫지의 설명도 통찰력 있다. "대표적이며 자연적인 아담과 그의 후손 간의 연합으로 인해, 아담의 죄는 그의 후손의 정죄를 위한 근거다. 즉 그들이 징벌 받는 죄악에 빠지게 되는 근거다. 그리고 그리스도와 그의 사람들 간의 연합으로 인해, 그의 의는 그들의 칭의의 근거다"[Charles Hodge, *A Commentary on the Epistle to the Romans* (New York: Robert Carter & Brothers, 1880), p.135].

15) Murray, *The Epistle to the Romans*, p.202.

16) Anthony A. Hoekema, *Created in God's Image* (Grand Rapids: Eerdmans, 1986), p.149.

17) Murray, *The Epistle to the Romans*, p.205.

18) 전가를 확언한다면, 아담의 모든 죄가 그의 후손에게 전가된다고도 믿어야 한다며 혹자는 반대할 수도 있다. 그러나 바울은 그런 뜻으로 말하지 않는다. 바울은 우리의 사망이 아담의 첫 번째 죄 때문일 뿐이라고 말한다.

19) Murray, *The Epistle to the Romans*, p.182.

20) Hoekema, *Created in God's Image*, p.149.

21) Roy E. Ciampa와 Brian S. Rosner, *The First Letter to the Corinthians*, PNTC (Grand Rapids: Eerdmans, 2010), p.763.

22) David Garland, *1 Corinthians*, BECNT (Grand Rapids: Baker, 2003), p.707; Anthony C. Thiselton, *The First Epistle to the Corinthians*, NIGTC (Grand Rapids: Eerdmans, 2000), p.1225.

물음 4 | 우리는 전적으로 타락한 상태인가?

1) Louis Berkhof, *Systematic Theology* (Edinburgh: Banner of Truth, 2003), p.233.

2) 벌코프는 몇 가지 중요한 설명을 덧붙인다. "원래적 오염은 두 가지를 포함한다. 그 두 가지는 원래적 의의 부재와 적극적인 악의 존재다. 다음 사실에 주목해야 한다. (1)원래적 오염은 단순한 질병이 아니다. … (2)이 오염은 인간 영혼 속에 주입된 실체나 형이상학적 의미에서 그 실제가 변화된 것으로 간주되어서는 안 된다. … (3)그것은 … 결핍만이 아니라 죄를 향한 적극적인 내재적 성향이기도 하다." (같은 책, p.246).

3) John Calvin, *Institutes of the Christian Religion*, John T. McNeil 편저, Ford Lewis Battles 역, LCC, vols.20-21 (Philadelphia: Westminster, 1960), 2.1.9.

4) Kenneth A. Mathews, *Genesis 1-11:26*, NAC, vol.1a (Nashville: B&H, 1996), p.341.

5) John Calvin, *Commentaries on the First Book of Moses Called Genesis*, John King 역 (Grand Rapids: Baker, 1996), 1:248.

6) Willem A. VanGemeren, *Psalms*, EBC, vol.5 (Grand Rapids: Zondervan, 2008), pp.176-177.

7) John Murray, *The Epistle to the Romans*, NICNT (Grand Rapids: Eerdmans, 1979), 1:50.

8) Frank Thielman, *Ephesians*, BECNT (Grand Rapids: Baker, 2010), p.127.

9) 이는 기본적으로 우리가 죄를 범하므로 죄인인 것이 아니라 죄인이므로 죄를 범함을 뜻한다.

10) Michael Horton, *For Calvinism* (Grand Rapids: Zondervan, 2011), p.51.

11) Michael Horton, *Putting Amazing Back into Grace: Embracing the Heart of the Gospel* (Grand Rapids: Baker, 2011), p.86.

12) 같은 책, p.87.

물음 5 | 죄에서 벗어나려면 하나님의 은혜가 필요한가?

1) 칼빈의 고린도전서 1장 20절 주석에 나오는 내용이다. John Calvin, *Opera quae*

supersuni omnia (Brunsvigae: C. A. Schwetschke, 1863-1898), 49:325.

2) "바울은 사람이 계명을 지킬 수 있는 '도덕적' 능력이 있어야만 죄에 대한 책임을 진다고 믿지 않음이 분명하다."[Thomas R. Schreiner, *Romans*, BECNT (Grand Rapids: Baker, 1998), pp.412-413].

3) D. A. Carson, *The Gospel According to John* (Grand Rapids: Eerdmans, 1991), p.350.

4) Anthony A. Hoekema, *Created in God's Image* (Grand Rapids: Eerdmans, 1986), pp.232-233.

5) Andreas J. Köstenberger, *John*, BECNT (Grand Rapids: Baker, 2004), p.263.

6) Thomas R. Schreiner, *Paul: Apostle of God's Glory in Christ* (Downers Grove, IL: InterVarsity Press, 2001), p.138; Harold W. Hoehner, *Ephesians: An Exegetical Commentary* (Grand Rapids: Baker, 2002), p.308.

7) Jonathan Edwards, *Freedom of the Will*, Paul Ramsay 편저, vol.1, The Works of Jonathan Edwards (New Haven, CT: Yale University Press, 1970), p.137.

8) 같은 책, p.139.

9) 같은 책, pp.141-142.

10) Jonathan Edwards, *The Great Christian Doctrine of Original Sin Defended*, The Works of Jonathan Edwards (Edinburgh, PA: Banner of Truth, 1979), 1:145,152.

11) Edwards, *Freedom of the Will*, p.152.

12) 같은 책, p.159.

13) 이 구분은 강조하고 또 강조할 만하다. 자연적인 능력에 대한 확언은 죄를 창조된 질서의 불가피하며 본질적인 요소로 보는 마니교적인 견해를 피하게 한다. 반면 영적 무능에 대한 확언은 펠라기우스주의와 반(Semi)펠라기우스주의를 피하게 한다. 이들은 모두 전적 타락을 부정한다. Michael Horton, *Pilgrim Theology: Core Doctrines for Christian Disciples* (Grand Rapids: Zondervan, 2011), p.153.

14) Edwards, *Freedom of the Will*, p.164.

15) Schreiner, *Paul*, p.137.

16) 같은 책.

17) 같은 책, p.139.

18) Edwin H. Palmer, *The Five Points of Calvinism* (Grand Rapids: Baker Book House, 1972), p.20.

19) Michael Horton, *Putting Amazing Back Into Grace: Embracing the Heart of the Gospel* (Grand Rapids: Baker, 2011, 개정판), p.53.

2부 구원, 그리스도와의 연합

물음 6 | 구원이란 무엇인가?

1) Thomas R. Schreiner와 Ardel B. Caneday, *The Race Set Before Us: A Biblical Theology of Perseverance and Assurance* (Downers Grove, IL: InterVarsity Press, 2001), p.48.

2) 우리의 진노를 대신 지신 그리스도에 대해서는 John Stott, *The Cross of Christ* (Downers Grove, IL: InterVarsity Press, 1986); Leon Morris, *The Apostolic Preaching of the Cross* (Grand Rapids: Eerdmans, 1956); Steve Jeffery, Michael Ovey, Andrew Sach, *Pierced for Our Transgressions: Rediscovering the Glory of Penal Substitution* (Wheaton, IL: Crossway, 2007)을 보라.

3) Schreiner와 Caneday, *The Race Set Before Us*, p.49.

4) 같은 책, p.50.

5) 디모데전서 2장 15절도 보라. "그러나 여자들이 만일 정숙함으로써 믿음과 사랑과 거룩함에 거하면 그의 해산함으로 구원을 얻으리라"

6) "헬라어 동사 소세이는 NRSV의 번역인 '구원하다'가 올바르며 미래시제다. 그 구원이 마지막 날에 있을 거라는 사실은 분명하다. 그것은 주님의 천국에 들어감을 수반할 것이기 때문이다."(Schreiner와 Caneday, *The Race Set Before Us*, p.51).

7) 야고보서 1장 21절도 보라. "그러므로 모든 더러운 것과 넘치는 악을 내버리고 너희 영혼을 능히 구원할 바 마음에 심어진 말씀을 온유함으로 받으라"

물음 7 | 구원의 서정이란 무엇인가?

1) Sinclair Ferguson, *The Holy Spirit* (Downers Grove, IL: IVP, 1996), p.96. 구원

의 서정에 대한 역사는 Herman Bavinck, *Reformed Dogmatics*, John Bolt 편저, John Vriend 역 (Grand Rapids: Baker Academic, 2006), 3:485-595를 보라.

2) 이 다이어그램의 한 가지 약점은 구속사의 각 단계에서 삼위일체의 세 위격이 모두 작용한다는 점을 표현해 주지는 않는다는 것이다(아마도 3D 다이어그램이 필요할 것이다). 그럼에도 세 위격이 불가분적으로 작용한다는 사실이 이어지는 내용에서 강조될 것이다.

3) 명확히 말하자면, 구속의 언약과 선택은 서로 연관되지만 같은 것은 아니다. 구속의 언약은 특히 영원 전에 행해진 성자(그리고 성령)에 대한 임명과 관련되지만, 선택은 특정한 개인에게 영생을 주기로 하는 삼위일체 하나님의 무조건적인 선택과 관련된다. 구속의 언약은 구속이 실현되는 방편을 나타낸다. 그렇다면 논리적으로 말해서, 선택이 구속의 언약보다 앞선다. 벌코프가 설명하듯이, "그리스도의 속죄처럼 그의 책무는 특정한 이들에게 적용되기" 때문이다. "앞선 선택이 없었다면, 그리스도의 책무가 보편적으로 적용될 것이다. 더욱이 만일 이를 역순으로 이해해야 한다면 그리스도의 책무가 선택의 근거가 된다. 그러나 성경은 선택의 근거를 전적으로 하나님의 선하고 기쁘신 뜻에 둔다."[Louis Berkhof, *Systematic Theology* (Edinburgh: Banner of Truth, 2003, 재판), p.268].

4) "성자는 신성의 연합 가운데 중보자의 사역 안에서 그리고 그것을 통해 성부의 언약의 일시적 보증인이 되기로 성부와 언약을 맺으신다. 그 사역을 통해, 성자는 성부의 언약을 비준하는 의미에서 죄의 빚에 대한 보증인 역할을 이행하신다." [Richard A. Muller, *Dictionary of Latin and Greek Theological Terms: Drawn Principally from Protestant Scholastic Theology* (Grand Rapids: Baker, 2004)].

5) J. V. Fesko, *The Covenant of Redemption: Origins, Development, and Reception*, Reformed Historical Theology 35 (Göttingen: Vandenhoeck & Ruprecht, 2015), p.15.

6) John Owen, *The Mystery of the Gospel*, The Works of John Owen (Edinburgh: Banner of Truth, 1991), 12:497; 참조, *An Exposition of the Epistle to the Hebrews*, in Works, 18:87-88. 그러나 오웬은 하나님의 뜻은 하나일 뿐이며, 이는 삼위의 위격을 지니신 하나님이 한 성품인 사실에 부합한다.

7) John Owen, *The Mystery of the Gospel*, Works, 12:497. 오웬은 히브리서 10장 7절과 시편 40편 7-8절을 성경적 근거로 제시한다. 또 *Death of Death*, Works, 10:170에서, 이사야 49장 6-12절을 근거로 제시한다.

8) Berkhof, *Systematic Theology*, p.266. 이 두 사실에서, 바울이 그리스도를 새로운 머리와 대표자로서 이해할 것이라는 사실이 자연스럽게 예측된다.

9) V. J. Fesko, *The Trinity and the Covenant of Redemption* (Fearn, Ross-shire, Scot-

land: Mentor, 2016), pp.319-344.

10) "구속의 의논은 역사상 은혜 언약의 영원한 원형이다…. 전자는 영원하다. 즉, 영원 가운데서 이루어진다. 반면 후자는 시간 속에서 실현된다. 전자는 성부와 택하심받은 자들의 보증과 머리이신 성자 간의 계약인 반면, 후자는 삼위일체 하나님과 확실한 보증으로 택하심받은 자들 간의 계약이다."(Berkhof, *Systematic Theology*, p.270).

11) 같은 책, 같은 페이지. 호턴은 이렇게 덧붙인다. "택하심받은 자들은 구속의 언약 안에서 영원으로부터 그리스도 안에서 선택되었다."[Michael Horton, *Pilgrim Theology: Core Doctrines for Christian Disciples* (Grand Rapids: Zondervan, 2011), p.245].

12) 더 상세한 내용은 Peter J. Gentry와 Stephen J. Wellum, *God's Kingdom through God's Covenants: A Concise Biblical Theology* (Wheaton, IL: Crossway, 2015), pp.69-92를 보라.

13) 번역과 해석에 논란이 있지만, 호세아 6장 7절은("그들은 아담처럼 언약을 어기고 거기에서 나를 반역하였느니라") 창조 언약(행위 언약)을 시사할 수 있다. Bryan D. Estelle, J. V. Fesko, David VanDrunen 편저, *The Law Is Not of Faith: Essays on Works and Grace in the Mosaic Covenant* (Phillipsburg, NJ: P&R, 2009), pp.170-209에 실린 Byron G. Curtis의 "Hosea 6:7 and Covenant-Breaking like/at Adam."

14) 성경 본문은 분명히 신체적인 죽음을 염두에 둔다. 물론 사람을 전인(whole being)으로 보는 한, 이것을 신체적인 죽음에만 국한할 수는 없다. 영적인 죽음과 영원한 죽음도 아담의 불순종에 따른 결과다. 이 사실은 아담과 하와가 동산을 떠나야 하고 더 이상 하나님과 함께 거하며 친교를 누릴 수 없게 된 것에서 암시된다. 신체적인 결과뿐 아니라 영적인 결과도 있다.

15) 우리가 정확한 상황을 알 수는 없지만, 아담이 순종했더라면 당시의 현재적 상태를 계속 유지한 것이 아니라 예전보다 훨씬 더 복된 상태 속에서 영생을 경험했을 거라고 짐작하는 편이 안전하다. 아마도 그 상태는 죄를 범할 가능성이 없어지고 하나님과 더불어 영원히 친교를 누리는 지고한 상태를 수반했을 것이다. Berkhof, *Systematic Theology*, p.216을 보라.

16) Berkhof, *Systematic Theology*, p.213.

17) 예, Michael Horton, *Introducing Covenant Theology* (Grand Rapids: Baker, 2007), pp.104-107.

18) Gentry와 Wellum, *God's Kingdom through God's Covenants*, p.251. 개인적으로 내 견해는 점진적 언약론과 같은 맥락에 있다.

19) 물론 고전적이며 개정된 그리고 점진적인 섭리론 같은 다른 입장도 있다. 그러나 이들은 서두에 나오는 이 기사를 다른 틀에 따라, 성경에서 발견되는 다른 섭리들에 연결시켜 해석한다. 다양한 의미의 대표로는 Craig A. Blaising과 Darrell L. Bock, *Progressive Dispensationalism: An Up-to-date Handbook of Contemporary Dispensational Thought* (Wheaton, IL: Victor Books, 1993), pp.106-178을 보라.

20) 넓은 용례에 대해서는 Michael Horton, *Pilgrim Theology: Core Doctrines for Christian Disciples* (Grand Rapids: Zondervan, 2011), pp.245-246을 보라.

21) 물음 25에서 설명하고 있지만, '능동적인'과 '수동적인'이 엄밀히 율법과 십자가에 관련되는 것은 아니다. 그리스도는 사역 중에도 고난당하셨고 십자가에서도 순종하셨기 때문이다.

22) Berkhof, *Systematic Theology*, p.214.

23) 같은 책, p.447.

24) 더 뒤로 돌아가면, 중생 앞에 선택이 자리할 수 있을 것이다. 그러나 전형적으로 구원의 서정은 시간 전의 구속 계획보다는 시간 속의 구속 적용을 가리킨다.

25) *The Works of Williams Perkins*, Joel R. Beeke와 Derek W. H. Thomas 편저 (Grand Rapids: Reformation Heritage Books, 근간) vol.6에 수록된 William Perkins, *Golden Chain*.

26) G. C. Berkouwer, *Faith and Justification*, Lewis B. Smedes 역 (Grand Rapids: Eerdmans 1954), pp.25-36. 18세기에 요한 웨슬리도 유사한 주장을 했다. 비판적 입장으로는 Karl Barth, *Church Dogmatics*, G. W Bromily와 T. F. Torrance 편저, vol.4 (Edinburgh: T&T Clark, 1952), 2:499-511; Otto Weber, *Foundations of Dogmatics*, Darrell L. Guder 역, vol.2 (Grand Rapids: Eerdmans, 1981), pp.336-338.

27) Herman N. Ridderbos, *Paul: An Outline of His Theology*, J. R. de Witt 역 (Grand Rapids: Eerdmans, 1975), p.206; Anthony A. Hoekema, *Saved by Grace* (Grand Rapids: Eerdmans, 1989), pp.13-14.

28) Ferguson, *The Holy Spirit*, p.100.

29) John Murray, *Redemption Accomplished and Applied* (Grand Rapids: Eerdmans, 1955), p.80.

30) Robert L. Reymond, *A New Systematic Theology of the Christian Faith* (Nashville: Thomas Nelson, 1998, 개정2판), p.709.

31) Murray, *Redemption Accomplished and Applied*, p.81.

32) Frame, *Salvation Belong to the Lord*, p.183.

33) 믿음이라는 도구를 통해 칭의가 이루어진다. 따라서 신학자들이 구원의 서정에 있어 (대개 회심과 아울러) 믿음을 칭의 앞에 두는 것은 드문 일이 아니다. 그러나 내가 믿음이 칭의의 근거라고 말하는 것은 아니다. 물음 21-26을 보라. 칭의 속에 전제된 믿음에 대해서는 Murray, *Redemption Accomplished and Applied*, p.85를 보라.

34) Ferguson, *Holy Spirit*, p.99.

물음 8 | 그리스도와 연합된다는 것은 무엇을 뜻하는가?(1)

1) John Calvin, *Institutes of the Christian Religion*, John T. McNeil 편저, Ford Lewis Battles 역, LCC, vol.20-21 (Philadelphia: Westminster John Knox, 1960), 3.1.1.

2) John Murray, *Redemption Accomplished and Applied* (Grand Rapids: Eerdmans, 1955), p.165(참조, p.170).

3) Sinclair Ferguson, *The Holy Spirit* (Downers Grove, IL: InterVarsity Press, 1997), p.100.

4) 또 고전 15:22; 고후 5:17; 12:2; 13:5; 갈 2:20; 3:28; 엡 1:4; 2:10; 3:17; 빌 3:9; 골 1:27; 살전 4:16; 요일 4:13을 보라. 그리스도와의 연합을 구원의 서정상 특정한 지점에 놓는 것은 잠재적인 위험이 있다. 예컨대 만일 회심 이후로 놓는다면, 연합이 사람의 행위로 생각될 수 있다. 이는 성경적인 순서를 뒤엎는 꼴이다. 연합은 성령을 통해 그리스도로부터 우리에게 흘러드는 것이다. 우리가 연합을 조성하는 것이 아니라 연합은 우리에게 주어지는 선물이다.

5) John Owen, *An Exposition of the Epistle to the Hebrews*, vol.21, The Works of John Owen (Edinburgh: Banner of Truth, 1991), p.150.

6) Ferguson, *Holy Spirit*, pp.101-102(참조, p.103-113).

7) 헬라어로 엔 크리스토(ἐν Χριστῷ). 여러 가지 용례에 대해서는 Constantine R. Campbell, *Paul and Union with Christ* (Grand Rapids: Zondervan, 2012), pp.141-191을 보라.

8) 고전 8:6,12; 고후 1:21; 갈 2:16; 3:24,27; 엡 4:15; 5:32; 빌 1:29; 골 1:16-17,20;

2:5; 몬 1:6.

9) 고후 13:4; 갈 2:19; 엡 2:5; 골 2:12,13,20; 3:1,3,4; 빌 1:23; 3:10,21; 살전 4:14,17; 5:10.

10) 롬 3:22; 5:1-2,8-9,11,17,21; 7:4,25; 15:30; 16:27; 고전 8:6; 15:57; 고후 1:5,20; 3:4; 5:18; 10:1; 갈 1:1,12; 2:16; 6:14; 엡 1:5; 2:17-18; 빌 1:11; 3:9; 골 1:16-17,19-20; 3:17; 살전 5:9; 딛 3:6. 우리가 그리스도 안에 있음을 말하는 성경 본문이 있을 뿐 아니라, 그리스도께서 우리 안에 있음을 말하는 다른 본문도 있다(요 6:56; 15:4-5; 롬 8:10; 고후 13:5; 갈 2:20; 엡 3:17; 골 1:27; 요일 4:13).

11) 고전 11:29; 12:12-27; 엡 1:22-23; 2:14-16; 4:4,11-13,15-16,23,29-30; 골 1:18,24; 2:19; 3:15.

12) 고후 5:1; 6:16; 엡 2:21-22; 살후 2:4; 딤전 3:15.

13) 갈 3:26-27; 엡 4:20-24; 골 3:9-10,12.

14) Campbell, *Paul and Union with Christ*, p.323.

15) Anthony A. Hoekema, *Saved by Grace* (Grand Rapids: Eerdmans, 1989), p.57.

16) Robert Letham, *Union with Christ: In Scripture, History, and Theology* (Phillipsburg, NJ: P&R, 2011), pp.65-66; *The Work of Christ* (Downers Grove, IL: InterVarsity Press, 1993), pp.55-56.

17) 롬 3:24-25; 4:25; 5:8,12-21; 6:25; 8:32; 고전 15:3,20-23; 고후 5:14-15,21; 딤전 2:6; 히 9:28; 벧전 2:21-24; 3:18.

18) Letham, *Union with Christ*, p.61; Leon Morris, *The Apostolic Preaching of the Cross* (London: Tyndale Press, 1955), pp.125-185.

19) Calvin, *Institutes*, 2.12.3; 또한 3.1.1을 보라.

20) Letham, *Union with Christ*, p.41.

21) Letham, *Union with Christ*, pp.57-60.

22) Jerry Bridges와 Bob Bevington, *The Great Exchange* (Wheaton, IL: Crossway, 2007).

물음 9 | 그리스도와 연합된다는 것은 무엇을 뜻하는가?(2)

1) Anthony A. Hoekema, *Saved by Grace* (Grand Rapids: Eerdmans, 1989), pp.59-64.

2) 효과적인 부르심을 중생과 함께 포함시키기 위해 회케마의 글을 약간 수정했다.

3) John M. Frame, *Salvation Belongs to the Lord, A Theology of Lordship* (Phillipsburg, NJ: P&R, 2006), p.186.

4) John Piper, *Finally Alive* (Fearn, Ross-shire, Scotland: Christian Focus, 2009), pp.32-33, 37.

5) Hoekema, *Saved by Grace*, p.60. 혹자는 중생에 있어 우리가 수동적이라면 어떻게 그 지점에서 우리가 그리스도께 연합될 수 있는지 의문을 제기할 수도 있다. 이에 대해 벌코프는 이렇게 대답한다. "죄인이 성령의 작용으로 거듭날 때 그리스도와의 연합이 이루어지지만, 믿음의 의식적인 작용이 시작되기 전까지는 그 연합을 인식하지 못한다. 그러다가 자신에게 의가 없다는 사실을 그리고 하나님 앞에 설 수 있게 하는 의가 자신에게 전가된다는 사실을 인식하게 된다."[Louis Berkhof, *Systematic Theology* (Grand Rapids: Eerdmans, 1996), p.452].

6) *Luther's Works*, Harold J. Grimm 편저(Philadelphia: Fortress, 1957; 재판, 1971), 31:297에서 수록된 Martin Luther, "Two Kinds of Righteousness."

7) 바울은 그리스도와의 연합을 영생과 구원(롬 5:8-9,21; 6:23; 엡 1:11; 살전 5:9), 화목(롬 5:11; 고후 5:18-19; 골 1:19-20), 은혜의 선물(롬 1:3-5; 고전 1:4,30) 같은 다른 범주와 관련해서도 언급한다. 또 바울이 그리스도와의 연합을 성령과 어떻게 연결시키는지 보라(롬 8:2; 엡 2:17-18; 딛 3:6).

8) 이런 견해에 대한 반응을 보려면 J. V. Fesko, *Justification: Understanding the Classic Reformed Doctrine* (Phillipsburg, NJ: P&R, 2008), p.274를 참조하라.

9) A. A. Hodge, *Outlines of Theology* (1860; Edinburgh: Banner of Truth, 1991), p.484; *Redemptive History and Biblical Interpretation*, Richard B. Gaffin Jr. 편저 (Phillipsburg, NJ: P&R, 1980), p.384에 수록된 Geerhardus Vos, "The Alleged Legalism in Paul's Doctrine of Justification."; Fesko, *Justification*, p.276.

10) Berkhof, *Systematic Theology*, p.452; Michael Horton, *Covenant and Salvation: Union with Christ* (Louisville, Westminster John Knox, 2005), 9-10장; Fesko, *Justification*, p.276.

11) J. V. Fesko, *Beyond Calvin: Union with Christ and Justification in Early Modern Re-*

formed Theology(1517-1700) (Göttingen: Vandenhoeck & Ruprecht, 2012), pp.29-30.

12) John Calvin, *Institutes of the Christian Religion* 3.3, John T. McNeil 편저, Ford Lewis Battles 역, Library of Christian Classics, vols.20-21 (Philadelphia: Westminster, 1960), 3.11.1.

13) Michael Horton, *Pilgrim Theology: Core Doctrines for Christian Disciples* (Grand Rapids: Zondervan, 2011), p.273.

14) 같은 책.

15) 같은 책, p.276.

16) 같은 책, p.273.

17) Luther, "Two Kinds of Righteousness," 31:298. 칼빈도 같은 말을 했다. *Institutes* 3.1.1; 3.2.24; 3.20.1; 4.15.16.

18) *Redemptive History and Biblical Interpretation*, Richard B. Gaffin Jr. 편저 (Phillipsburg, NJ: P&R, 1980), p.384에 수록된 Geerhardus Vos, "The Alleged Legalism in Paul's Doctrine of Justification."

19) 그리스도와의 연합과 성화를 연결하는 다른 본문은 고전 1:4-5; 고후 2:14; 엡 1:3,15; 6:10; 빌 2:5; 4:7,19; 골 1:4; 2:20; 살전 4:1을 포함한다.

20) 그리스도와의 연합을 견인과 연결하는 다른 본문은 골 1:28; 딤후 2:10; 3:12을 포함한다.

3부 선택, 소명 그리고 거듭남

물음 10 | 하나님의 택하심은 우리에게 달린 것인가?(1)

1) 이렇게 말할 수 있는 것은 직접적인 경험을 통해서다. 나 역시 여러 해 동안 성경을 읽었으면서도 그 주제를 전혀 숙고해 보지 않았던 때가 있다.

2) 예, 행 13:48; 롬 8:28-30; 9:11-13; 엡 1:4-12; 살전 1:4-5; 살후 2:13; 딤전 5:21; 딤후 1:9; 벧전 1:1-2; 2:9; 계 13:7-18; 17:8.

3) 그러나 Shawn Wright의 *40 Questions about Calvinism*을 보라. 무조건적 선택은 개혁파 전통에만 국한되지 않으며 역사적으로 루터교와 성공회와 침례교에서도 채택되었다.

4) 알미니안주의는 전혀 획일적이지 않다. 알미니안주의자들은 선택이 조건적이라는 점에 대해서는 서로 동의하지만, 다양한 접근법을 보여준다. 예컨대 *Perspectives on Election: Five Views*, Chad Owen Brand 편저 (Nashville: B&H, 2006), 3장과 9장에서 Jack Cottrell의 견해와 Clark Pinnock의 견해를 비교하라. 또 Roger E. Olson, *Arminian Theology* (Downers Grove, IL: InterVarsity Press, 2006), pp.179-199를 보라. 이에 대한 반응으로는 Robert A. Peterson과 Michael D. Williams, *Why I Am Not an Arminian* (Downers Grove, IL: InterVarsity Press, 2004), pp.42-43을 보라.

5) 예, J. Kenneth Grider, *Wesleyan-Holiness Theology* (Kansas City, MO: Beacon Hill, 1994), p.250. 그는 바울이 현세적인 예정을 말하고 있다고 주장한다.

6) Peterson과 Williams, *Why I Am Not an Arminian*, p.54.

7) *Grace Unlimited*, Clark Pinnock 편저 (Eugene, OR: Wipf and Stock, 1999), p.62에 수록된 Jack Cottrell, "Conditional Election."

8) *Still Sovereign: Contemporary Perspectives on Election, Foreknowledge, and Grace*, Thomas R. Schreiner와 Bruce A. Ware 편저 (Grand Rapids: Baker, 2000), p.194에 수록된 S. M. Baugh, "The Meaning of Foreknowledge."

9) 이런 표현이 성경에 많이 나온다. 호 13:5; 암 3:2; 눅 1:34; 벧전 1:20.

10) Peterson과 Williams, *Why I Am Not an Arminian*, p.62.

11) 같은 책, p.63.

12) *Still Sovereign*, pp.89-106에 수록된 Thomas R. Schreiner, "Does Romans 9 Teach Individual Election unto Salvation?"

13) 로마서 9장이 영원한 구원보다는 현세적인 유익을 위한 선택을 염두에 둔 내용이라는 주장도 용납될 수 없다. 바울이 사용하는 다음과 같은 표현을 보라. "내가 야곱은 사랑하고 에서는 미워하였다" "내가 긍휼히 여길 자를 긍휼히 여기고 불쌍히 여길 자를 불쌍히 여기리라" "하나는 귀히 쓸 그릇을, 하나는 천히 쓸 그릇을 만들 권한이 없느냐" "하나님이 그의 진노를 보이시고 그의 능력을 알게 하고자" "멸하기로 준비된 진노의 그릇" "영광 받기로 예비하신 바 긍휼의 그릇"

물음 11 | 하나님의 택하심은 우리에게 달린 것인가?(2)

1) Robert A. Peterson과 Michael D. Williams, *Why I Am Not an Arminian* (Downers Grove, IL: InterVarsity Press, 2004), p.57.

2) 에베소서 1장 11절에서 단수형이 아니라 복수형이 사용되었다는 사실이 개인에 대한 선택보다는 집단에 대한 선택을 나타낸다고 주장하는 이도 있다. 그러나 에베소서는 교회에 쓴 편지이기에 바울이 복수형 대명사를 사용한 것이다. 로마서 9장에서도 알 수 있듯이, 개인적인 선택과 집단적인 선택으로 나누는 것은 그릇된 이분법이다. 두 개념 모두 포함되어 있다. 하나님이 개인을 택하시지만, 이 개인은 하나님의 교회를 구성한다(엡 1:12-13). 같은 책, p.59.

3) 무조건적 선택을 뒷받침하는 다른 성경구절은 다음과 같다. 창 12:1-3; 15:1-6; 17:7; 25:23; 28:15; 신 4:37; 7:6-8; 10:14-15; 14:2; 수 24:2-3; 막 13:20-27; 요 6:35-45; 10:26-30; 15:14-19; 17:2-24; 행 13:48; 18:9-10; 살후 2:13; 계 13:8; 17:8.

4) Michael Horton, *Pilgrim Theology: Core Doctrines for Christian Disciples* (Grand Rapids: Zondervan, 2011), p.252.

5) *Psalter Hymnal: Doctrinal Standards of the Christian Reformed Church* (Grand Rapids: Board of Publications of the Christian Reformed Church, 1976), p.115에 수록된 도르트신조, 5장, 결론.

6) *Perspectives on Election: Five Views*, Chad Owen Brand 편저 (Nashville: B&H, 2006), p.54에 수록된 Bruce A. Ware, "Divine Election to Salvation."

7) 같은 책.

8) 같은 책.

9) 같은 책, pp.54-55.

10) Louis Berkhof, *Systematic Theology* (Edinburgh: Banner of Truth, 2003), p.117. 호턴은 '완악하게 하심'을 대조함으로써 이 점을 설명한다. "하나님은 사람의 마음을 부드럽게 하심과 같은 방식으로 사람의 마음을 완악하게 하시지는 않는다. 성경은 사람의 마음을 완악하게 하시는 하나님에 대해 말한다(출 7:3; 수 11:20; 사 63:17; 요 12:40; 롬 9:18; 11:7; 고후 3:14). 성경은 자신의 마음을 완악하게 하는 죄인에 대해서도 말한다(출 8:15; 시 95:8; 히 3:8,13). 그러나 죄인이 자신의 마음을 부드럽게 하여 중생케 함을 말하는 성경구절은 하나도 없다. 자기 마음을 완악하게 하는 것에 대한 책임은 사람에게만 있으며, 택하신 자의 마음을 부드럽게 하고 재창조하는 것은 하나님만이 하시는 일이다(왕상 8:58; 시 51:10; 사 57:15; 렘 31:31-

34; 겔 11:19; 36:26; 고후 3:3; 4:6; 히 10:16). 요컨대 유기의 경우에 하나님은 우리 자신의 의지에 맡겨두실 뿐이지만, 택하신 자들을 구원하시는 일에는 성부의 독생자의 죽으심을 포함한, 삼위일체 하나님의 위대한 사역이 요구된다."(*Pilgrim Theology*, p.252).

11) 여기서 하나님의 판결 의지와 도덕적 의지를 구분하는 것이 핵심이다. 전자에 따르면, 하나님은 택함받지 못한 자들을 유기하려 하신다. 그러나 후자에 따르면, 하나님은 악인의 죽음을 바라지 않으신다. 하나님은 이 둘을 동시에 하실 수 있으며, 그것은 모순이 아니다. 그 이유에 대해서는 *Still Sovereign: Contemporary Perspectives on Election, Foreknowledge, and Grace*, Thomas R. Schreiner와 Bruce A. Ware 편저 (Grand Rapids: Baker, 2000), pp.107-132에 수록된 John Piper, "Are There Two Wills in God?"을 보라.

12) 이 논의에는 내 후택설적 입장이 깔려 있다. 후택설과 전택설 간의 논쟁을 소개할 지면은 허락되지 않지만 *Perspectives on Election*, pp.1-58, 150-194에 나오는 웨어(Ware)와 레이몬드(Reymond)의 견해를 보라.

13) 선택에 대한 설명을 마무리하면서, 무조건적 선택에 대한 모든 반대 의견에 답할 공간은 없다. 가장 흔한 반대를 다루는 내용으로는 Ware의 "Divine Election to Salvation," pp.25-42를 보라.

물음 12 | 복음을 통한 부르심과 효과적인 부르심의 차이는 무엇인가?

1) 불가항력적이라는 표현은, 싫다고 발버둥치는 우리를 하나님이 억지로 끌어당기심을 뜻하는 것으로 곡해될 수 있다. 그러나 물음 18에서 살펴보겠지만, 하나님은 우리가 이제 그분께로 나아가길 바라도록 우리의 의지를 새롭게 하신다. 불가항력적이라는 말은 오직 하나님만이 작용하신다고 하는(monergistic) 부르심의 특성을 부각시키지만, '효과적인'이 더 나은 표현이다.

2) 유사한 정의에 대해서는 Louis Berkhof, *Systematic Theology* (Edinburgh: Banner of Truth, 2003), pp.459-461; Anthony Hoekema, *Saved by Grace* (Grand Rapids: Eerdmans, 1989), p.68을 보라. 효과적인 부르심에 대한 더 상세한 자료는 Matthew Barrett, *Salvation by Grace: The Case for Effectual Calling and Regeneration* (Phillipsburg, NJ: P&R, 2013), pp.69-124를 보라. 이 장과 다음 장들에 수록된 요점과 일부 표현은 이 자료를 참조한 것이다.

3) 예수님이 비유에서 복음을 통한 부르심을 어떻게 활용하시는지 보려면, 마태복음 22장 1-14절과 누가복음 14장 16-24절을 참조하라.

4) 그러나 존 파이퍼가 철저히 밝히듯이, 모든 사람의 회개를 원하시는 하나님의 바람은 그의 법령적인 뜻이 아니라 성품상의 뜻을 반영한다. 하나님의 성품상의 뜻과 법령적인 뜻에 대해 설명하기에는 지면이 부족하다. *Still Sovereign: Contemporary Perspectives on Election, Foreknowledge, and Grace*, Thomas R. Schreiner와 Bruce A. Ware (Grand Rapids: Baker, 2000), pp.107-132에 수록된 John Piper, "Are There Two Wills in God?"을 보라.

5) Wilhelmus à Brakel, *The Christian's Reasonable Service*, Joel R. Beeke 편저, Bartel Elshot 역 (Grand Rapids: Reformation Heritage, 1993), 2:207(참조, 2:208).

6) 세 가지 사실을 지적했지만, 다른 설명에 대해서는 Herman Bavinck, *Reformed Dogmatics*, John Bolt 편저, John Vriend 역 (Grand Rapids: 2008), 4:37; Francis Turretin, *Institutes of Elenctic Theology*, 3vols, James T. Dennison, Jr. 편저, George M. Giger 역 (Phillipsburg, NJ: P&R, 1992-1997), 2:510을 보라.

7) John Frame, *The Doctrine of God* (Phillipsburg, NJ: P&R, 2002), pp.317-334.

8) John Owen, *A Discourse Concerning the Holy Spirit*, The Works of John Owen (Edinburgh: Banner of Truth, 1991), 3:318. 또 Turretin, *Institutes*, 2:547-548을 보라.

물음 13 | 하나님의 부르심에 실패가 있는가?(1)

1) 이 장의 요점과 몇몇 표현은 Matthew Barrett, *Salvation by Grace: The Case for Effectual Calling and Regeneration* (Phillipsburg, NJ: P&R, 2013), pp.69-124를 참조한 것이다.

2) John M. Frame, *Salvation Belongs to the Lord* (Phillipsburg, NJ: P&R, 2006), p.185; John Piper, *Finally Alive* (Fearn, Ross-shire, Scotland: Christian Focus, 2009), p.84.

3) *Still Sovereign: Contemporary Perspectives on Election, Foreknowledge, and Grace*, Thomas R. Schreiner와 Bruce A. Ware 편저 (Grand Rapids: Baker, 2000), p.212에 수록된 Bruce A. Ware, "Effectual Calling and Grace."

4) 같은 책; Loraine Boettner, *The Reformed Doctrine of Predestination* (Philadelphia: P&R, 1963), p.178.

5) Herman Ridderbos, *The Gospel of John*, John Vriend 역 (Grand Rapids: Eerdmans, 1997), p.232.

6) Andreas J. Köstenberger, *John*, BECNT (Grand Rapids: Baker Academic, 2004),

p.211.

7) D. A. Carson, *Divine Sovereignty and Human Responsibility* (Eugene, OR: Wipf and Stock, 1994), p.184.

8) 같은 책.

9) 같은 책.

10) Ridderbos, *John*, p.233.

11) Carson, *Divine Sovereignty and Human Responsibility*, p.184.

12) 보이스와 라이켄이 말하듯이, "그들이 믿지 못한다면 그것은 하나님이 특별하고 효과적인 부르심(이것을 반드시 주셔야만 하는 건 아니다)을 허락하지 않으시기 때문이다."[James Montgomery Boice와 Philip Graham Ryken, *The Doctrines of Grace: Rediscovering the Evangelical Gospel* (Wheaton, IL: Crossway, 2002), p.159]. 또 Ware, "Effectual Calling and Grace," p.214; D. A. Carson, *The Gospel according to John*, PNTC (Grand Rapids: Eerdmans, 1991), p.290; Thomas R. Schreiner와 Ardel B. Caneday, *The Race Set Before Us* (Downers Grove, IL: InterVarsity Press, 2001), pp.128-129를 보라. 아울러 예수님께 나아가는 것과 예수님을 믿는 것은 같은 것임을 주지하는 게 중요하다. 요한복음 6장 35-37절에서 예수님은 그분에게로 나아오는 자들이 배고프지 않을 것이며 믿는 자들이 목마르지 않을 것을 확언하면서 이 둘을 동일시하신다.

13) Leon Morris, *John*, NICNT (Grand Rapids: Eerdmans, 1971, 재판), p.372.

14) 아울러 요한복음 6장 44절에 사용된 헬코(ἑλκω)가 어떻게 야고보서 2장 6절에도 사용되는지 생각해 보라. "너희는 도리어 가난한 자를 업신여겼도다 부자는 너희를 억압하며 법정으로 끌고 가지[헬쿠신, ἕλκουσιν] 아니하느냐." 또 사도행전 16장 19절도 보라. "여종의 주인들은 자기 수익의 소망이 끊어진 것을 보고 바울과 실라를 붙잡아 장터로 관리들에게 끌어갔다가[에힐쿠산, εἵλκυσαν]." R. C. 스프라울(Sproul)은 이 구절에서 '끌어갔다가'를 '조르다'라는 뜻으로 대체하는 건 적절하지 않다고 본다. "이미 강제로 붙든 그들을 회유하거나 조를 수는 없었을 것이다. 다음 구절은 그들이 강제로 당국자 앞에 끌려갔음을 분명히 알려준다."[*What Is Reformed Theology?* (Grand Rapids: Baker, 1997), p.154].

15) William Hendriksen, *Exposition of the Gospel according to John*, NTC (Grand Rapids: Baker, 2002), 1:238.

16) Carson, *John*, p.293. 어떤 이들은 반박하여 주장하기를, 요한복음 6장 44절이 효과적인 부르심을 가리킨다면 보편구원론이 인정되는데, 그 이유는 요한복

음 12장 32절에서 예수님이 모든 사람을 자신에게로 이끌겠다고 말씀하시기 때문이라고 한다. 그러나 이 주장은 문맥을 무시한 것이다. 예수님은 모든 사람에게 예외 없음을 가리키신 것이 아니라 차별 없음을 가리키신다. 예수님이 이 말씀을 하시기 바로 전에 유대인과 헬라인 두 부류가 모두 그에게로 나아왔고 후자도 적극적으로 예수님을 찾아나선 사람들이라는 점에서 분명해진다. 카슨과 슈라이너가 설명하듯이, 예수님은 모든 유형과 부류의 사람을 염두에 두신다(Carson, *John*, pp.293,444; *Divine Sovereignty and Human Responsibility*, pp.185-186; *Still Sovereign*, pp.241-242에 수록된 Thomas R. Schreiner, "Does Scripture Teach Prevenient Grace in the Wesleyan Sense?").

17) Frame, *Salvation Belong to the Lord*, p.184.

18) Carson, *John*, p.293.

19) Andreas J. Köstenberger, *A Theology of John's Gospel and Letters* (Grand Rapids: Zondervan, 2009), pp.459-460.

20) Michaels, *John*, p.710.

21) 예수님은 자신의 중보기도를 제자들에게만 국한하지 않으신다. 장래의 신자들을 위해서도 중보하신다. "내가 비옵는 것은 이 사람들만 위함이 아니요 또 그들의 말로 말미암아 나를 믿는 사람들도 위함이니"(요 17:20). Carson, *Divine Sovereignty and Human Responsibility*, p.187.

물음 14 | 하나님의 부르심에 실패가 있는가?(2)

1) Thomas R. Schreiner, *Paul: Apostle of God's Glory in Christ* (Downers Grove, IL: InterVarsity Press, 2001), p.241.

2) Douglas Moo, *The Epistle to the Romans*, NICNT (Grand Rapids: Eerdmans, 1996), p.535.

3) 같은 책.

4) John Murray, *The Epistle to the Romans*, NICNT (Grand Rapids: Eerdmans, 1959), 1:315.

5) *Still Sovereign: Contemporary Perspectives on Election, Foreknowledge, and Grace*, Thomas R. Schreiner와 Bruce A. Ware 편저 (Grand Rapids: Baker, 2000), p.226에 수록된 Bruce A. Ware, "Effectual Calling and Grace."

6) Schreiner, *Paul*, p.241.

7) 같은 책.

8) Murray, *Romans*, 1:321.

9) 바울이 1장 9절에서 효과적인 부르심을 가리키기 위해 사용한 말은 로마서 1장 7절, 9장 23-24절, 고린도전서 1장 26절, 갈라디아서 1장 15절, 에베소서 4장 1절과 4절에서 사용된 말과 유사하다.

10) Ware, "Effectual Calling and Grace," pp.220-232.

11) Schreiner, *Paul*, p.241.

12) 유대인과 헬라인은 대체로 복음을 거부했다. 그러나 하나님이 개입하셔서, 그들 중 일부를 구원으로 부르셨다. 이는 모든 사람을 향한 부르심일 수 없고 어떤 사람들을 위한 부르심임에 분명하다(Ware, "Effectual Calling and Grace," p.222).

13) Leon Morris, *1 Corinthians*, TNTC (Downers Grove, IL: InterVarsity Press, 2008), p.52.

14) Ware, "Effectual Calling and Grace," p.224.

15) Philip H. Towner, *The Letters to Timothy and Titus*, NICNT (Grand Rapids: Baker, 2006), p.411.

16) 하나님의 '뜻과 은혜'에 따른 부르심을 말하는 바울의 언급과 관련하여, 타우너(Towner)는 이렇게 설명한다. "이 본문은 하나님이 구원 계획의 창시자임을 강조한다. 그것은 인간의 결정이나 인간적인 원인에서 비롯되지 않는다('자기 의'라는 표현은 그 점을 강조한다)"(같은 책, p.469).

17) William D. Mounce, *Pastoral Epistles*, WBC, vol.46 (Nashville: Thomas Nelson, 2000), p.482.

18) 다른 본문을 살펴보기 원한다면 고전 7:15; 갈 5:13; 엡 4:4; 골 3:15; 살전 4:7; 유 1:1-2; 벧전 1:3,14-15; 2:9-10,21; 벧후 1:3-10을 보라.

19) 이에 대한 더 자세한 내용은 *Perspectives on Election: Five Views*, Chad Owen Brand (Nashville: B&H, 2006), pp.15-25에 수록된 Bruce A. Ware, "Divine Election to Salvation"; Matthew Barrett, *Salvation by Grace: The Case for Effectual Calling and Regeneration* (Phillipsburg, NJ: P&R, 2014), pp.69-124를 보라.

물음 15 | 거듭난다는 것은 무엇을 뜻하는가?

1) John Murray, *Redemption Accomplished and Applied* (Grand Rapids: Eerdmans, 1955), p.95.

2) Robert L. Reymond, *A New Systematic Theology of the Christian Faith* (Nashville: Thomas Nelson, 1998, 개정2판), p.450.

3) Murray, *Redemption Accomplished and Applied*, p.96.

4) 효과적인 부르심과 중생이 구원의 서정에서 구분된 단계일까? 개괄적인 내용을 다루는 이 책의 고찰 범위를 넘어선 질문이기는 하다. 그러나 내 견해는 둘을 구분하는 것이 유용하지만(성경에서 '부르심' '거듭남' 등의 다양한 표현을 사용하기 때문이다) 이들을 동의어적으로 간주해야 한다는 것을 분명히 밝힌다. 이렇게 생각하는 이유에 대해서는 *Reclaiming Monergism: The Case for Sovereign Grace in Effectual Calling and Regeneration* (Phillipsburg, NJ: P&R, 2013)에 수록된 부록을 보라.

5) 마태복음 19장 28절에서는 전체 우주의 갱신을 가리키는 말로 사용된다.

6) John Calvin, *Institutes of the Christian Religion* 3.3, John T. McNeil 편저, Ford Lewis Battles, LCC, vols.20-21 (Philadelphia: Westminster, 1960). 종교개혁가들이 좁은 의미로 중생 개념을, 자주는 아니지만 사용한 것은 사실이다. 그들이 다양한 어휘를 사용했다고 해서 이 장에서 정의한 중생 개념을 배제했다고 생각해서는 안 된다.

7) 이 장의 요점과 몇몇 표현은 Matthew Barrett, *Salvation by Grace: The Case for Effectual Calling and Regeneration* (Phillipsburg, NJ: P&R, 2013), pp.125-206을 기초로 한 것이다.

8) 이 정의는 *Salvation by Grace*에서 두루 사용된다. 유사한 정의에 대해서는 Louis Berkhof, *Systematic Theology* (Edinburgh; Banner of Truth, 2003), p.469; Murray, *Redemption Accomplished and Applied*, p.96; Anthony A. Hoekema, *Saved by Grace* (Grand Rapids: Eerdmans, 1989), p.94를 보라.

9) Charles Hodge, *Systematic Theology* (Grand Rapids: Eerdmans, 1970), 2:675-689; Berkhof, *Systematic Theology*, pp.468-469; Hoekema, *Saved by Grace*, pp.102-104에도 유사한 설명이 나온다.

10) Loraine Boettner, *The Reformed Doctrine of Predestination* (Phillipsberg, NJ: P&R, 1932), p.165.

11) Herman Bavinck, *Reformed Dogmatics*, John Bolt 편저, John Vriend 역 (Grand

Rapids: Baker, 2008), 4:91-92(참조, 4:124).

12) John Stott, *Baptism and Fullness* (Downers Grove, IL: InterVarsity Press, 2006, 3판), p.84.

13) 이것은 도르트회의(1618-1619)에서 거부된 (알미니안주의) 항의자들의 신념이었다. "The Canons of Dort(1618-1619)"[James Dennison Jr. 편저, *Reformed Confessions of the Sixteenth Century and Seventeenth Centuries in English Translation*, Vol.4, 1600-1693 (Grand Rapids: Reformation Heritage, 2014), Canons 3-4, Rejection of Errors, Par.7]를 보라. 참조, Hoekema, *Saved by Grace*, p.102; Peter Toon, *Born Again: A Biblical and Theological Study of Regeneration* (Grand Rapids: Baker, 1987), pp.118-120,162-165,171-173,177-180.

14) "The Canons of Dort(1618-1619)," Canons of Dort, 3-4, 12항.

15) Bavinck, *Reformed Dogmatics*, 4:81(참조, 3:580).

16) 같은 책, 3:580. 또 Herman Bavinck, *Saved by Grace: The Holy Spirit's Work in Calling and Regeneration* (Grand Rapids: Reformation Heritage, 2008), p.34를 보라.

17) Hodge, *Systematic Theology*, 2:703; 3:31.

18) Sinclair B. Ferguson, *The Holy Spirit* (Downers Grove, IL: InterVarsity Press, 1996), pp.53,125.

19) 이 본문에서 말씀은 구두로 선포된 복음 자체다. 그러나 이 복음은 기록된 형태의 말씀이기도 하다.

20) Calvin, *Institutes*, 2.2.18. 참조, *The Calvin Handbook*, Herman J. Selderhuis 편저 (Grand Rapids: Eerdmans, 2008), p.282에 수록된 Anthony N. S. Lane, "Anthropology."

21) John Calvin, *Ecclesiae Reformandae Ratio*. Lane, "Anthropology," p.283에 인용됨. 또 Calvin, *Institutes* 2.2.20을 보라.

22) Calvin, *Institutes* 2.5.5.

23) 성령의 주권을 훼손하지 않는 말씀의 역할에 대해서는 Ferguson, *The Holy Spirit*, p.125; Francis Turretin, *Institutes of Elenctic Theology*, 3vols, James T. Dennison Jr. 편저, George Musgrave Giger 역 (Phillipsburg, NJ: P&R Publishing, 1992-1997), 2:431; *Reformed Confessions of the Sixteenth Century and Seventeenth Centuries in English Translation*, Vol.4, 1600-1693 물음 67에 실린 "The Westminster Confession of

Faith(1646)"를 보라.

24) Matthew Barrett, *Salvation by Grace*에서 다시 인용한 문구다.

물음 16 | 신생은 우리가 일으키는 것인가?(1)

1) 여러 유형의 신인협력적 견해를 깊이 있게 살펴보려면 Matthew Barrett, *Salvation by Grace: The Case for Effectual Calling and Regeneration* (Phillipsburg, NJ: P&R, 2013), 5장을 보라.

2) Andreas J. Köstenberger, *John*, BECNT (Grand Rapids: Baker Academic, 2004), p.117; Leon Morris, *John*, NICNT (Grand Rapids: Eerdmans, 1971, 재판), p.183.

3) 요한복음 3장 3절에서 예수님은 사람이 거듭나지 않으면 하나님나라를 '보지' 못한다고 말씀하신다. 3장 5절에서는 사람이 하나님나라에 '들어가지' 못한다고 말씀하신다. 그러므로 보는 것과 들어가는 것은 동의적이다.

4) 문자적으로는 '거꾸로'다. Köstenberger, *John*, p.123을 보라.

5) 요한복음 3장에서 요한이 사용한 '육'(사르크스)은 바울이 사용한 것과 같은 의미가 아니다. 바울의 경우에는 죄악되고 예속되고 부패한 본성을 가리키지만, 요한복음 3장에서는 육체적인 몸을 가리킨다. 그러므로 여기서의 대조는 죄악된 육신과 영적인 새 생명의 대조가 아니라 육체적인 출생과 영적인 출생(신생) 간의 대조다.

6) D. A. Carson, *The Gospel according to John*, PNTC (Grand Rapids: Eerdmans, 1991), p.191; Thomas R. Schreiner, *New Testament Theology: Magnifying God in Christ* (Grand Rapids: Baker, 2008), pp.462-463; Köstenberger, *John*, pp.123-124.

7) John Murray, *Redemption Accomplished and Applied* (Grand Rapids: Eerdmans, 1955), p.98.

8) Sinclair Ferguson, *The Holy Spirit* (Downers Grove, IL: InterVarsity Press, 1996), p.122. 슈라이너도 "물과 성령 둘 다 단일한 전치사(엑스)에 이어지는 것은 물과 성령이 두 가지 다른 개념을 가리키는 것이 아니라 동일한 영적 실재를 가리키는 것"이라고 설명한다(*New Testament Theology*, pp.462-463).

9) Schreiner, *New Testament Theology*, pp.462-463. 요한복음에서는 물과 성령을 서로 교체하여 사용한다. 예컨대 요한복음 7장 37-39절을 보라.

10) Murray, *Redemption Accomplished and Applied*, p.104.

11) 예레미야 31장에서는 영을 에스겔 36장에서 언급한 것처럼 언급하지 않는다. 그러나 그 약속은 에스겔을 통해 말씀하신 내용과 일치한다. Schreiner, *New Testament Theology*, p.435를 보라. 또 요엘 2장 28-32절을 보라. 거기서는 예레미야 31장, 에스겔 11장과 36장에서처럼 여호와께서 새 시대에 성령이 구원을 가져다주실 것을 약속하신다.

12) D. A. Carson, *Divine Sovereignty and Human Responsibility* (Eugene, OR: Wipf and Stock, 1994), p.180. 또 Anthony A. Hoekema, *Saved by Grace* (Grand Rapids: Eerdmans, 1989), p.97; Edwin H. Palmer, *The Person and Ministry of the Holy Spirit* (Grand Rapids: Baker, 1974), pp.82-83; *EDT* (Grand Rapids: Baker, 2001), p.925에 수록된 J. I. Packer, "Regeneration"; 같은 책, p.184에 수록된 "Call, Calling."

13) Hoekema, *Saved by Grace*, pp.97-98.

14) James M. Hamilton, Jr., *God's Indwelling Presence: The Holy Spirit in the Old and New Testament*, NACSBT, vol.1 (Nashville: B&H, 2006), p.130.

15) 같은 책.

16) Herman Ridderbos, *The Gospel according to John*, J. Vriend 역 (Grand Rapids: Eerdmans, 1997), p.129.

17) Murray, *Redemption Accomplished and Applied*, p.99. 또 John M. Frame, *Salvation Belongs to the Lord* (Phillipsburg, NJ: P&R, 2006), p.186을 보라.

18) Schreiner, *New Testament Theology*, p.463.

19) 지면상 몇 구절만 살펴볼 수밖에 없지만, 요일 2:29; 3:9; 4:7; 5:18도 보라.

20) 파이퍼는 요한일서 5장 1절을 "믿음과 신생 간의 관계와 관련하여 신약성경에서 가장 명쾌한 본문"이라 부른다[John Piper, *Finally Alive* (Fearn, Ross-shire, Scotland: Christian Focus, 2009), p.118; 또 pp.138-139를 보라].

21) 분사의 용례에 대해서는 Daniel B. Wallace, *Greek Grammar: Beyond the Basics, An Exegetical Syntax of the New Testament* (Grand Rapids: Zondervan, 1996), pp.613-655을 보라.

22) 같은 책, pp.572-573; M. Zerwick, *Biblical Greek Illustrated by Examples* (Rome: Pontificii Instituti Biblici, 1963), p.96; William D. Mounce, *Basics of Biblical Greek: Grammar* (Grand Rapids: Zondervan, 2003), p.225. 덧붙여 말하자면, 요한은 아무

런 의도도 없이 임의로 완료시제를 사용하고 있지 않다. 모울턴에 따르면, 완료시제는 "모든 헬라어 시제 중 주석학적으로 가장 중요하며" 월레이스가 말하듯이 "이 시제는 대개 기자가 의도적으로 선택하는 것이다."[J. H. Moulton, *A Grammar of New Testament Greek* (Edinburgh: T&T Clark, 1908), 1:140].

23) *Perspectives on Election: Five Views*, Chad Owen Brand 편저 (Nashville: B&H, 2006), p.20에 수록된 Bruce A. Ware, "Divine Election to Salvation"을 보라.

24) John Stott, *The Letters of John* (Grand Rapids: Eerdmans, 1988), p.175. 참조, Peterson과 Williams, *Why I Am Not an Arminian*, p.189; Hoekema, *Saved by Grace*, pp.100-101.

25) Robert W. Yarbrough, *1-3 John*, BECNT (Grand Rapids: Baker, 2008), p.270.

물음 17 | 신생은 우리가 일으키는 것인가?(2)

1) 지면의 제약으로 베드로와 바울에 국한하지만 야고보서 1장 18절도 보라.

2) Schreiner, *1, 2 Peter, Jude*, NAC, vol.37 (Nashville: B&H, 2003), p.61. 또 L. A. Goppelt, *Commentary on 1 Peter* (Grand Rapids: Eerdmans, 1993), pp.81-83을 보라.

3) 여기서는 논의를 에베소서 2장 1-7절과 골로새서 2장 11-14절에 국한했지만, 고린도후서 4장 3-6절도 보라.

4) 같은 책, pp.59-60.

5) Frank Thielman, *Ephesians*, BECNT (Grand Rapids: Baker, 2010), p.134; T. G. Allen, "Exaltation and Solidarity with Christ: Ephesians 1.20 and 2.6," *JSNT* 28(1986):103-20.

6) Loraine Boettner, *The Reformed Doctrine of Predestinaion* (Philadelphia: P&R, 1963), p.166; John Piper, *Finally Alive* (Fearn, Ross-shire, Scotland: Christian Focus, 2009), pp.68,79,84; Sinclair Ferguson, *The Christian Life: A Doctrinal Introduction* (Edinburgh: Banner of Truth, 1981), pp.34-35.

7) Robert L. Reymond, *A New Systematic Theology of the Christian Faith* (Nashville: Thomas Nelson, 1998, 재판), p.709.

8) Peter T. O'Brien, *The Letter to the Ephesians*, PNTC (Grand Rapids: Eerdmans, 1999), p.167; *The Holy Spirit* (Downers Grove, IL: InterVarsity Press, 1996), p.119.

9) O'Brien, *Ephesians*, p.167.

10) 같은 책, p.168.

11) 같은 책, p.169.

12) Thielman, *Ephesians*, p.135.

13) O'Brien, *Ephesians*, p.169. 또 Thielman, *Ephesians*, p.135를 보라.

14) Thielman, *Ephesians*, p.135.

15) Thomas Schreiner, *Paul: Apostle of God's Glory in Christ* (Downers Grove, IL: InterVarsity Press, 2001), p.246.

16) Douglas J. Moo, *The Letters to the Colossians and to Philemon*, PNTC (Grand Rapids: Eerdmans, 2008), p.197. 또 T. K. Abbott, *A Critical and Exegetical Commentary on the Epistles to the Ephesians and to the Colossians*, ICC (Edinburgh: T&T Clark, 1979), p.250; Richard R. Melick, Jr., *Philippians, Colossians, Philemon*, NAC, vol.32 (Nashville: B&H, 1991), p.257; N. T. Wright, *The Epistles of Paul to the Colossians and to Philemon*, TNTC (Downers Grove, IL: InterVarsity Press, 1986), p.105.

17) Moo, *The Letters to the Colossians and to Philemon*, p.201. 또 F. F. Bruce, *The Epistles to the Colossians, to Philemon, and to the Ephesians*, NICNT (Grand Rapids: Eerdmans, 1989), p.108.

18) Peter T. O'Brien, *Colossians, Philemon*, WBC, vol.44 (Waco, TX: Word, 1982), p.122.

19) 같은 책, p.123. 또 Melick, *Philippians, Colossians, Philemon*, p.262를 보라.

20) George W. Knight III, *The Pastoral Epistles: A Commentary on the Greek Text*, NIGTC (Grand Rapids: Eerdmans, 1992), p.340.

21) William D. Mounce, *Pastoral Epistles*, WBC, vol.46 (Nashville: Thomas Nelson, 2000), p.448.

22) Knight, *The Pastoral Epistles*, p.341; Mounce, *Pastoral Epistles*, p.447. 또 Philip H. Towner, *The Letters to Timothy and Titus*, NICNT (Grand Rapids: Baker, 2006), pp.779-780; Thomas D. Lea와 Hayne P. Griffin, *1, 2 Timothy, Titus*, NAC, vol.34 (Nashville: B&H, 1992), p.322를 보라.

23) 바울은 에스겔 36장 25-27절을 염두에 두었을 가능성이 크다(요한복음 3

장 5절에서 예수님도 그리하셨을 것이다). Knight, *The Pastoral Epistles*, pp.343-344; John Murray, *Redemption Accomplished and Applied* (Grand Rapids: Eerdmans, 1955), p.100; Towner, *The Letters to Timothy and Titus*, p.774.

24) Anthony A. Hoekema, *Saved by Grace* (Grand Rapids: Eerdmans, 1989), p.99.

물음 18 | 하나님은 우리의 자유의지를 강압하시는가?

1) 성향의 자유를 옹호하는 고전은 조나단 에드워즈의 *Freedom of the Will* (New Haven, CT: Yale University Press, 1957)이다. 또 마틴 루터와 존 칼빈의 전기를 보라. 이 장에서 참조한 자유의지 관련 자료는 Matthew Barrett, *Salvation by Grace: The Case for Effectual Calling and Regeneration* (Phillipsburg, NJ: P&R, 2013), 4장을 보라.

2) John Calvin, *Institutes of the Christian Religion*, John T. McNeil 편저, Ford Lewis Battles 역, LCC, vols.20-21 (Philadelphia: Westminster John Knox, 1960), 3.19.1-9; Anthony A. Hoekema, *Created in God's Image* (Grand Rapids: Eerdmans, 1986), pp.237-243을 보라.

3) *The Grace of God, the Bondage of the Will*, Thomas R. Schreiner와 Bruce A. Ware 편저 (Grand Rapids: Baker, 1995), vol.2, p.277에 수록된 Richard Muller, "Grace, Election, and Contingent Choice: Arminius's Gambit and the Reformed Response."

4) *Calvinism: A Southern Baptist Dialogue*, E. Ray Clendenen과 Brad J. Waggoner 편저 (Nashville: B&H, 2008), p.241에 수록된 Greg Welty, "Election and Calling: A Biblical Theological Study."

5) Heinrich Heppe, *Reformed Dogmatics*, Ernst Bizer 편저, G. T. Thomson 역 (Eugene, OR: Wipf & Stock, 1950), p.520.

6) *Reformed Confessions of the Sixteenth Century and Seventeenth Centuries in English Translation*, vol.4, 1600-1693, James T. Dennison Jr. 편저 (Grand Rapids: Reformation Heritage, 2014), 12장에 수록된 "The Westminster Confession of Faith(1646)."

7) *Reformed Confessions of the Sixteenth Century and Seventeenth Centuries in English Translation*, vol.4, 1600-1693, Canons 3/4에 수록된 "The Canons of Dort(1618-1619)."

8) Michael Horton, *Covenant and Salvation* (Louisville: Westminster John Knox, 2007), pp.216-242.

9) D. A. Carson, *Divine Sovereignty and Human Responsibility* (Eugene, OR: Wipf and Stock, 1994), p.185.

10) J. Gresham Machen, *The Christian View of Man* (Edinburgh: Banner of Truth, 1984), p.244.

11) J. I. Packer, *A Quest for Godliness: The Puritan Vision of the Christian Life* (Wheaton, IL: Crossway, 1990), p.295.

4부 회심, 칭의 그리고 입양(양자 됨)

물음 19 | 구원 얻는 믿음이란 무엇인가?

1) Louis Berkhof, *Systematic Theology* (Edinburgh: Banner of Truth, 2003), p.484.

2) 같은 책, p.485.

3) 물음 36-37에서 살펴보겠지만, 이는 회심한 자들이 결코 죄에 빠지지 않음을 뜻하지는 않는다. 다만 그들이 회심케 하시는 하나님의 은혜로부터 떨어질 수 없음을 뜻한다.

4) *Biblical and Theological Studies* (Philadelphia: P&R, 1952), pp.402-403에 수록된 Benjamin B. Warfield, "On Faith in Its Psychological Aspects."

5) 이런 견해를 비판하는 글에 대해서는 Robert L. Reymond, *A New Systematic Theology of the Christian Faith* (Nashville: Thomas Nelson, 1998, 재판), p.727을 보라.

6) 많은 성경 본문이 이 점을 분명히 밝힌다(요 8:24; 11:42; 14:11; 16:27; 20:31; 롬 10:9; 살전 4:14; 히 11:6; 요일 5:1,4). 이 본문에서 각각의 전제적인 진리 앞에 πιστεύω ὅτι(피스테우오 호티, '…을 믿다')가 위치한다. 이러한 문법적 구조는 구원 얻게 하는 믿음의 내용에 지식이 결부되어 있음을 강조한다.

7) 종교지도자들이 실제로 예수님을 얼마나 잘 이해했는지에 대해 의문을 제기할 수 있다. 그들이 매우 자주 예수님을 철저히 오해했던 것 같기 때문이다.

8) '확신'이라는 표현도 사용될 수 있다.

9) 또 요한복음 8장 48-59절도 보라.

10) 오늘날의 사례도 많이 제시할 수 있다. 그리스도인이 몰몬교도에게 전도할 때 그 몰몬교도는 그리스도인이 주장하는 진리를 (심지어 그 주장이 자신의 주장과 어떻게 다른지를) 이해할 수 있다. 그러나 이 지식이나 이해가 몰몬교도에게 믿음이 있음을 뜻하지는 않는다. 그는 이 지식에 동의하지 않기 때문이다.

11) Murray, *Redemption*, p.112.

12) Wayne Grudem, *Systematic Theology* (Grand Rapids: Zondervan, 1994), p.710.

13) 벌코프는 *피두치아*가 "구주와 주님으로서의 그리스도를 개인적으로 신뢰함을 특징으로 하며, 죄악되고 추한 영혼을 그리스도께 맡기고 용서와 영적 생명의 근원이신 그리스도를 받아들이며 인정하는 것을 포함한다"고 말한다(*Systematic Theology*, p.505).

14) 같은 책.

15) 같은 책.

16) 여기서 믿음은 단지 인식적 이해가 아니라 그리스도와 그의 가르침을 받아들이는 것이다(요 1:12).

17) 같은 책.

18) Leon Morris, *The Gospel According to John*, NICNT (Grand Rapids: Eerdmans, 1971), p.336.

19) Berkhof, *Systematic Theology*, p.503.

20) 확신에 대한 더 깊은 내용으로는 참고문헌에 나오는 조엘 비키(Joel Beeke)의 책을 보라.

21) Anthony A. Hoekema, *Saved by Grace* (Grand Rapids: Eerdmans, 1989), p.139.

22) John Calvin, *Institutes of the Christian Religion*, John T. McNeil 편저, Ford Lewis Battles 역, LCC, vols.20-21 (Philadelphia: Westminster John Knox, 1960), 3.2.7.

23) 이는 신자가 결코 의심에 빠져들지 않음을 뜻하는 것은 아니다. *Reformed Confessions of the Sixteenth Century and Seventeenth Centuries in English Translation*, vol.4, 1600-1693, James T. Dennison Jr. 편저 (Grand Rapids: Reformation Heritage, 2014), 18.1-4에 수록된 "The Westminster Confession of Faith(1646)"를 보라.

24) 이 점에 대해서는 Berkhof, *Systematic Theology*, p.506을 보라.

물음 20 | 참된 회개란 무엇인가?

1) 이 같은 돌이킴은 '회개'라는 말에서도 엿볼 수 있다. 신약성경에서 이에 해당하는 헬라어는 '방향을 바꾸다' 또는 '마음을 바꿈'을 가리킨다.

2) "그것은 이런저런 몇몇 신념을 수정하는 것뿐 아니라 하나님과 당신 자신, 당신과 하나님의 관계 그리고 세상에 대한 해석 전체가 그릇됨을 깨닫는 것이다."[Michael Horton, *Philgrim Theology: Core Doctrines for Christian Disciples* (Grand Rapids: Zondervan, 2011), p.263].

3) 유다 외에 디모데전서 1장 19-20절에 나오는 후메내오와 알렉산더에 대해서도 생각해 보라. 이들에 대해 바울은 "믿음에 관하여는 파선"하였고 "(그들을) 사탄에게 내준 것은 그들로 훈계를 받아 신성을 모독하지 못하게 하려 함"이라고 말했다. 디모데후서 2장 17-18절에서 바울은 빌레도와 함께 후메내오를 다시 언급하며, 두 사람 모두 진리에 관하여 그릇되었다고 지적한다. 후에 4장 10절에서 바울은 데마가 "이 세상을 사랑하여" 그를 버렸다고 말한다. 이 같은 경우에서 요한의 말이 진실로 울린다. "그들이 우리에게서 나갔으나 우리에게 속하지 아니하였나니 만일 우리에게 속하였더라면 우리와 함께 거하였으려니와"(요일 2:19). 씨 뿌리는 자에 대한 예수님의 비유는 이 같은 불행한 사실을 가정한 것이다(마 13:20-21). 참조, Louis Berkhof, *Systematic Theology* (Grand Rapids: Eerdmans, 1996), p.483.

4) Sanit Augustine, *City of God* (New York: Penguin, 1972), 1.17.

5) Michael Horton, *Pilgrim Theology*: *Core Doctrines for Christian Disciples* (Grand Rapids: Zondervan, 2011), p.264.

6) 참된 회개도 두려움을 수반하지만, 그것은 하나님께로 돌이키게 하는 두려움이다. 칼빈이 설명하듯이, 회개는 "우리의 삶을 하나님께로 돌이키는 참된 전환이며, 하나님에 대한 순수하고 솔직한 두려움에서 비롯되는 돌이킴이다."[John Calvin, *Institutes of the Christian Religion*, John T. McNeil 편저, Ford Lewis Battles 역, LCC, vols.20-21 (Philadelphia: Westminster John Knox, 1960), 3.3.5].

7) Anthonty A. Hoekema, *Saved by Grace* (Grand Rapids: Eerdmans, 1989), p.127.

8) 슬픔의 외적 표현은 다를 수 있다. 어떤 이는 크게 외치며 눈물 흘리지만, 또 어떤 이는 내적으로 잠잠해진다. 둘 다 찢긴 마음의 표현일 수 있다.

9) Calvin, *Institutes of the Christian Religion*, 3.3.8; 참조, John Owen, *Overcoming Sin and Temptation* (Wheaton, IL: Crossway, 2006).

10) Horton, *Pilgrim Theology*, p.265.

11) 같은 책.

12) 같은 책, p.263.

13) 성화에 있어서의 회개에 대해서는 John Murray, *Redemption Accomplished and Applied* (Grand Rapids: Eerdmans, 1955), p.116을 보라.

14) 같은 책, p.140.

15) 어느 것이 먼저 일어나는지 또는 어느 것이 우선하는지에 대해서는 신학자들 간에 의견이 분분하다. 예컨대 칼빈은 회개가 믿음에 뒤따른다고 주장한다(*Institutes* 3.3.1).

16) Lewis Sperry Chafer, *Systematic Theology* (Wheaton, IL: Victor, 1988), 3:372-387; Zane C. Hodges, *The Gospel Under Siege* (Dallas: Redención Viva, 1981). 이 견해를 반박하는 내용에 대해서는 John MacArthur, *The Gospel According to Jesus* (Grand Rapids: Zondervan, 1988, 개정판, 1944)를 보라.

17) 예수님이 예수님을 따르고자 한다면 죄에서 돌이킬 것을 요구하시면서 그들의 죄를 드러내신 것도 놀라운 일이 아니다(눅 18:18-30; 19:1-10; 요 3:1-21; 4:16). 또 회개를 전하는 것은 바울의 복음 사역의 특징이었다(행 26:17-18).

18) D. Chamberlain, *The Meaning of Repentance* (Philadelphia: Westminster, 1943), p.80. 더 상세한 내용에 대해서는 Wayne Grudem, *"Free Grace" Theology: 5 Ways It Diminishes the Gospel* (Wheaton, IL: Crossway, 2016)을 보라.

물음 21 | 믿음과 회개는 하나님의 은혜의 선물인가?

1) 이 장에서 많이 활용한 믿음과 회개에 대한 더 상세한 자료는 Matthew Barrett, *Salvation by Grace: The Case for Effectual Calling and Regeneration* (Phillipsburg, NJ: P&R, 2013), 4장을 보라.

2) 프란시스 투레틴(Francis Turretin)이 썼듯이 "하나님은 믿을 수 있는 힘은 물론이고 믿음(토 *피스테우에인*)이나 믿는 행위 자체도 주신다(Phil. 1:29)."[*Institutes of Elenctic Theology*, 3vols. James T. Dennison Jr. 편저, George Musgrave Giger 역 (Phillipsburg, NJ: P&R Publishing, 1992-1997), 2:523(참조, 552)].

3) 존 오웬이 설명하듯이 "하나님은 우리에게 믿을 수 있는 능력이나 힘, 즉 우리가 원하면 사용할 수 있고 사용하지 않을 수도 있는 힘만을 주신다고 성경은 말하지 않는다. 믿음과 회개와 회심은 그 자체가 하나님의 사역이며 하나님의 사역에 따른

결과다."[The Works of John Owen (Edinburgh: Banner of Truth, 1991), 3:320(참조, 3:323-324)에 수록된 *A Discourse Concerning the Holy Spirit*].

4) John Murray, *Redemption Accomplished and Applied* (Grand Rapids: Eerdmans, 1955), p.106.

5) "중생은 마음과 생각의 갱신이며, 새로워진 마음과 생각은 그 특성에 맞게 반응해야 한다."(같은 책).

6) Darrell L. Bock, *Acts*, BECNT (Grand Rapids: Baker Academic, 2007), p.465; C. K. Barrett, *A Critical and Exegetical Commentary on The Acts of the Apostles 1-14*, ICC (Edinburgh: T&T Clark, 1994), p.658; Richard N. Longenecker, *The Acts of the Apostles*, EBC, vol.9 (Grand Rapids: Zondervan, 1981), p.430; *Perspectives on Election; Five Views*, Chad Owen Brand 편저 (Nashville: B&H, 2006), p.9에 수록된 Bruce A. Ware, "Divine Election to Salvation."

7) David Peterson, *The Acts of the Apostles*, PNTC (Grand Rapids: Eerdmans, 2009), p.399.

8) John Calvin, *Commentaries on the Epistles of Paul to the Galatians and Ephesians*, William Pringle 역 (Grand Rapids: Eerdmans, 1948), pp.228-229. 혹은 슈라이너가 되풀이하듯이, 지시대명사 '이것'(토우토)은 중성형이며 "따라서 은혜나 믿음과 같은 특정한 선행사일 수 없다. 은혜(카리스)와 믿음(피스테오스)이라는 단어는 모두 여성형이기 때문이다. 이 지시대명사가 '구원을 받았으니'를 가리킬 수도 없다. 이에 해당하는 분사 *세소메노이*가 남성형이기 때문이다."[Thomas R. Schreiner, *Paul: Apostle of God's Glory in Christ* (Downers Grove, IL: InterVarsity Press, 2001), pp.246-247].

9) Samuel C. Storms, *Chosen for Life: The Case for Divine Election* (Wheaton, IL: Crossway, 2007), p.71. 또 Clinton E. Arnold, *Ephesians*, ZECNT (Grand Rapids: Zondervan, 2010), p.139를 보라.

10) Schreiner, *Paul*, p.246.

11) Storms, *Chosen for Life*, p.71.

12) 같은 책.

13) "그렇다면 요점은, 믿음의 반응이 인간적인 근원에서 나오는 것이 아니라 하나님의 선물이라는 것이다. … 죽음과 진노와 속박에서 구해내시는 하나님의 위대한 구원은 모두 은혜에 속한다. 우리 안에서 비롯되는 것이 아니라 하나님의 선물이다. 바울은 통상적인 단어 순서를 바꿔서 '하나님의 선물'과 '너희에게서 난 것'

을 대조한다[Peter T. O'Brien, *Ephesians*, PNTC (Grand Rapids: Eerdmans, 1999), pp.175-176].

14) Frank Thielman, *Ephesians*, BECNT (Grand Rapids: Baker, 2010), p.143.

15) O'Brien, *Ephesians*, p.177.

16) 같은 책.

17) 같은 책, pp.177-178.

18) 예컨대 웨슬리는 구원에 있어 사람의 역할은 전혀 없고 오직 하나님의 역할뿐이라는 칼빈의 이론을 분명하게 거부했으며, "어떤 사람의 칭의를 결정함에 있어 결정적인 유일한 요인은 바로 그 사람 자신"이라고 주장했다[William R. Cannon, *The Theology of John Wesley: With Special Reference to the Doctrine of Justification* (New York: University Press of America, 1974), p.117].

19) Moisés Silva, *Philippians*, BECNT (Grand Rapids: Baker Academic, 2005, 재판), p.84.

20) Schreiner, *Paul*, p.247.

21) Storms, *Chosen for Life*, p.71.

22) 같은 책, p.72.

23) John Calvin, *Institutes of the Christian Religion*, John T. McNeil 편저, Ford Lewis Battles 역, LCC, vols.20-21 (Philadelphia: Westminster, 1960), 3.13.5. 또 Herman Bavinck, *Reformed Dogmatics*, John Bolt 편저, John Vriend 역 (Grand Rapids: Baker, 2008), 4:125; Francis Turretin, *Institutes of Elenctic Theology*, 3vols, James T. Dennison, Jr. 편저, George M. Giger 역 (Phillipsburg, NJ: P&R, 1992-1997), 2:523을 보라.

24) J. I. Packer, *A Quest for Godliness: The Puritan Vision of the Christian Life* (Wheaton, IL: Crossway, 1990), p.128. 패커는 알미니안주의 견해를 염두에 둔다.

25) 헤르만 바빙크는 "성경에 따른 참된 회개는 자연적인 인간에게서가 아니라 중생을 통해 사람 속에 심긴 새 생명으로부터 일어난다"고 말한다. 따라서 "믿음과 회개 모두 중생으로부터 생긴다."(*Reformed Dogmatics*, 4:163,152).

26) "어떤 사람이 회개하려면, 하나님이 그로 하여금 그리할 수 있게 하셔야 한다. 회개가 선물로 그에게 '주어져야' 한다. 사람이 회개할지의 여부는 궁극적으로 하나님께 달려 있다고 바울은 말한다. '진리를 아는 지식'으로 이끄는 것을 주실지

의 여부는 하나님과 그의 주권적인 뜻에 달려 있다. 하나님이 이 선물을 보편적으로 주시지는 않는다는 것은 자명하다."(Storms, *Chosen for Life*, pp.72-73). 또 Schreiner, *Paul*, pp.247-248을 보라.

27) Storms, *Chosen for Life*, pp.72-73.

28) 같은 책.

29) 같은 책.

물음 22 | 칭의는 법적 선언인가, 도덕적 변화인가?

1) 바울에 대한 새 관점을 다루기에는 지면이 허락하지 않지만, 참고문헌에 소개한 슈라이너(Schreiner), 파이퍼(Piper), 워터스(Waters), 페스코(Fesco) 그리고 웨스터홀름(Westerholm)의 저서를 보라.

2) John Calvin, *Institutes of the Christian Religion*, John T. McNeil 편저, Ford Lewis Battles 역, LCC, vols.20-21 (Philadelphia: Westminster, 1960), 3.6.1; 3.2.1(참조, 3.11.1).

3) *The Catechism of the Catholic Church* (New York: USCCB, 1995), p.492. 이 교리문답은 트렌트공의회의 결정 내용을 인용한다.

4) Calvin, *Institutes* 3.11.2.

5) '법정적인'은 법적 사건이나 소송 절차와 관련되는 말이다.

6) *Justification: Five Views*, James K. Beilby와 Paul R. Eddy 편저 (Downers Grove, IL: InterVarsity Press, 2001), pp.85-87에 수록된 Michael Horton, "Traditional Reformed View."

7) 예, *Joint Declaration on the Doctrine of Justification: The Lutheran World Federation and the Roman Catholic Church* (Grand Rapids: Eerdmans, 2000).

8) 이에 대해서는 Michael Horton, *Covenant and Salvation: Union with Christ* (Louisville: Westminster John Knox, 2007)을 보라. 이 중 바울에 대한 새 관점이 가장 큰 영향을 미칠 수 있다. 요약과 평가로는 Thomas Schreiner, *40 Questions about Christians and Biblical Law* (Grand Rapids: Kregel, 2010), pp.35-40을 보라.

9) 구약성경에서 칭의의 법정적 특성에 대해서는 신 25:1; 욥 27:5; 잠 17:15; 사 5:23을 보라.

10) Horton, "Traditional Reformed View," pp.91-92.

11) 같은 책, p.92.

12) 같은 책.

13) Walter Bauer, *BDAG* (Chicago: University of Chicago Press, 2001, 개정3판), pp.246-250. 안타깝게도 벌게이트역은 이 내용을 혼동하여, '의롭게 만들다'라는 뜻인 *이우스티피카레*를 사용한다. 이 단어는 칭의가 성화처럼 도덕성의 내적 갱신을 포함하는, 줄곧 지속되는 과정이라는 인상을 준다. Alister E. McGrath, *Iustitia Dei: A History of the Christian Doctrine of Justification* (Cambridge: Cambridge University Press, 1986), pp.11-14; Michael Horton, *Pilgrim Theology: Core Doctrines for Christian Disciples* (Grand Rapids: Zondervan, 2011), p.291.

14) Anthony A. Hoekema, *Saved by Grace* (Grand Rapids: Eerdmans, 1989), p.154. 정죄가 법정적 의미로 사용된 다른 성경 본문으로는 요 3:17-18; 롬 5:16-17; 8:1,33-34 등이 있다.

15) 또 눅 7:29; 롬 5:1; 10:4,10을 보라.

16) Schreiner, *40 Questions about Christians and Biblical Law*, p.118.

17) 법정적인 의미를 뒷받침하는 다른 본문으로는 롬 2:13; 8:29-30; 고전 6:11, 딤전 3:16 등이 있다. 어떤 이들은 롬 6:7을 법정적 의미보다는 변화의 의미를 뒷받침하는 내용으로 본다. 같은 책, p.119를 보라.

18) John Murray, *Redemption Accomplished and Applied* (Grand Rapids: Eerdmans, 1955), p.121.

19) 같은 책.

20) 비커스는 칭의를 이렇게 정의한다. "칭의는 어떤 사람이 하나님 앞에서 용서받은 것으로 그리고 하나님의 뜻에 전적으로 따르는 삶을 산 것으로 선언하시는 하나님의 법적 선언이다. 자신의 행위로부터 돌이켜 그리스도 안에서 '의롭다' 하시는 하나님의 판결을 순수한 선물로 받아들여야 한다."[Brian Vickers, *Justification by Grace through Faith* (Phillipsburg, NJ: P&R, 2013), p.2].

21) Horton, *Pilgrim Theology*, pp.279-302.

22) 예외는 로마서 1장 17절일 것이다. John Murray, *The Epistles to the Romans*, NICNT (Grand Rapids: Eerdmans, 1959), p.30.

23) Schreiner, *40 Questions about Christians and Biblical Law*, p.124.

24) Horton, *Pilgrim Theology*, p.292.

25) 하나님의 의와 관련한 구약 배경에 대해서는 Schreiner, *40 Questions about Christians and Biblical Law*, pp.109-116을 보라. (나 역시 동의하는) 슈라이너의 주장에 따르면, 하나님의 구원하시는 의가 언약적 신실성과 동일시되어서는 안 된다.

26) 이는 중세의 그리고 로마 가톨릭의 주요 문제점이다. 호턴은 이렇게 설명한다. "중세의 신학자들에게 의는 추구해야 하는 목표였고 은혜는 영혼에 주입되는 의약 물질과 같았다. 그 입장에 따르면, 우리는 우리 안에 있는 것을 실행할 수 있다. 세례에서 시작하여, 칭의는 우리의 협력으로 늘어나며, 우리는 행위에 따른 미래의 칭의를 기대한다. 물론 행위(공로)에 따른 엄밀한 심판이 적용된다면, (심지어 수백 년 동안 연옥의 불 속에서 고통당한 후라도) 아무도 구원받지 못할 것이다. 그러나 하나님은 은혜에 협력하려는 진지한 노력을(마치 이 노력이 공로인 것처럼) 받아주신다. 그러나 역설적이게도, 이것은 율법에 계시된 하나님의 의와 심판에 대한 부실한 견해다."(*Pilgrim Theology*, p.293).

27) 같은 책, p.292.

28) 이들 각각에 대해서는 Schreiner, *40 Questions about Christians and Biblical Law*, pp.122-124를 보라.

물음 23 | 위대한 교환이란 무엇인가?

1) John Murray, *The Epistle to the Romans*, NICNT (Grand Rapids: Eerdmans, 1968), p.123.

2) Michael Horton, *Pilgrim Theology: Core Doctrines for Christian Disciples* (Grand Rapids: Zondervan, 2011), p.294.

3) John Calvin, *Institutes of the Christian Religion*, John T. McNeil 편저, Ford Lewis Battles 역, LCC, vols.20-21 (Philadelphia: Westminster, 1960), 3.11.2.

4) Contra N. T. Wright, *Romans*, NIB 10 (Nashville: Abingdon, 2003), pp.492-493; James D. G. Dunn, *Romans 1-8*, WBC 38a (Dallas: Word, 1988), p.207. 라이트(Wright)의 전가 거부에 대한 유익한 비판으로는 J. V. Fesko, *Justification: Understanding the Classic Reformed Doctrine* (Phillipsburg, NJ: P&R, 2008), pp.211-263을 보라.

5) Fesko, *Justification*, p.205.

6) 능동적인 순종을 옹호하는 가장 좋은 자료는 Brandon D. Crowe, *The Last Adam: A Theology of the Obedient Life of Jesus in the Gospels* (Grand Rapids: Baker Academic, 2017)일 것이다.

7) 칼빈이 수동적인 순종을 십자가에 국한하지 않는다는 점에 유의하라. "종의 형체를 입으신 때로부터, 그는 우리를 구속하기 위해 자유라는 대가를 지불하기 시작하셨다."(*Institutes*, 2.16.5).

8) Brian Vickers, *Justification by Grace through Faith* (Phillipsburg, NJ: P&R, 2013), p.41.

9) 율법에 대한 완전한 순종이 필수임을 가정하고 있다. 완전함이 필수라는 사실은 하나님의 공의의 특성에서(출 23:7; 신 10:17; 잠 17:15; 시 15:1-2; 24:3-4; 나:13) 그리고 하나님의 율법의 특성에서[창 1-2장; 삼상 15:22; 시 40:6-8; 렘 7:22-23; 호 6:6; 미 6:6-8; 마 19:17-19; 막 12:33; 눅 10:25-28; 롬 2:13; 갈 3:10-12(레 18:5; 신 27:26); 5:3] 비롯된다. *By Faith Alone: Answering the Challenges to the Doctrine of Justification*, Gary L. W. Johnson과 Guy P. Waters 편저 (Wheaton, IL: Crossway, 2006), pp.134-139에 수록된 David VanDrunen, "To Obey Is Better Than Sacrifice: A Defense of the Active Obedience of Christ in Light of Recent Criticism"을 보라.

10) Herman Bavinck, *Reformed Dogmatics*, vol.3, *Sin and Salvation in Christ*, John Bolt 편저, John Vriend 역 (Grand Rapids: Baker, 2009), p.215.

11) VanDrunen, "To Obey Is Better Than Sacrifice," pp.143-144.

12) 같은 책, p.144. John Murray, *The Epistle to the Romans* (Grand Rapids: Eerdmans, 1959, 1965), 1:200-202를 보라.

13) VanDrunen, "To Obey Is Better Than Sacrifice," p.145.

14) 같은 책.

15) 같은 책.

16) "현재의 논의를 위해 중요한 사실은, 바울이 승귀를 순종의 결과로, 순종을 승귀의 원인으로 이해한다는 것이다. 바울은 그리스도의 순종에 대한 묘사의 결론과 (2:8) 그리스도의 승귀에 대한 묘사의 시작을 강한 원인 접속사 διὸ로 연결한다. 그리스도께서 '죽기까지 복종하셨으니 곧 십자가에 죽으심이라 이러므로 하나님이 그를 지극히 높여' 하나님은 그리스도의 순종에 근거하여 그를 높이셨다." 같은 책, p.146. 또 *Covenant, Justification, and Pastoral Ministry*, R. Scott Clark 편저 (Phillipsburg, NJ: P&R, 2007), p.230에 수록된 R. Scott Clark, "Do This and Live: Christ's

Active Obedience as the Ground of Justification"을 보라.

17) Fesko, *Justification*, p.152.

18) 같은 책, p.150.

19) Louis Berkhof, *Systematic Theology* (Grand Rapids: Eerdmans, 1938; 1993), p.523. 또 Francis Turretin, *Institutes of Elenctic Theology*, vol.2, George Musgrave Giger 역, James T. Dennison, Jr. 편저 (Phillipsburg, NJ: P&R, 1994), p.445; Herman Witsius, *The Economy of the Covenants Between God and Man* (Phillipsburg, NJ: P&R, 1990), 1:190-191; Charles Hodge, *Systematic Theology* (Grand Rapids: Eerdmans, 1995), 2:517; *Redemptive History and Biblical Interpretation: The Shorter Writings Geerhardus Vos*, Richard B. Gaffin Jr. 편저 (Phillipsburg, NJ: P&R, 1980), p.398에 수록된 Geerhardus Vos, "The Alleged Legalism in Paul's Doctrine of Justification"을 보라.

물음 24 | 그리스도의 의가 신자들에게 전가되는가? (1)

1) 그리스도의 순종이 우리의 순종으로 간주됨을 말할 경우, 죄인이 오직 그리스도를 믿을 때만 이 일이 일어난다는 점을 강조하는 것이 중요하다. 로마서 3장 21-22절에서 바울이 전가와 믿음을 어떻게 연결하는지 주목하라. 하나님이 의를, 즉 의로운 신분을 우리에게 전가하시지만, 이 의는 예수님을 믿는 자에게만 주어진다. 그러므로 믿음은 그리스도의 의를 얻게 하는 도구적 방편이다. 이 의는 선행의 공로로 얻는 것이 아니라 언제나 하나님이 주시는 선물이다.

2) 전가를 더 깊이 옹호하는 자료로는 Brian Vickers, *Jesus' Blood and Righteousness: Paul's Theology of Imputation* (Wheaton, IL: Crossway, 2006); John Piper, *Counted Righteous in Christ: Should We Abandon the Imputed Righteousness of Christ?* (Wheaton, IL: Crossway, 2002); Thomas Schreiner, *Faith Alone: The Doctrine of Justification* (Grand Rapids: Zondervan, 2015)을 보라.

3) Michael Ovey와 Andrew Sach, *Pierced for Our Transgressions: Rediscovering the Glory of Penal Substitution* (Wheaton, IL: Crossway, 2007), p.50.

물음 25 | 그리스도의 의가 신자들에게 전가되는가? (2)

1) 예, Martin Luther, "Preface to the Complete Edition of Luther's Latin Writings,"

LW 34:336-337. 루터는 특히 로마서 1장 17절을 염두에 두었다.

2) *iustitia distributiva*, 또는 분배적 정의.

3) 로마서 1장 17절의 "믿음으로 믿음에"라는 문구를 어떻게 해석할지에 대해서는 J. V. Fesko, *Justification* (Phillipsburg, NJ: 2008), pp.196-197을 보라.

4) '하나님의 의'를 해석하는 세 가지 관점에 대해서는 Fesko, *Justification*, pp.195-200을 보라.

5) '변화시키는' 의로 보는 해석에 대해서는 Adolf Schlatter, *The Theology of the Apostles: The Development of New Testament Theology*, Andreas J. Köstenberger 역 (Grand Rapids: Baker, 1999), pp.234-236; *New Testament Questions of Today*, W. J. Montague 역 (Philadelphia: Fortress, 1982), pp.168-182에 수록된 Ernst Käsemann, "The Righteousness of God" 등을 보라. 비판적인 입장으로는 Thomas R. Schreiner, *40 Questions about Christians and Biblical Law* (Grand Rapids: Kregel, 2010), pp.121-128을 보라.

6) Anthony A. Hoekema, *Saved by Grace* (Grand Rapids: Eerdmans, 1989), p.157.

7) 속전은 사탄이 아니라 하나님께 지불된다.

8) Schreiner, *40 Questions about Christians and Biblical Law*, p.126.

9) C. H. Dodd, *The Bible and the Greeks* (London: Hodder & Stoughton, 1935), pp.82-95.

10) Roger Nicole, "C. H. Dodd and the Doctrine of Propitiation," *WTJ* 17(1955):117-157; Leon Morris, *The Apostolic Preaching of the Cross* (Grand Rapids: Eerdmans, 1965, 3판), pp.144-213. 더 신학적인 자료로는 J. I. Packer, "What Did the Cross Achieve: The Logic of Penal Substitution," *TynBul* 25(1974):3-45를 보라.

11) *로기조마이*는 로마서 4장 3, 4, 5, 6, 8, 9, 10, 11, 22, 23, 24절에서 사용된다. 또 칠십인역에서도(민 18:27; 삼하 19:20) 사용되며, 거기서도 법적 의미를 지닌다. J. V. Fesko, *Death in Adam, Life in Christ: The Doctrine of Imputation*, Reformed Exegesis and Doctrinal Studies (Ross shire: Scotland, 2016), p.199.

12) Douglas Moo, *The Epistle to the Romans*, NICNT (Grand Rapids: Eerdmans, 1996), p.266을 보라.

13) 로마서 4장 25절 상반절이 칠십인역의 이사야 53장 12절과, 로마서 4장 25절 하반절이 칠십인역의 이사야 53장 11절과 어떻게 평행을 이루는지 주목하라.

Fesko, *Death in Adam, Life in Christ*, pp.205-206.

14) Brian Vickers, *Justification by Grace through Faith* (Phillipsburg, NJ: P&R, 2013), p.76.

15) 같은 책, pp.96-97.

16) 같은 책, p.77.

17) 로마서 4장 6-8절에서 바울은 자신이 말하고자 하는 요점을 다윗의 사례를 통해 재차 언급한다. 같은 책.

18) 페스코는 이렇게 주해한다. "로마서 4장에서 바울은 개인적인 구원론 차원에서 또는 구원의 서정과 관련하여 전가에 초점을 맞춘다. 그러나 로마서 5장에서는 그 영역을 넘어 구원의 역사에 대한 방대한 관점을 제시한다."(*Death in Adam, Life in Christ*, p.208).

19) 무엇을 의로 '간주하는지'와 관련한 로마서 4, 5장의 강조점 변화에 대해서는 Vickers, *Jesus' Blood and Righteousness: Paul's Theology of Imputation* (Wheaton, IL: Crossway, 2006), pp.115-122를 보라.

20) 같은 책, pp.46-47.

21) 같은 책.

22) 같은 책, p.49.

23) John Calvin, *2 Corinthians and Timothy, Titus and Philemon*, T. A. Smail 역, David W. Torrance와 T. F. Torrance 편저, CNTC 10 (Grand Rapids: Eerdmans, 1960), p.78.

24) John Murray, *The Imputation of Adam's Sin* (Philadelphia, NJ: P&R, 1959), p.76. 또 *Justification: What's at Stake in the Current Debates*, Mark Husbands와 Daniel J. Treier 편저 (Downers Grove, IL: InterVarsity Press, 2009), p.69에 수록된 D. A. Carson, "Vindication of Imputation: On Fields of Discourse and Semantic Fields"를 보라.

25) 전가 교리를 뒷받침하는 다른 본문으로는 고린도전서 1장 30절과 로마서 9장 30절부터 10장 4절이 포함된다.

26) 바울이 염두에 둔 것이 그리스도를 믿는 믿음인지 아니면 그리스도의 신실함인지에 대해서는 물음 26의 주석 3을 보라.

물음 26 | 칭의는 오직 하나님의 은혜로, 오직 믿음으로 주어지는가?

1) 믿음을 칭의의 근거로 삼을 수 없는 이유는 많다. 칼빈은 그중 하나를 분명히 밝힌다. "믿음 자체가 사람을 의롭게 한다면, 그것이 언제나 약하고 불완전하므로 효력은 부분적이며 그것을 통해 우리는 일부의 구원만을 얻을 것이다."[John Calvin, *Institutes of the Christian Religion*, John T. McNeil 편저, Ford Lewis Battles 역, LCC, vols.20-21 (Philadelphia: Westminster, 1960), 3.11.7].

2) 하나님이 사람들을 의롭다 하시는 것은 "믿음 그 자체(믿는 행위)를 그들의 의로서 그들에게 전가함을 통해서가 아니라 그리스도의 순종을 그들에게 전가함으로써 가능한 것이다." WCF에 따르면, "믿음은(그리스도와 그의 의를 받아들이며 의지하는 것은) 칭의의 유일한 도구다."[*Reformed Confessions of the Sixteenth Century and Seventeenth Centuries in English Translation*, Vol.4, 1600-1693, James T. Dennison Jr.편저 (Grand Rapids: Reformation Heritage, 2014), 11.1에 수록된 "The Westminster Confession of Faith"(1646)].

3) Thomas R. Schreiner, *Romans*, BECNT (Grand Rapids: Baker, 1998), pp.181-199. 롬 3:22,26; 갈 2:16,20; 3:22; 엡 3:12; 빌 3:9 같은 본문을 놓고서, 바울이 주격 속격('그리스도의 신실함')을 사용하는지 아니면 목적격 속격('그리스도를 믿는 믿음')을 사용하는지에 대한 논란이 있다. 책 전반에 걸쳐 확언하듯이, 나는 목적격 속격을 지지한다. 이 논란에 대해서는 Thomas R. Schreiner, *40 Questions about Christians and Biblical Law* (Grand Rapids: Kregel, 2010), pp.134-137을 보라.

4) Schreiner, *Romans*, pp.190-199.

5) Douglas J. Moo, *The Epistle to the Romans*, NICNT (Grand Rapids: Eerdmans, 1996), p.246; Schreiner, *Romans*, pp.200-208.

6) J. V. Fesko, *Justification: Understanding the Classic Reformed Doctrine* (Phillipsburg, NJ: P&R, 2008), p.191. 또 Gerhard von Rad, *Genesis*, OTL (Philadelphia: Westminster, 1972), p.185를 보라.

7) Moo, *Romans*, p.268.

8) 바울에 대한 새 관점을 언급하려는 것이 아니다. 다만 참고문헌에 소개된 파이퍼, 슈라이너, 웨스터홀름의 저서를 권한다.

9) Thomas R. Schreiner, *Galatians*, ZECNT (Grand Rapids: Zondervan, 2010), pp.166-167.

10) 에베소서 2장 8-9절에서 바울은 칭의라는 말이 아니라 구원이라는 말을 사용한다. 아마 그는 에베소서 2장에서 칭의보다 더 넓은 의미에서 구원이라는 말을 사

용했을 것이다. 그럼에도 불구하고 구원은 칭의를 함의한다. 따라서 에베소서 2장 8-9절에서 구체적으로 칭의를 언급하지는 않지만 칭의가 오직 은혜를 통해서임을 함의하고 있다고 결론짓는 편이 안전하다.

11) Frank Thielman, *Ephesians*, BECNT (Grand Rapids: Baker, 2010), pp.143-146; Peter T. O'Brien, *The Letter to the Ephesians*, PNTC (Grand Rapids: Eerdmans, 1999), pp.167-169; Clinton E. Arnold, *Ephesians*, ZECNT (Grand Rapids: Zondervan, 2010), pp.139-140.

12) 그러므로 믿음을 칭의의 근거가(칭의의 근거는 그리스도의 사역이다) 아니라 칭의의 도구적 방편이라 지칭하는 것이 적절하다. 물음 18을 보라.

물음 27 | 하나님의 자녀로 입양된다는 것(양자 됨)은 무엇을 뜻하는가?

1) 입양에 관한 자료로는 Trevor J. Burke, *Adopted into God's Family: Exploring a Pauline Metaphor*, NSBT 22, D. A. Carson 편저 (Downers Grove, IL: InterVarsity Press, 2006); Robert A. Peterson, *Adopted by God: From Wayward Sinners to Cherished Children* (Phillipsburg, NJ: P&R, 2001); David B. Garner, *Sons in the Son: The Riches and Reach of Adoption in Christ* (Phillipsburg, NJ: P&R, 2016)를 보라.

2) Michael Horton, *Pilgrim Theology: Core Doctrines for Christian Disciples* (Grand Rapids: Zondervan, 2011), p.298.

3) Thomas R. Schreiner, *Romans*, BECNT (Grand Rapids: Baker Academic, 1998), p.427; Peterson, *Adopted by God*, p.161; Burke, *Adopted into God's Family*, p.98; C. E. B. Cranfield, *Romans*, vol.1, ICC (Edinburgh: T&T Clark, 1975), p.419.

4) Burke, *Adopted into God's Family*, p.150; 참조, Sinclair Ferguson, *Children of the Living God* (Edinburgh: Banner of Truth, 1989), p.73.

5) Bruke, *Adopted into God's Family*, p.150.

6) *Collected Writings of John Murray* (Edinburgh: Banner of Truth, 1976), 2:230에 수록된 John Murray, "Adoption."

7) Burke, *Adopted into God's Family*, p.75.

8) 같은 책, p.76.

9) 같은 책, pp.76-77.

10) J. I. Packer, *Knowing God* (London: Hodder & Stoughton, 1988), p.241.

11) Thomas R. Schreiner와 Ardel B. Caneday, *The Race Set Before Us: A Biblical Theology of Perseverance and Assurance* (Downers Grove, IL: InterVarsity Press, 2001), p.68.

12) Robert L. Reymond, *A New Systematic Theology of the Christian Faith* (Nashville: Thomas Nelson, 1998, 재판), p.761. 또 Burke, *Adopted into God's Family*, pp.43-44, 135-137, 177-193을 보라.

13) Burke, *Adopted into God's Family*, p.42; Ferguson, *Children of the Living God*, p.30 을 보라.

14) John Calvin, *Institutes of the Christian Religion*, John T. McNeil 편저, Ford Lewis Battles 역, LCC, vols.20-21 (Philadelphia: Westminster, 1960), 2.12.2; Burke, *Adopted into God's Family*, p.188.

15) John Murray, *Redemption Accomplished and Applied* (Grand Rapids: Eerdmans, 1955), p.170.

16) 그러나 이것이 관계적인 범주가 배제됨을 뜻하지는 않는다. 다만 그 관계는 법적인 것에 근거한다. *Justification: Five Views*, James K. Beilby와 Paul R. Eddy 편저 (Downers Grove, IL: InterVarsity Press, 2001), p.110에 수록된 Michael Horton, "Traditional Reformed View"를 보라.

17) Murray, *Redemption Accomplished and Applied*, p.133. 또 Michael Horton, *The Christian Faith* (Grand Rapids: Zondervan, 2011), p.645; Raymond, *Systematic Theology*, p.761을 보라.

18) "하나님의 자녀"를 중생이 아니라 입양을 가리키는 말로 해석할 이유는 많다. Matthew Barrett, *Salvation by Grace: The Case for Effectual Calling and Regeneration* (Phillipsburg, NJ: P&R, 2013), pp.163-167을 보라.

19) 시간적인 순서가 아니라 논리적인 순서를 말하는 것이다.

20) 혹자는 갈라디아서 4장 6절에 근거하여 반론을 제기할 수도 있다. 이 본문에 따르면, 우리가 아들이기 때문에 하나님이 성령을 보내셨다고 말한다. 이는 중생과 관련하여 성령이 행하시는 사역에 대한 언급이며, 따라서 중생이 입양의 결과임을 알려주는 내용으로 받아들여질 수도 있다. 그러나 갈라디아서 3장 26절에서 바울이 입양과 직접 연결하는 것은 중생이 아니라 믿음이다. 갈라디아서 4장 6절은 중생을 위한 성령의 사역으로가 아니라 성령의 결과적인 사역으로 해석해야 한다. 이 사역을 통해 성령은 죄인으로 하여금 하나님 가족의 일원이라는 확신을 갖게 하신

다(참조, 롬 8:15-16). Wayne Grudem, *Systematic Theology* (Grand Rapids: Zondervan, 1994), p.738을 보라.

21) Reymond, *A New Systematic Theology of the Christian Faith*, p.759.

22) 이는 웨스트민스터 신앙고백에 담긴 내용인 듯하다. "하나님은 의롭다 함을 받은 모든 자들로 하여금, 그의 독생자 예수 그리스도 안에서 그리고 예수 그리스도를 위해 입양의 은혜에 참예하게 하신다. 이를 통해 그들은 하나님의 자녀의 자유와 특권을 누리고, 양자의 영을 받으며, 은혜의 보좌로 담대히 나아가며, 하나님을 아빠 아버지라 부를 수 있고, 아버지의 긍휼과 보호와 공급과 징계를 받지만 버림받지 않고, 구속의 날까지 인치심을 받으며, 영원한 구원의 상속자로서 약속을 물려받는다."[*Reformed Confessions of the Sixteenth Century and Seventeenth Centuries in English Translation*, Vol.4, 1600-1693, James T. Dennison Jr. 편저 (Grand Rapids: Reformation Heritage, 2014), p.12에 수록된 "The Westminster Confession of Faith" (1646)].

23) William Ames, *The Marrow of Theology*, John Dykstra Eusden 역 (1623; Grand Rapids: Baker, 재판, 1997), p.165. 또한 Horton, *The Christian Faith*, p.645를 보라.

24) Horton, *Pilgrim Theology*, p.297.

25) 같은 책, p.297.

26) 같은 책, p.300.

27) 이 내용의 많은 부분은 Reymond, *Systematic Theology*, p.762; Grudem, *Systematic Theology*, pp.739-741을 참조했다.

28) Horton, *The Christian Faith*, p.644.

5부 성화, 성도의 견인 그리고 영화

물음 28 | 확정적 성화와 점진적 성화의 차이는 무엇인가?

1) 이사야 6장에서, 하나님의 거룩하신 초월성과 순수성을 모두 본다.

2) 하나님의 거룩은 그분의 존재에 내재된 것이지만, 우리의 거룩은 하나님께 얻는 것이다. "하나님의 거룩은 자연적인 반면, 우리의 거룩은 은혜로 말미암으며 삼위

일체 하나님께 유래한다."[Michael Allen, *Justification and the Gospel: Understanding the Contexts and Controversies* (Grand Rapids: Baker Academic, 2013), p.46].

3) David Peterson, *Possessed by God: A New Testament Theology of Sanctification and Holiness* (Downers Grove, IL: InterVarsity Press, 1995), p.24.

4) "진정으로 하나님께 성별된 자들은 비난받지 않을 언행을 삶의 목표로 삼아야 한다(참조, 빌 2:15). 하나님은 순수하고 무흠하시며, 그의 자녀도 그 성품을 반영하길 바라신다."(같은 책, p.79).

5) Michael Horton, *Pilgrim Theology: Core Doctrines for Christian Disciples* (Grand Rapids: Zondervan, 2011), p.313.

6) 호턴은 이렇게 표현한다. "대부분의 사람이 종교의 목표가 사람을 현재와 다른 모습으로 변화시키는 것이라고 생각하지만, 성경은 그리스도 안에서 이미 이루어진 것을 더욱 많이 드러내도록 신자에게 당부한다."(같은 책).

7) "우리는 거룩하다(확정적 성화). 그러므로 우리는 거룩해야 한다(점진적 성화)."(같은 책; 참조, Peterson, *Possessed by God*, p.27).

8) Peterson, *Possessed by God*, p.27. 확정적 성화에 대한 상세한 내용은 *Collected Writings of John Murray*, 4vols (Edinburgh: Banner of Truth, 1977), 2:277-284에 수록된 John Murray, "Definitive Sanctification"을 보라.

9) J. I. Packer, *Keep in Step with the Spirit: Finding Fullness in Our Walk with God* (Grand Rapids: Baker, 2005, 재판), p.87.

10) Horton, *Pilgrim Theology*, p.311.

11) 또 고후 1:1; 엡 1:1; 빌 1:1; 골 1:2; 벧전 1:1-2을 보라. 이 구절에 대한 논의는 앞의 책을 참조하라.

12) "우리는 여전히 이 악한 세대에 살고 있지만, 더 이상 거기에 속하지는 않는다."(같은 책, p.313).

13) 그러므로 '점진적 성화'는 그리스도인의 삶이 직선이 아님을 시사한다. 변화는 시간을 요한다. 승리할 때도 있고 실패할 때도 있다. 결국 위로 올라가지만, 그 과정에 오르막과 내리막이 있다. Peterson, *Possessed by God*, p.125를 보라.

14) Packer, *Keep in Step with the Spirit*, p.80.

15) 피터슨은 통찰력 있는 설명을 덧붙인다. "'거룩하여지고'에 해당하는 완료수동태분사형 헬라어 동사는 그들의 회심과 그리스도와의 연합에 대해 말하는 또 다른

방식으로 이해되어야 한다. 이것은 그들의 거룩한 성품이나 거룩한 행위를 가리킬 수 없다. 이 서신에서 바울은 그들의 가치관과 행동을 지적하며, 윤리적 의미의 거룩을 당부하는 데 많은 지면을 할애한다. 그는 관계적인 의미에서 그들이 이미 거룩해졌으나 생활양식에 있어 그 성화를 표현할 필요가 있다는 사실을 근거로 그렇게 당부한다."(*Possessed by God*, p.41).

16) "헬라어상으로 각각의 부정과거수동태형 동사 앞에 강한 반의접속사인 *알라*('그러나')가 나온다. 바울은 씻기고 나서 거룩해지고 그다음에 의롭다 하심을 받는 일련의 과정을 시사하기보다는 같은 실재를 달리 묘사한다."(같은 책, p.45).

17) Peterson, *Possessed by God*, p.46.

18) 같은 책, p.48(참조, p.67).

19) 두 개의 라틴어 단어인 *상크투스*(거룩한)와 *파케레*(만들다)에서 유래했다. Hoekema, *Saved by Grace*, p.193을 보라.

20) Peterson, *Possessed by God*, p.17.

21) 성화는 우리의 영화를 통해 완성과 절정에 이를 것이다. 예, 살전 3:13; 5:23.

22) Louis Berkhof, *Systematic Theology* (Edinburgh: Banner of Truth, 2003), p.532.

23) 이 정의는 웨스트민스터 대요리문답(75문)의 내용과 유사하다. "성화는 하나님의 은혜의 사역이며, 이를 통해 창세전에 하나님의 택하심을 받은 자들이 그리스도의 죽으심과 부활을 그들의 삶에 적용하시는 성령의 강력한 작용으로 하나님의 형상을 따라 전인이 새롭게 변화된다. 생명에 이르게 하는 회개의 씨앗과 다른 모든 구원의 은혜가 그들의 마음속에 임하고 이 은혜가 고무되고 증가하며 강화됨에 따라, 점점 더 많이 죄에 대해 죽고 새 생명으로 살아난다." 또 Anthony A. Hoekema, *Saved by Grace* (Grand Rapids: Eerdmans, 1989), p.192를 보라.

24) Berkhof, *Systematic Theology*, p.532.

25) 같은 책.

26) 같은 책 pp.532-534에서도 유사한 주제를 다룬다. 여기서 '성화'라는 말을 사용할 때는 특별히 달리 언급하지 않는 한 '점진적 성화'를 염두에 둔다.

27) *The Works of John Owen* (Edinburgh: Banner of Truth, 1991), 6:7에 수록된 *Of the Mortification of Sin in Believers*.

28) 같은 입장에서, 벌코프는 "중생은 성화의 시작"이라고 말한다(*Systematic Theology*, p.536).

29) 오웬은 계속해서 덧붙인다. "따라서 거룩은 이 사역의 열매이자 결과이며, 이로 인해 우리 안에 새로운 원칙이나 하나님의 형상이 자리 잡고, 우리는 새로운 성품의 원칙으로 은혜 언약의 조건에 따라, 예수 그리스도를 통해 하나님께 거룩한 순종의 삶을 살아가게 된다."(Works, 3:386에 수록된 John Owen, *A Discourse Concerning the Holy Spirit*). 또 *Keep in Step with the Spirit*, p.81에 실린, 오웬의 성화 관련 묘사에 대한 패커의 설명을 보라.

물음 29 | 칭의와 성화의 차이는 무엇인가?

1) 하이델베르크 요리문답 60문보다 더 나은 설명을 찾아보기 힘들 것이다[*Reformed Confessions of the Sixteenth Century and Seventeenth Centuries in English Translation*, Vol.2, 1552-1566, James T. Dennison Jr. 편저 (Grand Rapids: Reformation Heritage, 2010)]:
문. 당신은 하나님 앞에서 어떻게 의로워지는가?
답. 오직 예수 그리스도를 믿는 참된 믿음을 통해서다. 즉, 하나님의 모든 계명을 심각하게 범했음을 양심이 고발하고, 나는 여전히 모든 죄악에 이끌리는 경향이 있지만, 하나님은 나의 공로와는 전혀 무관하게 그리스도의 완벽하신 계명 준수와 의와 거룩을 오직 은혜로 내게 전가하시며, 내가 믿는 마음으로 그러한 유익을 받아들이기만 하면 마치 어떤 죄도 결코 범한 적이 없는 것처럼 그리고 그리스도께서 나를 위해 행하신 모든 순종이 나 자신이 행한 것처럼 된다.

2) J. I. Packer, *Keep in Step with the Spirit: Finding Fullness in Our Walk with God* (Grand Rapids: Baker, 2005, 재판), p.32.

3) 벌코프의 정의를 따른다. 성화는 "성령의 은혜롭고 지속적인 작용이며, 이를 통해 성령은 의롭게 된 죄인을 죄의 오염에서 구원하시고 그의 성품 전체를 하나님의 형상으로 새롭게 하며 선한 일을 행할 수 있게 하신다." Louis Berkhof, *Systematic Theology* (Edinburgh: Banner of Truth, 2003), p.532.

4) 도표의 표현과 문구 중 일부는 다음 자료에서 따온 것이다. Berkhof, *Systematic Theology*, pp.513-514; J. V. Fesko, *A Christian's Pocket Guide to Growing in Holiness* (Fearn, Ross-shire, Scotland: Christian Focus, 2012), p.5

5) 웨슬리주의의 전적인 성화나 케스윅 일파의 승리하는 삶이라는 교리에서 볼 수 있는 극단적인 입장을 지지하는 것이 아니다. 이 표현을 통해 말하려는 바는, 영광으로 나아가는 길에서 기독교적인 성숙도에 있어 사람들 간에 차이가 있다는 것이다. 이는 칭의를 통해 모든 그리스도인이 동일한(그리스도 안에서 의로운) 신분을 지니는 것과는 다르다.

6) Michael Horton, *Pilgrim Theology: Core Doctrines for Christian Discipes* (Grand Rapids: Zondervan, 2011), p.283.

7) John Calvin, *Institutes of the Christian Religion*, John T. McNeil 편저, Ford Lewis Battles 역, LCC, vols.20-21 (Philadelphia: Westminster, 1960), 3.17.9.

8) Horton, *Pilgrim Theology*, p.303; 또 패커는 이렇게 말한다. "실제로, 거룩은 구원의 목표다. 우리를 의롭게 하기 위해 그리스도께서 죽으셨듯이, 우리는 성화되며 거룩해지기 위해 의롭다 함을 받는다."[J. I. Packer, *Rediscovering Holiness: Know the Fullness of Life with God* (Ventura, CA: Regal, 2009), p.33].

9) 교육상의 순서를 말하는 것이 아니다. 주일 성경공부반에서 칭의보다 성화를 먼저 가르치면 안 된다는 뜻이 아니다. 구원의 순서상의 위치를 말하는 것이다.

10) "칭의는 성화를 위한 사법적 근거다."(Berkhof, *Systematic Theology*, p.536).

11) Calvin, *Institutes* 3.2.1. 또 J. Todd Billings, *Calvin, Participation, and the Gift: The Activity of Believers in Union with Christ* (Oxford: Oxford University Press, 2007), pp.106-107을 보라.

12) Calvin, *Institutes* 3.16.1.

13) Horton, *Pilgrim Theology*, p.293.

14) G. C. Berkouwer, *Studies in Dogmatics: Faith and Sanctification* (Grand Rapids: Eerdmans, 1952), pp.20-21; Horton, *Pilgrim Theology*, p.306.

15) Horton, *Pilgrim Theology*, p.142.

16) 같은 책, p.306. 율법주의자의 태도를 비판하면서, 호턴은 이렇게 쓴다. "그리스도와의 연합을 떠나서는 특히 그 연합을 통한 의의 전가를 떠나서는, 성화는 다가올 시대의 힘(성령)보다는 이 시대의 힘(육신)에 의해 마련된 또 다른 종교적 자기 개선 프로그램일 뿐이다."(같은 책, p.310. 또 Calvin, *Institutes* 3.19.5를 보라).

17) 이것은 모세 율법을 어떻게 이해할 것인지에 대한 복잡한 문제를 유발한다. 그리스도인은 여전히, 부분적으로든 전체적으로든 모세를 통해 하나님이 이스라엘에게 주신 율법, 즉 모세 율법 아래에 있는가? 아니면 더 이상 모세 율법 아래에 있지 않고 '새 언약'의 구성원으로서(눅 22:20; 고전 11:25) 그리스도의 법 아래에 있는가? 많은 말이 나올 수 있지만, 여러 이유에서 후자가 가장 성경적인 듯하다. 슈라이너는 "엄밀히 말해서, 신자가 율법의 세 번째 용도(교훈적 용도) 아래에 있다고 보는 개념은 잘못이다. 신자는 [모세] 율법 전체에서 벗어났기 때문이다"라고 설명한다. 그러나 이것이 새 언약의 그리스도인에게 모세 율법이 무관함을 뜻하지

는 않는다. 슈라이너는 이렇게 덧붙인다. "그 개념이 전적으로 그릇된 것은 아니다. 바울의 가르침은 하나님을 기쁘시게 하는 삶을 살 것을 신자에게 요구하는 권면으로 가득하기 때문이다." 이것이 핵심이다. 율법폐기론은 우리가 더 이상 모세 율법 아래에 있지 않다고 생각하는 사람에게도 받아들여질 수 없는 것이다. 새 언약 안에 있는 자도 지켜야 할 하나님의 명령이 여전히 있다. 더욱이 모세 율법 속의 원칙이 새 언약의 신자에게도 여전히 적용될 수 있다. "구약 율법이 신자를 문자적으로 속박하지는 않지만, 구약성경이 하나님 말씀이기 때문에 그 원칙과 패턴과 도덕적 규범은 오늘날의 우리에게 여전히 적용된다."[Thomas R. Schreiner, *40 Questions about Christians and Biblical Law* (Grand Rapids: Kregel, 2010), p.99]. Thomas R. Schreiner, *The Law and Its Fulfillment: A Pauline Theology of Law* (Grand Rapids: Baker Academic, 1993)에도 유사한 견해가 피력된다. 또 Jason C. Meyer, *The End of the Law: Mosaic Covenant in Pauline Theology* (Nashville: B&H, 2009); Douglas J. Moo, *The Epistle to the Romans* (Grand Rapids: Eerdmans, 1996), pp.415-416; *Five Views on Law and Gospel*, Stanley N. Gundry 편저 (Grand Rapids: Zondervan, 1999), pp.319-376에 수록된 Douglas J. Moo, "The Law of Christ as the Fulfillment of the Law of Moses: A Modified Lutheran View"를 보라.

18) Horton, *Pilgrim Theology*, pp.308-309. David Peterson, *Possessed by God: A New Testament Theology of Sanctification and Holiness* (Downers Grove, IL: InterVarsity Press, 1995), pp.97-100. 피터슨은 훨씬 더 구체적이다. 그는 바울이 이 직설법을 사용할 때는 '확정적 성화'를 염두에 둔다고 주장한다.

19) Peterson, *Possessed by God*, pp.112-113.

20) 같은 책, p.100.

21) Horton, *Pilgrim Theology*, p.308.

물음 30 | 성화는 누가 하는 일인가?

1) John Murray, *Redemption Accomplished and Applied* (Grand Rapids: Eerdmans, 1955), p.147.

2) 성화에 있어 성자 하나님의 역할에 대해서는, 에베소서 5장 25-27절을 참조할 수 있다.

3) Anthony A. Hoekema, *Saved by Grace* (Grand Rapids: Eerdmans, 1989), p.200을 보라.

4) 하나님이 각 자녀에게 부여하시는 책임에 대해서는 J. C. Ryle, *Holiness* (London: James Clarke, 1956), pp.19-20을 보라.

5) G. C. Berkouwer, *Faith and Sanctification* (Grand Rapids: Eerdmans, 1952), p.112.

6) Hoekema, *Salvation by Grace*, p.202.

7) David Peterson, *Possessed by God: A New Testament Theology of Sanctification and Holiness* (Downers Grove, IL: InterVarsity Press, 1995), p.28.

8) 어떤 이에게는 성령이 내주하고 다른 이에게는 내주하지 않으시는 것이 아니다. 그리스도인이라면 누구나 그 속에 성령이 내주하신다.

9) 성령에 대한 자료로는 Graham Cole, *He Who Gives Life: The Doctrine of the Holy Spirit*, Foundations of Evangelical Theology (Wheaton, IL: Crossway, 2007)를 보라.

10) J. I. Packer, *Keep in Step with the Spirit: Finding Fullness in Our Walk with God* (Grand Rapids: Baker, 2005, 재판), p.43.

11) 예수님의 임재는 "공간적인 의미가 아니라 관계적인 의미로 이해되어야 한다." (같은 책, p.49).

12) Gregory K. Beale, *The Temple and the Church's Mission: A Biblical Theology of the Dwelling Place of God*, NSBT (Downers Grove, IL: InterVarsity Press, 2004).

13) 요한복음 7장 39절과 14장 17절에서는 예수님 자신이 그런 바람이 성취되길 고대하신다.

14) Packer, *Keep in Step with the Spirit*, p.43.

15) 성령세례를 논하려는 건 아니다. 이는 너무 곁길로 빠지는 것이다. 여기서는 성령세례가 성령의 내주나 충만과 구분된다는 점을 말하는 것으로 충분하다. 어떤 오순절 그룹들과는 반대로, 나는 성령세례가 회심 때 이뤄지는 것이며 그다음 단계의 그리스도인으로 고양시키는 경험이 아니라고 생각한다. John Stott, *Baptism and Fullness: The Work of the Holy Spirit Today* (Downers Grove, IL: 2006)를 보라.

16) R. Michael Allen, *Justification and the Gospel: Understanding the Contexts and Controversies* (Grand Rapids: Baker Academic, 2013), pp.38-39.

17) 그리스도와의 연합이 이 비유와 어떻게 연결되는지에 대해서는 Constantine R. Campbell, *Paul and Union with Christ* (Grand Rapids: Zondervan, 2012), pp.267-326을 보라.

18) 예컨대 칼빈은 말씀과 성령의 불가분성에 대해 이렇게 설명한다. "하나님은 그의 택하신 자들 안에서 두 가지 방식으로 일하신다. 하나는 그의 영을 통해서고 다른 하나는 그의 말씀을 통해서다. 영으로 그들의 생각을 비추고 의를 사랑하며 추구하도록 마음을 인도함으로써, 하나님은 그들을 새로운 피조물(노바 크레아티오)로 만드신다. 또 말씀으로써는 그들의 갱신을 바라고 추구하며 거기에 이르게 하신다." John Calvin, *Institutes of the Christian Religion*, John T. McNeil 편저, Ford Lewis Battles 역, LCC, vols.20-21 (Philadelphia: Westminster, 1960), 2.5.5.

19) Michael Horton, *Pilgrim Theology: Core Doctrines for Christian Disciples* (Grand Rapids: Zondervan, 2011), p.345.

물음 31 | 어떻게 죄에 대해 죽는가?

1) *Overcoming Sin and Temptation*, Kelly M. Kapic과 Justin Taylor 편저 (Wheaton, IL: Crossway, 2006), p.50에 수록된 John Owen, "Of the Mortification of Sin in Believers." 이 주제와 관련한 그의 생각을 소개하는 내용에 대해서는 Matthew Barrett과 Michael A. G. Haykin, *Owen on the Christian Life* (Wheaton, IL: Crossway, 2015), pp.219-252를 보라.

2) 바울이 금욕주의를 옹호한다고 생각하지는 않는다(골로새서 2장 18절에서 그는 금욕주의를 경계한다). 지금 여기서의 책임을 도외시할 것을 가르치고 있지도 않다. 바울은 이 세상이 제공하는 죄악된 쾌락에 몰두하는 생각을(마 6:33; 빌 3:10; 골 1:10; 2:6) 하나님과 그의 나라에 몰두하는 생각과 대조한다.

3) 바울이 이사야 49장 2절, 시편 27편 5-6절, 31편 19-20절의 표현을 사용했을 수 있다.

4) 분사의 부정과거 시제는 벗음이 이미 일어난 일임을 나타낸다(ἀπεκδυσάμενοι). 10절의 "입었으니"(ἐνδυσάμενοι)도 마찬가지다. 캠벨은 ἐνδυσάμενοι(부정과거 중간태 분사남성복수형)이 원인을 나타내며 "여기서 완료형은 예전의 행위를 시사한다"고 설명한다[Constantine R. Campbell, *Colossians and Philemon: A Handbook on the Greek Text* (Waco, TX: Baylor University Press, 2013), p.54].

5) 2절에서는 "위의 것을 생각하고 땅의 것을 생각하지 말라"고 명한다. 그리스도인이기 때문에 죄와 그 독의 영향을 받지 않는 것처럼 적극적으로 죄를 죽일 필요가 없다고 생각해서는 안 된다. 혹은 죄의 유혹을 넘어서 있는 것처럼, 충분한 성화의 단계에 도달하여 이제는 느긋할 수 있다고 결론지어서도 안 된다. 그렇게 하는 순간 죄에 빠져든다. 더 이상 죄에 걸려들지 않는다고 생각하는 바로 그때 죄의 공격을 받기 쉽다. 밧세바와 더불어 간음한 다윗의 경우가 그 예다(삼하 11장).

6) 이 여섯 가지는 *The Works of John Owen* (Edinburgh: Banner of Truth, 1991), 6:56-62에 수록된 John Owen, "Of the Mortification of Sin in Believers"를 참조한 것이다. 참조, J. V. Fesko, *A Christian's Pocket Guide to Growing in Holiness* (Fearn, Ross-shire, Scotland: Christian Focus, 2012), p.16.

7) 외적인 결과가 동기부여로 작용해서는 안 된다는 뜻이 아니다. 다만 그것만이 동기부여로 작용한다면, 순종이 피상적이며 하나님을 사랑하거나 두려워하는 마음에서 비롯된 것이 아니라는 뜻이다. 이는 진심 어린 순종이 아니다.

8) 심지어 죄지을 자유를 지녀야 한다고 결론짓는 단계까지 나아갈 수 있다.

9) 성령을 근심하시게 하는 것은 그리스도를 신뢰하지 않고 죄로 돌이킴으로써 성령을 슬프시게 하는 것이다.

10) *Works*, 6:79에 수록된 Owen, "Of the Mortification of Sin in Believers."

물음 32 | 어떻게 그리스도를 닮은 모습으로 자라가는가?

1) 이 도표에서는 대조를 위해 일부 묘사 내용을 요약했다.

2) 바울이 '화평'과 '화해'라는 표현을 사용하지는 않았지만, "해가 지도록 분을 품지 말고"라는 문구 속에 그런 뜻이 담겨 있는 듯하다. 계속 분을 품지 말고 상대방을 찾아가서 화해하여 서로 화평하게 지내라는 뜻이다.

3) '패턴'이라는 표현은 Anthony A. Hoekema, *Saved by Grace* (Grand Rapids: Eerdmans, 1989), p.197에서 사용된 것이다.

4) 라일은 이렇게 덧붙인다. "우리는 거룩해야 한다. 그리스도께서 세상에 오신 한 가지 큰 목적이 바로 이것이기 때문이다."[J. C. Ryle, *Holiness: Its Nature, Hindrances, Difficulties, and Roots* (Moscow, ID: Charles Nolan, 2011), p.49].

물음 33 | 이 세상에서 완벽에 도달할 수 있을까?

1) 성화에 대해서는 다양한 견해가 많다. 나는 웨슬리파의 완전한 성화 개념이라는 견해에 초점을 맞추고자 한다. 어거스틴/종교개혁의 견해에 대한 대안으로서 가장 널리 알려져 있기 때문이다. 혹자는 지난 세기에 등장한 케직 운동의 영향도 고려할 수 있다. 유익한 두 비평으로는 J. I. Packer, *Keep in Step with the Spirit: Finding Fullness in Our Walk with God* (Grand Rapids: Baker, 2005, 재판), pp.120-133; An-

drew David Naselli, *No Quick Fix: Where Higher Life Theology Came From, What It Is, and Why It's Harmful* (Bellingham, WA: Lexham, 2017)을 보라.

2) John Wesley, *A Plain Account of Christian Perfection* (New York: G. Lane and P. P. Sandford, 1844). 또 The Works of John Wesley (1892; Peabody, MA: Hendrickson, 1984, 3판) 제11권에 수록된 같은 저자의 "Brief Thoughts on Christian Perfection"을 보라. 오늘날 여러 교단이 완전한 성화라는 입장을 받아들인다. 예를 들면, 웨슬리파감리교회, 자유감리교회, 구세군, 하나님의교회, 기독교선교연맹, 나사렛교회, 필그림성결교회 등이다. George M. Marsden, *Fundamentalism and American Culture* (New York: Oxford University Press, 1980), p.75를 보라.

3) *Five Views on Sanctification*, Stanley Gundry 편저 (Grand Rapids: Zondervan, 1987), p.17에 수록된 Melvin Dieter, "The Wesleyan Perspective."

4) *Works*, 11:387에 수록된 "A Plain Account." 다른 유사한 묘사에 대해서는 H. Orton Wiley, *Christian Theology* (Kansas City, MO: Beacon Hill, 1958), 2:446; Donald Metz, *Studies in Biblical Holiness* (Kansas City, MO: Beacon Hill, 1971), p.250; J. Kenneth Grider, *Entire Sanctification* (Kansas City, MO: Beacon Hill, 1980), p.27을 보라.

5) "A Plain Account," 11:396. Metz, *Biblical Holiness*, p.79도 보라.

6) 본의 아닌 범죄에 대해 말하면서, 웨슬리는 그것을 죄라고 부르기를 거부했다. "당신이 원하면 [본의 아닌 범죄를] 죄라고 부를 수도 있다. 나는 그렇게 부르지 않는다."("A Plain Account," *Works*, 11:396).

7) 예, J. Sidlow Baxter, *A New Call to Holiness* (Grand Rapids: Zondervan, 1973), p.121; J. Kenneth Grider, *Entire Sanctification* (Kansas City, MO: Beacon Hill, 1980), p.36; Metz, *Biblical Holiness*, p.228; Dieter, "The Wesleyan Perspective," p.91.

8) 이 장에서는 앤서니 회케마(Anthony Hoekema)의 탁월한 저서를 많이 참조하여 개요와 논거를 따랐다. *Saved by Grace* (Grand Rapids: Eerdmans, 1989), pp.214-225를 보라.

9) Wiley, *Christian Theology*, 2:515. 또 *Works*, 11:441-442에 수록된 Wesley, "A Plain Account"를 보라.

10) Wesley, "A Plain Account," 11:375; Metz, *Biblical Holiness*, p.250; Richard Taylor, *Exploring Christian Holiness* (Kansas City, MO: Beacon Hill, 1985), 3:62.

11) Baxter, *A New Call to Holiness*, pp.107,115,147; Grider, *Entire Sanctification*, pp.96,140; W. T. Purkiser, *Exploring Christian Holiness* (Kansas City, MO: Beacon

Hill, 1983), 1:205.

12) 여기서 제시하는 논거는 Hoekema, *Saved by Grace*, pp.218-225를 참조한 것이다.

13) 같은 책, p.218.

14) 이 점에 대해서는 B. B. Warfield, *Perfectionism*, Samuel C. Craig 편저 (Philadelphia: P&R, 1958), pp.462-463을 보라.

15) Hoekema, *Saved by Grace*, pp.220-225.

16) *Works*, 6:412에 수록된 Wesley, "Sermon 76. On Perfection."

17) Wesley, "Plain Account," 11:396.

18) 예, Metz, *Biblical Holiness*, p.228.

19) 이 긴장에 대해서는 Hoekema, *Saved by Grace*, pp.222-225를 보라.

20) Packer, *Keep in Step with the Spirit*, p.26. 여기서는 논의를 완전한 성화에 국한시켰다. 그러나 제2의 경험을 강조하는 다른 운동에는, 웨슬리파 신학과는 여러 면에서 다르지만 케직 운동도 포함된다. 이에 대한 비판은 같은 책, pp.120-137을 보라.

물음 34 | 구원을 잃을 수 있는가?(1)

1) 이 문장에서 열거된 자격 조건에 주목하라. 진정으로 거듭난 그리스도인에 대해 말하고 있다. 그렇다고 해서 그리스도인처럼 보이지만 시일이 지나면서 전혀 그리스도인이 아닌 것이 명백해지는 사람들이 있음을 부인하는 건 아니다.

2) 서문에서 언급했듯이, 이 책의 목적은 주제에 대한 모든 견해를 탐구하는 것이 아니라 성경 자체의 가르침에 초점을 맞추는 것이다. 신자의 영원한 안전을 거부하는 이들을 비판하는 글에 대해서는 참고문헌을 보라.

3) 성경에 따르면, 진실함은 신실함을 뜻할 수도 있다(진실함을 가리키는 히브리어 *에메드*는 신실함을 뜻할 수 있다). 따라서 하나님이 진실하시다는 것은 그가 신실하시다는 뜻이기도 하다. 언약 말씀에 대한 하나님의 신실하심에 대해서는 Matthew Barrett, *God's Word Alone: The Authority of Scripture* (Grand Rapids: Zondervan, 2016)를 보라.

4) 다소 바꾸거나 수정하긴 했으나, 네 가지 사항은 하나님의 교리에 대한 스티븐

웰럼(Stephen Wellum)의 강의를 참조한 것이다.

5) 약간의 수정을 가하긴 했으나 Louis Berkhof, *Systematic Theology* (Edinburgh: Banner of Truth, 2003), pp.547-548을 따랐다.

6) 같은 책, p.547.

7) Hoekema, *Saved by Grace*, p.239. 어떤 이들은 그리스도께서 그의 양을 잃지 않으시겠지만 그 양은 그리스도를 잃을 수 있다고 주장한다. 참조, Robert Shank, *Life in the Son* (Springfield, MO: Westcott, 1960), pp.56-60; *Grace Unlimited*, Clark H. Pinnock 편저 (Minneapolis: Bethany Fellowship, 1975), p.179에 수록된 Grant R. Osborne, "Exegetical Notes on Calvinist Texts."; Dale Moody, *The Word of Truth* (Grand Rapids: Eerdmans, 1981), pp.356-357. 회케마는 이렇게 반박한다. "예수께서 말씀하신 '아무도'는 신자들 자신도 포함한다. 그리스도를 붙드는 우리의 손이 때로는 매우 약할 수도 있지만, 우리를 붙드시는 그리스도의 손은 강하며 결코 그 손을 놓지 않으신다. 더욱이 예수님의 말씀을 '내 양의 일부는 멸망할 수 있으나, 내 양은 결코 멸망하지 않을 것이다'라는 뜻으로 이해하는 것은 터무니없는 해석이다."

물음 35 | 구원을 잃을 수 있는가?(2)

1) 이 장에서는 하나님이 성도를 보존하심을 확언하는 여러 구절에 초점을 맞출 것이다. 그러나 얼핏 보기에 신자가 자신의 구원을 잃을 수 있다는 인상을 주는 성경 구절도 있음을 인정해야 한다. 그런 구절에 대해서는 물음 38-39에서 다룰 것이다. 여기서는 이 구절이 신자의 이탈을 경고함을, 그리고 이 경고가 신자의 내면에 건전한 두려움(택하심받은 자들을 이탈하지 않도록 지켜주는 역할을 하는 두려움)을 조성하기 위해 하나님이 마련하신 방편임을 말하는 것으로 충분하다.

2) 또 다른 해석에 따르면, 이 인치심은 하나님이 신자를 인정하신다는 것을 성령이 증명함을 뜻한다. 이 해석은 요한복음 3장 33절과 사도행전 10장 44, 47절이 뒷받침한다. 그러나 에베소서 1장과 고린도전서 1장 22절의 문맥은 이 해석을 배제한다. 그럼에도 불구하고 두 해석 모두 하나님의 보존에 대한 교리를 배제하지 않고 뒷받침할 뿐이다.

3) 에베소서 4장 30절은 특별히 통찰력 있는 말씀이다. 문맥상 바울은 여러 죄악을 (예, 분, 도둑질, 더러운 말) 버릴 것을 에베소 신자들에게 당부한다. 이 죄를 범하면 성령을 근심하시게 하는 결과를 초래한다고 경고한다. 비록 그리스도인들이 때로는 서글프게도 성령을 근심하시게 할 수 있지만, 그렇다고 구원을 잃지는 않는다. 바울이 4장 30절에서 분명히 밝히듯이, 성령이 구원의 날까지 그리스도인을 인

치셨다. 이 사실을 아는 그리스도인은 그를 인치신 분을 근심하시지 않게 하기 위해 더욱 자신을 경계해야 한다.

4) 회케마는 이를 '이중의 안전'이라고 적절히 지칭한다[Anthony A. Hoekema, *Saved by Grace* (Grand Rapids: Eerdmans, 1989), p.244].

물음 36 | 믿음에 있어 견인은 필수인가?(1)

1) 하이델베르크 교리문답(1563)이 이 점을 강조한다. "배은망덕하고 회개하지 않은 모습으로 하나님께 돌이키지 않는 자들이 구원받을 수 있는가? 전혀 그럴 수 없다. 성경은 음란한 자, 우상숭배자, 간음하는 자, 도둑질하는 자, 탐욕이 있는 자, 술주정뱅이, 중상하는 자, 강도 등이 하나님나라의 유업을 받지 못할 것이라고 말한다."[*Reformed Confessions of the Sixteenth Century and Seventeenth Centuries in English Translation*, Vol.2, 1552-1566, James T. Dennison Jr. 편저 (Grand Rapids: Reformation Heritage, 2010), Q/A 87에 수록된 "The Heidelberg Catechism."]

2) Thomas R. Schreiner, *Run to Win the Prize: Perseverance in the New Testament* (Wheaton, IL: Crossway, 2010), p.17.

3) 같은 책.

4) "이는 갈라디아서 3장 3절에 나오는 바울의 가르침을 상기시킨다. 우리가 시작한 그리스도인으로서의 삶을 지속해 나가야 하는 것은, 그 삶을 성령 안에서 시작했다가 육신으로 마쳐서는 안 되기 때문이다"(같은 책).

5) "바울이 데살로니가 사람들을 참된 신자로 간주한 것은 단지 그들이 설교를 듣고 믿음을 가졌기 때문만이 아니다. 믿음의 진정성은 시련에 대한 반응에서 드러난다. 그들은 계속 믿음을 유지함으로써 믿음의 진정성을 드러냈다"(같은 책, p.19).

물음 37 | 믿음에 있어 견인은 필수인가?(2)

1) 그리스도인이 된 지 오래인 사람이 특히 이런 잘못을 범하기 쉽다. 그런 사람은 자신은 새신자들을 괴롭히는 죄를 넘어서 있다고, 자기처럼 '안정된' 그리스도인에게는 사탄이 관여하지 않는다고 생각하는 경향이 있다. 이는 사탄을 과소평가하는 생각이다. 침묵한다고 해서 사탄이 반드시 부재하다거나 완전히 물러간 것은 아니다. 사탄은 가장 공격하기 좋은 순간을 찾으면서, 그가 사라졌다고 생각할 때까지 기다린다. 대체로 모든 유혹을 이기고 있다고 생각하는 바로 그 순간에 사탄은

공격을 개시한다. 그 순간에 우리는 하나님의 은혜를 의지하지 않고 자신의 성취를 의지하기 때문이다.

2) 복음전도식의 번역-해석에 대해서는 Robert L. Plummer, *Paul's Understanding of the Church's Mission: Did the Apostle Paul Expect the Early Christian Communities to Evangelize?*, Paternoster Biblical Monographs (Waynesboro, GA: Paternoster, 2006), pp.74-77을 보라. 두 가지 해석을 모두 취하는 견해에 대해서는 Vern S. Poythress, "Hold Fast' Versus 'Hold Out' in Philippians 2:16," *WTJ* 63 (2002):45-53을 보라. 포이드레스의 견해에 공감하면서도, 슈라이너는 보존 개념으로 보는 몇 가지 이유를 제시한다. "첫째, 바울은 신자들이 계속 믿음 안에 있지 않을 가능성을 두 차례나 언급한다. 둘째, 원망과 시비에 대한 경고는(빌 2:14) 구약시대를, 광야 세대의 불평과(출 16:7-9,12; 민 17:5,10) 그로 인해 약속의 땅에 들어가지 못했던 사실을 상기시킨다. 바울에게 출애굽기에 나오는 땅에 대한 약속은 장래의 유업의 모형이다. 따라서 약속의 땅에 들어가지 못한 이스라엘의 실패와 신자를 향한 경고가 서로 연관된다. 셋째, '흠 없는' '순전한'이라는 단어는 최종적 상급을 얻는 데 필요한 경건한 성품을 묘사하는 말로, 바울이 다른 데서도 사용한다. 넷째, "하나님의 흠 없는 자녀로 … 나타내며"(빌 2:15)라는 표현은 종말론적인 의미를 지니는 것으로서, 믿음을 계속 유지하는 자들이 그리스도의 날에 하나님의 자녀일 거라는 진리를 시사한다. 이런 해석은 이스라엘의 반역을 지적하는 신명기 32장 5절에 대한 암시를 통해 확실히 뒷받침된다. … 이스라엘의 죄는 그들이 하나님의 자녀가 아님을 드러냈지만, 바울은 빌립보인들에게 하나님의 자녀이기 위해 생명의 말씀을 굳게 붙들 것을 권면한다. 또 이스라엘은 흠이 많았지만, 교회는 흠이 없는 상태를 유지해야 한다. 이스라엘은 뒤틀리고 왜곡됐지만, 빌립보인들은 악한 세대 가운데서 의로운 모습을 드러내야 한다. 신명기 32장 5절과 빌립보서 2장 15절의 여러 연관성은 인내에 대한 개념을 엿보게 한다. 끝으로, '세상에서 그들 가운데 빛들로' 나타내라는 당부는 빛과 같이 빛날 신자들에 대해 말하는 다니엘 12장 3절을 암시한다. 빛과 같이 빛나는 신자들이 '구원받을' 것이다(단 12:1). 그들은 '영생'을 받을 것이다(단 12:2). 이것은 바울이 빌립보 신자들에게 마지막 때의 상급인 영생을 받기 위해 끝까지 믿음을 유지할 것을 당부한다는 주장을 뒷받침하는 또 하나의 증거다."[Thomas R. Schreiner, *Run to Win the Prize: Perseverance in the New Testament* (Wheaton, IL: Crossway, 2010), pp.22-23].

3) 마찬가지로 고린도후서 6장 1절을 보라. "우리가 하나님과 함께 일하는 자로서 너희를 권하노니 하나님의 은혜를 헛되이 받지 말라."

4) "유다는 단지 그리스도인으로서 삶의 성장에 대해 조언하는 것이 아니다. 하나님의 사랑 안에서 자신을 지키는 것은 마지막 날에 영생을 얻기 위해 필수적이다." (같은 책, p.19).

물음 38 | 경고 구절은 견인에 어떤 역할을 하는가?(1)

1) 이 주제에 대해 선구적인 책을 쓴 토머스 슈라이너에게 매우 감사한다. 이번 장과 다음 장은 그의 책 Run to Win the Prize: Perseverance in the New Testament (Wheaton, IL: Crossway, 2010)에 수록된 논거와 개요를 많이 참조하였다.

2) 다양한 견해를 제시하며 비판할 공간이 부족하므로, 네 가지만 간략히 소개한다.

(1) 알미니안 전통과 웨슬리-알미니안 전통을 따르는 어떤 이들은 경고 구절이 신자에게 주어진 것이며, 따라서 그리스도인이 자신의 구원을 잃고 배교할 수 있다고 말한다. John Wesley, *Explanatory Notes Upon the New Testament* (London: The Epworth Press, 1952), p.551; I. H. Marshall, *Kept by the Power of God: A Study of Perseverance and Falling Away* (1969; 재판, Minneapolis: Bethany Fellowship, 1974); Scot McKnight, "The Warning Passages of Hebrews: A Formal Analysis and Theological Conclusions," *TJ* 13 (1992):21-59; *Four Views on the Warning Passages in Hebrews*, Herbert W. Bateman IV 편저 (Grand Rapids: Kregel, 2007), pp.86-128에 수록된 Grant R. Osborne, "A Classical Arminian View"; *Four Views on the Warning Passages in Hebrews*, pp.257-292에 수록된 Gareth Lee Cockerill, "A Wesleyan Arminian Views." 그러나 물음 34-35에서 그런 견해가 신자의 영원한 안전을 확언하는 성경에 위배됨을 보았다.

(2) 상급 상실로 보는 견해가 있다. 이 견해에 따르면, 경고 구절이 진짜 그리스도인에게 주어진 것이지만, 그 경고는 구원 상실에 대한 내용이 아니라 그리스도인에게 주어지는 상급을 상실할 것에 대한 내용이다. 영원한 안전을 확언하며, 경고가 구원 상실이나 영생 상실을 뜻하지 않는다고 결론짓는다. 그 경고는 천국에서 더 높은 신분이나 더 많은 축복을 상실할 것을 뜻한다. Charles Stanley, *Eternal Security: Can You Be Sure?* (Nashville: Thomas Nelson, 1990); R. T. Kendall, *Once Saved, Always Saved* (Chicago: Moody Press, 1983); Zane C. Hodges, *The Gospel under Siege: A Study on Faith and Works* (Dallas: Redención Viva, 1981); 같은 저자, *Absolutely Free: A Biblical Reply to Lordship Salvation* (Dallas: Redención Viva, 1989; Grand Rapids: Zondervan, 1989); Michael Eaton, *No Condemnation: A New Theology of Assurance* (Downers Grove, IL: InterVarsity Press, 1995); *Four Views on the Warning Passages in Hebrews*, pp.336-377에 수록된 Randall C. Gleason, "A Moderate Reformed View."

(3) 고전적인 개혁파 관점을 취하는 어떤 이들은, 이 경고 구절이 실제적인 그리스도인에 대한 것이 아니라 신자인 것처럼 보이지만 실제로는 그렇지 않은 자에 대한 내용이라고 주장한다. 이 견해는 위협받고 있는 것이 단순히 상급만이 아니라 최종적 구원도 포함한다고 보는 알미니안 입장에 동의한다. 그러나 경고가 누구를 대상으로 하는 것인지에 대해서는 의견을 달리한다. 결국 어떤 신

자도 자신의 구원을 잃지 않는다. 이 경고는 그리스도를 정말로 따르는 자들에 대한 것이 아니기 때문이다. John Owen, *Hebrews: The Epistle of Warning* (Grand Rapids: Kregel, 1953), pp.96-98; *Current Issues in Biblical and Patristic Interpretation: Studies in Honor of Merrill C. Tenney Presented by His Former Students*, Gerald F. Hawthorne 편저 (Grand Rapids: Eerdmans, 1975), pp.355-364에 수록된 Roger Nicole, "Some Comments on Hebrews 6:4-6 and the Doctrine of the Perseverance of God with the Saints."; *Still Sovereign: Contemporary Perspectives on Election, Foreknowledge, and Grace*, Thomas R. Schreiner와 Bruce A. Ware 편저 (Grand Rapids: Baker, 2000), pp.133-182에 수록된 Wayne Grudem, "Perseverance of the Saints: A Case Study from the Warning Passages in Hebrews."; *Four Views on the Warning Passages in Hebrews*, pp.172-219에 수록된 Buist M. Fanning, "A Classical Reformed View."

(4) 개혁파 전통 내의 어떤 이들은 영원한 안전을 확언함과 동시에 이 경고가 그리스도인에게 주어진 것이며, 택하신 자를 보존하며 끝까지 인내하게 하기 위한 하나님의 방편이라고 주장한다. Thomas R. Schreiner와 Ardel B. Caneday, *The Race Set Before Us: A Biblical Theology of Perseverance and Assurance* (Downers Grove, IL: InterVarsity Press, 2001)가 대표적이다. 이번 장과 다음 장에서 나는 이 견해에 동의한다.

3) 예화의 일부는 *The New Park Street Pulpit*, http://www.spurgeon.org/sermons/0075.htm에 실린 C. H. Spurgeon, "Final Perseverance"를 참조한 것이다.

4) 부모라면 이 점을 잘 알고 있을 것이다. 독한 세정제 병을 가리키면서 "만지지 말거라! 저걸 마시면 죽는다!"라고 어린 자녀에게 말할 수 있다. 당신의 말은 아이들의 마음속에 두려움을 조성하여 그 병을 멀리하게 한다. 그러나 그리스도인의 삶에 있어 이 경고는 우리를 두렵게 할 뿐 아니라 하나님의 은혜와 도우심을 얻기 위해 기도하며 그분을 의지하게도 만든다.

5) 이 말씀이 마음을 끄는 이유는, 하나님의 손 안에서 신자들이 안전함을 예수님이 친히 확언하신(10:30-31) 후에 하신 말씀이기 때문이다. 하나님의 철저하며 세심하신 주권과 신자의 인내에 대한 책임을 연결하는 것이 예수님께는 아무런 문제가 되지 않았다.

6) 혹자는 베드로가 행위를 통한 의를 가르치고 있는 것인가 생각할 수도 있다. 그러나 이 덕목들이 하나님의 능력과(1:3-4) 믿음의(1:5) 결과임을 숙지해야 한다. 따라서 베드로는 행위를 통한 의를 가르치는 것이 아니다.

7) 슈라이너는 이렇게 말한다. "그런 독법이 베드로후서 전체 내용과 부합한다. 거짓 교사들과 추종자들은 마지막 심판에 처할 운명이 확실하기 때문이다(벧후 2:1-3,20-22). 따라서 베드로후서 1장 8-11절에 나오는 종말론적 구원에 대한 언급은

베드로후서의 전체 메시지와 일치한다(*Run to Win the Prize*, p.37).

8) 이긴다는 표현이 의미심장하다. 이기는 자만이 흰 옷(하나님의 임재 속으로 들어가기 위해 꼭 필요한 옷)을 입고 생명책에서 지워지지 않을 것이다(계 3:5). 이기는 자는 예수님과 함께 다스릴 것이다(3:21). 이 상급은 특출한 신자만이 아니라 모든 신자에게 약속되었다. 그들이 모두 이기는 자이기 때문이다. Schreiner, *Run to Win the Prize*, pp.39-40을 보라. 이긴다는 표현에 대해서는 Richard Bauckham, *The Theology of the Book of Revelation* (Cambridge: Cambridge University Press, 1993), p.14를 보라.

물음 39 | 경고 구절은 견인에 어떤 역할을 하는가?(2)

1) "문맥에 따르면 이 경고는 소송에 연루된 자들에 대한 것이다."[Thomas R. Schreiner, *Run to Win the Prize: Perseverance in the New Testament* (Wheaton, IL: Crossway, 2010), p.33; 참조, Gordon D. Fee, *The First Epistle to the Corinthians*, NICNT (Grand Rapids: Eerdmans, 1987), p.242].

2) 이 사실에 대해서는 갈라디아서의 나머지 부분은 물론이고 5장 4절을 보라.

3) 5장 4절에 나오는 부정과거형 동사에 주목하라. "부정과거형 동사인 *카테르게세테*('끊어지고')와 *엑세페사테*('떨어진')에는 격언적인 의미가 있다."(Schreiner, *Run to Win the Prize*, p.30). 또 J. B. Lightfoot, *The Epistle of St. Paul to the Galatians with Introductions, Notes and Dissertations* (Grand Rapids: Zondervan, 1957), p.204; F. F. Bruce, *The Epistle to the Galatians: A Commentary on the Greek Text*, NIGTC (Grand Rapids: Eerdmans, 1982), p.231을 보라.

4) 바울이 경고를 견인의 방편으로 사용하는 다른 본문은 로마서 8장 13절, 고린도전서 9장 등을 보라.

5) 히 2:1-4; 3:12-4:13; 5:11-6:12; 10:19-39; 12:25-29. 모든 경고를 함께 공관적으로 읽을 필요가 있다. 이들은 서로 상충하지 않으며, 기자가 각 구절을 쓸 때 다른 목적을 염두에 둔 것도 아니다. 따라서 서로 분리해서는 안 된다. 이들은 통일성 있고 일관된 전체를 이룬다. 히브리서는 교회를 향한 설교이며(13:22), 앞으로 보겠지만 이 경고의 목적은 교회로 하여금 계속 좁은 길을 가도록 하기 위한 것이다. 이 사실은 Schreiner, *Run to Win the Prize*, pp.40-41에서 강조하고 있다. 반대 의견은 Osborne, "A Wesleyan Arminian View," pp.275-276에 나온다.

6) 다음의 세 가지 사항은 순서와 강조점을 약간 달리했지만 Schreiner, *Run to Win the Prize*, pp.42-48을 참조한 내용이다.

7) 신약성경에서 멸망은 마지막 때의 심판과 영원한 징벌을 가리킨다(마 7:13; 요 17:12; 행 8:20; 롬 9:22; 빌 1:28; 3:19; 살후 2:3; 딤전 6:9; 벧후 2:1,3; 3:7,16; 계 17:8). 같은 책 p.47을 보라.

8) 즉, 알미니안주의와 웨슬리주의.

9) 즉, 더욱 전통적인 개혁파 견해.

10) Schreiner, *Run to Win the Prize*, p.45.

11) 예, 롬 8:13; 고전 9:24-10:13; 15:1-2; 16:22; 갈 5:19-21; 6:8-9; 엡 5:5-6; 골 1:21-23; 3:5-6; 살전 4:3-8; 딤후 2:11-18.

12) 앞의 두 장에서 제시된 입장을 반박하는 견해에 대해서는 Schreiner, *Run to Win the Prize*, pp.51-112를 보라.

물음 40 | 영화란 무엇인가?

1) Sinclair B. Ferguson, *The Christian Life: A Doctrinal Introduction* (Edinburgh: The Banner of Truth Trust, 2009, 재판), p.181.

2) 같은 책, p.183.

3) 같은 책, p.184.

4) 퍼거슨의 유익한 설명에 따르면, 이 주제는 "우리를 기독교적 지식의 한계 밖으로 데려간다. 그래서 마치 수평선 너머로 사라지는 배를 바라보며 해변에 서 있는 사람처럼 된다. 이 경우에는 단지 추측을 시작할 수 있을 뿐이다."(같은 책, p.191).

5) 이어지는 내용에서 신격화에 대한(참조, 벧후 1:4) 동서양의 논쟁을 다루지는 않는다. 그것은 이 장의 범위를 넘어선 것이다. 그러나 이 주제에 대한 탁월하며 균형 잡힌 설명을 읽기 원한다면 Michael Horton, *Pilgrim Theology: Core Doctrines for Christian Disciples* (Grand Rapids: Zondervan, 2011), pp.325-341을 보라. 나는 지복직관(천상에서 하나님을 직접 뵙는 축복-역주)을 받아들이는 그의 입장은(칼빈의 견해에 공감하는 것임) 물론이고 호턴의 에너지-본질 구분에 동의한다.

6) 성경은 '잠자다'라는 표현을 사용한다(예, 고전 15:51). 그러나 이 표현은 종종 영혼의 죽음 후를 배제하지는 않지만 죽음 그 자체를 뜻한다.

7) John Murray, *Redemption Accomplished and Applied* (Grand Rapids: Eerdmans,

1955), p.174.

8) David Peterson, *Possessed by God: A New Testament Theology of Sanctification and Holiness* (Downers Grove, IL.: InterVarsity Press, 1995), p.119.

9) 이 미래 상태를 묘사하기 위해 성경이 '중생'이나 '갱신'이라는 뜻의 표현을 어떻게 적용하는지 보라. 예컨대, 마태복음 19장 28절에서 예수님은 장차 올 '새로운' 또는 '새로 탄생된'(팔린게네시아) 세상, 곧 인자가 "영광의 보좌"에 앉으실 때 그의 제자들이 열두 보좌에 앉아 이스라엘의 열두 지파를 심판하게 될 세상을 묘사하신다.

10) Ferguson, *The Christian Life*, p.193.

11) 이 새 땅이 완전히 '새로운' 땅인지(현재의 땅은 완전히 소멸되고) 아니면 현재의 땅이 '갱신될' 것인지에 대해서는 논란이 있다. 논란 구절은 다음을 포함한다. 히 1:11-12; 12:26-27; 벧후 3:10; 계 20:11; 21:1.

12) '우주적 갱신'이라는 표현은 Murray, *Redemption*, p.179에서 사용된 것이다.

13) Ferguson, *The Christian Life*, p.199.

14) "그와 같을 줄을"이라는 말을 동일함을 뜻하는 것으로 보지는 않는다. 그것은 거룩성과 불멸성에 대한 언급임이 분명하다.

15) 베드로후서 3장 11-13절도 보라.

16) Ferguson, *The Christian Life*, pp.187-189.

참고문헌

이 책은 구원의 교리를 소개하는 입문서다.
더욱 깊이 주제를 탐구할 수 있도록 도와주는 다양한 자료를 소개한다.

구원에 관한 일반적인 연구

Bavinck, Herman. *Reformed Dogmatics. Vol.3, Sin and Salvation in Christ*. Grand Rapids: Baker Academic, 2008.

Berkhof, Louis. *Systematic Theology*. Edinburgh: Banner of Truth, 2003.

Calvin, John. *Institutes of the Christian Religion*. 2vols. Edited by John T. McNeill. Translated by Ford Lewis Battles. Library of Christian Classics, vols.20–21. Philadelphia: Westminster John Knox, 1960.

Frame, John. *Salvation Belongs to the Lord: An Introduction to Systematic Theology*. Phillipsburg, NJ: 2006.

Ferguson, Sinclair B. *The Christian Life: A Doctrinal Introduction*. Carlisle, PA: The Banner of Truth Trust, 1989.

_____. *The Holy Spirit*. Downers Grove, IL: InterVarsity Press, 1981.

Hoekema, Anthony A. *Saved by Grace*. Grand Rapids: Eerdmans, 1989. 『개혁주의 구원론』. 류호준 역. 서울: 기독교문서선교회, 1991.

Horton, Michael. *Christian Theology: A Systematic Theology for Pilgrims on the Way*. Grand Rapids: Zondervan, 2011.

_____. *Pilgrim Theology: Core Doctrines for Christian Disciples*. Grand Rapids: Zondervan, 2011.

_____. *Covenant and Salvation: Union with Christ*. Louisville: Westminster John Knox, 2007.

Murray, John. *Redemption Accomplished and Applied*. Grand Rapids: Eerdmans, 1955.

『존 머레이의 구속』. 장호준 역. 서울: 복있는사람, 2011.

Perkins, William. *Golden Chain*. Vol. 6 of *The Works of Williams Perkins*, ed. Joel R. Beeke and Derek W. H. Thomas. Grand Rapids: Reformation Heritage Books, forthcoming.

Turretin, Francis. *Institutes of Elenctic Theology*. 3volumes. Edited by James T. Dennison Jr. Translated by George Musgrave Giger. Phillipsburg, NJ: P&R Publishing, 1992-1997.

죄

Hoekema, Anthony A. *Created in God's Image*. Grand Rapids: Eerdmans, 1986. 『개혁주의 인간론』. 이용중 역. 서울: 부흥과개혁사, 2012.

Luther, Martin. *The Bondage of the Will*. Vol. 33 of *Luther's Works*. Edited by Jaroslav Pelikan and Helmut T. Legmann. American ed. 82vols. (projected). Philadelphia: Fortress; St. Louis, MO: Concordia, 1955-.

Plantinga Jr., Cornelius. *Not the Way It's Supposed to Be: A Breviary of Sin*. Grand Rapids: Eerdmans, 1995.

Smith, David L. *With Willful Intent: A Theology of Sin*. Eugene, OR: Wipf and Stock, 1994.

그리스도와의 연합

Billings, J. Todd. *Union with Christ: Reframing Theology and Ministry for the Church*. Grand Rapids: Baker Academic, 2011.

Campbell, Constantine R. *Paul and Union with Christ: An Exegetical and Theological Study*. Grand Rapids: Zondervan, 2012.

Fesko, John V. *Beyond Calvin: Union with Christ and Justification in Early Modern Reformed Theology* (1517-1700). Göttingen: Vandenhoeck & Ruprecht, 2012.

Letham, Robert. *Union with Christ: In Scripture, History, and Theology*. Phillipsburg, NJ: P&R, 2011.

Macaskill, Grant. *Union with Christ in the New Testament*. Oxford: Oxford University Press, 2013.

Peterson, Robert A. *Salvation Applied by the Spirit: Union with Christ*. Wheaton, IL: Crossway, 2015.

Smedes, Lewis B. *Union with Christ: A Biblical View of the New Life in Jesus Christ*. Grand Rapids: Eerdmans, 1983.

언약

Fesko, J. V. *The Trinity and the Covenant of Redemption*. Fear, Ross-shire, Scotland: Mentor, 2016. 『삼위일체와 구속 언약』. 전광규 역. 서울: 부흥과개혁사, 2019.

Gentry, Peter J., and Stephen J. Wellum. *Kingdom through Covenant: A Biblical-Theological Understanding of the Covenants*. Wheaton, IL: Crossway, 2012.

———. *God's Kingdom through God's Covenants: A Concise Biblical Theology*. Wheaton, IL: Crossway, 2015.

선택, 효과적인 부르심, 중생

Barrett, Matthew. *Salvation by Grace: The Case for Effectual Calling and Regeneration*. Phillipsburg, NJ: P&R, 2013.

Bavinck, Herman. *Saved by Grace: The Holy Spirit's Work in Calling and Regeneration*. Edited by J. Mark Beach. Translated by Nelson D. Kloosterman. Grand Rapids: Reformation Heritage, 2008.

Calvin, John. *The Bondage and Liberation of the Will: A Defence of the Orthodox Doctrine of Human Choice against Pighius*. Edited by A. N. S. Lane. Translated by G. I. Davies. Texts and Studies in Reformation and Post-Reformation Thought. Grand Rapids, MI: Baker, 1996.

Edwards, Jonathan. *Freedom of the Will*. Vol. 1, *The Works of Jonathan Edwards*, ed. by Paul Ramsay. New Haven, CT: Yale University Press, 1970.

Horton, Michael. *For Calvinism*. Grand Rapids: Zondervan, 2011. 『칼빈주의 찬성』.

윤석인 역. 서울: 부흥과개혁사, 2012.

Peterson, Robert A. *Election and Free Will: God's Gracious Choice and Our Responsibility*. Explorations in Biblical Theology. Phillipsburg, NJ: P&R, 2007.

Peterson, Robert A., and Michael D. Williams. *Why I Am Not an Arminian*. Downers Grove, IL: InterVarsity Press, 2004.

Piper, John. *Finally Alive*. Fearn, Ross-Shire, Scotland: Christian Focus, 2009. 『거듭남』. 전의우 역. 서울: 두란노서원, 2009.

_____. *The Justification of God: An Exegetical and Theological Study of Romans 9:1-23*. 2nd ed. Grand Rapids: Baker, 1993.

Schreiner, Thomas R., and Bruce A. Ware, eds. *Still Sovereign: Contemporary Perspectives on Election, Foreknowledge, and Grace*. Grand Rapids: Baker Academic, 2000.

Storms, Sam. *Chosen for Life: The Case for Divine Election*. Wheaton, IL: Crossway, 2007.

Ware, Bruce A., ed. *Perspectives on Election*. Nashville: B&H, 2008. 『선택이란 무엇인가』. 박승민 역. 서울: 부흥과개혁사, 2010.

칭의

Allen, R. Michael. *Justification and the Gospel: Understanding the Contexts and Controversies*. Grand Rapids: Baker Academic, 2013.

Barrett, Matthew, ed. *The Doctrine by Which the Church Stands or Falls: Justification in Biblical, Theological, Historical, and Pastoral Perspective*. Wheaton, IL: Crossway, 2019.

Beilby, James K., and Paul R. Eddy, eds. *Justification: Five Views*. Grand Rapids: InterVarsity Press, 2011.

Crowe, Brandon D. *The Last Adam: A Theology of the Obedient Life of Jesus in the Gospels*. Grand Rapids: Baker Academic, 2017.

Fesko, J. V. *Justification: Understanding the Classic Reformed Doctrine*. Phillipsburg, NJ: P&R, 2008.

McGrath, Alister. *Iustitia Dei: A History of the Christian Doctrine of Justification*. 3rd ed. New York: Cambridge University Press, 2005.

Oliphint, Scott K., ed. *Justified in Christ: God's Plan For Us in Justification*. Fearn, Ross-shire: Mentor, 2007.

Piper, John. *Counted Righteous*. Wheaton, IL: Crossway, 2002. 『칭의 교리를 사수하라』. 장호익 역. 서울: 부흥과개혁사, 2007.

_____. *The Future of Justification: A Response to N. T. Wright*. Wheaton, IL: Crossway, 2007.

Schreiner, Thomas R. *Faith Alone: The Doctrine of Justification*. The 5 Solas Series. Edited by Matthew Barrett. Grand Rapids: Zondervan, 2015.

Sproul, R. C. *Faith Alone: The Evangelical Doctrine of Justification*. Grand Rapids: Baker, 1999.

Vickers, Brian. *Jesus' Blood and Righteousness: Paul's Theology of Imputation*. Wheaton, IL: Crossway, 2006.

_____. *Justification by Grace through Faith: Finding Freedom from Legalism, Lawlessness, Pride, and Despair*. Phillipsburg, NJ: P&R, 2013.

Waters, Guy P. *Justification and the New Perspective on Paul: A Review and Response*. Phillipsburg, NJ: P&R, 2004.

Westerholm, Stephen. *Perspectives Old and New on Paul: The "Lutheran" Paul and His Critics*. Grand Rapids: Eerdmans, 2004.

입양(양자 됨)

Burke, Trevor J. *Adopted into God's Family: Exploring a Pauline Metaphor*, NSBT 22, ed. D. A. Carson. Downers Grove, IL: InterVarsity Press, 2006.

Garner, David B. *Sons in the Son: The Riches and Reach of Adoption in Christ*. Phillipsburg, NJ: P&R, 2016.

Peterson, Robert. *Adopted by God: From Wayward Sinners to Cherished Children*. Phillipsburg, NJ: P&R, 2001.

보증

Beeke, Joel R. *The Quest for Full Assurance: The Legacy of Calvin and His Successors*. Edinburgh: The Banner of Truth Trust, 1999.

_____. *Knowing and Growing in Assurance of Faith*. Fearn, Ross-shire: Christian Focus, 2017.

성화, 성도의 견인

Allen, Michael. *Sanctification*. New Studies in Dogmatics. Edited by Michael Allen and Scott R. Swain. Grand Rapids: Zondervan, 2017.

Fesko, J. V. *A Christian's Pocket Guide to Growing in Holiness: Understanding Sanctification*. Fear, Ross-shire: Christian Focus, 2012.

DeYoung, Kevin. *The Hole in Our Holiness: Filling the Gap between Gospel Passion and the Pursuit of Godliness*. Wheaton, IL: Crossway, 2012.

Gundry, Stanley N., ed. *Five Views on Sanctification*. Grand Rapids: Zondervan, 1987.

Horton, Michael. *The Holy Spirit: God's Perfecting Presence in Creation, Redemption, and Everyday Life*. Grand Rapids: Zondervan, 2017.

Kapic, Kelly M., ed. *Sanctification: Explorations in Theology and Practice*. Downers Grove, IL: IVP Academic, 2014.

Naselli, Andrew David. *No Quick Fix: Where Higher Life Theology Came From, What It Is, and Why It's Harmful*. Bellingham, WA: Lexham, 2017.

Owen, John. *A Discourse Concerning the Holy Spirit*. Vol. 3 of *The Works of John Owen*. Edinburgh: Banner of Truth, 1991.

_____. *Overcoming Sin and Temptation*. Edited by Justin Taylor and Kelly Kapic. Wheaton, IL: Crossway, 2015.

Packer, J. I. *Keep in Step with the Spirit: Finding Fullness in Our Walk with God*. Grand Rapids: Baker, 2005.

Pinson, J. Matthew, ed. *Four Views on Eternal Security*. Grand Rapids: Zondervan,

2002.

Schreiner, Thomas R. *Run to Win the Prize: Perseverance in the New Testament*. Wheaton, IL: Crossway, 2010.

_____. *40 Questions about Christians and Biblical Law*. Grand Rapids: Kregel, 2010.

Schreiner, Thomas R., and Ardel B. Caneday. *The Race Set Before Us: A Biblical Theology of Perseverance and Assurance*. Downers Grove, IL: InterVarsity Press, 2001.

Storms, Sam. *Kept for Jesus: What the New Testament Really Teaches about Assurance of Salvation and Eternal Security*. Wheaton, IL: Crossway, 2015.

Warfield, B. B. *Perfectionism*. Edited by Samuel C. Craig. Philadelphia: P&R, 1958.

구원에 관한 40가지 질문

초판 1쇄 발행   2020년 8월 31일
초판 2쇄 발행   2024년 3월 4일

지은이   매튜 바렛
옮긴이   김태곤

펴낸이   곽성종
기획편집   방재경
디자인   투에스

펴낸곳   아가페출판사
등록   제21-754호(1995. 4. 12)
주소   (08806) 서울시 관악구 남부순환로 2082-33(남현동)
전화   584-4835(본사) 522-5148(편집부)
팩스   586-3078(본사) 586-3088(편집부)
홈페이지   www.agape25.com
판권   ⓒ (주)아가페출판사 2020
ISBN   978-89-537-9631-7 (03230)

서지정보유통지원시스템 홈페이지(http://seoji.nl.go.kr)와
국가자료공동목록시스템(http://www.nl.go.kr/kolisnet)에서
이용하실 수 있습니다.
(CIP제어번호: CIP2020036413)

저작권법에 의하여 한국 내에서 보호받는 저작물이므로
무단전재와 복제를 금합니다.

아가페 출판사